JEANNE D'ARC

DU MÊME AUTEUR

Aux éditions Seghers-Robert Laffont :

HISTOIRE CRITIQUE DE LA PENSÉE SOCIALE
1. De la Cité antique à l'État-nation.

L'ANNÉE DE LA SCIENCE (1987-1990)

Aux éditions Bordas :

BORDAS ENCYCLOPÉDIE, en 23 volumes

Philosophie / Religions / Sciences sociales (2 vol.) / Mathématiques / Astronomie / Physique, chimie : les lois de la nature / Matière inerte, matière vivante / Botanique : la vie des plantes / Zoologie : la vie animale / Médecine / L'Art de l'ingénieur / La Locomotion : du chemin de fer... à la fusée / Agriculture, techniques, métiers / Beaux-Arts (2 vol.) / Jeux, divertissements, sports / L'Aventure littéraire de l'humanité (2 vol.) / Visages de la Terre / Histoire universelle (3 vol.).

Collection « Voir l'Histoire » :

HISTOIRE DE LA CORSE

Aux éditions Fernand Nathan :

HISTOIRE DU MONDE : l'époque contemporaine

CORSE

Aux éditions Larousse :

LA FORCE DES FAIBLES

Encyclopédie mondiale des minorités

DICTIONNAIRE DES NATIONALITÉS ET DES MINORITÉS EN URSS

Aux Éditions n° 1 :

TOUT EN UN

DICTIONNAIRE DES DÉCOUVERTES

Aux éditions du Pré aux Clercs :

DICTIONNAIRE DES PERSONNAGES DE LA RÉVOLUTION

Aux éditions Michel Lafon :

LE GÉNIE DE L'ISLAMISME

JULES CÉSAR (3 vol.)

NAPOLÉON, UNE IMPOSTURE

VENT DE PHILO

Aux éditions Critérion :

MAHOMET

HISTOIRE DU PEUPLE CORSE

Aux éditions Belin :

PANORAMA ENCYCLOPÉDIQUE DES SCIENCES

Aux éditions Hachette littérature :

ALEXANDRE LE GRAND

NABOO (roman)

ROGER CARATINI

JEANNE D'ARC

DE DOMRÉMY A ORLÉANS ET DU BÛCHER A LA LÉGENDE

l'Archipel

En couverture :
Fond : Livre d'Heures, XVe siècle (Bibliothèque nationale de France). *De droite à gauche et de haut en bas :* Jeanne en costume de paysanne tenant ses armes, lettrine historiée, procès de Condamnation, XVe siècle (BNF) ; Jeanne d'Arc et l'étendard, représentation de la fin du XVe siècle ; capture de Jeanne d'Arc devant Compiègne ; Jeanne d'Arc avec Charles VII (Centre Jeanne d'Arc, Orléans) ; siège de Paris par Jeanne d'Arc, *Les Vigiles de Charles VII* (BNF) ; Jeanne sur le bûcher (BNF).

Si vous désirez recevoir notre catalogue et être tenu au courant de nos publications, envoyez vos nom et adresse, en citant ce livre, aux Éditions de l'Archipel,
4, rue Chapon, 75003 Paris.
Et, pour le Canada, à
Édipresse Inc., 945, avenue Beaumont,
Montréal, Québec H3N 1W3.

ISBN 2-84187-173-8

PRÉFACE

A l'orée de cet ouvrage, je voudrais dissiper tout malentendu.

J'ai, comme tout le monde sans doute, la plus grande admiration et le plus grand respect pour la destinée de la Pucelle, et ce livre n'est en rien destiné à l'abaisser, bien au contraire ; mais je pense que les raisons pour lesquelles on l'admire traditionnellement ne sont pas les bonnes.

En effet, ce pourquoi il faut vénérer la mémoire de Jeanne, ce n'est pas pour ses prétendues prouesses militaires, qui furent d'ailleurs sans lendemain (il n'y a jamais eu de véritable siège d'Orléans, par exemple, et elle n'a joué aucun rôle direct dans la « guerre de Cent ans »), c'est pour deux raisons distinctes des événements auxquels la Pucelle a été mêlée : tout d'abord, parce qu'elle a été le premier exemple historique (parmi tant d'autres anonymes) d'un être humain jeune et exalté, dont la sincérité (indiscutable) a été utilisée par les puissants du moment (l'entourage du dauphin Charles à Chinon), puis qui a été lâchement abandonné par eux et par le dauphin devenu le roi Charles VII ; en second lieu, parce qu'elle a été, de ce fait, la victime de l'intolérance religieuse du temps, qui a été la première forme du totalitarisme homicide en Europe. Ce ne sont pas en effet les Anglais qui ont fait brûler Jeanne d'Arc : c'est l'Université de Paris, associée à l'Inquisition, qui a organisé et dirigé son procès, par l'intermédiaire du vicaire de l'Inquisition, le dominicain Jehan Le Maistre, et les 126 juges dont la délibération a déterminé la sentence étaient tous liés à l'Université de Paris. L'évêque Cauchon n'a été que la face visible et obéissante de l'iceberg de l'intolérance.

Jeanne la Pucelle est beaucoup plus une victime comparable à Anne Frank ou à Danielle Casanova, qu'une héroïne à la manière de Du Guesclin ou de Bayard. Mais la postérité (qui ne s'est souvenue d'elle qu'à partir de 1830 environ) s'est acharnée sur son fantôme en la présentant, par le biais de l'histoire officielle et/ou politique, soit comme le porte-drapeau du petit peuple sauveur de la Patrie républicaine (ce fut la chanson de Michelet et des artisans de l'école laïque de la IIIe République), soit comme la bannière du Sacré-Cœur-de-Jésus-qui-sauvera-la-France des griffes de tous ses ennemis (ce fut la chanson de Mgr Dupanloup, évêque d'Orléans, puis des maurassiens).

C'est ainsi qu'au nom du patriotisme nationaliste, qu'il soit républicain ou catholique, s'est construite la légende de Jeanne d'Arc, en dépit des sources qu'il suffit de lire méticuleusement pour y découvrir la véritable histoire de cette héroïne, qui est bien plus belle, car plus humaine, que l'une ou l'autre des deux légendes et dont je tente, dans ce livre, de tracer les lignes générales.

AVERTISSEMENT

SOURCES DE NOS INFORMATIONS

La plupart des informations concernant Jeanne d'Arc proviennent des documents du temps (voir à ce sujet notre *Bibliographie*, p. 459) et des comptes-rendus officiels des deux procès : 1° celui à l'issue duquel la Pucelle a été condamnée à mort comme hérétique, en 1431, auquel elle a assisté, et qu'on appelle traditionnellement le « procès de Condamnation » ; 2° celui qui avait pour but de prononcer la nullité de ce procès afin de réhabiliter la mémoire de la Pucelle, qui eut lieu vingt-cinq ans plus tard, en 1456, et qu'on appelle le « procès en Nullité ».

Le procès de Condamnation s'est déroulé en français (la Pucelle ignorait le latin). Les questions des juges et les réponses de l'accusée ont été notées et transcrites dans des minutes, au jour le jour, par les notaires attachés au tribunal. Le *Texte authentique du procès de Condamnation* est la mise en latin de ces minutes en français ; nous en possédons trois manuscrits (voir l'annexe n° 1).

Le procès en Nullité de la condamnation de Jeanne d'Arc comporte deux sortes de minutes : 1° celles qui concernent la présentation de la cause (le *rescrit*), les actes de procédure et la sentence ont été écrites directement en latin par les notaires attitrés du procès ; 2° les dépositions des témoins ont été reçues en français vernaculaire et traduites ensuite en latin par ces notaires, au jour le jour, comme pour le procès de Condamnation. L'ensemble de ces deux catégories de minutes constitue le *Texte authentique du procès en Nullité* ; nous en possédons une vingtaine de manuscrits (manuscrits primitifs ou copies originales de ces manuscrits) dont deux seulement ont été pris pour base des recherches par les érudits (voir l'annexe n° 1).

Les minutes latines des deux procès ont fait l'objet d'une recension fondamentale, réalisée par l'érudit français Quicherat, de 1841 à 1849. Nos citations se réfèrent aux traductions, accompagnées de précieux commentaires, dues à Pierre Tisset (*Procès de Condamnation de Jeanne d'Arc,* 3 vol., Paris, Klincksieck, 1960-1971) et à Pierre Duparc (*Procès en Nullité de la condamnation de Jeanne d'Arc*, 5 vol., Paris, Klincksieck, 1977-1983). Ces deux derniers ouvrages sont respectivement cités, tout au long de ce livre, sous l'abréviation *Condamn.* pour celui de Tisset, et *Null.* pour celui de Duparc (voir l'annexe n° 1 pour la présentation de ces deux traductions) ; dans nos citations, nous indiquons entre crochets et en italique les formes latines des noms de personnes et des noms de lieux, telles qu'elles apparaissent dans les minutes latines manuscrites, toutes les fois que cela nous paraît nécessaire, ainsi que nos commentaires éventuels en cours de citation.

REMARQUES SUR LE DÉROULEMENT DU PROCÈS DE CONDAMNATION

Les procès en matière de foi se faisaient en deux temps. L'accusé était d'abord interrogé sur les faits qu'on lui reprochait, sur ses comportements et sur sa conduite : c'est ce qu'on appelait le procès préparatoire ou « procès d'office » *(processus officio)* ; puis un *promoteur* rédigeait un réquisitoire appelé *libelle*, énumérant, une par une, les réponses fournies au tribunal par l'accusé et qui lui semblaient contraire à la foi (ces réponses constituaient les *articles* du libelle), et l'accusé devait s'expliquer, article par article, sur ce qui lui était reproché dans ce libelle : c'est ce qu'on appelait le « procès ordinaire » *(processus ordinarius)*, c'est-à-dire conforme à l'*ordo* de la procédure inquisitoriale.

a) Premier temps : le procès d'office

Il se déroula du 9 janvier au 25 mars 1431, et comporta 31 séances ainsi réparties :

– du 9 janvier au 20 février, 9 séances non publiques (dont 8 au domicile de Mgr Cauchon) consacrées à la nomination des membres du tribunal et à des questions de procédure ;

– du 21 février au 3 mars, 6 séances publiques (dans la chapelle royale du château de Rouen, sur la colline de Bouvreuil) consacrées à l'interrogatoire de Jeanne ;

– du 4 au 25 mars, 16 séances non publiques, dont 8 avec Jeanne, dans sa prison (séances d'interrogatoire), et 8 audiences de procédure ou administratives au domicile de Mgr Cauchon.

b) Deuxième temps : le procès ordinaire

Il se déroula du 26 mars (c'est-à-dire dès le lendemain de la dernière séance du procès d'office) au 30 mai 1431 et comporta 16 séances (en des lieux divers : au château de Rouen, au domicile de Mgr Cauchon, dans la prison de Jeanne, dans la grosse tour du château avec présentation à Jeanne des instruments de torture, et en public, au cimetière de l'abbaye de Saint-Ouen à Rouen).

Les moments les plus importants en furent :

– les 27 et 28 mars, la lecture des LXX articles du libelle établi par le promoteur, Jean d'Estivet, et les réponses de Jeanne ;

– les 2, 3 et 4 avril, l'examen de ces articles et des réponses de Jeanne, résumés en XII articles qui furent transmis aux membres du tribunal ;

– le 2 mai, l'admonestation publique adressée à Jeanne, lui demandant de revenir sur ses erreurs ;

– le 23 mai, la deuxième admonestation publique faite à Jeanne au cimetière de Saint-Ouen de Rouen et transcrite sous la forme d'une cédule, qu'on lui demanda de signer *(cédule d'abjuration)* et qu'elle aurait signée (?) avant de revêtir, dans l'après-midi, des habits de femme ;

– le 28 mai, l'introduction de la cause de *relapse*, Jeanne ayant repris l'habit d'homme ;

– le 30 mai : la sentence définitive et son supplice sur la place du Vieux-Marché à Rouen.

REMARQUES SUR LE PROCÈS EN NULLITÉ

Si le procès de Condamnation nous renseigne principalement sur la personnalité exceptionnelle de Jeanne que nous révèlent ses comportements, ses répliques, ses faiblesses, son art de l'argumentation et son extraordinaire énergie psychique, compte tenu de son âge et de ses origines modestes, il ne nous fournit aucune information sur ce qu'on pourrait nommer son *Dasein* historique : comment était-elle et qui était-elle dans la vie de tous les jours, à Domrémy, à Vaucouleurs, quand elle chevauchait aux côtés de Dunois ou du duc d'Alençon, en campagne, à Chinon ?

Nous l'ignorons. En revanche, le procès en Nullité, fondé essentiellement sur les témoignages et les souvenirs de 134 témoins l'ayant connue aux différents moments de sa très courte vie, dont trois ont fourni deux dépositions, est, sur ce point, extrêmement précieux.

Une information préalable a été menée, en 1452, à Rouen, portant sur les conditions dans lesquelles s'était déroulé le procès de Condamnation et sur sa détention (en tout, XXVII articles, énumérés par le promoteur du procès) ; elle a été suivie de quatre enquêtes effectuées dans le courant de l'année 1456 au pays de naissance de Jeanne (Domrémy, Neufchâteau, Vaucouleurs, Toul, sur XII articles), à Orléans, à Paris et derechef à Rouen.

AVANT-PROPOS

L'équipée de Jeanne la Pucelle dans l'histoire passée de la France, comparée à la durée de l'interminable « guerre de Cent ans » et à la complexité des problèmes politiques et dynastiques sous-jacents à ce conflit, n'a guère été qu'une apparition désespérée, d'une rare brièveté, magnifiée par les historiens français depuis la Restauration seulement, époque à laquelle débuta la récupération politique du personnage et sa mythification.

La « carrière » de Jeanne d'Arc a duré à peine trois ans, du 13 mai 1428, date de sa première entrevue à Vaucouleurs avec Robert de Baudricourt, capitaine du roi, jusqu'à ce sinistre mercredi 30 mai 1431 où elle périt, brûlée vive, sur la place du Vieux-Marché, à Rouen. Son intervention proprement dite fut plus brève encore, puisqu'elle cessa le jour de sa capture devant Compiègne, le mardi 23 mai 1430, quinze mois seulement après son départ de Vaucouleurs. De plus les résultats de cette intervention ont été médiocres ; certes, Jeanne conduisit Charles VII à l'autel de Reims, afin qu'il fût sacré roi de France, mais les Anglais n'en furent pas « boutés hors de France » pour autant : ils ne s'en retirèrent que progressivement entre 1440 et 1475, année où Louis XI et Édouard IV signèrent le traité de Picquigny, mettant fin à la « guerre de Cent ans », quarante-quatre ans après la mort de Jeanne. Enfin les rois d'Angleterre continuèrent à porter le titre de « roi de France » (mais non plus la couronne) jusqu'en 1801 (!).

Le but de ce livre est, certes, de décrire, après tant d'autres qui l'ont fait mieux que nous, l'émouvante aventure éclair de la Pucelle, mais aussi et surtout de tenter de comprendre quand, comment et pourquoi cet épisode, unique en son genre dans notre histoire, infiniment respectable mais sans lendemain, a pu devenir la matière d'un culte nationaliste célébré en commun et sur le mode dithyrambique par les instituteurs anticléricaux de la IIIe République, par les maurrassiens illuminés du temps de l'affaire Dreyfus et, de nos jours, par une extrême droite démagogique, en quête d'une figure de proue.

Nous avons présenté, dans notre *Avertissement*, les sources auxquelles on doit se référer pour reconstituer l'histoire de la Pucelle ; une bibliographie méthodique sommaire est proposée à la fin de ce livre.

LA « GUERRE DE CENT ANS »

Les historiens du XIXe siècle ont appelé « guerre de Cent ans » le conflit multiforme (féodal, économique, militaire et dynastique) qui a opposé les descendants de Philippe le Bel, devenus les uns rois d'Angleterre et les autres rois de France entre 1337 et 1475. Cette dénomination ne correspond absolument pas aux réalités, et il serait bon de la bannir, une fois pour toutes, des manuels d'histoire.

Tout d'abord, parce que, au cours de cette période, on ne fit pas la guerre pendant cent années de suite sur le sol français. Le territoire du royaume ne fut pas envahi en permanence par les armées ennemies et le temps accordé aux trêves (quelque soixante-dix ans) fut incomparablement plus long que celui consacré aux batailles, aux chevauchées ou aux pillages. Ensuite, parce qu'il n'y a aucune raison d'isoler les conflits de la période 1337-1475 de ceux qui les ont précédés entre 1152, année du mariage de Henry II Plantagenêt avec Aliénor d'Aquitaine, et 1259, année de la signature du traité de Paris : ils sont du même type et peuvent être considérés comme constituant une première « guerre de Cent ans ».

Enfin et surtout, parce que ces deux « guerres de Cent ans » n'ont pas été des guerres nationales. Elles n'ont pas opposé un « peuple anglais » – trois ou quatre millions de Bretons et de Saxons qui n'avaient pas encore totalement assimilé la conquête normande – à un « peuple français » qui était loin d'avoir fait son unité linguistique, politique, ethnologique et culturelle. La France, au temps de la « guerre de Cent ans », est une vaste agglomération de provinces et de pays, dont chacun avait ses caractéristiques propres. On y rencontre non pas des « Français », mais des Bretons, des Normands, des Picards, des Flamands, des

Champenois, des Bourguignons, des Auvergnats, des Limousins, des Provençaux, des Gascons, des Poitevins, des Armagnacs, des Basques, des Gascons, des Parisiens, etc., qui n'ont en commun que d'être tous les sujets d'un lointain « roi de France ». Certes, ces sujets du roi de France parlent tous des langues romanes (à l'exception des Basques, des Bretons et des Flamands), mais différentes les unes des autres ; ils n'ont pas la même histoire, les mêmes coutumes, le même genre de vie, les mêmes légendes. Bref, ils ne forment pas encore un peuple. De sorte qu'on ne peut comparer la présence des Anglais – dont les chefs parlaient et écrivaient mieux le français que la langue anglaise – dans certaines provinces de France à l'invasion de notre pays vaincu par les Alliés (Russes, Prussiens, Autrichiens, Anglais) en 1814, ou à l'occupation nazie en 1940-1944. Et tout manichéisme nationaliste (les « méchants » Anglais / les « malheureux » Français) ne peut être qu'anachronique et déplacé.

LA FRANCE DES FIEFS VERS 1180

Vers 1180, à l'avènement du roi Philippe Auguste, la France est le plus vaste royaume d'Occident, mis à part l'ensemble hétéroclite de royaumes, de principautés, de duchés, de comtés, d'archevêchés et d'évêchés qui constitue le Saint-Empire romain germanique. Toutefois, elle n'est pas aussi étendue que notre moderne hexagone (400 000 km^2 vers l'an 1200 contre 550 000 km^2 aujourd'hui) : au Nord et à l'Est, ses frontières suivent les cours de l'Escaut, de la Meuse, de la Saône et du Rhône, de sorte que la Lorraine, l'Alsace, la Franche-Comté, la Savoie, le Dauphiné et la Provence ne sont pas encore des provinces françaises ; au Sud, la France s'arrête aux Pyrénées, comme de nos jours, mais le Béarn est un vicomté indépendant et le Roussillon appartient au royaume d'Aragon.

Cela dit, ne nous leurrons pas : au temps de Philippe Auguste, le « royaume de France » est plus une « expression géographique », comme on le dira plus tard de l'Italie, qu'un État unifié au sens moderne du terme. C'est un ensemble de *fiefs* appartenant, de père en fils par ordre de primogéniture, à de grands seigneurs féodaux qui portent, selon les cas, le titre de *duc*, de *comte*, de *vicomte* ou de *marquis*. A l'époque carolingienne, ces titres avaient une signification essentiellement militaire ; ils ont pris un sens nouveau sous les Capétiens, en rapport avec l'aristocratie terrienne, héréditaire et hiérarchisée, qui s'est constituée en France depuis le partage de l'empire de Charlemagne. Chaque duc, chaque comte est maître chez lui, mais il est subordonné par le lien de féodalité[1] à un *suzerain* dont il est le *vassal* ; le suzerain de tous les grands princes français est le roi de France, descendant en ligne directe de Hugues Capet par les hommes et par ordre de primogéniture. A la fin du XIIe siècle, ce monarque est un des seigneurs les moins pourvus du royaume : son territoire, le *domaine royal*, s'étend approximativement de Senlis à Bourges et de Chartres à Sens (voir la carte n° 1, p. 449) ; mais Paris, sa capitale, est déjà la plus grande cité d'Europe.

Sur le plan démographique, comparée à l'Angleterre, la France de cette époque est surpeuplée. Elle compte quelque 10 ou 11 millions d'habitants, alors qu'il n'y a que 3,5 millions d'Anglais de l'autre côté de la Manche (vers 1328, à la veille de la guerre de Cent ans, les chiffres seront de 15 millions pour la France et de 5 millions pour l'Angleterre). Plus de 75 % de ses habitants sont des paysans ; les autres vivent dans des villes, dont la plupart ne sont que des bourgs de 2 à 3 000 habitants, mais quelques grandes cités comptent plus de 10 000 habitants (c'est le cas d'Amiens, de Reims, de Toulouse ou de Bordeaux par exemple), et, en 1328, Paris est devenu un monstre de 200 000 habitants. Progressivement, dans le courant du XIIIe siècle, le territoire français va acquérir le visage qui sera le sien jusqu'à la révolution industrielle du XIXe siècle : celui d'un réseau urbain, en grande partie hérité de l'époque gallo-romaine, serpentant au sein d'un paysage agricole et forestier.

La population urbaine est composée principalement de commerçants, d'artisans, de clercs et d'hommes de loi. A la différence des villages et des bourgs, qui sont administrés directement par les représentants des seigneurs locaux, les villes possèdent un gouvernement municipal autonome, pourvu de privilèges écrits (chartes) qui leur ont été accordés par ces mêmes seigneurs, bénéficiaires, par ailleurs, d'impôts urbains et de taxes diverses (en particulier des péages et des taxes sur les

1. Ce lien implique, notamment, la prestation solennelle et publique d'un serment de fidélité, l'*hommage-lige*, du vassal à son suzerain, une assistance militaire régulière (le *service d'ost*) ou exceptionnelle (à la demande du suzerain).

marchés), ainsi que des amendes judiciaires. On retrouve alors, dans toutes les villes de quelque importance, un *corps municipal*, composé de notables, de marchands, de membres du corps des métiers, et l'intervention de la population entière de la cité dans ses affaires devient de plus en plus fréquente. On voit aussi apparaître des assemblées municipales, formées de clercs et de laïques, réunies sous la présidence d'un évêque, dont le rôle dans la gestion des affaires locales et dans l'administration de la justice devient de plus en plus important.

C'est au sein de ce royaume de France que les souverains anglais vont s'installer, au temps de Henry II Plantagenêt (1154-1189), en acquérant des fiefs par le biais des mariages et des héritages, ce qui fera d'eux des vassaux du roi de France. Puis, deux siècles plus tard, ils rompront ce lien de vassalité, chercheront à conserver leurs fiefs par la force des armes et, finalement, se poseront en prétendants à la couronne de France : ce sera le temps de ce qu'on a appelé – à tort – la « guerre de Cent ans ».

Pour comprendre comment les choses en sont arrivées là, il nous faut remonter à la conquête de l'Angleterre par les Normands, en 1066.

Tout le monde sait que, cette année-là, un vassal du roi de France, le duc Guillaume de Normandie, débarqua victorieusement en Angleterre, écrasa le roi saxon Harold II à la bataille de Hastings (14 octobre 1066) et fut couronné roi d'Angleterre à Westminster le jour de Noël. Bien entendu, il conserva son beau duché de Normandie, qui, après quelques péripéties, finit par tomber, avec la couronne d'Angleterre, entre les mains de son fils Henry Ier Beauclerc (1100-1135).

Henry Ier fut un bon roi d'Angleterre et un bon duc de Normandie, vassal loyal du roi de France. Il avait deux enfants, un fils, Guillaume, et une fille, Mathilde. Le premier périt dans un naufrage ; la seconde épousa d'abord un empereur germanique, dont elle devint bientôt veuve, puis, en secondes noces, un seigneur français, Geoffroi Plantagenêt, qui possédait le comté d'Anjou. De ce mariage naquit, en 1133, un garçon, prénommé Henry, comme le roi son grand-père.

En 1135, à la mort de Henry Ier, qui n'avait pas d'héritier mâle, son neveu, Étienne de Blois, fait valoir ses droits à la couronne d'Angleterre et l'obtient (il règnera jusqu'à sa mort, en 1154). Il réclame aussi le duché de Normandie, mais doit finalement le céder, après une guerre de neuf ans, à Geoffroi Plantagenêt, qui le gouvernera jusqu'à la majorité de son fils, Henry (né, rappelons-le, en 1133).

Le roi Étienne d'Angleterre meurt à son tour en 1154, sans descendance mâle, et la couronne royale passe alors normalement sur le front du jeune Henry Plantagenêt, fils de la reine Mathilde et arrière-petit-fils de Guillaume le Conquérant : le jeune homme devient ainsi roi d'Angleterre sous le nom de Henry II Plantagenêt. Deux ans auparavant, en 1152, il avait eu la bonne idée d'épouser Aliénor (Éléonore) d'Aquitaine, dont son époux, le roi de France Louis VII, venait de se séparer parce qu'il la soupçonnait de lui avoir été infidèle ; la corbeille de noces de cette jeune divorcée était particulièrement bien garnie : elle tenait en effet de son père, duc d'Aquitaine et comte de Poitiers, tout le Sud-Ouest de la France (la riche Guyenne, le Limousin, le Périgord, le Poitou et l'Angoumois).

Le tableau généalogique récapitulatif de la page 20 permet de comprendre comment Henry II, qui va régner 45 ans (pratiquement pendant toute la seconde moitié du XIIe siècle), est devenu le souverain le plus riche en territoires d'Europe. Outre la couronne d'Angleterre, il possède en effet la moitié du territoire français (voir la carte n° 1, p. 449) : la Normandie, par héritage de son grand-père Henry Ier ; les comtés d'Anjou et du Maine, par héritage de son père Geoffroi ; le duché d'Aquitaine et le comté de Poitiers, par son mariage avec Aliénor d'Aquitaine ; et il s'emparera de la Bretagne par la force des armes, en 1158. A sa mort, en 1189, tous ces territoires, à l'exception de la Bretagne, deviendront la propriété de son fils, Richard Ier Cœur de Lion.

Ainsi donc, à partir de la fin du XIIe siècle, en comparaison du roi d'Angleterre, qui est son vassal (en tant que duc de Normandie, comte d'Anjou, etc.), le roi de France fait figure de parent pauvre : tout l'Ouest de la France appartient aux Plantagenêts ; le Nord et l'Est sont entre les mains d'une douzaine de puissants vassaux, tels le comte de Flandre, le comte de Vermandois, le comte de Champagne ou le duc de Bourgogne ; le Sud est la propriété du comte de Toulouse et du comte d'Armagnac. Aussi, dans le courant des XIIe et XIIIe siècles, les rois capétiens, de Louis VII à Philippe IV le Bel, vont-ils s'efforcer d'agrandir le domaine royal et d'accroître leur autorité sur leurs vassaux, dont les plus réticents sont évidemment les rois d'Angleterre. Pour atteindre ce but, ils durent guerroyer pendant un bon siècle contre les Plantagenêts.

GUILLAUME Ier LE CONQUÉRANT (v. 1028 ; 1066-1087), duc de Normandie, roi d'Angleterre. — *épouse* (en 1053) — MATHILDE (MAHAUT), fille de BAUDOIN V, comte de Flandres.

- ROBERT COURTEHEUSE, duc de Normandie (1054-1134).
- GUILLAUME II LE ROUX, roi d'Angleterre (v. 1056 ; 1087-1100).
- ADÈLE
  - ÉTIENNE DE BLOIS, roi d'Angleterre et duc de Normandie (v. 1097 ; 1135-1154).
- HENRY Ier BEAUCLERC (1069 ; 1100-1135), roi d'Angleterre ; duc de Normandie.
  - MATHILDE, *épouse*, en 1128, GEOFFROI PLANTAGENÊT, comte d'Anjou, de Tours et du Maine.
    - HENRY II PLANTAGENÊT (1133 ; 1154-1189), roi d'Angleterre, duc de Normandie, comte d'Anjou, de Tours et du Maine, suzerain d'Irlande ; épouse en 1152 ALIÉNOR D'AQUITAINE, divorcée du roi de France LOUIS VII, qui lui apporte le duché d'Aquitaine et le comté de Poitiers ; s'empare en 1158 du comté de Bretagne.
      - MAISON ROYALE DES PLANTAGENÊTS QUI RÉGNERONT SUR L'ANGLETERRE JUSQU'EN 1399, DATE À LAQUELLE LA COURONNE PASSERA À LA MAISON DES LANCASTRES, PUIS, EN 1461, A LA MAISON D'YORK.

Comment Henry II Plantagenêt est devenu le souverain le plus puissant d'Europe, sans faire aucune guerre, du fait, notamment, de son mariage avec Aliénor d'Aquitaine qui fait de lui un vassal du roi de France (entre parenthèses : date de naissance, suivie des dates de règne).

LA PREMIÈRE « GUERRE DE CENT ANS » : UNE QUERELLE FÉODALE (1154-1259)

La querelle entre les Capétiens et les Plantagenêts a débuté en 1154, lorsque Henry II Plantagenêt, qui possédait déjà plus de la moitié de la France, devint roi d'Angleterre. Comment en effet ce monarque pouvait-il admettre de prêter hommage lige, avec toutes les obligations que ce lien féodal comportaient, à son suzerain, indiscutablement moins puissant que lui, le roi de France ? Et comment ce suzerain pourrait-il obtenir obéissance de son vassal ? La conséquence de cette situation féodale aberrante fut une série d'expéditions militaires entreprises par les rois de France entre 1154 et 1259, au terme desquelles Philippe Auguste s'empara des fiefs des Plantagenêts et les intégra dans le domaine royal (la Normandie, le Maine, la Touraine et l'Anjou, en 1204, la Bretagne en 1212). Saint Louis parachèvera l'œuvre conquérante de son grand-père et obtiendra de Henry III Plantagenêt la ratification du traité de Paris (1259) : dorénavant il ne restera plus en France qu'un seul fief qui soit entre les mains des Plantagenêts, et pour lequel le roi d'Angleterre doive prêter hommage lige à son suzerain, le roi de France, à savoir la Guyenne. Ainsi se termina ce conflit féodal qu'on peut qualifier de « première guerre de Cent ans », dont le tableau ci-après résume le déroulement.

Après le traité de Paris, les Capétiens peuvent dormir tranquilles, du moins le pensent-ils (nous verrons bientôt qu'ils se trompaient) : leur dynastie ne leur semble plus menacée, les règles de succession par primogéniture mâle paraissent désormais immuables, et le système des *apanages* protège le domaine royal de tout démembrement (l'apanage est une portion du domaine royal attribuée comme fief aux fils cadets du roi et qui revient à la couronne à la mort du bénéficiaire s'il n'a pas de postérité mâle). Par ailleurs, le rituel *(ordo)* du sacre, qui confère au pouvoir royal une valeur religieuse, est précisé en 1270. La cérémonie doit avoir lieu dans la cathédrale de Reims, en présence de membres du clergé, de la noblesse et du peuple. Elle se déroule en trois temps : 1° le roi prononce le serment de protéger l'Église, les pauvres, les veuves et les orphelins ; 2° après avoir reçu ses armes (des souliers marqués de fleurs de lys, des éperons d'or, l'épée *Joyeuse* qui était censée avoir appartenu à Charlemagne), le roi est oint par l'archevêque de Reims, avec l'huile sainte conservée dans une ampoule depuis le baptême de

DATES	ÉVÉNEMENTS
Juillet 1137	Le dauphin de France (futur LOUIS VII) épouse ALIÉNOR D'AQUITAINE à Poitiers, où il apprend la mort du roi son père, LOUIS VI LE GROS.
1er août 1137	Sacre du dauphin, qui règne sous le nom de LOUIS VII LE JEUNE.
1152	Divorce de LOUIS VII ; début de sa rivalité avec HENRY II PLANTAGENÊT, qui épouse à son tour ALIÉNOR... et ses fiefs.
1154	HENRY II devient roi d'Angleterre.
1177	Paix de Nonancourt entre LOUIS VII et HENRY II.
1180	Avènement de PHILIPPE II AUGUSTE.
1184	Création des bailliages et des sénéchaussées.
1187	PHILIPPE AUGUSTE reprend la guerre contre HENRY II.
Juillet 1189	Victoire de PHILIPPE AUGUSTE ; traité d'Azay-le-Rideau. HENRY II prête hommage à son suzerain, le roi de France, pour tous ses fiefs sur le continent. Mort d'HENRY II ; RICHARD CŒUR DE LION lui succède.
1193-1194	Guerre de PHILIPPE AUGUSTE contre RICHARD CŒUR DE LION (enjeu : les fiefs des Plantagenêts) ; trêve de Verneuil.
1199	Mort de RICHARD CŒUR DE LION ; JEAN SANS TERRE lui succède.
1202	PHILIPPE AUGUSTE reprend aux Plantagenêts la Normandie, le Maine, la Touraine et l'Anjou.
1202	PHILIPPE AUGUSTE reprend la Bretagne aux Plantagenêts.
1212	Victoires de PHILIPPE AUGUSTE à Bouvines et du dauphin (futur LOUIS VIII) à la Roche-aux-Moines. Trêve de Chinon entre la France et l'Angleterre.
1223	Mort de PHILIPPE AUGUSTE et avènement de LOUIS VIII LE LION.
1226-1270	Règne de LOUIS IX (SAINT LOUIS).
1259	Traité de Paris avec HENRY III PLANTAGENÊT.

La première « guerre de Cent ans » : elle a duré officiellement 137 ans, mais l'ensemble d'opérations militaires proprement dites représente, au total, une trentaine d'années.

Clovis ; 3° il est ensuite revêtu d'une tunique de couleur bleue, reçoit les insignes royaux et l'archevêque pose sur son front la couronne de France. Le pouvoir du roi ainsi consacré est un pouvoir divin : désobéir au roi, c'est désobéir à Dieu.

Le domaine royal s'est considérablement agrandi et il n'y a plus que huit grands fiefs qui lui échappent (la Flandre, la Bretagne, la Gascogne, le Béarn, le Barrois, le Bourbonnais et le Forez ; voir carte n° 2, p. 450). On peut maintenant parler d'un « royaume » de France, bien que le terme « France » soit encore réservé à la seule Île-de-France. Sa capitale religieuse, politique, culturelle, universitaire et économique est Paris ; Philippe Auguste, en 1190, l'entoure d'une solide enceinte fortifiée et fait construire une forteresse à la jonction de cette enceinte et de la rive droite de la Seine, sur un terrain désert appelé « Louvre » (l'origine de cette appellation est incertaine : il s'agissait peut-être d'un lieu où se réunissaient des chasseurs de loups, *luparii* en latin).

La dynastie des Capétiens est solide. Sa légitimité est établie par des règles désormais immuables, et elle se dote alors d'une administration à tendance centralisatrice qui perdurera jusqu'à la Révolution. Pour gouverner, le roi s'appuie non plus sur ses barons ou sur ses chevaliers, mais sur des officiers royaux gagés (baillis ou sénéchaux), des agents domaniaux (prévôts), des receveurs d'impôts et sur des institutions spécialisées. A partir du XIIIe siècle, la *curia regis* (« Cour du roi ») est remplacée par trois institutions : le *Conseil*, organe de gouvernement, le *Parlement,* institution chargée de la justice, la *Chambre des comptes*, qui gère les finances royales et le fisc. Sur le plan local, l'administration est dirigée par des baillis au Nord de la Loire, et par des sénéchaux au Sud (sous Philippe IV le Bel, on dénombre 28 *bailliages* et *sénéchaussées*, divisés en *chatellenies*).

LES ORIGINES DE LA SECONDE « GUERRE DE CENT ANS » : UNE QUERELLE DYNASTIQUE

La paix franco-anglaise instituée par le traité de 1259 a donc transformé assez rapidement la France des fiefs en un véritable État monarchique. Le roi de France n'est plus, dorénavant, le suzerain d'une quinzaine de vassaux qui sont tous maîtres chez eux et qui n'ont guère de compte à lui rendre, mais le chef et le protecteur tout-puissant d'une douzaine de millions de *sujets*, répartis en trois *ordres*, ceux qui prient (le clergé), ceux qui se battent (la noblesse) et ceux qui travaillent et produisent pour le bien de tous (le peuple des campagnes et des villes, qu'on appellera plus tard le « Tiers état »).

La paix a également permis le rétablissement d'une économie fondée sur la circulation des marchandises. Les pôles de cette activité commerciale se trouvent en Italie du Nord, dans la France du Nord et en Flandre, tandis que les principales voies de communication sont les voies fluviales (la Garonne, le couloir fluvial Saône-Rhône, la Seine) et maritimes (de l'estuaire de la Garonne à la Manche, sur la façade atlantique de la France). Or l'existence, en plein cœur du royaume, d'un vaste fief comme la Guyenne, que traverse précisément la Garonne et dont le littoral est longé par les navires de commerce génois, pisans, anglais, flamands et français, engendre des difficultés que n'avait pas prévues le compromis de 1259, dont la fragilité ne va pas tarder à se manifester.

Les ducs de Guyenne sont alors les rois d'Angleterre Édouard Ier (1272-1307), Édouard II (1307-1327) et Édouard III (1327-1377). Les différends – inévitables – qui s'élèvent entre les seigneurs gascons et leur duc ou les représentants du duc sont portés soit devant le roi, soit devant le Parlement de Paris, soit devant des officiers royaux qui, dans presque tous les cas tranchent en faveur des Gascons. En général, les ducs de Guyenne ne s'inclinent pas devant les sentences, et les conflits locaux dégénèrent (il s'agit généralement de conflits concernant l'occupation de territoires contestés, sur les frontières de la Guyenne, qui se couvrent de fortifications). Au point que Philippe IV le Bel prit, en 1294, la décision de confisquer la Guyenne pour rupture du contrat féodal par son vassal – en l'occurrence le roi d'Angleterre Édouard Ier – et y envoya des hommes d'armes pour ce faire. Mais, neuf ans plus tard, en 1303, préoccupé par un autre conflit – toujours féodal – avec le comte de Flandre, le roi de France restitue son fief au roi Édouard Ier (paix dite « de Paris ») et entame avec lui une politique d'alliance familiale (mariage de sa fille Isabelle avec le roi Édouard II, qui succède à son père en 1307).

Philippe IV le Bel meurt en 1314. L'un après l'autre, ses trois fils lui succèdent : Louis X le Hutin (1314-1316), Philippe V le Long (1316-1322), et Charles IV le Bel (1322-1328). Louis X meurt prématurément (sans doute d'une pneumonie) le 5 juin 1316, alors que sa femme, Clémence de Hongrie, était enceinte ; son frère puîné, Philippe le Long, assure la régence jusqu'à l'accouchement de la reine qui, dans la nuit du 13 au 14 novembre 1316, met au monde un garçon, Jean Ier le Posthume (ainsi surnommé parce qu'il est né après la mort de son père). Malheureusement, le nouveau-né ne survécut que trois ou quatre jours et, pour la première fois dans l'histoire de la Maison capétienne, un souverain disparaissait sans héritier mâle : Louis X ne laissait en effet après lui qu'une fillette de 4 ans, Jeanne de Navarre (voir le tableau des Maisons de France et d'Angleterre, p. 444).

Qui donc allait ceindre la couronne de France ? La pure logique successorale aurait voulu que la dévolution se fît au profit de Jeanne de Navarre, le pouvoir royal étant exercé par le régent jusqu'à la majorité de celle-ci. Mais Philippe le Long, après avoir pris la précaution de demander leur accord à ses oncles (les frères de Philipe le Bel, Charles de Valois et Louis d'Évreux), réunit les principaux légistes du royaume qui rappelèrent la vieille loi des Francs Saliens : *« Femme ne succède point au royaume de France »* ; en conséquence Jeanne de Navarre ne pouvait hériter la couronne de France et Philippe s'autoproclama roi de France, sous le nom de Philippe V. L'assemblée des grands du royaume, réunie en février 1317, entérina le fait accompli.

En 1322, Philippe V le Long, atteint de dysenterie, meurt à son tour sans postérité mâle et, conformément à la même règle, la couronne revient à son frère cadet, Charles IV le Bel, qui règne de 1322 à 1328. Dès lors, le conflit avec Édouard II va se durcir. En 1323, les officiers royaux détruisent une fortification élevée sur un territoire frontalier contesté ; en réponse à cette agression, Édouard II refuse de prêter au nouveau roi de France le serment traditionnel qu'un vassal doit à son suzerain (l'hommage lige). Charles IV prononce alors la confiscation de la Guyenne pour « retrait d'hommage » (1324) et l'occupe en partie (1326).

Le bras de fer entre Charles IV le Bel et Édouard II s'arrête là. Une insurrection générale s'est en effet déclenchée en Angleterre contre ce roi, qui a été contraint d'abdiquer en faveur de son fils et jeté en prison (il y sera assassiné en 1326). L'avènement d'Édouard III modifie les données du problème et un accord intervient entre lui et Charles IV en 1327 : Édouard III recouvre son fief, moyennant le payement d'un droit de recouvrement et d'une indemnité de guerre au roi de France. La paix entre la France et l'Angleterre semble assurée.

Il n'en fut rien : la mort inattendue de Charles IV, terrassé par un mal inconnu, le 1er février 1328, à Vincennes, allait compliquer irrémédiablement la situation et transformer le conflit féodal opposant la monarchie française à la monarchie anglaise en un conflit dynastique qui a déclenché ce qu'on a appelé la « guerre de Cent ans ». En effet, son père, Philippe le Bel, avait marié une première fois Charles IV en 1307 (il avait alors 13 ans) à Blanche de Bourgogne. Mais celle-ci avait été compromise, en même temps que sa belle-sœur, Marguerite de Bourgogne, dans le scandale des orgies de la tour de Nesles, et convaincue d'adultère : elle fut donc tondue en public et enfermée avec cette dernière au Château-Gaillard, où elle se trouvait encore en 1322, lorsque Charles IV le Bel fut sacré roi à Reims. Or Charles était le dernier héritier en ligne directe de son père, Philippe le Bel, et, ses deux frères n'ayant eu que des filles, il n'avait aucun neveu à qui transmettre sa couronne : il fallait donc, de toute urgence, que le nouveau roi de France eût un fils.

Toutefois, avant de convoler à nouveau, le roi devait d'abord faire annuler son mariage avec Blanche, ce qui fut rapidement fait, et quelques mois après son sacre, il épousa Marie de Luxembourg, fille de l'empereur d'Allemagne ; mais, neuf mois plus tard, Marie mourait d'une fièvre puerpérale en mettant au monde un enfant mort-né. Charles IV se maria donc pour la troisième fois, en juillet 1325, avec sa cousine germaine Jeanne, fille de son oncle Louis, comte d'Évreux. Elle lui donna d'abord deux filles, dont une seule survécut, puis se retrouva enceinte une troisième fois.

Malheureusement, le sort s'acharnait sur la lignée des Capétiens. Lorsque Charles IV mourut, la reine Jeanne n'avait pas encore accouché et le roi avait eu à peine le temps, avant de mourir, de désigner son cousin germain Philippe de Valois (voir le tableau des Maisons de France et d'Angleterre de la p. 444) comme régent du royaume en attendant la naissance de l'enfant espéré. Trois mois après la mort du roi, la reine Jeanne mettait au monde une troisième fille : la branche aînée de la Maison capétienne n'avait plus de représentant mâle.

Cette fois-ci, la situation est plus grave qu'en 1316, à la mort de Louis X le Hutin (voir ci-dessus, p. 25). Il y a en effet deux prétendants à la couronne de France : 1° le régent lui-même, Philippe de Valois (34 ans), qui argue de sa parenté avec le roi défunt (il est l'aîné de tous ses cousins germains) et du choix que ce roi avait fait sur son lit de mort ; 2° Édouard III Plantagenêt (16 ans), roi d'Angleterre, neveu du roi défunt par sa mère, Isabelle (voir le tableau des Maisons de France et d'Angleterre, p. 444).

L'assemblée des grands se réunit le 8 avril 1328 et elle repousse la candidature d'Édouard III. Certains historiens ont prétendu que les grands, ce faisant, auraient appliqué la loi salique, la plus ancienne des lois franques en matière de procédure successorale, comme ils l'avaient fait pour Jeanne de Navarre en 1317. Il n'en est rien. La décision des grands a reposé, en fait, sur deux arguments de poids : 1° les deux prétendants sont à égalité pour ce qui concerne leur degré de parenté par rapport au roi défunt (Édouard III lui est relié par deux degrés de parenté : sa mère et son grand-père ; il en est de même pour Philippe de Valois, relié à Charles IV par son père et son grand-père) ; 2° mais Philippe est bien évidemment un meilleur garant de l'indépendance du royaume de France que le roi d'Angleterre.

La couronne de France est donc attribuée au cousin germain du roi, qui régnera sous le nom de Philippe VI de Valois (1328-1350), inaugurant ainsi la dynastie des Valois. De son côté, Édouard III, qui vient de récupérer la Guyenne (elle lui a été restituée en 1327 par Charles IV), n'a pas intérêt à contester la légitimité du nouveau roi de France : il a besoin d'avoir les mains libres pour combattre les nationalistes écossais, en révolte armée contre l'Angleterre depuis 1297, et il compte sur l'intervention de la France, alliée traditionnelle de l'Écosse, pour les faire céder. C'est pourquoi, dès juin 1329, à Amiens, il n'hésite pas à prêter hommage pour la Guyenne à son nouveau suzerain.

Mais Édouard III va bientôt déchanter : Philippe VI refuse de rompre ses engagements envers le roi d'Écosse. Dès lors, le roi d'Angleterre n'a plus guère de raisons de ménager le roi de France et, lorsqu'en 1331 celui-ci exige de son vassal qu'il lui prête publiquement hommage lige, Édouard III exige en retour que ce rite humiliant ait lieu en privé (avril 1331). Puis les relations entre les deux monarques se tendent : Édouard III revendique la Gascogne, que Charles IV lui avait confisquée, et intrigue contre Philippe VI aux Pays-Bas, avec les princes et les bourgeois flamands, tandis que le roi de France met sur pied une expédition militaire pour venir au secours des Écossais (1336) et prononce de nouveau la confiscation de la Guyenne pour « retrait (refus) d'hommage » de la part de son vassal anglais (24 mai 1337). Cinq mois plus tard, en octobre 1337, Édouard III d'Angleterre, dans une lettre adressée à « *Philippe qui se dit roi de France* » revendique officiellement le royaume de France, en tant que neveu du roi défunt et petit-fils de Philippe le Bel. La querelle féodale entre le suzerain français et son vassal anglais devenait une querelle dynastique : la deuxième « guerre de Cent ans » venait de commencer ; elle ne devait se terminer que 138 ans plus tard, en 1475, avec la signature du traité de Picquigny (29 août 1475, voir ci-après, p. 47).

Tout au long de cette période, les rois d'Angleterre vont s'acharner à revendiquer la couronne de France, les armes à la main, et les rois de France vont tenter de leur reprendre les fiefs qu'ils possédaient en territoire français par la même méthode. Il en résulta de nombreuses opérations militaires, séparées par des trêves plus ou moins longues (la dernière a duré une quarantaine d'années, de 1375 à 1413), dont l'ensemble a été appelé improprement « guerre de Cent ans » (cette expression malheureuse date du début du XIXe siècle). On peut y distinguer quatre phases, sur lesquelles nous donnons quelques informations dans les pages qui suivent.

LA PREMIÈRE PHASE DE LA « GUERRE DE CENT ANS » (1337-1364)

Au cours des trente premières années du conflit, la guerre portée par les Anglais sur le sol français n'a en aucune façon pris l'aspect d'une invasion massive ou d'un conflit armé permanent. Elle se résume, après quelques préliminaires stratégiques, à deux grandes victoires anglaises (Crécy et Poitiers), à la prise de Calais, tête de pont indispensable aux Anglais pour assurer leurs communications avec le continent (ils conserveront d'ailleurs cette ville jusqu'en 1598) et, naturellement, à la reconquête par les Plantagenêts de la Guyenne et de leurs anciens fiefs, qui leur avaient été repris par les rois de France (telle la Normandie, rattachée en 1204 au domaine royal par Philippe Auguste), le tout entrecoupé de trêves plus ou moins longues.

Lorsque le roi Édouard III d'Angleterre débarque sur le continent, en 1338, avec une armée d'ailleurs peu nombreuse, son but est de s'installer d'abord en Flandre, où les drapiers transforment la laine des moutons anglais en draps réputés. Il lui suffit donc de mettre l'embargo sur les laines anglaises à destination des villes flamandes pour réduire les artisans de ces cités au chômage et pour ruiner leurs bourgeois. La manœuvre réussit parfaitement : dès 1339, un riche marchand de Gand, Jacques Van Artevelde, qui se proclame « capitaine de Gand », offre à Édouard III l'alliance des Flamands et le reconnaît comme roi de France (en revanche, le comte de Flandre, vassal de Philippe VI de Valois, reste fidèle à son suzerain).

D'autre part, sur un plan militaire, Édouard III a besoin de contrôler les côtes de la mer du Nord depuis l'embouchure de l'Escaut jusqu'à Calais, tant en vue du commerce des laines que pour le transport éventuel de ses troupes. C'est pourquoi la première bataille de la « guerre de Cent ans » fut une bataille navale : elle eut lieu le 24 juin 1340, devant Sluis (nom français : L'Écluse), l'avant-port de Bruges, où s'était postée la flotte française. Le combat tourna à l'avantage des Anglais et les navires français furent détruits. Après cet affrontement, une trêve, décidée sur l'intervention du pape Benoît XII, interrompit les hostilités (25 septembre 1340).

L'année suivante, la guerre se transporte en Bretagne, dont la situation stratégique entre l'Angleterre et la Guyenne est évidente. Deux prétendants s'y disputent la couronne ducale : la nièce du duc défunt (Jeanne de Penthièvre) et le demi-frère de celui-ci (le comte Jean de Montfort). La première bénéficie du soutien du roi de France, le second est soutenu par le roi Édouard III. Les troupes des deux monarques envahissent le duché et s'affrontent près de Vannes (décembre 1342) ; le résultat de la bataille est indécis et c'est encore le pape (Clément VI, successeur de Benoît XII) qui impose aux belligérants la trêve de Malestroit (le 19 janvier 1343, dans le Morbihan, à 35 kilomètres de Vannes).

Trois ans plus tard, la guerre reprend : Édouard III s'est décidé à reconquérir les anciennes propriétés des Plantagenêts. En juillet, il débarque dans le Cotentin avec une grande armée (une dizaine de milliers d'hommes, dont de nombreux archers, et quelques canons, les premiers à être introduits en France), pénètre en Normandie, s'empare de Caen et marche sur Paris – qu'il n'a d'ailleurs ni l'intention ni les moyens d'assiéger – en suivant la rive gauche de la Seine. Arrivé à la hauteur de Poissy, Édouard III franchit le fleuve et prend la direction de la Picardie, où les Plantagenêts possédaient le comté de Ponthieu, avec comme destination Calais. Le roi de France, Philippe VI, le prend en chasse et le rattrape au Nord de la Somme, près du village de Crécy (proche de l'actuelle station balnéaire du Crotoy). Là va se livrer la première grande bataille terrestre de la guerre de Cent ans, le 26 août 1346. Elle tourne à l'avantage des Anglais : l'armée française en déroute s'enfuit dans la soirée, laissant plus de 5 000 morts sur le terrain. Sa défaite est sans appel.

*
* *

Édouard III n'exploite pas sa victoire, renonce à poursuivre les fuyards, et, avec un sens aigu de la stratégie, reprend immédiatement sa marche vers Calais. Le 3 septembre 1346, il met le siège devant les murs de cette cité prospère, qui appartenait au comte d'Artois ; elle tombe onze mois plus tard, le 3 août 1347. Le roi épargna la garnison qui la défendait, ainsi que ses habitants, moyennant la livraison de six bourgeois (dont Eustache de Saint-Pierre), qui eurent finalement la vie sauve grâce à l'intervention de l'épouse du roi, la reine Philippa de Hainaut.

Après la chute de Calais, une trêve fut signée, que les belligérants renouvelèrent plusieurs années de suite, tandis que se déroulaient, entre les deux monarques, par émissaires interposés, d'interminables pourparlers de paix, notamment sous le règne de Jean II le Bon, qui avait succédé à son père Philippe VI en 1350. Jean le Bon avait même envisagé de laisser leurs fiefs aux rois d'Angleterre sans qu'ils eussent à prêter hommage, mais cette suggestion fut repoussée par les grands de France et par l'opinion publique. Édouard III refusa alors de prolonger la trêve (mars 1354) et la guerre franco-anglaise reprit en 1355.

Le fils aîné d'Édouard III, surnommé le Prince Noir, débarque à Bordeaux en septembre 1355 et ravage le Languedoc jusqu'à Narbonne, puis il marche avec une puissante armée anglo-gasconne vers la Loire. Le heurt avec les troupes du roi Jean le Bon eut lieu près de Poitiers, dans la plaine de Maupertuis, où se déroula la deuxième grande bataille de la « guerre de Cent ans ». Les Français y furent vaincus et écrasés comme à Crécy, et, nous dit Froissart, au soir de la bataille on pleura, pour la deuxième fois, *« la fine fleur de la chevalerie française »* ; il y eut des milliers de morts et des milliers de prisonniers, avec, parmi eux, fait unique dans l'histoire du royaume de France, le roi Jean le Bon, qui fut emmené en captivité à Londres, où il devait mourir, en 1364.

Après une telle série de défaites (Crécy, Calais, Poitiers), le roi prisonnier dut accepter les dures conditions de paix imposées par les vainqueurs (traités de Londres de janvier 1358 et de mars 1359), que les *états* (assemblées) de France refusèrent de ratifier. Édouard III traversa la Manche une nouvelle fois, débarqua à Calais (octobre 1359), chevaucha avec son armée à travers l'Artois et la Champagne, ravagea la Beauce et imposa au dauphin Charles (le futur Charles V) les préliminaires de Brétigny (8 mai 1360), ratifiés par les traités de Calais (juillet et octobre 1360). Aux termes de ces accords, le roi de France cédait au roi d'Angleterre non seulement la Guyenne, mais tout l'ancien duché d'Aquitaine (celui d'Aliénor), avec le Périgord, le Limousin, la Saintonge et le Poitou, et, dans le Nord, le Ponthieu, Calais et Guînes (un village dans le Pas-de-Calais) ; une rançon de trois millions d'écus d'or fut en outre exigée pour la libération des prisonniers français. Quant à la libération du roi Jean le Bon, elle fut soumise à deux conditions : 1° la signature, par le roi de France, d'un acte de renonciation à toute souveraineté et à tout droit de juridiction sur les territoires cédés ; 2° le versement d'une rançon de six millions d'écus d'or, payables en six annuités pendant lesquelles ses deux fils, Louis, duc d'Anjou, et Jean, duc de Berry, seraient retenus en otages à Londres.

Jean le Bon put retourner dans son royaume en octobre 1360, afin de réunir la rançon exigée par les Anglais, et les clauses des traités furent exécutées ; toutefois, dans le courant de l'année 1363, Louis d'Anjou parvint à s'enfuir de Londres sans payer sa propre rançon. Fidèle aux lois de la chevalerie, qu'il respectait plus que toute autre, le roi de France revint se constituer prisonnier à Londres, où il mourut, le 8 avril 1364. Quant à Édouard III, le roi vainqueur, il transmit la principauté d'Aquitaine à son fils, le Prince Noir, qui l'avait bien méritée par ses exploits. La même année, la guerre de succession de Bretagne se terminait par la défaite et la mort de l'un des deux prétendants, Charles de Blois, à la bataille d'Auray (septembre 1364). Aux termes du traité de Guérande (12 avril 1365), Jean de Montfort était reconnu duc de Bretagne, à la condition de prêter hommage au roi de France, son suzerain ; s'il n'avait pas d'héritier mâle, le duché reviendrait à la descendance de Jeanne de Penthièvre (veuve de Charles de Blois). La paix allait enfin régner dans le royaume de France… amputé de la grande Aquitaine, de la Picardie maritime et de Calais (voir la carte n° 3, p. 451).

LA DEUXIÈME PHASE DE LA « GUERRE DE CENT ANS » (1364-1413)

La deuxième phase de la guerre (1364-1413) correspond, en France, aux règnes des rois Charles V et Charles VI, et, en Angleterre, à la fin du règne d'Édouard III, à celui de Richard II, le dernier Plantagenêt, et à ceux des deux premiers souverains de la dynastie des Lancastres, Henry IV et Henry V.

Sur le plan des opérations militaires, du côté des Français, le conflit se limita, sous le règne de Charles V, à une lente reconquête des territoires perdus, dans laquelle s'illustra Du Guesclin : en 1369, l'Agenais, le Limousin, le Périgord, le Rouergue furent repris en totalité ou en partie. Quant aux Anglais, ils répliquèrent par deux raids de cavalerie sans lendemain, deux *chevauchées* conduites à travers la France par Jean de Gand, duc de Lancastre et fils du roi Édouard III.

Une trêve fut alors conclue entre les belligérants en 1375 (la trêve de Bruges), elle fut prolongée jusqu'en 1377, et le combat se termina faute de combattants : le Prince Noir mourut le 8 juillet 1376, son père, Édouard III, s'éteignit le 21 juin 1377 et l'héritier de la couronne d'Angleterre, Richard II, le fils du Prince Noir, avait à peine 10 ans (voir le tableau des Maisons de France et d'Angleterre, p. 444). Quant à Charles V, il occupa les trois dernières années de son règne à lutter contre les ambitions du roi de Navarre, Charles II le Mauvais, puis il mourut la même année que son brave connétable Du Guesclin, en 1380.

Or, en 1380, le nouveau roi de France, Charles VI, avait 12 ans, et le roi d'Angleterre, Richard II, en avait 13. Il n'était évidemment pas question, ni pour ces deux adolescents, ni pour leurs régents de rompre la trêve de 1375, et les hostilités entre la France et l'Angleterre restèrent suspendues pendant une quarantaine d'années. Elles se rallumèrent faiblement en 1405 (tentative de reconquête de l'Aquitaine par Louis d'Orléans, frère du roi, reprise de quelques villes en Saintonge et dans le Périgord par le connétable Charles d'Albret), et ne devaient reprendre sérieusement qu'en 1413, sous le règne du roi Henry V de Lancastre (1413-1461).

Cependant, si les règnes de Charles VI (1380-1422) en France et de Richard II (1377-1399) en Angleterre s'annonçaient militairement paisibles, il n'en était pas de même en ce qui concernait les affaires intérieures des deux royaumes.

En Angleterre, à partir de 1377, deux partis s'affrontent : celui du roi, partisan de la paix avec la France et de la révision des traités de Calais, et celui du Parlement – le « parti des Lords » – qui considère les territoires français concédés aux termes de ces traités comme définitivement acquis à la Couronne et non plus comme des fiefs. En 1388, Richard II entame des pourparlers de paix avec la France à Leulinghem (près de Saint-Omer, dans le Pas-de-Calais) et, le 18 juin suivant, une trêve de trois ans est signée entre les deux pays. Puis le roi d'Angleterre négocie lui-même son mariage avec Isabelle d'Orléans, fille aînée de Charles VI (la cérémonie aura lieu par procuration à Paris, le 12 mars 1396 : Isabelle n'avait que 7 ans), et prolonge de 28 ans les effets de la trêve de Leulinghem. Contre les Lords, qui pratiquent une opposition systématique, Richard II emploie la manière forte, condamne leurs *leaders* à mort, exile son cousin Henry de Lancastre (fils de Jean de Gand et *leader* du parti de la guerre) et gouverne en monarque absolu.

Malheureusement, le jeune roi commet alors l'erreur, lourde de conséquences, de quitter Londres pour conduire une expédition militaire en Irlande (mai 1399) ; profitant de son absence, Henry de Lancastre revient le mois suivant en Angleterre et rallie les nobles à sa cause. A son retour d'Irlande, Richard II, abandonné par la plupart des siens, est capturé par les partisans de son cousin, qui l'obligent à signer l'*Acte d'abdication* du 30 septembre 1399, instituant le fils de Jean de Gand roi d'Angleterre sous le nom de Henry IV de Lancastre. Richard fut jeté en prison, où il mourut en février 1400 (de faim ? de froid ? assassiné ? on l'ignore). La dynastie des Plantagenêts avait fait son temps et cédait la place, sur le théâtre de l'histoire, à celle des Lancastres (Henry IV, Henry V et Henry VI) qui allaient reprendre avec vigueur la reconquête de leurs fiefs perdus en France (voir ci-dessous, p. 41 *sqq.*).

En France, la dynastie des Valois, qui avait pacifiquement succédé à celle des Capétiens directs (voir ci-dessus, p. 27 et le tableau généalogique de la Maison de France, p. 35), était sans doute plus solide, car elle a survécu à des événements intérieurs plus graves encore : la folie du roi Charles VI (elle débute en 1392 et le roi « fol » ne mourra qu'en 1422), les hésitations du dauphin (le futur Charles VII), la puissance nouvelle des institutions princières (les *principautés*) et la terrible guerre civile entre les Armagnacs et les Bourguignons (1407-1435) qui viendra se superposer à la guerre étrangère, relancée sur le sol de France par le roi Henry V, laquelle ne se terminera que sous le règne de Louis XI (trêve de Saint-Omer, en 1463, et paix de Picquigny en 1475).

*
* *

Les deux premiers Valois, Philippe VI et Jean II le Bon, avaient été des rois guerriers ; leur successeur, le roi Charles V (1364-1380), après avoir réglé le conflit qui l'opposait à son beau-frère Charles II de Navarre, dit le Mauvais, qui briguait la couronne de France (traité d'Avignon, en 1365), et après la guerre de Succession de Bretagne (voir ci-dessus, p. 29), fut un roi administrateur qui s'efforça de créer les conditions d'un gouvernement royal stable. Avec l'aide de légistes et de conseillers éminents, il se préoccupa de définir ce que nous appellerions aujourd'hui les cadres constitutionnels du pouvoir monarchique, s'attacha à rétablir les finances du royaume, à organiser méthodiquement l'armée et la marine et à réparer les conséquences territoriales des traités de Calais, qui prévoyaient la renonciation définitive du roi de France aux droits et territoires cédés au roi d'Angleterre (voir ci-dessus, p. 31). On lui doit aussi des ordonnances fondamentales (1374) fixant la majorité des rois de France à quatorze ans et les conditions éventuelles de la tutelle et de la régence en cas de minorité ou d'incapacité du dauphin.

Lorsque le roi Charles V meurt (à l'âge de 42 ans, d'une crise cardiaque, dans son manoir de Nogent-sur-Marne, le 16 septembre 1380), son fils, le dauphin Charles, a 12 ans (il est né en 1368). Conformément aux ordonnances du roi défunt, c'est l'aîné de ses oncles, Louis Ier duc d'Anjou (voir le tableau généalogique simplifié ci-dessous), qui est désigné comme régent, et Philippe le Hardi, duc de Bourgogne, comme garde de son corps. Cependant, très rapidement, de multiples conflits vont éclater entre les quatre oncles du jeune roi (les ducs d'Anjou, de Berry, de Bourgogne et son oncle maternel, le duc de Bourbon ; voir le tableau ci-après) et leurs rivalités vont engendrer une conduite incohérente des affaires du royaume.

Le jeune roi, encore mineur, fut confronté aux révoltes du temps, suscitées par l'augmentation des taxes, et participa, avec ses oncles, à leur répression (qui consistait purement et simplement

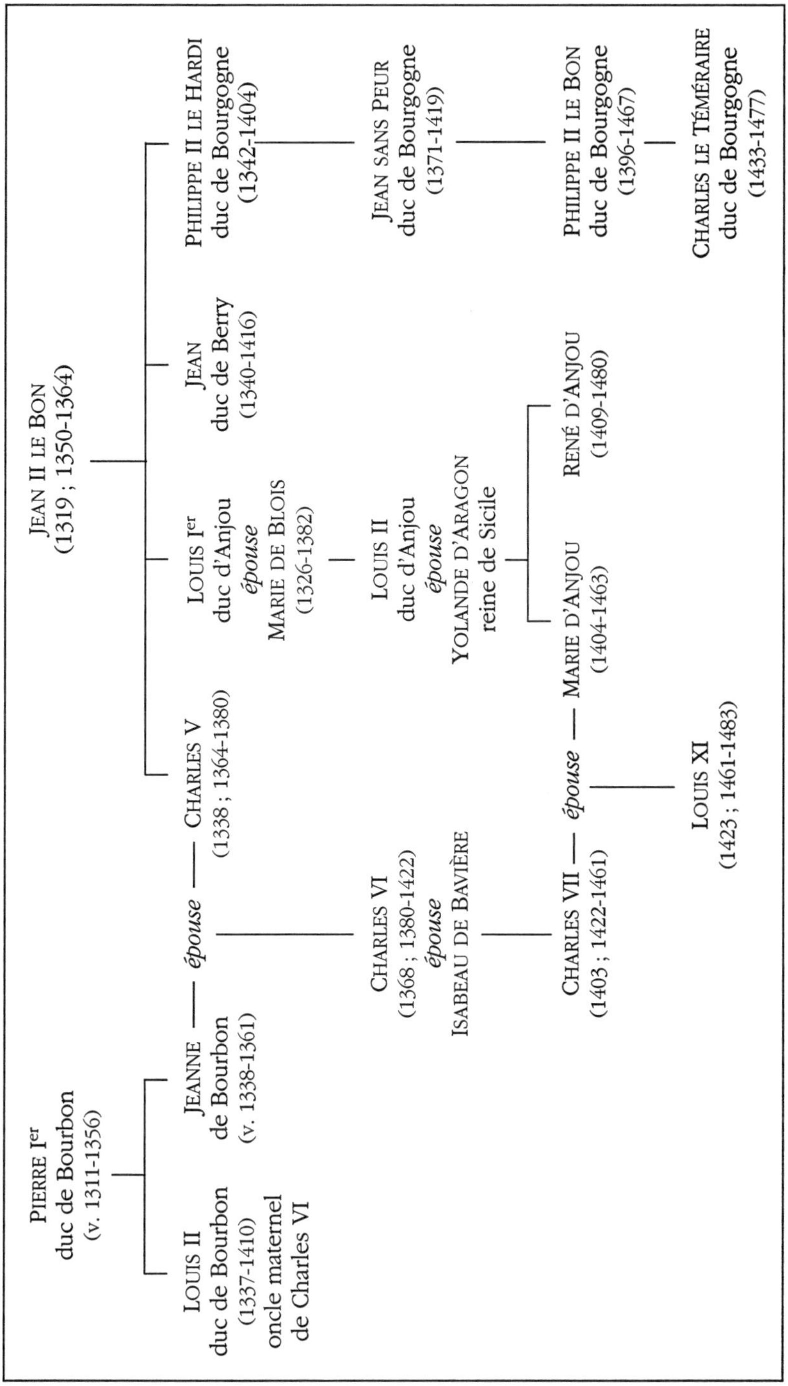

La situation de famille dans la Maison de France.

à massacrer les mutins), notamment en Normandie (pacifiée en 1382), à Paris (révolte des maillotins en 1382, réprimée en 1383), et à Orléans (en 1383). Entre-temps, la cour s'était transportée provisoirement à Compiègne. Puis elle revint à Paris, où, en 1385, après des négociations difficiles, fut célébré le mariage du roi avec Élisabeth de Wittelsbach, fille du duc Étienne II de Bavière et plus connue sous le nom d'Isabeau de Bavière.

En novembre 1388, Charles VI, qui a maintenant 20 ans, décide de prendre lui-même en main les affaires du royaume. Il renvoie ses oncles dans leurs terres et s'entoure d'un réseau de serviteurs de l'État et de ministres qui étaient déjà au service de son père (mais qui avaient été renvoyés par ses oncles), restés fidèles à la monarchie telle que la concevait Charles V: Jean Lemercier, Jean de Montagu, Bureau de la Rivière, Philippe de Savoisy, Le Bègue de Vilaines, Olivier de Clisson et quelques autres. Froissart les a surnommés les *Marmousets*, peut-être par dérision, car ils étaient de petite naissance ; ils vont être les hommes du roi. Unis entre eux par des liens familiaux ou matrimoniaux, par des serments d'alliance, par des pactes d'amitié, ces collaborateurs discrets du monarque sont entourés par une clientèle fidèle de clercs, de membres du Parlement de Paris et même d'hommes d'affaires. En d'autres termes, ils constituent un véritable « parti », au sens moderne du terme, dont le but est de servir le roi et le programme de réformer l'État pour le consolider.

Le gouvernement des *Marmousets*, qui a duré quatre ans (de 1388 à 1392), semble avoir eu des conséquences heureuses pour le royaume. La paix intérieure fut assurée, la situation économique était florissante, et, à Paris, les banquiers – des Lucquois pour la plupart – étaient nombreux... et satisfaits. C'est à cette époque que naît, dans l'Université et dans certains collèges parisiens, ce que Duby appelle le premier humanisme français.

Mais soudain, tout bascule. En août 1392, le roi se rend en Bretagne, dans le but d'enquêter auprès du duc Jean IV de Bretagne sur une tentative d'assassinat dont a été l'objet, à Paris, Olivier de Clisson, son connétable. Le 5 août 1392, alors qu'il traverse la forêt du Mans, accablé peut-être par la chaleur et par les fatigues du voyage, Charles VI a sa première crise de démence, dont on connaît mal les détails. Elle aurait été déclenchée, dit-on, par l'apparition inopinée d'un vagabond, hurlant des paroles incohérentes, qui l'aurait interpellé en lui disant : « *Ne va pas plus loin, noble roi, tu es trahi.* » Ce sur quoi aurait retenti le bruit d'une lance tombant sur le sol. Charles, saisi d'un brusque accès de folie furieuse, tire son épée, se précipite vers son frère, Louis d'Orléans, et tue quatre hommes de sa suite. On doit l'immobiliser, l'attacher et le ramener dans un chariot au Mans, où il délire pendant trois jours.

Ainsi débuta la longue maladie mentale de Charles VI, qui se manifesta, dans ses débuts, par des bouffées délirantes paranoïdes (ce qu'on appelait jadis la « folie de persécution »), puis par des phases intermittentes de délire ou de prostration, séparées par des périodes de rémission plus ou moins longues. Elle évoluera progressivement vers un état quasi permanent de démence, qui isolera peu à peu le roi de la vie politique, de la cour et, bien entendu, de la reine Isabeau de Bavière, qui tombera sans doute dans les bras de Louis d'Orléans, le frère du roi, et dans ceux de quelques autres, et qui dirigera temporairement le Conseil de régence mis en place pour gouverner la France. Le peuple de Paris accusa les *Marmousets* (n'étaient-ils pas les gardiens du roi ?) et réclama leur mort ; le roi, revenu à la raison, s'opposa à ce qu'on les poursuivît, et ils purent échapper à la vindicte populaire.

Dès septembre, les deux oncles paternels du souverain, le duc de Berry et le duc de Bourgogne, ainsi que son oncle maternel (le duc de Bourbon) reviennent à Paris, pour prendre en main les rênes de l'État, le Bourguignon, Philippe le Hardi, étant de beaucoup le plus actif et le plus ambitieux. Le mois suivant, la santé du monarque s'est améliorée, mais, leur annonce son médecin, il faut le ménager, car *« il n'est pas encore bien ferme d'esprit »*.

Au mois de janvier 1393, en dépit de cet état de faiblesse, Charles VI participe à un bal masqué, costumé en sauvage, avec un maillot recouvert de fibres de chanvre enduites de poix... et manque de périr carbonisé dans un incendie provoqué par une imprudence de Louis d'Orléans. Ce « bal des Ardents » fit jaser. Les uns reprochèrent au roi son penchant pour les fêtes et les plaisirs, les autres accusèrent ses oncles et son frère de flatter ce penchant, et certains allèrent même jusqu'à penser que l'accident qui avait provoqué l'incendie n'était peut-être pas un accident.

Quoi qu'il en fût, Charles VI sortit indemne, physiquement et mentalement, de cette affaire, qui lui donna à réfléchir : que se passerait-il s'il venait à disparaître ? A cette époque, il n'a qu'un héritier mâle vivant, le dauphin Charles, titulaire du duché de Guyenne, mais il vient à peine de naître. Le roi, qui, à cette époque, est encore indiscutablement lucide et conscient, convoque son Conseil, où siègent, à côté d'autres personnalités, ses trois oncles et son frère Louis, duc d'Orléans, et il fait adopter la résolution suivante : s'il vient à disparaître, c'est le duc d'Orléans qui assurera la régence jusqu'à ce que Charles de Guyenne ait atteint l'âge de la majorité pour un enfant royal, c'est-à-dire 14 ans, selon l'ordonnance royale de 1374 (voir ci-dessus, p. 34) ; la reine (Isabeau de Bavière) aura la charge de la tutelle, avec les trois oncles du roi.

Cette décision sans appel écartait purement et simplement l'ambitieux duc de Bourgogne du pouvoir, au profit de Louis d'Orléans : la querelle successorale entre les deux Maisons princières d'Orléans et de Bourgogne était ouverte. Puis, au fur et à mesure que les périodes de rémission se font plus rares et que la folie du roi apparaît comme irréversible, elle va s'affirmer et se manifester au grand jour, par des proclamations, des lettres de protestation, des ordonnances émanant des deux partis. Dans un dernier sursaut de lucidité, le 26 avril 1403, le pauvre roi fait entrer la reine Isabeau de Bavière au Conseil et lui confie derechef la tutelle de ses enfants, excluant par là même définitivement le duc de Bourgogne du pouvoir : en cas d'absence ou de mort du roi, la régence sera assurée par le duc d'Orléans et la tutelle par la reine (il est à noter que le dauphin Charles est mort en 1401 : le nouveau dauphin est Louis, duc de Guyenne, qui mourra en 1415, date à laquelle le titre appartiendra au dernier fils de Charles VI, à savoir au futur Charles VII, né en 1403).

*
* *

Comment se présentent les institutions du royaume de France, à ce stade de la « guerre de Cent ans » ? Cette question mérite d'être posée si l'on veut apprécier à leur juste mesure les deux seuls événements historiques de quelque importance auxquels la Pucelle sera mêlée au cours de la troisième phase de cette guerre : la levée du siège d'Orléans et le sacre du dauphin Charles.

Le territoire du royaume est toujours divisé en comtés, duchés et seigneuries, vestiges des anciens fiefs, dont les frontières ont évolué par le jeu des mariages et des héritages ; ce sont des *principautés héréditaires*, appartenant à quelques grandes *Maisons*. Par exemple, au début du XVe siècle, le comté du Maine et le comté d'Anjou sont la propriété de la seule Maison d'Anjou ; de même, le vicomté du Limousin-Périgord, le comté d'Angoulême, l'Orléanais et le pays de Blois appartiennent à la Maison d'Orléans ; le comté de la Marche, la seigneurie de Bourbon, le comté du Forez et la seigneurie du Beaujolais constituent les terres de la Maison de Bourbon ; et ainsi de suite (voir la carte n° 4, p. 452).

Au premier rang de ces principautés, il y a les *apanages* (voir ci-dessus, p. 21), qui appartiennent à des proches parents du roi, mais dans lesquels celui-ci a conservé quelques privilèges comme la levée des *aides royales* (impôts, directs ou indirects, revenant au roi), le contrôle des églises et de la monnaie, etc. A la fin du XIVe siècle, il existe, à l'intérieur des frontières du royaume de France, quatre apanages : les principautés d'Anjou, de Berry, de Bourgogne et d'Orléans (on notera que, à l'exception des terres de la Maison d'Anjou, les territoires apanagés ne sont pas nécessairement d'un seul tenant). Quant aux principautés héréditaires non apanagées (sur lesquelles le roi a moins de droits que sur les précédentes), plus ou moins étendues, elles sont nombreuses dans le Sud-Ouest et dans le Centre de la France.

Chaque principauté est dotée d'institutions analogues à celles du royaume ; elle est gouvernée par un prince, qui porte, selon les cas, le titre de duc, de comte ou de vicomte, qui doit hommage au roi, selon l'antique coutume féodale, et qui promulgue dans son duché ou dans son comté des lois et des règlements, sur le modèle des lois et règlements royaux. Lui-même s'attache les nobles qui vivent sur son territoire par les liens traditionnels de la féodalité, mais aussi par des traités d'alliance, ou par des serments de fidélité. On voit ainsi se créer, dans les diverses principautés du royaume, des Chambres des comptes, des Parlements, des chancelleries. Chaque prince est un petit roi chez lui : il peut frapper monnaie, instituer des impôts extraordinaires appelés *fouages*, anoblir, lever une armée, etc. Il y a des princes riches, qui tirent de leurs territoires de grands revenus (agricoles, commerciaux, fiscaux) ; mais il y a aussi des princes pauvres : ceux-là ont besoin de faire appel au roi, qui leur accorde, selon les cas, des charges ou des pensions. Les plus puissants, tout en respectant le lien féodal qui les unit à leur suzerain, tentent de contrôler le fonctionnement de l'État, en plaçant des hommes à leur solde dans les administrations du royaume, voire au Conseil du roi ; peu à peu, entre ces princes, des rivalités naissent, qui peuvent conduire à de véritables guerres civiles locales entre féodaux.

L'un de ces conflits princiers eut des conséquences graves sur l'évolution de la guerre franco-anglaise : il a opposé les partisans de la Maison de Bourgogne – « les Bourguignons » – à ceux de la Maison d'Orléans, qu'on appelait « les Armagnacs » car leur chef de file était un grand seigneur gascon, le comte Bernard VII d'Armagnac, connétable de France. A la tête de la première se succèdent de père en fils, pendant la période qui nous occupe : Philippe le Hardi (duc de Bourgogne de 1363 à 1404), Jean sans Peur (de 1404 à 1419), Philippe III le Bon (de 1419 à 1467) et Charles le Téméraire (de 1467 à 1477) ; et, à la tête de la seconde : Louis Ier duc d'Orléans (de 1372 à 1407) puis son fils Charles d'Orléans (de 1407 à 1465).

La querelle entre les deux Maisons a été déclenchée, en 1392, par la subite vacance du pouvoir, due à la maladie mentale du roi ; elle avait pour mobile le contrôle des organes du gouvernement (le Conseil du roi et la régence) et des finances royales (nous en décrivons le déroulement en annexe n° 4).

De nos jours, une crise de ce type se résout, en principe, par une consultation électorale plus ou moins houleuse, opposant la plupart du temps deux grandes alliances politiques ; mais, en 1392, les mœurs étaient plus brutales et les institutions plus rudimentaires. De sorte que, après avoir pris, entre 1392 et 1401, le visage d'une lutte d'influences au niveau des instances gouvernementales, la querelle des Armagnacs et des Bourguignons est devenue, dans un second temps (entre 1401 et 1405), une lutte ouverte et acharnée pour le pouvoir. Puis, entre 1405 et 1432, elle s'est muée en une guerre civile sanglante et sans merci, déclenchée par l'assassinat, rue Vieille-du-Temple, dans la soirée du 23 novembre 1407, de Louis, duc d'Orléans, frère du roi, alors qu'il sortait de l'hôtel de la reine Isabeau (voir ci-dessous, p. 99). Le meurtre avait été perpétré à l'instigation du duc de Bourgogne Jean sans Peur, qui sera lui-même assassiné sur le pont de Montereau par un émissaire du dauphin Charles (le futur Charles VII), le 10 septembre 1419.

Les moments forts de ce conflit, qui a profité pour un temps au roi d'Angleterre, furent : l'entrée dans Paris de Jean sans Peur en 1411 (rejoint par Isabeau de Bavière, il tiendra la capitale, où s'était formé un fort parti bourguignon, jusqu'en 1413) ; l'alliance anglo-bourguignonne conclue par Philippe le Bon, le successeur de Jean sans Peur, conséquence immédiate de l'assassinat de celui-ci sur le pont de Montereau ; la signature avec l'Angleterre du catastrophique traité de Troyes (20 mai 1420), retirant au dauphin ses droits à la couronne de France, au profit du roi d'Angleterre qui devenait, aux termes de ce traité, « héritier de France ». La querelle des Armagnacs et des Bourguignons ne se terminera – non sans mal – qu'en 1435, sur les instances du pape Eugène IV, par le laborieux traité d'Arras, entre le roi de France, Charles VII, et le duc de Bourgogne Philippe le Bon (voir ci-après, p. 46).

LA TROISIÈME PHASE DE LA « GUERRE DE CENT ANS » (1413-1428)

La troisième phase de la « guerre de Cent ans » (1413-1428) correspond, en France, à la fin du règne de Charles VI, qui meurt en 1422, et aux premières années de celui de Charles VII ; en Angleterre, elle correspond au règne de Henry V (1413-1422) et à la régence du duc de Bedford (Henry VI, fils de Henry V, né le 6 décembre 1421, ne sera majeur que le 6 décembre 1437). Elle va être marquée par une série de victoires anglaises, aussi bien politiques (l'alliance anglo-bourguignonne, le traité de Troyes) que militaires (Azincourt, la reconquête de la Normandie, l'invasion de la vallée de la Loire en 1427).

Dès son avènement au trône, Henry V ne cacha pas ses intentions de régler rapidement et par la force les affaires de l'Angleterre sur le continent. Le 10 août 1415, il débarquait avec un important dispositif militaire dans l'estuaire de la Seine, s'emparait de Harfleur trois semaines plus tard et marchait avec son armée vers l'Artois ; puis il franchit la Somme et attendit la chevalerie française à Azincourt. Elle y arriva le 25 octobre 1415 et fut, une fois de plus, taillée en pièces (7 000 morts). Henry V gagna ensuite Calais et s'en retourna en Angleterre.

Azincourt ne fut en rien une victoire décisive, mais elle fit une forte impression sur l'empereur germanique, Sigismond, qui, dès août 1416, reconnut le bien-fondé des prétentions de Henry V à la couronne de France. Quant à Jean sans Peur, auquel le roi d'Angleterre avait envoyé un détachement d'hommes d'armes lorsqu'il était assiégé dans Paris par les princes Valois, il n'alla pas jusqu'à le reconnaître comme roi de France, mais il lui prêta hommage comme à un suzerain.

En 1417, Henry V revient en France, dans le but de récupérer, ville après ville, le duché de Normandie. C'est alors que se déroule l'incroyable roman de la reine Isabeau de Bavière, à laquelle auparavant, et par deux fois, Charles VI avait confié la tutelle de son fils aîné : la première fois, en 1393, il s'agissait de Charles de Guyenne (mort à 9 ans en 1401), et, la seconde fois, en 1403, de Louis de Guyenne (mort à 18 ans en 1415). Depuis deux ans, Isabeau filait le parfait amour avec un gentilhomme de sa suite, Louis de Bois-Bourbon, derrière les murs du château de Vincennes et semblait avoir renoncé aux intrigues et au pouvoir. Le chef du parti armagnac, le connétable Bernard VII d'Armagnac, révéla au roi et au dauphin Charles (le futur Charles VII) les amours coupables de la reine : son amant fut condamné à être jeté dans la Seine, ligoté dans un sac de cuir, et Isabeau fut reléguée à Tours, où elle put ressasser à longueur de journées sa haine contre les Armagnacs et son ressentiment contre son fils.

Celui-ci assistait maintenant au Conseil, en tant qu'héritier présomptif de la couronne de France. Malgré son jeune âge (il allait sur ses 15 ans), Charles représentait, à Paris, le gouvernement légal du royaume. De son côté, Isabeau de Bavière avait réussi à quitter Tours et, prenant le parti des Bourguignons, elle avait rejoint Jean sans Peur à Troyes (novembre 1417), où tous deux avaient mis sur pied un gouvernement d'opposition à celui du dauphin. En mai 1418, une révolte parisienne ouvrit les portes de la ville aux troupes bourguignonnes (29 mai 1418) ; le prévôt de la capitale, Tanguy du Châtel, courut à l'Hôtel Saint-Pol, où logeait le dauphin, l'enveloppa dans un drap et « *s'enfuit* [avec lui] *tout droit jusqu'à Melun, ce qui moult troubla la ville de Paris*[1] ». De Melun, Charles allait gagner le Berry et devenir un roi sans couronne, accepté par les seuls Armagnacs, appelé par dérision le « roi de Bourges », tandis que Jean sans Peur et Isabeau de Bavière s'installaient dans la capitale.

1. *Journal d'un Bourgeois de Paris,* trad. par Colette Beaune, année 1418, n° 191.

Pendant deux années encore (1419-1420), deux guerres se déroulèrent simultanément sur le territoire français : la guerre civile entre les Armagnacs et les Bourguignons, et la guerre conduite par Henry V d'Angleterre pour reconquérir ses fiefs et, si possible, la couronne de France, à laquelle il croyait pouvoir prétendre en tant que descendant en ligne directe de Philippe le Bel (par Isabelle de France, mère d'Édouard III d'Angleterre, voir le tableau des Maisons de France et d'Angleterre, p. 444). Dans la mesure où le duc de Bourgogne et le roi d'Angleterre avaient un ennemi commun, le roi de France, il n'était point besoin d'être grand clerc pour prévoir ce qui allait se passer, à savoir la constitution d'une alliance anglo-bourguignonne contre les Armagnacs et le roi de Bourges.

*
* *

Depuis son retour en France, en 1417, Henry V progressait irrésistiblement. Il récupérait, les uns après les autres, les territoires des Plantagenêts ses ancêtres : Caen, Alençon, Évreux d'abord, et, depuis janvier 1419, Rouen, le Pays de Caux, le Vexin étaient tombés ou retombés entre ses mains. Ce qui précipita la conclusion de l'alliance anglo-bourguignonne, ce fut l'assassinat de Jean sans Peur sur le pont de Montereau par des hommes de Charles VII, sous les yeux et avec la complicité de ce dernier. Les historiens sont maintenant d'accord sur le fait que ce meurtre a été prémédité par des fidèles du dauphin, approuvé par lui, et organisé par Jean Louvet, président de la Chambre des comptes de Provence.

Il ressort des enquêtes qui ont eu lieu après le meurtre et qui furent consignées par écrit que les faits se sont déroulés comme suit.

Au jour prévu (10 septembre 1419), Charles et Jean sans Peur se rencontrent au milieu du pont de Montereau (on craignait, de part et d'autre, une rencontre en pleine campagne), dans un enclos de bois construit exprès pour leur entrevue. Charles est assis, entouré des gens de sa suite, parmi lesquels Tanguy du Châtel, déjà nommé (voir ci-dessus, p. 42), et Jean s'agenouille, tête nue, devant le dauphin qui lui prend les mains. A ce moment, Tanguy tente de porter un coup de hache au duc de Bourgogne, mais il est bousculé, tandis que l'on entend crier :

« Tue ! Tue ! » D'autres hommes armés envahissent l'enclos et Jean sans Peur s'écroule sous les coups de hache que lui portent Jean Louvet, Tanguy du Châtel et le vicomte de Narbonne ; un homme l'achève d'un coup de dague. La vendetta des Valois était accomplie : le meurtre de Louis d'Orléans, frère du roi, était vengé.

Les conséquences de cette vendetta ont été terribles. Le fils de Jean sans Peur et nouveau duc de Bourgogne, Philippe III le Bon, afin de venger son père, s'allie avec le roi d'Angleterre pour combattre le roi de Bourges (décembre 1419) et, le 21 mai 1420, Isabeau de Bavière et Philippe le Bon, agissant au nom du roi de France, signent avec Henry V de Lancastre la convention que les historiens français ont appelée « le honteux traité de Troyes » (voir ci-dessus, p. 41), aux termes duquel : 1° le dauphin Charles est déshérité de ses droits à la couronne de France en faveur de Henry V ; 2° Henry V épousera, le 2 juin 1420, Catherine de France, l'une des filles de Charles VI ; 3° à la mort de Charles VI, la couronne de France reviendra à son gendre Henry VI ou à l'héritier de celui-ci ; 4° les deux royaumes auront le même roi, mais conserveront leurs institutions.

En fait, cette double monarchie ne vit pas le jour, mais la France n'en fut pas moins divisée en trois zones (voir la carte n° 4, p. 452), contrôlées respectivement par le roi d'Angleterre (les pays au Nord de la Loire et la Guyenne), le duc de Bourgogne (la Bourgogne, l'Artois, la Picardie et la Flandre) et le roi de Bourges (les pays au Sud de la Loire, la Guyenne exceptée).

Une fois signé le traité de Troyes, Henry V entreprit de conquérir les territoires qui lui revenaient mais qui étaient encore sous la domination du roi de France : la Brie, le Maine et le Perche en 1420, puis Meaux et Compiègne en mai et juin 1422. Puis il mourut le 31 août 1422, et Charles VI le suivit dans la tombe sept semaines plus tard. En vertu du traité de Troyes, Henry VI, fils de Henry V, devenait roi de France et d'Angleterre ; il n'avait pas encore neuf mois (il était né le 6 décembre 1421) : ses territoires furent gouvernés par le frère du roi défunt, John duc de Bedford.

A la mort de Charles VI (22 octobre 1422), le dauphin, qui se trouvait à Mehun-sur-Yèvre (dans le Cher, près de Bourges), se proclama immédiatement roi de France, sous le nom de Charles VII, et les cinq années suivantes se passèrent en une succession de négociations tortueuses et stériles entre Bedford,

Philippe le Bon, le duc Jean de Bretagne et Charles VII, roi de France du point de vue de la loi salique, roi de Bourges en fait, lequel était sous la coupe de sa belle-mère, Yolande d'Aragon. Pour comprendre le sens de ces négociations, il ne faut pas perdre de vue que l'encombrante belle-mère du roi, veuve de Louis II d'Anjou, tient avant toutes choses à défendre sa principauté dont les villes principales – Tours, Angers – sont menacées par les Anglais. Il y a donc, à Bourges et à Chinon, deux partis opposés quant aux suites à donner à la guerre : le parti armagnac veut la guerre à outrance contre les Anglais, certes, mais aussi contre les Bourguignons, dont le duc a failli à l'honneur féodal en trahissant son suzerain ; le parti angevin, dont Yolande est la tête, est favorable à un rapprochement avec le duc de Bourgogne et le duc de Bretagne, qui permettrait de prendre les Anglais à revers et de protéger l'Anjou et la Touraine contre les entreprises de Bedford.

Ce dernier, en effet, a repris les opérations militaires au point où elles en étaient à la mort de Henry V (c'est-à-dire à Compiègne) et les troupes du dauphin sont battues successivement à Cravant (dans l'Indre, près de La Châtre) en juillet 1423, et à Verneuil-sur-Indre, le mois suivant. Puis Bedford marche vers la vallée de la Loire, avec l'intention évidente d'envahir les territoires qui étaient encore entre les mains du roi de France et de lui porter l'estocade mortelle. Il décide de mettre le siège devant Orléans, qui était en quelque sorte la clef du royaume de Bourges, c'est-à-dire de la France du Centre et du Sud, et il en confie la mission au comte Thomas de Salisbury, qui se présente devant Orléans en octobre 1428.

En fait, ce ne fut pas un véritable siège qu'eurent à subir les habitants d'Orléans (voir le chapitre 5 ci-après), car les forces anglaises (environ 3 000 hommes) étaient insuffisantes et ne purent investir la place (elles étaient d'ailleurs maintenues à 20 ou 30 kilomètres de la ville), qui ne connut jamais les affres d'une ville assiégée ; Orléans n'était pas assiégée, elle était simplement *surveillée* par une centaine d'archers et arbalétriers disposés dans une demi-douzaine de bastides autour de la ville, qui n'eut jamais à souffrir de la famine, ni des assauts (il n'y en eut aucun). A partir de janvier 1429, la situation s'enlise. La ville est défendue par le Bâtard d'Orléans, Jean, fils naturel de Louis d'Orléans – le frère du roi, assassiné en 1407 – et de Mariette d'Enghien, futur comte de Dunois. La seule action de quelque importance qu'aient tentée les défenseurs – peu nombreux – de la ville fut d'intercepter un convoi de ravitaillement destiné aux assiégeants, le 12 février 1429 ; elle s'est soldée par un échec (cet épisode a été appelé la « journée des harengs » car, au cours du combat, des tonneaux contenant des harengs salés ont été éventrés et leur contenu fut perdu). La chute d'Orléans ne s'annonçait pas imminente, mais Charles VII, abattu, sans ressort, songe à s'incliner devant la force, à quitter son château de Chinon et à se réfugier dans le Dauphiné, avec ses fidèles.

Cependant aussi bien les Angevins de Yolande d'Aragon que les chefs de la faction des Armagnacs ne l'entendent pas de cette oreille. Les uns comme les autres sont à la recherche de l'événement ou de la personne qui redonnera courage au roi de Bourges. Ils vont découvrir le philtre magique sous la forme d'une jeune fille habillée en homme, qui se dit envoyée par Dieu pour rendre son royaume au « gentil dauphin » : elle se nomme Jeanne et elle arrive de Domrémy, un petit village du Barrois, sur les bords de la Meuse.

LA QUATRIÈME PHASE DE LA « GUERRE DE CENT ANS » (1429-1475)

C'est la dernière phase de ce long conflit. Elle correspond, en Angleterre, au long règne de Henry VI (1422-1461) et au début de celui d'Édouard IV d'York (1461-1483), et, en France, à la fin du règne de Charles VII (qui meurt en 1461) et au début de celui de Louis XI (1461-1483).

Elle s'ouvre sur la « délivrance » d'Orléans, dont le pseudo-siège est levé le 8 mai 1429, et sur les prouesses – plus psychologiques que militaires à notre avis – de la Pucelle, que nous décrivons dans ce livre. L'événement politique le plus important de cette période fut le sacre du dauphin Charles à Reims, cérémonie qui annulait les effets du traité de Troyes (17 juillet 1429). Cette légitimation a entraîné presque immédiatement la reconnaissance de Charles VII par les grandes cités du Nord de la France : Laon, Soissons, Compiègne devant les murs de laquelle, le 23 mai 1429, Jeanne tombe entre les mains des Bourguignons, qui la livrent aux Anglais le 6 décembre, moyennant paiement d'une forte rançon (son procès aura lieu à Rouen devant le tribunal ecclésiastique présidé par Mgr Cauchon, de janvier à mai 1431 ;

elle sera brûlée vive sur la place du Vieux-Marché, à Rouen, le 30 mai 1431).

Cependant, le duc de Bourgogne – c'est alors Philippe III le Bon – a compris que le vent a tourné. Dès 1432, il prend l'initiative d'ouvrir les négociations avec Charles VII et signe avec lui, en 1435, le traité d'Arras, mettant fin à la guerre civile entre les Armagnacs et les Bourguignons, qui ravageait la France depuis près de trente ans. Après la mort de Bedford (septembre 1435), le roi va pouvoir entreprendre la lente reconquête de son royaume : il reconquiert l'Île-de-France (fin 1435) et Paris lui ouvre ses portes le 13 avril 1436 ; la reconquête de la Normandie, commencée en 1449, se termine par la victoire de Formigny (1450), dans le Calvados ; celle de la Guyenne se terminera en 1453 seulement, après le long siège de Bordeaux (1451-1453) par Dunois et la victoire des Français à Castillon (près de Libourne). En 1453, il ne restait plus à l'Angleterre, sur le continent, que le port de Calais.

La paix, cependant, fut longue à venir. Henry VI envoya en France, pour la négocier, William de la Pole, comte de Suffolk. Une première trêve, locale, fut signée en avril 1444, puis renouvelée au mois de mai suivant à Tours, et consolidée en avril 1445 par le mariage de Henry VI avec Marguerite d'Anjou, nièce de la reine de France Marie d'Anjou. Les pourparlers achoppèrent cependant sur le problème de Calais. Ils reprirent après la mort de Charles VII (1461) et l'avènement, dans la même année, du roi Édouard IV (dynastie d'York) sur le trône d'Angleterre : Louis XI parvint à négocier la trêve de Saint-Omer (1463), renouvelée – non sans difficultés – en 1466 et en 1471, mais l'espoir d'une paix définitive s'amenuisait, car le nouveau duc de Bourgogne, Charles le Téméraire, qui avait succédé à Philippe le Bon en 1467, avait ressuscité la menaçante alliance anglo-bourguignonne avec Édouard IV, son beau-frère.

En août 1475, une puissante armée anglaise débarque donc à Calais et se déploie sur la rive droite de la Somme, face à l'armée française qui a pris position sur la rive gauche, à la hauteur de Picquigny (à une quinzaine de kilomètres d'Amiens). Mais aucun des deux camps ne passe à l'attaque : les deux rois se rencontrent à Picquigny, s'entendent pour signer une trêve de sept ans et décident qu'à l'avenir, ils règleront leurs différends par la négociation plutôt que par la force. Le roi d'Angleterre se retirera de la terre française, et recevra, en guise de compensation, une somme de 75 000 écus d'or ainsi qu'une rente annuelle de 50 000 jusqu'à sa mort ou celle de Louis XI.

Aucun traité de paix ne fut jamais signé. L'Angleterre restitua Calais à la France en 1598 seulement, et les rois d'Angleterre continuèrent de porter le titre de « roi de France » jusqu'en 1801. La « guerre de Cent ans », qui avait débuté en 1337, était finie et bien finie.

1

ÉTAT CIVIL

Mercredi 21 février 1431, huit heures du matin : nous sommes à Rouen, la « capitale » de la Normandie anglaise[1] depuis 1419.

Dans la chapelle royale du château de Bouvreuil, entouré de 41 docteurs, licenciés et bacheliers en théologie sacrée, en théologie pure, en droit canonique et en droit civil, trône Pierre Cauchon, 60 ans, recteur de l'Université de Paris depuis 1403, chanoine de Beauvais en 1410, fervent partisan du duc de Bourgogne (il a conduit les émeutes des Cabochiens à Paris, en 1413), titulaire de multiples charges ecclésiastiques (archidiacre et chanoine de Reims, chanoine de Chartres et de Châlons-sur-Marne, chapelain des ducs de Bourgogne), référendaire du pape Martin V – dont il a assuré l'élection – et défenseur des privilèges de l'Université, élu évêque de Beauvais le 21 août 1420, pair ecclésiastique du royaume de France, homme de confiance du duc de Bourgogne et du régent Bedford (qui règne sur

1. On rappelle que les ducs de Normandie sont devenus rois d'Angleterre en 1066 (Guillaume le Conquérant), mais que le duché a été reconquis en 1204 par Philippe Auguste, qui l'a rattaché au domaine royal. Pour se concilier sa population, les rois de France confirmeront par la suite les libertés provinciales et les privilèges de ses villes (*Charte des Normands*, en 1315). La guerre de Cent ans entraîne, à partir de 1346, l'occupation progressive de la Normandie par les rois d'Angleterre ; Henry V prend Rouen en 1419 et occupe – sans difficultés – toute la Normandie, qui redevient *de facto* une province administrée dorénavant par la Couronne britannique (par Henry V jusqu'à sa mort, en 1422, puis par le duc de Bedford, régent pendant la minorité de Henry VI, qui était né en 1421 et qui avait été proclamé roi de France en 1422, à la mort de Charles VI, en vertu du traité de Troyes de 1420 (voir ci-dessus, p. 44). Le château dont il est question ici a été construit par Philippe Auguste en 1205 sur la colline de Bouvreuil ; il n'en subsiste plus aujourd'hui qu'une tour dans laquelle, selon certains, Jeanne d'Arc aurait été incarcérée durant son procès ; la chapelle royale était au milieu de la cour du château.

l'Angleterre au nom du roi Henry VI qui, né en 1421, est encore mineur), en bref, le prélat le plus illustre du royaume de France.

Que fait donc à Rouen cet évêque de Beauvais, ville dont il a été chassé en même temps que les Anglais, au mois d'août 1421 ? Tous les écoliers de France le savent : il préside le tribunal ecclésiastique devant lequel va se dérouler le procès de Jeanne la Pucelle, dont c'est, en ce froid matin de février, la première audience publique (voir notre *Avertissement*, p. 9).

L'INTERROGATOIRE D'IDENTITÉ

Après quelques préliminaires de pure procédure et la prestation par Jeanne du serment traditionnel exigé de tout accusé[1] devant un tribunal, cette séance sera consacrée à ce qu'on pourrait appeler « l'interrogatoire d'identité » de la Pucelle. La minute du procès de Condamnation va donc nous révéler, officiellement et selon les réponses qu'elle fit aux premières questions du tribunal, ses nom, prénom, date de naissance, origine, ainsi que les noms de ses parents, de ses marraines et de ses parrains, et du prêtre qui la baptisa. Ces réponses, telles qu'elles ont été transcrites et consignées dans cette minute, n'ont aucune raison d'être mises en doute ; elles nous renseignent, par la bouche même de Jeanne, sur ce qu'on appellerait, de nos jours, son « état civil » ; les voici telles que les rapporte la minute du procès :

> « Item, ayant ainsi prêté serment, Jeanne [*Johanna*] fut interrogée par nous sur ses nom et surnom. A quoi elle répondit que dans son pays on l'appelait Jeannette [*Johanneta*] et, après qu'elle vint en France, on l'appela Jeanne. Mais, pour son surnom, elle disait n'en rien savoir.
>
> Ensuite interrogée sur le lieu de son origine : elle répondit qu'elle naquit dans le village de Domrémy [*Dompremi*] qui est uni avec le village de Greux [*Grus*], et c'est à Greux que se trouve la principale église.
>
> Item interrogée sur le nom de ses père et mère : elle répondit que son père était appelé Jacques d'Arc [*Jacobus d'Arc*] et sa mère Isabelle [*Ysabellis ; dans le procès en Nullité on rencontre la graphie « Ysabelleta » qu'on traduit souvent par « Isabet »*].
>
> Interrogée en quel lieu elle fut baptisée : elle répondit dans l'église de Domrémy.

1. Voir plus loin, p. 292.

Interrogée : quels furent ses parrains et marraines ? Elle dit que l'une de ses marraines s'appelait Agnès, une autre Jeanne, une autre Sibille ; l'un de ses parrains s'appelait Jean Lingué, un autre Jean Barrey ; elle eut plusieurs autres marraines, à ce qu'elle entendit dire à sa mère.

Interrogée : quel prêtre la baptisa ? Elle répondit que ce fut messire Jean Minet, à ce qu'elle croit.

Interrogée s'il vit encore : elle répondit que oui, à ce qu'elle croit.

Item interrogée sur l'âge qu'elle avait : elle répondit qu'à ce qu'il lui semble, elle a environ 19 ans. Elle dit, en outre, que sa mère lui apprit le *Pater Noster*, l'*Ave*, le *Credo* ; et elle n'apprit sa croyance de personne que sa dite mère.

Item requise par nous de dire le *Pater*, elle répondit que nous l'entendions en confession et qu'elle nous le dirait volontiers. Et comme nous l'en requerrions à nouveau, à plusieurs reprises, elle répondit qu'elle ne dirait pas le *Pater*, etc., si nous ne l'entendions en confession. Nous lui dîmes alors que nous lui donnerions volontiers un ou deux notables personnages de langue française [*c'est-à-dire parlant un dialecte d'oïl : le normand que l'on parlait à Rouen ? le picard ? le champenois ? le bourguignon ? le lorrain ?*] auxquels elle dirait le *Pater*, etc. A quoi Jeanne répondit qu'elle ne leur dirait pas, s'ils ne l'entendaient en confession.» (*Condamn.*, II, p. 38, *sqq.*)

Mgr Cauchon et les 41 membres de son tribunal se contentèrent des réponses de Jeanne, et ne cherchèrent pas à en vérifier la véracité. L'historien qui désire le faire doit se reporter à d'autres documents, et, en particulier, aux dépositions des 134 témoins qui ont été entendus plus de vingt ans plus tard (entre 1452 et 1456), après que le roi Charles VII eut pris la décision – tardive, soulignons-le – de rouvrir le dossier dans le but de réhabiliter la mémoire de Jeanne et, surtout, de faire annuler la décision du tribunal de Rouen [1].

Sur les circonstances dans lesquelles ce procès de réhabilitation a été ouvert et sur la manière dont il a été conduit, le lecteur se reportera au chapitre 4 ci-après. Rappelons simplement ici que l'enquête exigée par le roi se déroula sur quatre années (de mai 1452 à mai 1456), au cours desquelles furent entendus 134 témoins interrogés à Rouen, à Paris, dans le Barrois et ailleurs.

1. La décision de Rouen, condamnant Jeanne comme hérétique, jetait une ombre sur le sacre de Reims, auquel Jeanne avait été mêlée : il était donc indispensable, une fois les Anglais partis, de faire consolider les droits de la dynastie des Valois en faisant prononcer la Nullité du jugement de 1431.

Une information préalable fut diligentée à Rouen, en mai 1452, concernant les conditions dans lesquelles s'était déroulé le procès qui avait abouti à la condamnation et au supplice de Jeanne. Elle devait établir que l'évêque Cauchon n'avait pas compétence pour juger la cause de la Pucelle et mettre en évidence la partialité éhontée de ce prélat, qui était ouvertement du parti des Anglais et qui avait conduit les débats avec haine et passion, en bref que ce procès avait été un véritable déni de justice. Cette enquête préalable fut menée assez rondement, puisque 22 témoins furent entendus à Rouen en une semaine (entre le 2 et le 9 mai 1452). Parmi eux, notamment, messires Guillaume Manchon et Nicolas Taquel, deux des trois notaires qui avaient été chargés, lors du procès de Condamnation, de prendre en notes les questions du tribunal et les réponses de l'accusée et de rédiger la minute du procès en français (voir annexe n° 3). Parmi les personnes interrogées, il y avait trois juristes laïcs, les autres étaient des religieux ; leurs dépositions figurent en tête du chapitre V du *Procès en Nullité*, qui ne s'ouvrit, toutefois, que trois ans plus tard, en décembre 1455 et donna lieu à trois commissions d'enquête :

1. En janvier-février 1456, une commission d'enquête partit pour le pays d'origine de la Pucelle où ils recueillirent les dépositions de 34 habitants de Domrémy, de Greux et de Vaucouleurs qui avaient connu Jeanne dans son enfance et dans sa première jeunesse, ou qui en avaient ouï-dire. Vingt-et-un d'entre eux ont été interrogés à Domrémy, 6 à Vaucouleurs et 7 à Toul : c'étaient, pour la plupart, des laïcs (22 paysans ou paysannes, 5 nobles, 1 bourgeois et 1 militaire) ; 5 autres d'entre eux étaient des prêtres, appartenant au bas clergé.

2. En février-mars 1456, une deuxième commission d'enquête recueillit les dépositions de 41 autres témoins (4 nobles, 7 membres du Clergé, 1 bourgeois, 1 militaire), qui furent entendus à Orléans et interrogés sur la conduite et les actions de Jeanne.

3. En mai 1456, une troisième commission d'enquête interrogea 40 témoins, qui furent entendus sur le même sujet à Paris (20), à Rouen (19), et à Lyon (1 témoin unique, qui déposa par écrit).

L'examen des témoignages recueillis dans le pays d'origine de la Pucelle et de quelques autres documents va nous permettre de préciser l'état civil de Jeanne d'Arc.

DOMRÉMY

Et tout d'abord, que dire de son lieu de naissance, le village de Domrémy ?

Nous avons tous, évidemment, en la mémoire les vers mélancoliques de Villon :

Et Jehanne la bonne Lorraine
Qu'Anglais brûlèrent à Rouen...

Or, n'en déplaise au poète, à l'époque où vécut Jeanne, le territoire du village de Domrémy (aujourd'hui : Domrémy-la-Pucelle, département de la Meuse, arrondissement de Neufchâteau, canton de Coussey ; 899 hectares, 182 habitants en 1990), qui était situé sur la rive gauche de la Meuse, dans la zone frontalière séparant le royaume de France de l'Empire germanique, ne faisait pas partie du duché de Lorraine. C'était un *finage* (circonscription sur laquelle un seigneur avait pouvoir de juridiction) du duché de Bar (ou *Barrois mouvant*), dont les seigneurs étaient des vassaux du roi de France, cela depuis le traité de Bruges, imposé par Philippe le Bel au comte Henri III de Bar, en 1301. Lorsque naquit Jeanne d'Arc, en 1412, cela faisait donc plus d'un siècle que les habitants de Domrémy étaient sujets du roi de France et non pas du duc de Lorraine. Selon le découpage administratif du royaume de France à cette époque (en bailliages dans le Nord et en sénéchaussées dans le Sud), Domrémy se trouvait dans le bailliage de Chaumont (l'actuel chef-lieu de la Haute-Marne) et relevait, pour les affaires judiciaires ou de police, de la prévôté champenoise d'Andelot (aujourd'hui, Andelot-Blancheville, dans la Haute-Marne).

Au XIVe siècle, le village de Domrémy était divisé en deux parties par une petite rivière qui se jetait dans la Meuse, et dont le cours a été déplacé, comme l'attestent les documents cartographiques anciens [1].

La partie de la localité située au Nord de cette rivière, ainsi que le hameau de Greux qui lui était attenant, relevaient de la châtellenie de Vaucouleurs (actuellement chef-lieu de canton de l'arrondissement de Commercy, département de la Meuse ; 3 395 hectares, 2 401 habitants en 1990). On y comptait alors

1. *Cf.* J.-Ch. Chapelier, « Étude historique et géographique sur Domrémy », *Bulletin de la Société philomatique vosgienne* (1889-1890).

25 feux (le dernier recensement officiel y dénombre 65 logements en 1990). C'est dans cette partie du village que se trouvaient la maison de la famille d'Arc, où naquit Jeanne, et l'église paroissiale que fréquentait assidûment la Pucelle. Il est important de souligner : 1° que cette modeste église (dont seule subsiste une tour carrée ; le bâtiment a été complètement remanié au XVIe siècle, puis au XIXe, mais en dépit du bon sens) avait pour patron saint Rémi, l'évêque de Reims qui aurait baptisé Clovis en 496 ; 2° que le village de Domrémy était devenu une propriété de la Couronne de France en 1388 (on ignore dans quelles circonstances). Au temps de la Pucelle, il était inclus dans le duché de Bar, dont le seigneur était René d'Anjou, le jeune beau-frère de Charles VII, lui-même propriétaire de la châtellenie de Vaucouleurs. Les malheurs du « roi de Bourges » ne pouvaient donc pas être indifférents aux habitants de ce bourg et des villages environnants (Domrémy est à quelque 20 kilomètres de Vaucouleurs à vol d'oiseau).

L'autre quartier de Domrémy, au Sud du cours d'eau, appartenait à la famille des seigneurs « de Bourlemont, de Greux et de Maxey ». A l'époque qui nous intéresse, cette famille était représentée par le chevalier Pierre de Bourlemont, dont dépendaient 35 familles de serfs ; son château s'élevait sur une prairie encerclée par un méandre de la Meuse et inondée en période de crue, qu'on appelait « l'Ile », en amont de Domrémy. Ajoutons que Domrémy-Sud n'était pas rattaché à la châtellenie de Vaucouleurs ; il relevait de celle de Gondrecourt (aujourd'hui : Gondrecourt-le-Château, département de la Meuse, arrondissement de Commercy, chef-lieu de canton ; 5 133 hectares, 1 622 habitants en 1990).

Tel était le village où naquit Jeanne d'Arc, dans le Barrois, et non pas en Lorraine. Villon s'est trompé, mais il faut pardonner au poète : il lui fallait un vers de huit pieds avec une rime en *« aine »*, pour sa *Ballade des dames du temps jadis,* il lui était donc impossible d'écrire *« Et Jeanne la bonne Barroise »*... ! La métrique et la rime l'ont emporté sur la géographie administrative et sur la rigueur historique... et c'est tant mieux pour la poésie.

Les informations complémentaires recueillies auprès de divers témoins par les enquêteurs, à Domrémy/Greux et à Vaucouleurs, ont confirmé les déclarations de Jeanne lors de son procès relatives à son père, à sa mère et à son baptême (voir la liste de ces témoins à l'annexe n° 3).

Concernant le nom de la Pucelle, les mêmes témoins sont unanimes : ils l'appellent tous par son prénom (*Johanna* ou *Johannetta* dans la minute). Quant aux noms de ses parents, les témoins originaires de Domrémy/Greux (il y en avait 21) ont tous déclaré que son père se nommait bien Jacques d'Arc (la minute latine authentique porte *Jacobus d'Arc*) et sa mère Isabet (*Ysabelleta* dans la minute). Écoutons-les[1] :

> « Et d'abord Jean Morel, de Greux, près de Domrémy, laboureur, âgé de soixante-dix ans ou environ [...] déclara par serment que la Jeannette dont il s'agit naquit à Domrémy et fut baptisée dans l'église paroissiale Saint-Rémy de ce lieu. [...] Le même témoin dit aussi qu'il fut l'un des parrains de Jeanne ; et ses marraines furent la femme d'Étienne le Royer et Béatrice, veuve de Thiesselin, demeurant audit village de Domrémy, ainsi que Jeannette, veuve de Thiesselin de Vittel [...].
>
> Discrète personne messire Dominique Jacob, curé de l'église paroissiale de Montiers-sur-Saulx, au diocèse de Toul, prêtre, âgé de trente-cinq ans ou environ [...] déclara par serment que la Jeannette dont il s'agit est née à Domrémy, et, à ce qu'il croit, fut baptisée dans l'église Saint-Rémy dudit village [...].
>
> Béatrice, veuve d'Estellin, laboureur dudit village de Domrémy, âgée de quatre-vingts ans ou environ [...] déclara par serment que ladite Jeannette est née dans ledit village de Domrémy [...] ; cette Jeannette fut baptisée sur les fonts de l'église Saint-Rémy du village et ses parrains furent Jean Morel de Greux, Jean le Langart et feu Jean Rainguesson ; ses marraines furent Jeannette, veuve de Thiesselin le Clerc, Jeannette, femme de Thévenin le Royer, dudit village, et elle-même, témoin qui dépose.
>
> Jean dit Mœn, de Domrémy, demeurant au village de Coussey, diocèse de Toul, charron, âgé de cinquante-six ans environ, [...] déclara par serment que la Jeannette dont il s'agit naquit dans ce village de Domrémy, de Jacques d'Arc et Isabet mariés et fut baptisée sur les fonts de l'église Saint-Rémy dudit village [...].
>
> Vénérable personne messire Étienne de Syonne, curé de l'église paroissiale de Rouceux près de Neufchâteau et doyen de chrétienté, prêtre audit Neufchâteau, âgé de cinquante-quatre ans environ, [...] déclara que cette Jeannette était née à Domrémy, de Jacques d'Arc, son père ; ignore le nom de sa mère [...].
>
> Jeannette, veuve de Thiesselin de Vittel, de son vivant, clerc à Domrémy, âgée de soixante ans environ, [...] déclara par serment que Jeannette, dite *la Pucelle*, naquit audit Domrémy, [...].

1. 24 témoins furent interrogés dans la région du lieu de naissance de Jeanne.

> Noble homme Louis de Martigny, écuyer, âgé de cinquante-six ans environ, [...] déclara par serment que Jeanne la Pucelle est née à Domrémy et son père fut Jacques d'Arc [...].
>
> Thévenin le Royer, de Chermisey, demeurant audit Domrémy, âgé de soixante-dix ans environ, [...] déclara que Jeannette la Pucelle est née audit Domrémy et fut baptisée sur les fonts de l'église paroissiale Saint-Rémy dudit lieu ; ses parents furent Jacques d'Arc et Isabet, mariés, qui vivaient honnêtement en tant que laboureurs [...] et Jeanne, la femme du témoin qui dépose, était la marraine de ladite Pucelle, et l'avait tenue sur les fonts avant qu'il l'épousât. » (*Null.*, III, p. 240, *sqq.*)

Nous arrêterons là nos citations : les 34 témoins interrogés à Domrémy, Vaucouleurs ou Toul, laïcs ou ecclésiastiques, simples laboureurs ou nobles seigneurs, jurèrent devant Dieu que Jeanne était bien née à Domrémy, et 23 d'entre eux précisèrent que son père se nommait Jacques d'Arc et donnèrent les noms de quelques-uns de ses parrains et de ses marraines, confirmant ainsi les déclarations faites par la Pucelle à ses juges en février 1431. Compte tenu d'une part de cette unanimité et, d'autre part, de la ferveur religieuse du temps et de la crainte mystique qu'inspirait le parjure, il n'y a aucune raison de ne pas accepter ces témoignages comme véridiques et l'on se doit de considérer comme des contrevérités, voire comme des sottises gratuites, les hypothèses plus ou moins fantaisistes qui verront le jour, à partir du XIXe siècle, quant aux origines de Jeanne d'Arc. Le fait que onze des 34 témoins aient déclaré qu'ils ignoraient les noms de son père ou de sa mère ne change rien à l'affaire ; ce genre d'information, de nos jours encore, ne circule que dans un village, dans une famille, même dans le cas d'un personnage célèbre. Y a-t-il un seul Français – à l'exception de quelques spécialistes – qui puisse citer les prénoms du père et de la mère du général de Gaulle ?

Au reste, ces témoins défaillants n'étaient pas de Domrémy ; il s'agissait de gens de Vaucouleurs ou en fonction à Toul, et ils n'avaient aucune raison de connaître les familles de Domrémy : un prêtre, cinq petits nobles, un bourgeois et sa femme chez lesquels Jeanne avait logé lorsqu'elle s'était rendue à Vaucouleurs (voir ci-après, p. 107), et un sergent du roi.

Nous ne perdrons pas de temps à discuter les thèses hétérodoxes que des publicistes en mal d'originalité, ou des érudits de pacotille qui ignorent que plus d'un âne s'appelle Martin, ont tenté de propager sur les origines de la Pucelle (qu'elle serait née non pas à Domrémy, dans une famille de paysans, mais à Cef-fonds, près de Saint-Dizier, dans la Haute-Marne ; que son père n'était pas d'origine roturière ; que Jeanne serait le fruit des amours adultères d'Isabeau de Bavière – la mère de Charles VII – et du duc Louis d'Orléans), ou même sur sa destinée (par exemple que ce ne fut pas la Pucelle qui fut immolée sur le bûcher, mais qu'elle survécut à son supplice, qu'elle réapparut en Lorraine en mai 1436 et qu'elle épousa, quelques mois plus tard, un certain « Seigneur Robert des Armoises »). Ce sont là des inventions sans fondements, et ceux qui les ont imaginées, comme ceux qui les propagent encore, sont ou des naïfs, ou des ignorants en mal de succès.

Précisons enfin que Jeanne fut baptisée à Domrémy par Jean Minet, le curé de la paroisse, auquel succéda Guillaume Fronté, originaire de Neufchâteau, qui fut le curé de sa jeunesse ; nous ne savons rien de ces deux prêtres. Elle eut, comme c'était la coutume avant le concile de Trente (qui imposa un seul parrain et une seule marraine), plusieurs parrains et marraines ; à ceux que Jeanne cite elle-même dans le procès de Condamnation (voir ci-dessus, p. 51), il faut ajouter ceux que citent les témoins du procès en Nullité : les parrains Jean Morel, Jean Langart et Jean Rainguesson ; les marraines Jeannette veuve Thiesselin, Jeannette veuve Thévenin Le Royer, la veuve Jeanne Barré, Mengette femme de Jean Joyart, Jeannette veuve Thiesselin de Vittel.

LES PARENTS DE JEANNE

Interrogeons-nous maintenant sur les parents de la Pucelle, et d'abord sur son père.

Dans les manuscrits originaux du procès de Condamnation, son nom apparaît sous les formes *Jacobus d'Arc* et *Jacottus d'Arc*, que l'on traduit par « Jacques ou Jacob d'Arc » et « Jacquot ou Jaquot d'Arc ». De même, dans les rares documents administratifs relatifs à ce personnage qu'ont exhumés les érudits, c'est la forme « d'Arc » qui prévaut. Ainsi :

– en 1420 : « Jaqes d'Arc » est cité comme *amodiateur* (bailleur) du château de l'Ile de Domrémy[1] (cf. ci-dessus, p. 54 : cette maison forte appartenait à la famille du chevalier de Bourlemont) ;

1. *Journal de la Société d'archéologie lorraine*, 1898, p. 8.

– en 1423 : « Jaqes d'Arc, originaire de Ceffonds » est désigné comme *doyen* ou *sergent* du village de Domrémy [1] (cette fonction municipale venait alors en troisième rang, après celles de maire et d'échevin : elle correspondait à la fonction moderne de garde champêtre) ;

– en 1427 : « Jaquot d'Arc » se présente devant le seigneur Robert de Baudricourt, comme délégué et procureur de ses concitoyens dans un procès soutenu devant ce seigneur par la population de Domrémy [2].

La graphie « Darc », sans apostrophe, n'apparaît que dans le procès en Nullité ; on trouve aussi la forme « Daix » dans une expédition (copie conforme) des lettres d'anoblissement de la famille de la Pucelle, octroyées en 1429 par le roi Charles VII (voir plus loin, p. 239). Montaigne, qui visita la maison natale de Jeanne en 1580, nous parle, dans son *Journal de voyage en Italie par la Suisse et l'Allemagne,* de « Jane Day ». Au XIXe siècle, l'érudit Vallet de Viriville a imposé pour un temps cette orthographe « Darc » (c'est ainsi qu'est transcrit le nom de la Pucelle dans le dictionnaire biographique publié par Firmin Didot en 1855 sous le titre de *Nouvelle Biographie générale*). Il se fonde, pour cela, sur un ouvrage publié pour la première fois en 1612, réédité en 1629, et intitulé *Traité sommaire tant du nom et des armes que la naissance et parenté de la Pucelle d'Orléans et de ses frères*, par Charles du Lys, avocat général à la Cour des Aides sous Louis XIII, qui se prétendait descendant au sixième degré de Jacques d'Arc. Ce juriste scrupuleux écrit en effet dans son traité que *« pour les armoiries, les descendants dudit Jacques Darc portaient un arc bandé de trois flèches »*. Vallet de Viriville en conclut [3] qu'il faut écrire « Darc » et non pas « d'Arc », puisque c'est ainsi que les descendants de la famille de la Pucelle écrivent leur nom. De nos jours, certains spécialistes de l'histoire de Jeanne d'Arc, tel le père Doncœur, affirment eux aussi qu'il faut écrire « Darc ».

Cela dit, quelle que soit la graphie adoptée, il semble patent que ce patronyme désigne un nom de lieu, dont serait originaire le père de la Pucelle ou du moins d'où proviendraient ses

1. Siméon Luce, *Jeanne d'Arc à Domrémy*, Paris, 1885, p. 98.
2. *Ibid.*, p. 360.
3. Vallet de Viriville, *Nouvelles recherches sur la famille et le nom de Jeanne Darc, dite la Pucelle d'Orléans,* accompagnées de tableaux généalogiques et de documents inédits, Paris, Dumoulin, 1851.

ancêtres, mais lequel ? Arc-en-Barrois (en Champagne, dans la Haute-Marne) ? Art-sur-Meurthe (en Lorraine, dans la Meurthe-et-Moselle) ? ou un autre encore ? Selon Charles du Lys, son prétendu ancêtre serait né à Ceffonds (département de la Haute-Marne, arrondissement de Saint-Dizier, canton de Montier-en-Der), à environ 60 kilomètres à vol d'oiseau d'Arc-en-Barrois, et se serait établi, par la suite, à Domrémy. Cela n'a absolument rien d'impossible, du point de vue géographique... mais ce n'est qu'une hypothèse gratuite qui ne se fonde sur aucun témoignage ni sur aucun document. Le dénommé Charles du Lys a inventé cette prétendue origine dans le but, semble-t-il (Pierre Duparc *dixit,* dans le tome V de son édition du *Procès en Nullité*, p. 135) de se rattacher à une famille de noblesse ancienne qui serait originaire de Ceffonds. Or le nom de cette paroisse n'est mentionné par aucun des témoins interrogés dans le cadre du procès en Nullité, ni en aucun endroit des minutes des deux procès, qui contiennent au total une centaine de noms de lieux ou paroisses comme Greux, Burey, Coussey, Frebécourt, Sermaize, Vittel, etc.

La seule certitude que nous ayons concernant Jacobus d'Arc est qu'il vivait à Domrémy au moment de la naissance de la Pucelle, et cela depuis suffisamment longtemps pour y être devenu une sorte de notable paysan. Malheureusement, en matière de généalogie, les « bobards » – il n'y a pas d'autre mot – ont la vie dure, même chez certains érudits dont l'œuvre est par ailleurs inattaquable, tels Bouteiller et Braux (*Recherches sur la famille de Jeanne d'Arc*, Paris, 1879), Quicherat (dans son édition des deux procès, Paris, 1841-1849, t. II, p. 388), suivi par Champion (*Procès de Condamnation*, p. 355, note 104, dans la réédition de Genève, 1976) et par Régine Pernoud et Clin (« Jacques d'Arc, originaire *certainement* de Ceffonds », dans *Jeanne d'Arc*, Paris, Fayard, 1986, p. 399). Jacques d'Arc n'était ni noble, ni originaire de Ceffonds ; c'était tout simplement un paysan – un laboureur – natif de la région de Domrémy, qui avait pris femme à Vouthon et qui disposait sans doute d'une vingtaine d'hectares à labourer. Tout ce que l'on peut affirmer d'autre ne relève que du roman.

Nous savons toutefois que Jacques d'Arc s'opposa autant qu'il le put à la mission de sa fille, mais qu'il se rendit à Reims pour le sacre de Charles VII (17 juillet 1429), qu'il fut défrayé de son voyage par la municipalité de cette ville et par le roi, et que celui-ci l'anoblit au mois de décembre 1429. Selon un poème célébrant la mémoire de la Pucelle, dû à un certain Valeran Varanius, publié en 1516 et rapporté par Quicherat (t. v, p. 83), Jacques d'Arc serait mort du chagrin que lui causa la fin atroce de sa fille, en 1431 ; mais ce témoignage n'est corroboré par aucun autre, et il est sujet à caution.

*
* *

Nous possédons davantage d'informations sur la mère de la Pucelle, que les documents nomment indifféremment Isabelle, Isabeau, ou *Zabilet* en patois. Jeanne déclare elle-même lors de son procès (séance du samedi 24 mars 1431) « *qu'elle était surnommée* d'Arc *ou* Romée, *et que, dans son pays, les filles portaient le surnom de leur mère*[1] » (le surnom de *Romée* était donné aux personnes pieuses qui avait fait un pèlerinage à Rome, ou à leurs descendants). La Romée était née vers 1385, près de Domrémy, à Vouthon, où vivaient plusieurs membres de sa famille. Nous en connaissons trois : son frère Jean, couvreur à Sermaize (aujourd'hui Sermaize-les-Bains, dans le département de la Marne) ; son frère Henri de Vouthon, curé de Sermaize ; et sa sœur Aveline, qui épousa un cultivateur de Vouthon et dont la fille, Jeanne, épousa un laboureur de Burey-le-Petit, nommé Durand Laxart (ou Lassois), l'oncle de la Pucelle qui, nous le verrons, la conduisit à Vaucouleurs. Une tradition tardive, invérifiable, rapporte aussi le nom d'un des neveux d'Isabelle (donc un cousin germain de la Pucelle), un certain Nicolas Romée, qui aurait été cistercien.

Il semble que la mère de Jeanne fût une femme très pieuse, tout au moins si l'on s'appuie sur la déposition faite le 4 mai 1456 par frère Jean Pasquerel (de l'ordre des frères ermites de saint Augustin, frère lecteur au couvent de Bayeux), témoin n° 110, entendu dans le cadre du procès en Nullité (voir l'annexe n° 3). Ce personnage nous apprend qu'il a entendu parler pour la première fois de Jeanne et de sa démarche auprès du roi à Chinon alors qu'il se trouvait au Puy-en-Velay, ville qui était le siège d'un grand pèlerinage marial :

1. *Condamn.*, II, p. 148.

> « ... Dans cette ville [*Le Puy*], déclare-t-il, se trouvaient la mère de Jeanne et quelques-uns de ceux qui l'avaient conduite auprès du roi ; et parce qu'ils connaissaient un peu le témoin [*frère Jean*], ils lui dirent qu'il fallait venir avec eux voir cette Jeanne et qu'ils ne le quitteraient pas avant de l'avoir conduit jusqu'à elle. » (*Null.*, IV, p. 70)

D'après la suite de cette déposition, la rencontre de frère Jean avec la mère de Jeanne au Puy-en-Velay eut lieu entre l'arrivée de la Pucelle à Chinon (4 mars 1429) et son départ pour Tours (5 avril 1429) :

> « Le témoin [*frère Jean*] vint donc avec eux jusqu'à la ville de Chinon, et de là jusqu'à la ville de Tours, où il était lecteur dans un couvent de la ville. » (*Ibid.*)

Étant donné la distance qui sépare Chinon du Puy-en-Velay (un peu plus de 350 kilomètres), la présence d'Isabelle Romée au Puy ne pouvait être fortuite et l'on est largement en droit de penser que la mère de la Pucelle avait profité de son voyage dans le Centre de la France pour accomplir le pèlerinage marial, ce qui confirme la réputation qu'elle avait d'être une femme très pieuse. Nous pouvons même dater avec précision la date de sa venue au Puy-en-Velay : tous les jours de l'année, des pèlerins arrivaient au Puy, pour y faire leurs dévotions à la Vierge, et spécialement le jour de la fête de l'Annonciation, fête fixe, observée le 25 mars de chaque année. Or, en 1429, le 25 mars coïncidait avec le Vendredi saint (fête mobile, qui dépend de la date de Pâques) et il devait y avoir ce jour-là un grand pardon : il est quasi certain qu'Isabelle Romée y assista.

De son mariage avec Jacques d'Arc, la Romée eut cinq enfants : Jacquemin, Catherine, Jean, Pierre et Jeanne.

– Jacquemin, qui vivait encore à Vouthon en 1427, n'a pas participé à l'aventure de Jeanne et il mourut sans descendance, avant 1455.

– Catherine épousa un certain Colin le Maire, originaire de Greux, où il était cultivateur (c'est le témoin n° 43 du procès en Nullité) ; elle mourut avant 1429.

– Jean, dit aussi Petit-Jean, alla se réfugier avec Jeanne à Neufchâteau, en juillet 1428, fuyant les bandes armées bourguignonnes (voir ci-après, p. 108), et l'accompagna en France l'année suivante, en mai 1429 (on le retrouvera à ses côtés à Orléans, et il sera anobli en décembre 1429, avec son père et sa mère). En 1436, il prétendra avoir reconnu, à Metz, sa sœur, qui aurait échappé au bûcher (ce dont il tira une gratification sonnante et trébuchante de la part de la ville d'Orléans) ; en 1454, il fut nommé bailli de Vermandois et capitaine de Chartres, et il finira sa carrière comme prévôt de Vaucouleurs, de 1455 à 1469. Lui aussi serait mort sans descendance.

– Pierre d'Arc suivit de la même façon l'épopée de la Pucelle. Il participa à la libération d'Orléans, assista au sacre du roi à Reims, le 17 juillet 1429 ; il fut fait prisonnier devant Compiègne le 23 mai 1430, en même temps que Jeanne (Pierre fut contraint de vendre l'héritage de sa femme pour payer sa rançon). Anobli, lui aussi, en décembre 1429, il prétendra, comme son frère Jean, avoir reconnu la Pucelle, vivante, en 1436 à Metz. Par la suite, il se fixa à Orléans, où il reçut divers dons du roi, de la ville et du duc Charles d'Orléans (en particulier l'Île-aux-Bœufs, sur la Loire), et où il fit construire une maison, rue des Africains. Pierre d'Arc, qui se faisait appeler Pierre du Lys, mourut entre 1465 et 1467 ; il laissait un fils, Jean du Lys, qui mourut sans descendance.

Comme son mari, Isabelle fut anoblie en décembre 1429 ; elle quitta Domrémy après le décès de celui-ci et se fixa à Orléans, au mois de juillet 1440. Il semble qu'elle se soit trouvée alors dans des conditions matérielles difficiles, puisque la municipalité de la ville dut lui attribuer une pension de 48 sous *parisis* par mois (il s'agit de sous d'or) *« pour lui aider à vivre et acquérir ses nécessités dans ladite ville d'Orléans »*. Elle agit en tant que demanderesse lors du procès en Nullité de la condamnation de Jeanne d'Arc, dont la date officielle d'ouverture est le 7 novembre 1455, comme le dit la *Présentation* dudit procès :

> « [...] L'an du Seigneur 1455, [...], première année du pontificat de notre très saint père dans le Christ notre seigneur Calixte, par la divine Providence, troisième pape du nom, le 7e de novembre, dans la vénérable église de Paris [*Notre-Dame de Paris*], le matin, devant le révérendissime [...] seigneur Jean, archevêque de Reims, le révérend seigneur Guillaume, évêque de Paris, et honorable maître Jean Bréhal, inquisiteur de la foi, se présenta humblement et se prosterna à leurs pieds avec de grands gémissements et soupirs l'honnête femme Isabelle d'Arc, mère de défunte Jeanne, communément appelée la Pucelle ; elle offrit et présenta un mandat et rescrit au saint Siège apostolique, avec son fils Pierre d'Arc, frère de ladite Jeanne, et avec l'assistance d'hommes honorables, clercs et laïcs, et de beaucoup d'honnêtes femmes, en exposant tant en son nom qu'au nom de ses enfants et de ses parents,

> d'une manière pitoyable et d'un ton lamentable, et en faisant exposer les faits suivants... » (*Null.*, III, p. 7.)

Isabelle était alors, dit-on, « *décrépite par l'âge* » (elle avait 70 ans, ce qui était un grand âge à cette époque) et elle sollicita de ne point assister à toutes les audiences. Elle mourut à Orléans, dans la maison de son fils Pierre, rue des Africains, le 28 novembre 1458, après avoir fait son testament.

LA DATE DE NAISSANCE DE JEANNE D'ARC

Nous terminerons cette description de l'état civil de la Pucelle avec quelques commentaires sur sa date de naissance.

Nous avons vu plus haut qu'interrogée le 21 février 1431 par ses juges sur l'âge qu'elle avait, Jeanne répondit « *qu'à ce qu'il lui semble, elle a environ 19 ans* » (voir ci-dessus, p. 51). D'après cette affirmation, elle serait donc née en 1412, mais on ne peut en être certain.

En effet, dans l'article IV de son réquisitoire, prononcé de 28 mars 1431, Jean d'Estivet, le promoteur de l'accusation – le « ministère public », dirait-on aujourd'hui – affirme[1] que « *l'accusée* [...] *a été élevée en sa jeunesse jusqu'à la 18e année de son âge ou environ dans le village de Domrémy sur la rivière de Meuse* [...] ». Or Jeanne, nous le verrons, a quitté Domrémy en janvier 1429 ; si donc elle avait 18 ans à cette époque, cela signifierait qu'elle est née en 1411 et non pas en 1412. Mais de cette date aussi nous ne pouvons être certains, car, dans l'article VIII de son réquisitoire, le même Jean d'Estivet retarde encore d'un an son départ, ce qui reporterait la date de naissance de la Pucelle à 1410 :

> « [...] Jeanne, aux environs de sa vingtième année, de sa propre volonté et sans la permission de ses père et mère, gagna la ville de Neufchâteau en Lorraine et là servit pendant quelque temps une femme aubergiste, appelée La Rousse [...]. » (*Condamn.*, II, p. 167.)

En bref : Jeanne déclarant avoir « *à ce qu'il lui semble* » 19 ans en février 1431, les affirmations – non compatibles du promoteur – lui donnant 20 ans (article IV) ou 21 ans (article VIII) en mars 1431, qui faut-il croire ? On peut accorder à Jeanne le bénéfice de

1. *Condamn.*, II, p. 163.

la sincérité : elle n'a aucune raison de se rajeunir ni de se vieillir, et il n'y a rien d'extraordinaire à ce qu'elle ignore sa date de naissance : à cette époque, il n'existait ni registres d'état civil, ni registres de baptême dans les paroisses, la coutume du *Happy birthday to you !* n'avait pas encore été introduite dans les mœurs et seules les familles nobles ou les familles roturières fortunées tenaient un journal généalogique. Les gens connaissaient en général leur âge, mais ils ignoraient leur date de naissance. Nous ne disposons donc comme autre source d'information sur l'âge de la Pucelle lors de son procès (et donc sur son année de naissance) que les souvenirs des témoins interrogés à l'occasion du procès en Nullité (les uns en 1452, les autres en 1456 ; voir ci dessus, p. 52), et, comme on peut le constater sur le tableau ci-dessous, leurs dépositions ne concordent pas, mais les âges proposés sont voisins.

Age de la Pucelle lors de son procès selon les témoins interrogés	Enquête préalable de 1452 à Rouen (17 personnes interrogées)	Enquêtes de 1456 (137 personnes interrogées)
18 ans	1 témoin	–
18 ou 19 ans	1 témoin	–
19 ans	7 témoins	–
19 ou 20 ans	1 témoin	–
20 ans	2 témoins	135 témoins
autres	1 témoin	2 témoins
pas de réponse	4 témoins	–

Age de la Pucelle lors du procès de 1431 selon les témoins interrogés en 1452 et en 1456 dans le cadre du procès en Nullité.

Si l'on voulait pousser plus loin l'analyse, on pourrait trouver suspecte l'estimation du promoteur, qui n'est même pas d'accord avec lui-même, puisque l'article IV de son réquisitoire fait naître Jeanne en 1411 (elle aurait alors eu 20 ans lors de son procès) et l'article VIII en 1410 (elle aurait alors 21 ans lors de son procès). Il est possible, et même probable, que Jean d'Estivet ait été tenté de vieillir l'accusée, pour atténuer l'effet que pouvait produire sa jeunesse sur l'opinion publique. On pourrait aussi s'interroger sur la quasi-unanimité des témoins interrogés en 1456. La seule explication plausible, à notre avis, est que ces témoins avaient 25 ans de plus alors qu'au moment du procès, et que les prouesses de Jeanne leur paraissaient peut-être, avec le temps, plus compatibles avec le tempérament d'une femme de 20 ans qu'avec celui d'une jouvencelle de 18 ans.

Pour compliquer le problème, à notre avis insoluble, de l'année de naissance de Jeanne d'Arc, l'enquête de 1456 nous fournit deux informations très différentes des affirmations de Jeanne et de tous les témoignages et, de plus, contradictoires entre elles.

La première est contenue dans la déposition de Hauviette (témoin n° 35 dans le procès en Nullité), femme du laboureur Gérard de Syonne, qui était une amie d'enfance de Jeanne. Interrogée à Domrémy le 29 janvier 1456, elle précise notamment dans son témoignage *«qu'elle ne se souvient cependant pas des parrains et marraines* [de la Pucelle], *sinon par ouï-dire, car Jeanne était, à ce qu'elle disait, plus âgée qu'elle de trois ou quatre ans*[1]». Comme Hauviette a déclaré être elle-même âgée de 45 ans lors de son interrogatoire (donc elle serait née en 1411), cette affirmation fait naître Jeanne en 1408 ou 1407 et elle aurait eu alors 23 ou 24 ans lors de son procès.

La seconde est fournie par Jean d'Aulon, chevalier, conseiller et maître de l'hôtel du roi de France, sénéchal de Beaucaire. En 1428, ce gentilhomme du Languedoc, écuyer du roi, avait été commis auprès de Jeanne au titre d'intendant; il l'accompagna ensuite dans toutes ses expéditions et partagea son sort jusqu'à ce qu'elle fût livrée aux Anglais par celui qui l'avait capturée devant Compiègne, le comte de Luxembourg, dont elle était la prisonnière. Jean d'Aulon fut évidemment invité à déposer dans le procès en Nullité, et il le fit sous forme écrite, à Lyon, au couvent des frères prêcheurs (des dominicains). Jean d'Aulon était dans la ville de Poitiers, en mars 1429, lorsque Jeanne, partie de Vaucouleurs, après avoir été reçue par le roi à Chinon le 6 mars, avait été conduite à Poitiers pour y subir divers interrogatoires. Il expose tout cela dans une longue lettre écrite en français, et affirme péremptoirement que *«pour lors, la Pucelle était de l'âge de seize ans environ*[2]», ce qui est tout à fait invraisemblable, quand on songe à l'activité qu'elle a déployée entre son arrivée à Chinon et sa capture, un an plus tard, devant Compiègne (la délivrance d'Orléans, la bataille de Patay, le sacre de Reims).

1. *Null.*, III, p. 263.
2. *Null.*, I, p. 476.

En résumé, il n'y a aucune raison sérieuse pour ne pas admettre que Jeanne avait environ 19 ans quand débuta son procès, comme elle l'affirma devant ses juges lors de son premier interrogatoire public : elle est bien née en 1411 ou en 1412. En revanche, nous n'avons aucun indice, même ténu, qui puisse nous renseigner sur le mois de sa naissance.

Quant aux élucubrations d'un conseiller de Charles VII, Perceval de Boulainvilliers, qui écrira plus tard au duc de Milan une lettre délirante dans laquelle il lui contera que, la nuit où naquit Jeanne d'Arc n'était autre que la nuit de l'Épiphanie de l'année 1412 (6 janvier 1412), et que cette nuit-là, tous les coqs s'étaient mis à chanter dans le village de Domrémy, elles ne méritent d'être rappelées ici que pour mettre en garde les lecteurs sérieux. Car il s'est trouvé des historiens français au nationalisme exacerbé pour l'imposer comme une date historique : « On accepte généralement comme date de la naissance de Jeanne le 6 janvier 1412 », écrit en 1911, sans rire, et sans doute la larme à l'œil, Gabriel Hanotaux, ce ministre des Affaires étrangères et académicien, artisan de la canonisation de Jeanne d'Arc en 1920. Ce qui lui valut l'année suivante les compliments du *Canard enchaîné,* où l'on put lire en souriant qu'en vertu d'un article additionnel au traité de Versailles, qui venait d'être signé, il fut décidé que la Pucelle avait été brûlée par les Allemands !

2

LA PETITE FILLE MODÈLE DE DOMRÉMY
(1412-1425)

La courte vie de la Pucelle – elle n'avait pas 20 ans quand elle mourut – peut se diviser en trois périodes qui pourraient s'intituler : « Avant la mission », « Révélation de la mission », « Accomplissement de la mission ». La première période, que nous nous proposons d'étudier dans ce chapitre, correspond à l'enfance et au début de l'adolescence de Jeanne.

DOMRÉMY, LE BOIS CHESNU ET L'« ARBRE DES DAMES »

La première période de la vie de Jeanne a pour cadre Domrémy, avec ses chemins, ses fontaines, ses placettes, la maison et le jardin de ses parents, la petite église paroissiale de Saint-Rémy, les champs alentour, les bords de la Meuse, l'Ile et le château des seigneurs de Bourlemont (voir ci-dessus, p. 54), et les routes qui en sortent, ces routes mystérieuses pour une jeune enfant, qui mènent vers des lieux aux noms qui devaient lui paraître étranges : Maxey, Brixey, Goussaincourt, Burey, et vers ces deux cités encore inconnues d'elle et où seules les « grandes personnes » semblent pouvoir se rendre, avec leurs grandes jambes ou leurs mulets, tant elles semblent lointaines : Neufchâteau, Vaucouleurs. Au-delà, ce n'est plus le Barrois : c'est le duché de Lorraine et l'immense Empire romain germanique.

Ce qui se passe à l'extérieur du petit univers tranquille de Domrémy-Greux, la petite Jeanne, pas plus que les autres enfants de son âge, ne peut l'imaginer, ni même le concevoir. Certes, elle a sans doute entendu ses parents parler de la guerre que font les Bourguignons aux Armagnacs, mais elle est encore trop jeune pour savoir que le mot « bourguignon » a maintenant un sens politique. Certes, aussi, le bruit court dans le village qu'un méchant roi d'Angleterre – Henry V – a conquis la Normandie et s'est installé à Rouen, une ville dont la fillette, qui vient d'avoir 7 ans, ignore jusqu'au nom. Bien plus : en 1420, quel habitant de Domrémy aurait-il pu connaître l'existence (et encore moins la teneur) du traité négocié par la reine Isabeau de Bavière avec le duc Philippe de Bourgogne, traité qui avait été juré à Troyes, le 21 mai de cette même année ? Même le « Bourgeois de Paris [1] », d'ordinaire bien informé, est très discret sur les conséquences de ce pacte ; dans son *Journal*, il écrit :

> « Il convint qu'on traitât avec le roi d'Angleterre [*Henry V*], qui était l'ancien ennemi de la France, malgré les réticences qu'on pouvait avoir, en raison de la cruauté des Armagnacs [*le parti des Valois, hostile au duc de Bourgogne, Jean sans Peur, qui avait fait assassiner Louis d'Orléans, frère de Charles VI, en 1407, déclenchant ainsi la guerre civile dont nous avons parlé plus haut, p. 40 ; il fut lui-même attiré dans un guet-apens et assassiné par les Armagnacs en 1419, sur le pont de Montereau*], et il lui fut donné en mariage une des filles de France, nommée Catherine [*fille de Charles VI et d'Isabeau de Bavière ; le Bourgeois de Paris passe sous silence la clause retirant la couronne de France au dauphin Charles, au profit du roi Henry V : l'ignorait-il ? ou bien cette clause l'embarrassait-elle ?*]. » (*Journal*, paragraphe 276.)

De temps à autre, cependant, une nouvelle en provenance du vaste monde parvenait au village. En général, elle était colportée par un quelconque marchand ambulant de passage, ou bien par un habitant de Domrémy, revenant du marché de Neufchâteau, ou encore de Maxey, un village sur la rive droite de la Meuse, à trois ou quatre kilomètres en aval de Domrémy, entièrement acquis au parti bourguignon. Le plus disert, en la matière, était peut-être un laboureur, Gérardin d'Épinal (témoin n° 38 dans le procès en Nullité), le seul homme du village à appartenir au parti bourguignon [2].

---

1. Appellation traditionnelle d'un clerc de l'Université de Paris, probablement un docteur en théologie qui appartenait au chapitre de Notre-Dame de Paris, dont on ignore le nom, et qui nous a laissé une précieuse chronique sur l'histoire de son temps vue de Paris, où il vivait, entre 1405 et 1449. Ce *Journal* est un des textes les plus remarquables que le Moyen Age nous ait transmis. La première édition scientifique complète du *Journal* a été faite par Alexandre Tuetey, en 1881, d'après laquelle nous le citons ici, traduit en français moderne.
2. En 1456, aux enquêteurs qui lui demandaient de quelle manière Jeanne avait quitté Domrémy, il avait répondu qu'elle lui aurait dit, au moment de son départ définitif, en

Nous voici donc à Domrémy, au début de l'année 1412, sous le règne du roi Charles VI, qui n'est roi que de nom : depuis vingt ans, il souffre d'une démence évolutive grave, dont les périodes de rémission sont de plus en plus rares et de plus en plus brèves. Le royaume de France est gouverné, on l'a vu (ci-dessus, p. 37), par un Conseil de régence et le traité de Troyes n'a pas encore été conclu : le dauphin est alors Louis, duc de Guyenne (il mourra en 1415, et son cadet, le futur Charles VII, né en 1403, deviendra l'héritier présomptif de la couronne : voir le tableau généalogique de la Maison de France, p. 35).

En ce temps-là, Domrémy ne comptait guère plus de 25 « feux » (voir ci-dessus, p. 54). Un « feu » correspondant à une maisonnée familiale, il est plus que probable que la population de Domrémy-Greux était alors, enfants compris, d'environ 200 habitants (de nos jours, le recensement de 1990 en a dénombré 182). D'autre part, on peut logiquement supposer que les enquêteurs chargés de recueillir des informations sur la Pucelle dans le cadre du procès en Nullité, ont interrogé à Domrémy, en 1456, une personne par maisonnée (le chef de famille, ou sa veuve, si celui-ci était mort), chaque maisonnée constituant un ensemble socialement homogène et stable. Nous pouvons en conclure que les 21 témoins interrogés à Domrémy-Greux en 1456 constituent un échantillon hautement représentatif des 25 « feux » du village, dont il n'y avait aucune raison que le nombre eût varié depuis 1412, compte tenu de la très haute stabilité sociale de l'époque (c'est le temps de ce que Leroy-Ladurie appelle « l'histoire immobile »), et que la distribution des catégories socioprofessionnelles, comme le disent de nos jours les statisticiens, de ces 21 témoins nous fournit une bonne image de ce que pouvait être la petite société villageoise de Domrémy lors de la naissance de Jeanne, en l'an 1412. Le tableau ci-dessous décrit cet échantillon.

On voit que les enquêteurs ont interrogé 13 laboureurs ou veuves de laboureur, 2 artisans, 3 prêtres et un écuyer : nous en déduisons – prudemment – qu'il y avait vraisemblablement à Domrémy, du temps de la Pucelle, en dehors de la famille d'Arc, quelque 13 familles d'agriculteurs et 2 familles d'artisans.

---

octobre 1428 : « *Compère, si vous n'étiez bourguignon, je vous dirais bien quelque chose...* », et qu'il avait cru alors qu'elle allait retrouver un fiancé (*Null.*, III, p. 267).

N°	Noms des témoins	Laboureurs ou veuves de laboureurs	Artisans	Autres
23	Jean Morel	X		
24	Dominique Jacob			Prêtre
25	Béatrice, veuve Estellin	X		
26	Jeannette femme Le Royer	(v. n° 31)		
27	Jean dit Mœn		Charron	
28	Messire Étienne de Syone			Prêtre
29	Jeannette, veuve Thiesselin			Thiesselin : ancien clerc
30	Louis de Martigny	X		Noble
31	Thévenin Le Royer	X		
32	Jaquier de Saint-Amant	X		
33	Bertrand Lacloppe		Couvreur	
34	Perrin Drappier			
35	Gérard Guillemette	X		
36	Hauviette, femme de Gérard de Syonne	X X		
37	Jean Waterin	X		
38	Gérardin d'Épinal	X		
39	Simonin Musnier	X		
40	Isabelle, femme de Gérardin d'Épinal	X		
41	Mengette, femme de Jean Joyart	X		
42	Messire Jean Colin			Prêtre
43	Colin fils de Colin	X		

Les 21 témoins de Domrémy : 13 d'entre eux appartenaient à des familles de laboureurs et 2 étaient des artisans (les numéros des témoins sont ceux de l'Annexe n° 3). Nous considérons que cet échantillon est représentatif de la population de Domrémy vers 1550.

La population du village n'était pas assez nombreuse (environ 200 habitants, soit 8 à 10 personnes par feu, voir ci-dessus p. 69) pour que s'y soient établis, d'une manière durable, des artisans spécialisés ou des commerçants : le charron, Jean Mœn, était aussi maréchal-ferrant, et les travailleurs itinérants (scieurs de blé, faucheurs de prés et d'avoine, batteurs de granges) étaient payés à la journée ou à la tâche, conformément à une ordonnance de Jean le Bon, datant de 1381 [1].

1. *Cf.* Ph. Contamine, *Au temps de la guerre de Cent ans,* p. 130, Paris, Hachette, 1976.

Jacques d'Arc, le père de Jeanne, était, lui aussi, laboureur à Domrémy, où il possédait une maisonnette entourée d'un jardinet, légèrement à l'écart du village, voisine de l'habitation du charron Jean Mœn (voir *Null.*, III, p. 249) et de celle de la famille Musnier, à deux ou trois cents mètres de la Meuse. Peu éloignée, aussi, de l'église paroissiale de Saint-Rémy, dédiée au saint évêque de Reims qui avait baptisé Clovis, et qu'on pouvait apercevoir du jardin de la maison natale de Jeanne, en regardant vers la droite. Lors de son procès, la Pucelle précisera que cette église était subordonnée à celle de Greux, dédiée à saint Maurice : *« C'est à Greux que se trouve la principale église »*, déclarera-t-elle à ses juges[1]. Cette petite chapelle de campagne possédait-elle des vitraux représentant saint Michel terrassant le dragon et sainte Marguerite en costume d'homme refoulant Satan, comme certains l'ont avancé ? C'est douteux, compte tenu de la modestie de ce bâtiment religieux.

Deux villes proches de Domrémy ont joué un rôle important dans la vie de Jeanne : il s'agit de Neufchâteau et de Vaucouleurs.

La première, à deux heures de marche du village, était située au confluent de la Meuse et du Mouzon, à proximité des frontières qui séparaient la Champagne[2] des duchés de Lorraine et de Bourgogne. C'était une cité de transit, où le roi de France comptait des sujets dévoués, enrichis par le commerce des vins de Champagne et de Bourgogne, qu'ils exportaient jusqu'en Flandre, et par celui des produits de laiterie (les habitants de Neufchâteau confiaient aux paysans de Domrémy leurs bestiaux à nourrir pendant la belle saison). Nous verrons (ci-dessous, p. 108) que Jeanne eut l'occasion d'y séjourner une quinzaine de jours, avec sa famille, en juillet 1428, lors d'une expédition militaire dans la région (contre la forteresse de Vaucouleurs) dirigée par le maréchal bourguignon Antoine de Vergy[3] ; elle avait alors 16 ou 17 ans.

1. *Condamn.*, II, p. 38.
2. La Maison de Blois-Champagne s'est éteinte en 1274 avec Henri III, dernier comte de Champagne, dont la fille, Jeanne, épousa en 1284 le futur roi de France, Philippe le Bel, avec, dans sa corbeille de noces, les comtés de Navarre, de Champagne et de Brie.
3. Antoine de Vergy, un des plus puissants seigneurs bourguignons, était l'un des dix chevaliers qui avaient suivi Jean sans Peur à l'entrevue de Montereau, où celui-ci fut assassiné ; il y fut blessé et fait prisonnier. En 1422, le roi Henri VI le nomma maréchal de France, titre que par la suite Charles VII ne voulut jamais reconnaître.

Vaucouleurs était une châtellenie royale, incluse dans le bailliage de Chaumont, à 19 kilomètres au Nord de Domrémy. En 1412, c'était la dernière place forte que possédât encore le roi Charles VI (qui n'était d'ailleurs roi que de nom, en raison de sa maladie mentale qui le tenait à l'écart des affaires) au Nord de la Loire, à l'extrémité orientale du royaume ; elle était défendue par un imposant château, dont il subsiste aujourd'hui quelques vestiges. La forteresse avait résisté aux assauts des Anglo-Bourguignons, et son capitaine, Robert de Baudricourt, était resté fidèle à son souverain, bien que la maladie du roi eût alors gravement évolué. Ce loyal sujet de la Couronne de France était le fils d'un Lorrain, un certain Liébaud, chambellan du duc de Bar (c'est-à-dire, à l'époque, de René d'Anjou, futur beau-frère de Charles VII) et d'une Champenoise, Dame Marguerite d'Aunoy. On sait que Baudricourt joua un rôle important dans l'aventure de la Pucelle (voir ci-après, p. 105) ; il deviendra par la suite bailli de Chaumont (en 1477), puis chambellan du duc René d'Anjou ; son fils, Jean de Baudricourt, servira tout aussi loyalement Louis XI et Charles VIII (le premier le choisira comme gouverneur de la Bourgogne, en 1480, le second le nommera maréchal de France, en 1488). De même que Neufchâteau, Vaucouleurs était une ville commerçante, avec un port sur la Meuse (à un kilomètre de ses murailles), par où transitaient les marchandises en provenance de la Bourgogne vers Chaumont et vers les villes de l'Empire.

*
* *

Promenons-nous par la pensée dans ce village, comme Jeanne le fit sans doute bien des fois, puisqu'elle y a passé les dix-huit premières années de sa vie, ainsi que le rapporte dans son réquisitoire (article IV du libelle) le promoteur Jean d'Estivet, récapitulant et commentant les dires de Jeanne à son procès[1] : « *Il est vrai que ladite accusée* [...] *a été élevée dans sa jeunesse jusqu'à la 18e année de son âge ou environ dans le village de Domrémy sur la rivière de Meuse.* »

Du seuil de la maison de la famille d'Arc, on pouvait voir, en regardant dans la direction de Neufchâteau, à mi-hauteur d'une colline aux pentes raides, distante d'un peu moins de deux kilo-

1. *Condamn.*, II, p. 63.

mètres, un bois touffu, planté de chênes, que les habitants du village appelaient pour cette raison « le Bois chesnu » (de nos jours, la colline a été sauvagement défrichée et les chênes ont disparu, mais on peut se faire une idée du paysage que pouvait contempler la Pucelle d'après une aquarelle peinte en 1829 et reproduite dans Henri Wallon, *Jeanne d'Arc*, 2 vol., Paris, Hachette, 1860). Jeanne évoque ce fameux bois dans les déclarations qu'elle fit au tribunal que présidait Mgr Cauchon, le mardi 27 février (3e séance du procès de Condamnation) ; à ses juges, qui cherchaient à lui faire avouer qu'elle croyait en l'existence des fées et en la vérité des prophéties (ce qui, pour l'Église, relevait de la sorcellerie et de l'hérésie), elle déclare en effet :

> « [...] qu'il y a là un bois qui est appelé le Bois de chênes, en français : le *Bois chesnu*, que l'on voit de la porte de son père, et il n'y a pas la distance d'une demi-lieue. [...] Item elle dit ensuite que, lorsqu'elle vint vers son roi, certains lui demandaient s'il y avait dans son pays un arbre que l'on appelait en français le *Bois chesnu*, parce qu'il y avait des prophéties disant que des alentours de ce bois devait venir une pucelle qui ferait des choses admirables. Mais ladite Jeanne dit qu'elle n'y ajoutait point foi. » (*Condamn.*, II, p. 68.)

A l'orée du Bois chesnu, il y avait un grand, gros et vieil arbre, appelé « arbre des dames » par les uns, « arbre des fées » par les autres, que la plupart des habitants de Domrémy et de Greux s'accordaient à trouver d'une beauté exceptionnelle. Gérardin d'Épinal, témoin déjà cité (ci-dessus, p. 69), le dit « *beau comme les lys, épanoui, avec ses feuilles et ses branches qui tombent jusqu'à terre*[1] » ; Bertrand Lacloppe, lui aussi de Domrémy, où il était couvreur de toits (témoin n° 33 dans le procès en Nullité) précise qu'il s'agit d'« *un hêtre très courbé*[2] ». Toutefois Montaigne, qui est passé par Domrémy en 1580, est moins admiratif ; dans son *Journal de voyage*, il écrit : « *Il y a un arbre le long d'une vigne, qu'on nomme l'arbre de la Pucelle, qui n'a nulle autre chose à remarquer* » ; l'« arbre des dames » avait sans doute mal vieilli.

On se doute que le tribunal ecclésiastique ne manqua pas d'interroger Jeanne au sujet de cet arbre qui sentait le soufre, ne fût-ce que par la dénomination d'« arbre des fées » que lui avaient

1. *Null.*, III, p. 267.
2. *Null.*, III, p. 257.

attribuée les gens de Domrémy ; elle évita subtilement le piège qu'on lui tendait, en déclarant qu'elle connaissait bien cet arbre, comme tout le monde dans le village, mais elle évita de répondre sur les Fées et alla même au devant d'une question sournoise possible au sujet des guérisons miraculeuses :

> « [...] Elle répondit qu'assez près du village de Domrémy est un arbre, appelé "arbre des dames" ; d'autres l'appellent "arbre des fées", auprès duquel est une source ; et elle a entendu dire que les malades de fièvres boivent de cette source et vont y chercher de l'eau pour avoir la santé. Et cela, elle l'a vu elle-même ; mais elle ne sait s'ils guérissent ainsi ou non. Item elle dit qu'elle a entendu [*dire*] que les malades, quand ils peuvent se lever, vont à l'arbre pour se promener. Et c'est un grand arbre, un hêtre, d'où vient le mai [1], le *Beau mai* comme on dit en français ; il était réputé appartenir à Mgr Pierre de Bourlemont [2], chevalier. Item elle disait que quelquefois elle allait se promener avec d'autres filles et elle faisait près de l'arbre des couronnes de fleurs pour l'image de Notre Dame de Domrémy. Et plusieurs fois elle a entendu dire par des anciens qui n'étaient pas de sa famille [*noter la prudence dont fait preuve Jeanne dans ses réponses*] que les Dames Fées y demeuraient. Elle a entendu dire par une femme nommée Jeanne, épouse du maire Aubery [*l'intendant rural représentant le seigneur de Bourlemont*], qui était sa marraine elle-même, Jeanne qui parle, qu'elle y avait vu des Dames Fées ; mais elle-même qui parle ne sait si cela était vrai ou non. Item elle dit qu'elle n'a jamais vu les susdites Fées à l'arbre, qu'elle sache ; mais si elle les a vues ailleurs, elle ne sait si elle les a vues ou non. Item elle dit qu'elle a vu les jeunes filles mettre des guirlandes aux branches de l'arbre [*sans doute pour fêter le "mai"*] et elle-même en a quelquefois mis avec d'autres filles et quelquefois elle les emportait avec elles, quelquefois elles les y laissaient. Item elle dit qu'après qu'elle sut qu'elle devait venir en France [*au Sud de la Loire, où se trouvait le dauphin quand elle quitta Vaucouleurs, c'est-à-dire après mai*

1. Plante de la famille des Liliacées, dont le nom savant est *Majanthemum bifolium*, appelée aussi « petit muguet » ; c'est une plante rampante de 1 à 20 cm de hauteur, porteuse de baies rouges, qui pousse au printemps, dans les bois frais. Toutefois, le « mai » ou « Beau mai » dont parle Jeanne est un terme populaire pour désigner tout élément végétal (un arbre, une branche, un rameau, un bouquet) que la jeunesse masculine d'un village allait cueillir dans la nuit de 1er mai pour le planter sur la place du village afin d'honorer les jeunes filles à marier ; cette fête est attestée dans diverses provinces, et en particulier en Lorraine, depuis le XIIIe siècle. Jeanne entend sans doute par « le mai » les feuillages de l'Arbre aux Dames – un hêtre – qu'on utilisait pour cette fête populaire.
2. Il s'agit du dernier représentant de cette famille, qui s'éteignit en 1412, l'année de la naissance de Jeanne ; à sa mort, la seigneurie passa à la descendance de sa sœur, Jeanne de Bourlemont.

> *1428, date des premières révélations*], elle prit peu de part à leurs jeux ou promenades et le moins qu'elle put. Et elle ne sait pas qu'après elle eut discernement, elle ait dansé près de l'arbre, mais elle a bien pu y danser auparavant. » (*Condamn.*, II, p. 66, *sq.*)

Cette réponse de l'accusée à ses juges nous intéresse pour trois raisons. Premièrement, parce qu'elle nous montre Jeanne adolescente, jouant, chantant et dansant avec ses compagnes, au Bois chesnu, à la fête du *Beau mai* ou autour de l'« arbre des dames » et se conduisant, tout compte fait, comme le faisaient toutes les jeunes villageoises, à la fin du siècle dernier, du temps de nos grands-mères ou de nos arrière-grands-mères. Deuxièmement, parce que cette fillette de 11 ou 12 ans qui tresse des guirlandes et qui rit avec ses petites camarades sous les ombrages du Bois chesnu ne semble avoir alors aucune préoccupation mystique, ni encore moins politique ; elle fait même preuve d'un scepticisme bien précoce quant aux vertus guérisseuses de l'eau qui jaillit auprès de l'« arbre des dames », qui pourrait en remontrer à bien des pèlerins qui prennent chaque année le chemin de Lourdes. A peu près tous les témoins interrogés lors du procès en Nullité ont d'ailleurs déclaré que l'« arbre des dames » était tout simplement un lieu de rendez-vous et d'amusement pour les jeunes filles et les dames du village : à la belle saison, elles avaient coutume de se réunir au pied de cet arbre, d'y chanter et d'y danser, de mettre des guirlandes de feuilles autour de ses branches. Les plus superstitieuses d'entre elles croyaient qu'il était hanté par des fées. Le promoteur du procès de condamnation, Jean d'Estivet, précise, dans son réquisitoire, que le commun l'appelait *« l'arbre charmine de Bourlemont »* (*charmine* = « qui possède un charme, enchanté ») et qu'il appartenait aux seigneurs de Bourlemont, propriétaires de ce que nous avons appelé précédemment « l'Ile » et des 35 familles de serfs qui y vivaient (voir ci-dessus, p. 54). Troisièmement enfin, et c'est là le point le plus important, parce que l'interprétation volontairement déformée que donne le promoteur Jean d'Estivet de cette réponse est un bel exemple de la mauvaise foi des accusateurs et du caractère « fabriqué » du procès de Condamnation (nous en rencontrerons bien d'autres exemples dans la suite de ce livre). Jean d'Estivet écrit en effet, à l'article VI de son libelle (nous soulignons les passages tendancieux, commentés après la citation) :

> «Jeanne avait accoutumé de fréquenter lesdits arbres et source, et le plus souvent de nuit, parfois de jour, surtout aux heures où à l'église était célébré l'office divin, afin qu'elle fût seule ; et en dansant elle tournait autour de la source et de l'arbre ; ensuite aux branches du même arbre elle suspendait de nombreuses guirlandes d'herbes variées et de fleurs, faites de sa propre main, disant et chantant, avant et après, certaines chansons et invocations, sortilèges et autres maléfices. Ces guirlandes, le matin suivant, ne s'y retrouvaient absolument plus.» (*Condamn.*, II, p. 165).

Commentons ce propos.

«Avait accoutumé» : dans sa réponse, Jeanne ne dit pas qu'elle avait coutume de fréquenter l'«arbre des dames» ou le Bois chesnu, mais *«que quelquefois elle allait se promener avec d'autres filles... auprès de l'arbre»*.

«Et le plus souvent la nuit» : dans sa réponse, Jeanne ne parle absolument pas de promenades nocturnes au Bois chesnu ; l'allusion du promoteur est sournoise, car, dans les superstitions populaires, les démons et les sorcières étaient réputés se réunir de nuit, pour exercer leurs maléfices.

«Surtout aux heures où à l'église était célébré l'office divin, afin qu'elle fût seule» : ici aussi, le promoteur en rajoute et introduit dans l'esprit des juges la notion de circonstance aggravante. Les déclarations des témoins interrogés lors du procès en Nullité sont unanimes : Jeanne était dévote et assistait à tous les offices (voir ci-après, p. 91). D'autre part, dans sa réponse, Jeanne n'a jamais déclaré qu'elle allait seule à l'«arbre des dames» ; elle précise même par deux fois qu'elle y allait *«avec d'autres filles»*.

«Invocations, sortilèges et autres maléfices» : l'accusation est gratuite et ne repose sur aucun témoignage (ni, encore moins, sur les réponses de Jeanne à ses juges) ; nous retrouverons plus loin d'autres allusions à sa «sorcellerie» naissante, auprès de l'«arbre des dames», en rapport avec ses «Voix» (voir ci-dessous, p. 96).

Pour en finir avec cet arbre *charmine*, qui semblera si banal à Montaigne, ajoutons qu'il n'y avait pas que la population féminine de Domrémy et des environs à s'ébattre à l'ombre de ses ramures. Les hommes aussi le fréquentaient, la belle saison venue, et, le premier jour du mois de mai, au son des tambourins et des fifres, les jeunes gens du pays partaient en joyeuse sarabande arracher des rameaux feuillus de l'«arbre des dames» pour orner un arbre jeune, que l'on avait planté au beau milieu du village, ou pour accrocher aux portes des maisons. Cela s'appelait « fêter le mai ». Parfois même, les curés de Greux ou de Domrémy participaient aux réjouissances villageoises, malgré leur caractère païen. D'ailleurs, il existait à Domrémy une tradition beaucoup moins « diabolique » relative au surnom de cet arbre ; elle a été évoquée, vingt-cinq ans après le supplice de Jeanne, par l'un des témoins interrogés en vue du procès en Nullité, Jeannette, veuve de Thiesselin de Vittel (témoin n° 29, voir ci-dessous, p. 81) :

> « [*Le témoin*] déclara par serment que l'arbre en question est appelé « l'arbre des dames », car on raconte qu'anciennement un seigneur appelé seigneur Pierre Gravier, chevalier, seigneur de Bourlemont, allait rencontrer sous cet arbre une certaine dame dénommée "Fée", et qu'ils parlaient ensemble. Et déclara l'avoir entendu lire dans un roman. »

PAPA LABOURE, MAMAN COUD... ET JEANNETTE ?

Tous les témoins interrogés à Domrémy dans le cadre du procès en Nullité le confirment : Jacques d'Arc et Isabelle Romée étaient de bons cultivateurs, vivant très modestement du labourage de leurs champs et de l'élevage de quelque bétail. En Champagne, comme dans le reste de la France du Nord, on pratiquait l'assolement triennal, qui consistait à laisser une parcelle de terre au repos (en jachère) la première année, à y semer et y récolter du froment ou du seigle la deuxième année, de l'orge ou de l'avoine la troisième année. Chaque cultivateur procédait de la sorte sur les soles (les parcelles labourables) qu'il possédait et l'on procédait de même sur les soles communales, lesquelles étaient très étendues, l'agriculture étant, dans cette région, de type communautaire. D'autre part, le pays était de vaine pâture, ce qui signifie que l'on pouvait mener paître le troupeau commun du village sur les soles en jachère, en prenant soin d'éviter les soles cultivées.

Jeanne va donc vivre la vie d'une petite paysanne. Mais quel genre de vie ?

La légende qui s'est répandue, après le procès en Nullité, fait d'elle une bergère, gardant ses moutons à Domrémy tout en filant sa quenouille ; il suffit de se reporter aux propres déclarations de la Pucelle à ses juges lors du procès de Condamnation et à celles des témoins interrogés lors du procès en Nullité pour constater qu'elle n'a aucun fondement: Jeanne d'Arc n'a jamais été bergère.

Dans le premier procès, il est fait deux fois allusion à cette activité, et, par deux fois, la Pucelle dément et affirme qu'elle n'allait pas aux champs avec des brebis ou autres animaux. Le 22 février (deuxième séance du procès), Cauchon lui demande si, dans sa jeunesse, elle avait appris un métier; la réponse de Jeanne est nette, catégorique:

> «Elle dit que oui: coudre les draps de toile et filer; et elle ne craignait [*aucune*] femme de Rouen pour filer et coudre. Ensuite elle confessa que, par crainte des Bourguignons, elle quitta la maison de son père et alla à Neufchâteau, en Lorraine, chez une femme appelée La Rousse où elle résida environ quinze jours [*nous reviendrons sur ce séjour p. 108*]; elle ajouta ensuite que, pendant qu'elle était dans la maison de son père [*à Domrémy*], elle vaquait aux besognes familières de la maison et n'allait pas aux champs avec les brebis et autres animaux.» (*Condamn.*, II, p. 45.)

Le 24 février, Cauchon l'interroge encore sur ce point: a-t-elle autrefois mené les animaux aux champs? La réponse de Jeanne est toujours négative, mais un peu plus nuancée que l'avant-veille:

> «Elle dit qu'elle avait déjà répondu là-dessus [*allusion à sa réponse du 22 février*] et qu'après qu'elle fut plus grande et qu'elle eut discernement, elle ne gardait généralement pas les animaux, mais elle aidait bien à les conduire aux prés et par peur des hommes d'armes à un château que l'on appelle l'Île; mais elle ne se souvient pas si dans son jeune âge elle les gardait ou non.» (*Condamn.*, II, p. 64.)

Il n'y avait rien d'infamant pour une jeune fille à conduire des animaux aux champs; donc, si Jeanne d'Arc refuse clairement d'être assimilée à une bergère, c'est parce qu'elle ne l'était pas. Cependant, vingt-cinq ans plus tard, lors du procès en Nullité, sur les 21 témoins entendus à Domrémy, 14 vont affirmer qu'elle allait *«souvent»* à la charrue avec son père, et que, *«parfois»* – il faut souligner cet adverbe qui revient dans toutes les dépositions des témoins – elle gardait les animaux dans les champs; certains précisent même qu'il s'agissait de brebis. Qu'est-ce que cela signifie?

Les grands spécialistes de l'histoire de Jeanne d'Arc, et notamment les éditeurs modernes du texte des procès (Champion, Tisset, Duparc) ont répondu avec une grande intelligence à cette question. Selon Champion, la légende de la petite bergère de Domrémy *«fut surtout répandue, au moment du procès de réhabilitation, par les théologiens intéressés à exalter l'œuvre de Dieu par la simplicité de celle qui l'accomplit»* (P. Champion, *Procès de condamnation de Jeanne d'Arc,* Paris, 1920-1921, Slatkine Reprints, Genève, 1976, p. 359, n. 123). P. Duparc va même plus loin ; pour lui, il s'agissait, dans l'esprit des magistrats de 1456, de *«présenter une figure traditionnelle dans maints textes littéraires, celle du berger, ou de la bergère, devenu guide d'une société, et surtout se référer au bon berger de l'Ancien Testament, qui préfigure le bon pasteur du Nouveau»*. Autrement dit, la propagande politico-religieuse s'est emparée très tôt du personnage, et nous la retrouverons plus tard chez les républicains patriotes et anticléricaux de la IIIe République naissante : Jeanne devient la fille du peuple (un peuple dont, à l'époque, huit ou neuf citoyens sur dix appartenaient à la classe agricole), l'humble bergère inspirée par l'amour de la patrie et non plus, laïcité oblige, par une lumière divine, puis brûlée par l'Église. Il n'est donc pas étonnant qu'elle ait été béatifiée en 1909, au temps où la politique française était dirigée par le socialiste Aristide Briand, et canonisée sous Millerand, en 1920.

*
* *

Soit. Mais si Jeanne d'Arc n'était ni aux champs, ni dans les pâtures, que faisait-elle tout au long de sa journée, à Domrémy ? Sur ce point, le procès de Condamnation est pratiquement muet ; à peine nous apprend-il (*Condamn.*, III, p. 285), par la bouche de l'évêque Cauchon, qu'*«elle était une femme illettrée»*, c'est-à-dire ne sachant ni lire ni écrire, ce qui n'avait rien de péjoratif en 1431 car c'était là chose commune, chez les paysans et même dans d'autres classes sociales. En revanche, la mission des enquêteurs qui furent envoyés dans son pays d'origine, dans le cadre du procès en Nullité, comportait douze articles (voir l'annexe n° 5) définissant les informations à réunir sur la Pucelle, dont trois vont nous intéresser ici, les articles V, VII et IX :

> «V. [...] Sur sa manière d'être dans son adolescence, depuis l'âge de sept ans jusqu'à son départ de la maison paternelle.
>
> VII. [...] Quelles étaient ses occupations, à quoi vaquait-elle audit temps de sa jeunesse.

> IX. [...] Qu'en est-il de cette opinion répandue à propos de l'arbre appelé "arbre des dames", et si c'était dans l'habitude d'y faire des danses de jeunes filles ; et de même à propos de la fontaine à côté de cet arbre, si Jeanne y venait souvent avec d'autres filles et pour quelle raison, ou en quelle occasion venait-elle. » (*Null.* III, p. 238, *sq.*)

Commençons par la déposition de Jean Morel (témoin n° 23 dans le procès en Nullité), âgé de 26 ans à la naissance de la Pucelle, dont il fut l'un des parrains, et de 70 ans lorsqu'il fait son témoignage. C'est un laboureur, comme Jacques d'Arc, et sans doute un ami de celui-ci ; il est né à Greux, c'est-à-dire à quelques centaines de mètres de Domrémy. Sur l'article V, il déclare :

> « Jeannette était honnête dans son comportement, comme peut l'être semblable fille, car ses parents n'étaient pas très riches ; dans sa jeunesse et jusqu'à son départ de la maison paternelle, elle allait à la charrue et parfois gardait les animaux dans les champs ; elle faisait les travaux des femmes, en filant et en accomplissant tout le reste. » (*Null.*, III, p. 240.)

Et le témoin donne la même réponse à propos de l'article VII, en précisant – impatient ou ironique ? – qu'il vient de déposer ainsi à propos de l'article V, qui pose une question identique.

Voici maintenant Béatrice (témoin n° 25 dans le procès en Nullité), 36 ans à la naissance de la Pucelle, dont elle a été une des marraines, 80 ans au moment de sa déposition, veuve d'Estellin, un autre laboureur de Domrémy. Elle répond à peu près comme Jean Morel sur l'article V du questionnaire : Jeannette était *« de bonnes mœurs et de comportement honnête, elle allait fréquemment à l'église »*. Sur l'article VII, elle est plus précise que Jean Morel :

> « Elle s'occupait à divers travaux dans la maison paternelle, car parfois elle filait le chanvre et la laine, allait à la charrue, à la moisson, quand c'était le temps, et parfois gardait les animaux et le troupeau du village quand c'était le tour de son père. » (*Null.*, III, p. 246.)

Le témoin n° 26 est Jeannette Le Royer, femme de Thévenin Le Royer (ne pas la confondre avec Catherine Le Royer, de Vaucouleurs, que nous rencontrerons plus loin) ; elle avait 26 ans à la naissance de Jeanne, dont elle a été une des marraines, et elle a 70 ans quand elle dépose au sujet de celle qu'elle appelle « la Jeannette » :

> « Dans la maison de son père, elle filait le chanvre, la laine, et parfois allait à la charrue avec son père, et gardait les animaux pour son père, à son tour. » (*Null.*, III, p. 248.)

Son mari, Thévenin Le Royer (témoin n° 31), 26 ans à la naissance de Jeanne, 70 ans au moment de sa déposition, confirme celle de sa femme. Même version, aussi, de la part de Jean Moen (témoin n° 27), le voisin de Jacobus d'Arc, à Domrémy ; il avait 12 ans à la naissance de la Pucelle, il en a 56 quand il dépose :

> « Jeannette, *dit-il,* fut comme il la vit depuis sa jeunesse et son enfance jusqu'à son départ de la maison paternelle, fut et avait été une fille bonne et chaste, craignant Dieu ; elle allait volontiers à l'église, travaillait volontiers, filait, faisait les choses utiles pour la maison de son père, gardait parfois les animaux. Et il croit que, dès qu'elle eut l'âge de raison, elle se confessait plusieurs fois l'an. » (*Null.*, III, p. 250.)

Dame Jeannette (témoin n° 29), demeurant à Neufchâteau, veuve de Thiesselin de Vittel, qui était, de son vivant, clerc à Domrémy, avait 16 ans à la naissance de Jeanne, elle a 60 ans au moment où elle dépose, et elle dit la même chose que les autres témoins, mais nous lui devons une observation pittoresque sur la manière de jurer de la Pucelle :

> « Jeannette s'adonnait volontiers à des travaux [*ménagers*], en filant, ou faisant des choses nécessaires à la maison ; et souvent, à l'occasion, quand c'était le tour de son père, elle gardait le troupeau [...]. Jeanne ne jurait pas, à l'exception de « Sans faute ! » et ne s'adonnait pas à la danse. » (*Null.* III, p. 252.)

Jaquier de Saint-Amant (témoin n° 32), laboureur à Domrémy, qui avait 16 ans à la naissance de Jeanne, a 60 ans lorsqu'il dépose. Sur l'article VII, il déclare :

> « [qu'] elle s'occupait tous les jours aux travaux de la maison, et qu'il la vit plusieurs fois le soir dans sa propre maison, où elle filait avec sa fille, sans jamais remarquer le moindre mal ; elle gardait les animaux lorsque c'était le moment ; elle se confessait volontiers au jour de Pâques. » (*Null.*, III, p. 256.)

Les onze autres témoins déposent presque exactement dans les mêmes termes, au point que l'on pourrait croire que leurs dépositions leur étaient dictées, tellement elles étaient semblables (on peut d'ailleurs supposer que les questions leur étaient posées avec la même formulation, qui servait en quelque sorte de « moule » à leurs réponses). C'est ainsi que, 28 ans après que

Jeanne eut quitté Domrémy, le vieux Bertrand Lacloppe (90 ans), Perrin Drappier (60 ans), Gérard Guillemette (40 ans), Hauviette (45 ans), femme de Gérard de Syonne, Jean Waterin (45 ans), Gérardin d'Épinal (60 ans), Simonin Musnier (44 ans), Isabelle, femme de Gérardin d'Épinal (50 ans), Mengette, Jean Joyart (46 ans), Colin fils de Colin (50 ans), Michel Le Buin (44 ans) et Jean Jaquard (47 ans), tous ont affirmé, sous le sceau du serment, que Jeanne travaillait volontiers, filait la laine, accomplissait des travaux de maison, et aidait *«parfois»* son père à la charrue ou à la herse, ainsi qu'à conduire le troupeau communal.

En présence de tels témoignages, tous concordants, il n'est point besoin d'épiloguer davantage. Jeanne menait à Domrémy la vie d'une petite fille sage, obéissante et travailleuse, apprenant auprès de sa mère à devenir une bonne femme d'intérieur, c'est-à-dire à coudre, à filer, à faire le ménage, la vaisselle ou la lessive ; sage, mais aussi charitable, comme le déclare dans sa déposition Simonin Musnier (témoin n° 39, laboureur), qui avait à peu près le même âge que la Pucelle, dont les parents étaient les proches voisins de la famille d'Arc (voir ci-dessus, p. 71) et qui fut pour cette raison élevé avec elle :

> «Il déclara par serment qu'il fut élevé avec Jeanne appelée la Pucelle et habitait à côté de la maison de son père. Sait aussi qu'elle était bonne, franche, dévote, craignant Dieu et ses saints ; allait volontiers et souvent à l'église et aux lieux saints, prenait soin des malades, donnait des aumônes aux pauvres, comme il le vit, car dans son enfance lui-même fut malade et Jeanne le réconfortait.» (*Null.*, III, p. 268.)

Quant à sa conduite dans la vie quotidienne, tous les témoins s'accordent à nous présenter Jeanne comme une véritable petite fille modèle, sage, obéissante, franche et surtout bonne chrétienne, comme il se devait à cette époque (voir ci-après) ; plus d'un habitant de Domrémy vante ses qualités : *«Elle n'avait pas sa pareille dans le village»*, dit messire Étienne de Syonne (témoin n° 28), curé à Rouceux, près de Neufchâteau (*Null.*, III, p. 251) ; *«Elle faisait héberger les pauvres et voulait passer la nuit dans la cuisine* [de la maison de ses parents] *pour que ces pauvres puissent coucher dans son lit»*, témoigne Isabelle femme de Gérardin d'Épinal (témoin n° 40 ; *Null.*, III, p. 270) ; enfin, d'après Colin fils de Colin, de Greux, laboureur (témoin n° 43), messire Guillaume Fronté, autrefois curé de l'église paroissiale de Domrémy et confesseur de la Pucelle, disait « *que Jeanne était bonne catholique, et que meilleure qu'elle il n'en avait jamais vue et il n'y en avait pas dans sa paroisse* ». (*Null.*, III, p. 275.)

*
* *

Ce profil moral de petite fille pieuse et sage comme une image n'empêchait pas Jeanne de s'amuser et de se distraire, comme pouvaient le faire des enfants dans un petit village de France. Mais quels pouvaient bien être ses jeux et ses ris ?

A part les fêtes religieuses et les processions, les distractions villageoises n'étaient pas nombreuses, et, dans cette région froide, humide et brumeuse qu'est la région de Champagne-Lorraine, si l'on excepte les liesses du jour de Noël, ces fêtes avaient lieu aux approches de la belle saison. La plus appréciée et la plus attendue des enfants était la « fête des Fontaines » ; elle avait lieu le quatrième dimanche du Carême (le dimanche de la Mi-Carême, ou dimanche du *Laetare*) ; voici comment la décrit Gérardin d'Épinal (témoin n° 38) quand il déposa dans le procès en Nullité :

> « Les filles et les jeunes gens du village de Domrémy ont l'habitude, au dimanche "des Fontaines", d'aller à cet arbre [*il s'agit de l'"arbre des dames", voir ci-dessus, p. 73*] ; les mères leur font des pains et ils vont sous cet arbre "faire leurs Fontaines" ; ils y chantent, font des rondes, et ensuite reviennent à la Fontaine des Rains [1], mangent le pain et y boivent de l'eau, comme il le vit. [*Le témoin*] déclara que ladite Jeanne y allait avec les autres jeunes filles et faisait comme elles. » (*Null.*, III, p. 267.)

Ce témoignage est confirmé par six autres témoins interrogés à Domrémy en 1456 (Gérard Guillemette, 40 ans ; Béatrice veuve d'Estellin, 80 ans ; Colin fils de Colin, de Greux ; Hauviette, 45 ans, l'amie de Jeanne dans son enfance ; Isabelle, femme de Gérardin, 50 ans ; Jean Jaquard, 47 ans) ; écoutons-les.

Gérard Guillemette :

> « Parfois les jeunes filles et les jeunes gens du village de Domrémy, au dimanche du *Letare Jerusalem*, appelé "dimanche des Fontaines" vont "pour faire leurs Fontaines" et se promener sous cet arbre ; ils apportent du pain et mangent là ; ensuite ils

1. Ou « Fontaine aux Rains », appelée aussi, de nos jours, « Fontaine des Groseillers » ; elle jaillissait à proximité de l'Arbre des Dames, à l'orée du Bois chesnu.

reviennent à la fontaine des Rains et boivent de son eau. [*Le témoin*] déclara en outre qu'il vit une fois cette Jeannette au dimanche susdit avec les jeunes filles, mais ne les revit plus ensuite. Déclara que les jeunes filles et les jeunes gens de Greux vont "faire leurs fontaines" à l'église Notre-Dame de Bermont. » (*Null.*, III, pp. 261-262.)

Béatrice veuve d'Estellin :

« Les jeunes filles et les jeunes gens etc. [...] Quand le curé, à la veille de l'Ascension, porte les croix par les champs, il va lui aussi sous cet arbre et y chante l'Évangile, et va aussi à la Fontaine aux Rains et aux autres fontaines pour chanter l'Évangile, comme elle l'a vu. » (*Null.*, III, pp. 246-247.)

Colin fils de Colin :

« Il entendit dire que les seigneurs féodaux de Domrémy et leurs femmes avaient coutume d'aller sous cet arbre pour se délasser et se promener. [...] Les jeunes gens et les jeunes filles dudit village ont l'habitude, au dimanche du *Letare* dit "des Fontaines", d'aller sous cet arbre, et aussi au printemps et en mai ; et parfois ils font un "homme de mai" et apportent des petits pains, chacun ayant le sien, audit jour "des Fontaines" ; là ils mangent, dansent, chantent, et au retour vont parfois pour boire à la Fontaine des Rains et y boivent [...]. Déclara n'avoir jamais vu Jeanne y aller ; mais il entendit dire qu'elle fut avec d'autres sous cet arbre [...]. » (*Null.*, III, p. 275.)

Hauviette, femme de Gérard de Syonne :

« Jeunes filles et jeunes gens du village avaient l'habitude d'aller à cet arbre et à la Fontaine des Rains le dimanche du *Letare Jerusalem*, dit "des Fontaines", et emportaient du pain ; et le témoin y alla avec Jeanne la Pucelle, qui était son amie, et avec d'autres jeunes filles, audit dimanche des Fontaines ; et là on mangeait, on se promenait, on jouait. Déclara aussi avoir vu porter des noix autour de cet arbre et aux fontaines. » (*Null.*, III, p. 263.)

Isabelle, femme de Gérardin d'Épinal :

« Les seigneurs et leurs femmes allaient se délasser sous cet arbre [*l'"arbre des dames"*], le dimanche du *Letare Jerusalem*, appelé "des Fontaines", et parfois en été ils y conduisaient leurs filles et leurs garçons ; [...] les jeunes filles et les jeunes gens de ce village ont coutume d'aller à cet arbre, au dimanche "des Fontaines" pour se reposer et se promener ; et Jeanne allait avec eux, en ce dimanche, pour se promener et jouer, en emportant son pain. Ensuite ils venaient boire à la Fontaine des Rains [...]. » (*Null.*, III, p. 271.)

Jean Jaquard :

> « Les jeunes gens et les jeunes filles ont coutume, l'été et le dimanche "des Fontaines", d'aller sous cet arbre, ils chantent, mangent, font des rondes, puis, jouant et se promenant, reviennent à la Fontaine des Rains, boivent son eau ; et il croit que Jeanne y allait avec les autres jeunes filles. » (*Null.*, III, p. 297.)

Jeanne avait-elle quelque objet – un jouet, une poupée, une breloque, un bijou – auquel elle tenait particulièrement, comme c'est le cas pour bien des enfants ? Ses parents n'étaient pas vraiment pauvres (nous avons vu plus haut, p. 59, que Jacques d'Arc était un petit notable dans son village), mais ils n'étaient pas riches, et Jeannette, comme les autres jeunes paysannes de Domrémy, n'avait pas de bijoux. Le seul luxe qu'on lui connaissait, c'était de porter des bagues (des « anneaux », pour reprendre le terme employé dans le texte du procès de Condamnation). La chose lui fut reprochée, dans la réquisition du promoteur, car les anneaux étaient considérés, au Moyen Age, comme des amulettes, permettant de jeter des sorts et elle fut interrogée à ce sujet lors du procès préparatoire (séance du samedi 3 mars) :

> « Interrogée si elle-même Jeanne avait quelques anneaux : elle répondit en parlant à nous, évêque susdit [*il s'agit de Mgr Cauchon qui l'interroge*] : "Vous en avez un à moi, rendez-le moi." Item elle dit que les Bourguignons ont un autre anneau. Et elle nous demanda que, si nous avions l'anneau susdit, nous le lui montrions.
>
> Interrogée qui lui a donné l'anneau qu'ont les Bourguignons : elle répondit que c'était son père ou sa mère et il lui semble qu'y étaient écrits ces noms JÉSUS MARIE ; elle ne sait qui les fit écrire et il n'y avait pas de pierre [*précieuse*], à ce qu'il semble. Et cet anneau lui fut donné à Domrémy. Item elle dit que son frère lui donna un autre anneau que nous avions et qu'elle nous chargeait de donner à l'église. Item elle dit que jamais elle ne guérit qui que ce fût, par l'un de ses anneaux. » (*Condamn.*, p. 85.)

Le samedi 17 mars, Cauchon revient sur la question des anneaux :

> « Interrogée de quelle matière était l'un de ses anneaux sur lesquels étaient écrits ces noms JÉSUS MARIE : elle répondit qu'elle ne le sait proprement pas, et s'il était d'or, il n'était pas d'or fin ; et elle ne sait s'il était d'or ou de laiton ; et elle pense qu'il y avait sur lui trois croix et pas d'autres signes qu'elle sache, excepté ces noms JÉSUS MARIE.

> Interrogée : pourquoi regardait-elle volontiers ledit anneau quand elle allait à quelque fait de guerre ? Elle répondit que c'était par plaisance et pour l'honneur de ses père et mère ; et elle, ayant l'anneau à sa main et à son doigt, toucha sainte Catherine lui apparaissant sous forme visible. » (*Condamn.*, III, p. 144.)

Dès lors, le 27 mars, dans le réquisitoire (le « libelle ») ouvrant le procès ordinaire, le promoteur, Jean d'Estivet, retiendra (article XX) contre Jeanne, comme signe d'hérésie, *« d'avoir mis un sort dans son anneau »*, ainsi que dans d'autres objets qu'elle emmenait avec elle à la guerre, comme l'épée qu'elle avait trouvée dans l'église Sainte-Catherine de Fierbois, avant d'arriver à Chinon, ou les *« panonceaux »* (les drapeaux) de satin blanc imitant son étendard que firent confectionner certains de ses compagnons de guerre (*Condamn.*, p. 182, *sq.*), dont elle affirmait publiquement qu'ils « étaient bien fortunés » (= qu'ils portaient bonheur).

Aujourd'hui, ces accusations nous paraissent futiles et ridicules, mais, au Moyen Age, elles étaient lourdes de conséquences pour ceux auxquels elles s'adressaient : arborer un drapeau « enchanté » (ou prétendu tel) était un acte aussi grave, dans le monde chrétien de l'époque, que de brandir de nos jours un drapeau portant la croix gammée hitlérienne. De sorte que, si elles étaient retenues contre la Pucelle, elles établissaient qu'elle était coupable du crime de sorcellerie, qui, en ces temps-là, était considéré comme au moins aussi grave qu'un crime contre l'humanité de nos jours. Il n'est que de lire le début du libelle : Jeanne, accuse le promoteur, « est tombée en plusieurs erreurs diverses et les plus graves, sentant la perversité hérétique ; elle a dit, clamé, proféré, affirmé, publié et gravé dans les cœurs des simples quelques propositions fausses, mensongères, ayant saveur d'hérésie et hérétiques, en deçà et contre notre foi catholique... » (article III du libelle, *Condamn.*, p. 162). Et, comme pour donner plus de poids à l'accusation d'hérésie portée contre Jeanne, Jean d'Estivet souligne, dans son réquisitoire (article IV), que ce n'est pas un fait nouveau à Domrémy et à Greux :

> « Jeanne, dit-il, dans sa jeunesse [...] fut accoutumée et pénétrée de l'usage de sortilèges, divinations et autres œuvres superstitieuses ou arts magiques ; de ces villages [*Greux et Domrémy*], dit-il, plusieurs habitants ont été notés, de toute antiquité, comme pratiquant les maléfices. Et de plusieurs et spécialement

> de sa marraine, ladite Jeanne dit avoir beaucoup entendu parler de visions et apparitions des Fées ou esprits des Fées ; et par d'autres encore elle a été instruite et imbue de mauvaises et pernicieuses erreurs sur ces esprits [...]. » (*Condamn.*, p. 163.)

Outre ses anneaux, on reprochait à Jeanne de porter constamment sur elle une mandragore en guise de porte-bonheur. La mandragore est une plante herbacée de la famille des Solanacées (genre *Mandragora*), à laquelle appartiennent la Belladone, le Potiron, le Piment, la Pomme de terre, la Tomate, le Tabac, le Pétunia et quelques 90 autres genres végétaux ; elle possède une racine charnue et fourchue, de la taille d'une grosse pomme de terre, qui fait songer, par sa forme, à un corps humain muni de ses deux jambes et les alcaloïdes qu'elle contient ont des propriétés sédatives, narcotiques et aphrodisiaques. Selon les traditions rabbiniques, cette herbe aurait poussé au paradis terrestre, et les traditions populaires lui prêtaient autrefois des vertus magiques. Une légende prétendait que la mandragore naissait du sperme des pendus et poussait sous les gibets, on préparait avec cette plante des philtres d'amour, on croyait qu'elle guérissait les femmes de la stérilité et que les sorcières se frottaient d'un onguent à base de mandragore avant de partir pour le sabbat.

Lors de la cinquième séance du procès préparatoire, le jeudi 1er mars, l'évêque Cauchon souleva donc la question de la mandragore :

> « Interrogée sur ce qu'elle a fait de sa mandragore :
>
> Elle répondit qu'elle n'a pas de mandragore et n'en eut jamais ; mais elle a entendu dire que près de son village il y en a une et jamais elle n'en a vu aucune. Elle dit encore qu'elle a entendu dire que c'est une chose périlleuse et mauvaise à garder ; elle ne sait cependant à quoi elle sert.
>
> Interrogée : en quel endroit se trouve la mandragore dont elle a entendu parler ?
>
> Elle répondit qu'elle a entendu dire qu'elle est dans la terre, près de l'arbre dont il a été parlé plus haut [*l'"arbre des dames"*] ; mais elle ne sait l'endroit. Elle dit encore qu'elle a entendu dire que au-dessus de la mandragore est un coudrier.
>
> Interrogée : à quoi a-t-elle entendu dire que sert la mandragore ?
>
> Elle répondit avoir entendu dire qu'elle fait venir l'argent ; mais elle n'en croit rien. Et elle dit que ses voix ne lui ont jamais rien dit de cela. » (*Condamn.*, p. 87.)

A l'article VII de son réquisitoire, lu le 28 mars par Jean d'Estivet, le promoteur du procès, celui-ci réitère l'accusation :

> « Item, Jeanne eut parfois coutume de porter une mandragore dans son sein, espérant par ce moyen, avoir une fortune prospère en richesses et choses temporelles, affirmant qu'une mandragore de ce genre avait vigueur et effet.
>
> Cet article sur la mandragore, elle le nie tout à fait [*suit le résumé des réponses de Jeanne sur le sujet*]. » (*Condamn.*, p. 166.)

Telle fut la vie quotidienne de Jeanne à Domrémy, semblable à celle de toutes les petites villageoises jusqu'à la révolution industrielle : aider son père au champ, sa mère à la maison, se promener dans les bois avec ses camarades, sans douter trembler aussi à l'approche des orages ou lorsque les garçons se battaient entre eux ou avec ceux des autres villages. Le procès de Condamnation fait allusion à ces bagarres (audience du 24 février 1431), qui avaient pour mobile ce que nous appellerions de nos jours « la politique », en l'occurrence la guerre civile entre les Armagnacs, auxquels étaient favorables les habitants de Domrémy, fidèles au roi de France, et les Bourguignons, au parti desquels avaient adhéré la plupart des habitants du village voisin de Maxey (aujourd'hui Maxey-sur-Meuse, près de Vaucouleurs), comme elle le dit à ses juges :

> « Interrogée si elle fut jamais avec les petits-enfants qui combattaient pour le parti qu'elle tient :
>
> Elle répondit que non, autant qu'elle s'en souvienne ; mais elle a bien vu que certains du village de Domrémy qui avaient combattu contre ceux de Maxey, en revenaient quelquefois bien blessés et ensanglantés. » (*Condamn.*, II, p. 64.)

*
* *

Nous verrons plus loin (ci-après, p. 109) que Jeanne d'Arc quitta définitivement Domrémy en octobre 1428, alors qu'elle avait un peu plus de 16 ans. Il semblerait donc normal qu'elle ait eu quelque amourette d'adolescence, surtout à une époque où l'on mariait les filles très jeunes, mais il est possible aussi – et même vraisemblable, compte tenu de sa piété religieuse – qu'elle n'en ait eu aucune. Cependant les juges de Rouen eurent entre les mains le dossier d'une affaire de promesse de mariage rompue qui aurait été plaidée devant les officialités (le tribunal ecclésiastique) de Toul : de quoi s'agit-il ?

Cette affaire fut évoquée lors du procès de Condamnation seulement (le procès en Nullité ne la cite même pas), au cours des deux audiences à huis clos qui eurent lieu le 12 mars dans sa cellule, l'une le matin et l'autre l'après-midi (les audiences publiques s'étaient terminées le 4 mars ; elles reprirent le 10 mars dans sa prison où s'était déplacée une partie du tribunal, à savoir : l'évêque Cauchon et six juges, dont maître Jean de La Fontaine, du diocèse de Bayeux, « commissaire désigné » pour interroger Jeanne dans sa chambre-cellule).

A l'audience du matin, M[e] de La Fontaine l'interroge d'abord sur certaines de ses révélations surnaturelles, puis sur sa virginité :

> « Interrogée si elle parlait à Dieu quand elle lui promit de garder sa virginité :
> Elle répondit qu'il devait bien suffire de la promettre à ceux qui étaient envoyés par Dieu lui-même, à savoir aux saintes Catherine et Marguerite. »

On remarquera qu'il s'agissait d'une question-piège : selon les principes de la théologie sacrée, Dieu, qui n'est pas une personne, mais un Mystère, ne s'adresse aux créatures que par des intermédiaires (un saint, la Vierge ou un prophète, par exemple) ; si elle avait répondu « oui » à la question du juge désigné, Jeanne aurait été prise en flagrant délit de blasphème. Déçu par sa réponse, La Fontaine change immédiatement de tactique, et lui pose une deuxième question, sans rapport apparent avec la première :

> « Interrogée sur ce qui la mut à faire citer un homme dans la ville de Toul en cause de mariage :
> Elle répondit : "Je ne le fis pas citer, mais ce fut lui qui me fit citer ; et là je jurai devant le juge de dire la vérité." Et finalement elle a dit qu'elle n'avait fait à cet homme aucune promesse. Item elle dit que, la première fois qu'elle entendit sa voix, elle fit vœu de garder sa virginité aussi longtemps qu'il plairait à Dieu ; et elle était âgée de 13 ans ou environ. Item elle dit que ses voix l'assurèrent qu'elle gagnerait son procès dans la ville de Toul. » (*Condamn.*, II, p. 113.)

Cette deuxième question était évidemment une autre question-piège : si Jeanne avait poursuivi un homme pour rupture de promesse de mariage – ce type de procès était chose courante à l'époque et se plaidait devant un tribunal ecclésiastique – cela signifiait qu'elle désirait se marier, et, par conséquent, perdre sa virginité ; or, elle avait promis à Dieu, disait-elle, de ne pas la perdre : elle péchait donc par intention en reprochant à cet homme (dont nous ignorons tout) de ne pas l'avoir épousée. Dans sa réponse, Jeanne remet les choses au point : ce n'est pas elle qui a intenté le procès, c'est ce jeune homme lui-même qui lui reproche d'avoir rompu une promesse qu'elle ne lui avait jamais faite, selon ses dires. D'où sa réponse. Il n'en reste pas moins que le tribunal maintint sa position, et l'article IX du réquisitoire du promoteur accuse Jeanne :

> « IX – Item Jeanne [...] traîna en cause un jeune homme devant l'official de Toul, pour cause de mariage ; pour la poursuite du procès elle alla plusieurs fois à Toul et exposa à cette occasion tout ce qu'elle savait. Ce jeune homme, sachant qu'elle avait vécu avec les femmes susdites refusait de l'épouser [...]. » (*Condamn.*, II, p. 167.)

Les « femmes susdites », ce sont, nous le verrons bientôt (ci-après, p. 108), des jeunes femmes « sans retenue » (dit le libelle) qui servaient dans une auberge de Neufchâteau, gérée par une hôtelière nommée ou surnommée La Rousse ; Jeanne et ses parents s'y étaient réfugiés en juillet 1428 par crainte des bandes de routiers qui pillaient la région (lors de son procès, elle dira que c'était par peur des soldats bourguignons).

Nous n'en savons pas davantage sur cette affaire de fiançailles rompues, que tous les historiens de la Pucelle ont tenté en vain d'élucider. La version qui nous semble la plus plausible est la suivante : ce sont les parents de Jeanne qui ont arrangé ce mariage, sans doute quand elle était jeune et peut-être à son insu ; mise ensuite en demeure d'obéir à ses parents, ce qu'elle considérait comme un devoir sacré (« Tes père et mère honoreras... », etc.), Jeanne, au nom de sa mission, qu'elle ne pouvait dévoiler, refusa de leur obéir. Elle s'en explique devant ses juges, ce même lundi 12 mars :

> « Jeanne fut interrogée par ledit La Fontaine sur notre mandement, et d'abord sur les songes qu'on disait que son père avait eus à son sujet, avant qu'elle partît de la maison.
>
> A cela [elle] répondit que ses père et mère avaient grand soin de la garder et ils la tenaient en grande sujétion ; et elle obéissait en tout, sauf au procès qu'elle eut dans la ville de Toul pour cause de mariage. » (*Condamn.*, II, p. 115.)

Jeanne a donc désobéi, mais pour le bon motif ; cependant le promoteur n'en aura cure et retiendra ce chef d'accusation dans son libelle.

UNE BONNE PETITE CHRÉTIENNE

Jeanne l'a déclaré elle-même à ses juges, elle a été baptisée par le curé de Domrémy, messire Jean Minet, qui était encore en vie au moment de son procès, et son éducation religieuse a été faite uniquement par sa mère *« qui lui apprit le Pater noster, l'Ave Maria et le Credo, et elle n'apprit sa croyance de personne que de sadite mère »* (voir ci-dessus, p. 51). Il est vraisemblable que cette instruction religieuse maternelle se soit limitée au Credo de Nicée : Jeanne croit en un seul Dieu, créateur tout-puissant du ciel et de la terre, en Jésus-Christ son fils unique, à la Bienheureuse Marie, toujours vierge, à la vie éternelle, au Paradis, au Purgatoire et à l'Enfer, aux saints et aux saintes, aux anges et aux archanges. La brave Isabelle n'a certainement pas été en mesure de lui faire des cours de théologie sacrée sur le concept d'un Dieu en trois Personnes (le Père, le Fils et le Saint-Esprit), mais elle a dû lui enseigner les Évangiles comme on raconte une belle histoire aux enfants, et, surtout, les vertus chrétiennes comme la charité ou l'amour du prochain. Puis, quand elle fut un peu plus avancée en âge, sa mère – ou l'un des deux curés de Domrémy et de Greux – lui a expliqué les deux pratiques sacramentaires fondamentales exigées par le quatrième concile du Latran (1215) : se confesser et communier au moins une fois l'an, entendre la messe au moins une fois par semaine (le dimanche, jour consacré au Seigneur).

Les témoins qui ont déposé lors du procès en Nullité (pour leur identification, se reporter à l'annexe n° 3) ont été unanimes à déclarer que non seulement Jeanne allait régulièrement à la messe et qu'elle se confessait souvent, mais qu'elle accomplissait ses obligations religieuses avec une ferveur exceptionnelle.

Ainsi Jean Morel, de Greux (témoin n° 23), laboureur, qui était de la même génération que le père de Jeanne (il a 70 ans en 1456, lorsqu'il fait sa déposition) :

> « Jeannette, comme il la vit, allait souvent à l'église, au point que parfois les autres jeunes se moquaient d'elle : même elle allait parfois à l'église ou ermitage de Notre-Dame de Bermont, près du village de Domrémy, alors que ses parents la croyaient aux champs, à la charrue ou ailleurs. [*Le témoin*] déclara aussi que, lorsqu'elle entendait sonner la messe et qu'elle était aux champs, elle venait à l'église du village pour entendre la messe, comme le témoin assura l'avoir vu [...]. Interrogé, déclara qu'il vit ladite Jeannette se confesser au temps pascal et lors des autres

fêtes solennelles ; il la vit se confesser à dom Guillaume Fronté, alors curé à l'église paroissiale de Saint-Rémy de Domrémy. » (*Null.*, III, p. 241, sq.)

Ainsi Perrin Drappier, de Domrémy (témoin n° 34), la pare de toutes les vertus chrétiennes :

« Elle fut et était constamment une fille bonne, chaste, franche, modeste, ne jurant ni par Dieu ni par ses saints, allait fréquemment à l'église, se confessait souvent [...]. Le témoin parle en connaissance de cause, car il était alors marguillier [*personne chargée d'administrer les biens d'une paroisse*] de la paroisse de Domrémy, et il voyait souvent ladite Jeanne venir à l'église pour les messes et pour les complies [*le dernier office de la journée, qui se célèbre le soir, avant que la nuit tombe*] ; et quand le témoin ne sonnait pas les complies, elle le lui reprochait et le blâmait, disant que ce n'était pas bien, et Jeanne lui avait promis de lui donner des galettes afin qu'il fût diligent à sonner les complies [...]. Jeanne allait souvent, avec sa propre sœur ou d'autres personnes, à l'église et ermitage de Bermont, fondé en l'honneur de la bienheureuse Vierge Marie, et elle faisait beaucoup d'aumônes ; [...] » (*Null.*, III, p. 259.)

De même Jean Waterin, de Greux (témoin n° 37), laboureur (né en 1411, et qui avait donc à peu près le même âge que Jeanne), nous la dépeint comme une fillette très pieuse :

« Elle fréquentait les églises et les lieux saints ; parfois aussi quand elle était dans les champs, et entendait la cloche [*celle de l'église de Greux ou de Domrémy*] sonner, elle se mettait à genoux. » (*Null.*, III, p. 254.)

De même Sire Bertrand de Poulengy (témoin n° 53, écuyer, qui escorta la Pucelle de Vaucouleurs à Chinon) :

« [*Le témoin*] qui alors était très jeune et enfant de chœur à la chapelle Notre-Dame de Vaucouleurs, vit souvent cette Jeanne appelée la Pucelle venir à ladite église très dévotement ; elle y entendait la messe du matin et restait beaucoup à prier. Déclara aussi l'avoir vue dans la crypte, ou les voûtes sous ladite église, se tenant à genoux devant Notre Dame, parfois le visage incliné, parfois le visage relevé. Ajouta par serment qu'il croit que ce fut une bonne et sainte fille. » (*Null.*, III, p. 296.)

Sire Raoul de Gaucourt (témoin n° 58, qui était à Chinon lorsque la Pucelle y arriva) :

« Jeanne était sobre au boire et au manger et de sa bouche ne sortaient que de bonnes paroles [...] : elle était chaste et aucun

> homme [...] n'a jamais été de nuit en sa compagnie; elle se confessait souvent; elle s'adonnait assidûment à la prière; elle écoutait la messe chaque jour et recevait fréquemment le sacrement de l'eucharistie; [...]. » (*Null.*, IV, p. 12.)

Cette ferveur religieuse qu'elle manifestait alors qu'elle était encore jeune adolescente, elle l'extériorisera plus tard, quand elle sera devenue – pour peu de temps – la guerrière que l'on sait, comme le rapportent les témoins qui ont déposé à Orléans. Ainsi Dunois (témoin n° 57), à la fin de sa longue déposition :

> « Le déposant, interrogé sur la vie et les mœurs de la Pucelle, déclare qu'elle avait l'habitude, tous les jours, à l'heure des vêpres ou au crépuscule, de se retirer dans une église et d'y faire sonner les cloches pendant une demi-heure; elle rassemblait les religieux mendiants qui suivaient l'armée royale, se mettait alors en prière et faisait chanter par ces frères mendiants une antienne à la Sainte Vierge, mère de Dieu. » (*Null.*, IV, p. 9, sq.)

Maître Pierre Compaing (témoin n° 85), prêtre, chanoine de l'église Saint-Aignan, souligne dans sa déposition l'extrême sensibilité religieuse de Jeanne qu'il vit « pendant la célébration de la messe, au moment de l'élévation du Corps du Christ, verser des larmes abondantes. » (*Null.*, IV, p. 23). Ce témoignage rejoint celui du duc d'Alençon (témoin n° 109), qui fit campagne avec Jeanne :

> « [Il] dit en outre, pour autant qu'il pût s'en rendre compte, l'avoir toujours estimée bonne catholique et femme honnête, car il la vit plusieurs fois recevoir le corps du Christ [*l'hostie de la communion*]; et, quand elle regardait le corps du Christ, elle versait très souvent d'abondantes larmes. Elle recevait la sainte eucharistie deux fois par semaine et se confessait souvent. » (*Null.*, IV, p. 70.)

De nos jours, la foi religieuse, si elle persiste encore chez un grand nombre d'hommes et de femmes, a perdu cette puissance affective, et l'on voit rarement un fidèle pleurer à la messe, au moment de l'offertoire. Pour comprendre les larmes de Jeanne, il nous faut faire l'effort de nous replacer dans l'ambiance fidéiste du temps; l'émotion de la Pucelle pleurant devant l'hostie eucharistique n'a rien de commun avec une quelconque sensiblerie religieuse, elle est comparable à celle que nous exprimons – ou que nous retenons – en suivant le cercueil d'un être cher, ou dans des circonstances solennelles (patriotiques, par exemple).

En résumé, la petite fille modèle de Domrémy était une enfant comme toutes les autres, que rien, *a priori*, ne prédestinait à la brève aventure épique qu'elle allait vivre, du Bois chesnu et des champs de Domrémy au bûcher de Rouen. Sans doute était-elle plus sensible, plus exaltée intérieurement que d'autres, comme le furent, en 1940, dans la France envahie, quelques jeunes adolescents ou adolescentes qui périrent dans d'autres supplices, ou, en 1914, quelques jeunes hommes transformés, des deux côtés du Rhin, en chair à canons.

3

DE L'INQUIÉTUDE À LA MISSION

(1425 ?-février 1429)

Nous nous refusons à expliquer la conduite héroïque – au sens fort – de Jeanne d'Arc en faisant appel à une quelconque mobilisation surnaturelle. L'idée d'un Dieu anthropomorphe intervenant dans les disputes de ses créatures est absurde, scientifiquement et théologiquement. En revanche, envisager, pour la comprendre, l'existence chez Jeanne d'une énergie psychique exceptionnelle dont la source serait sa foi religieuse, fondée ou non fondée, est légitime, de même que sera légitime la question que nous poserons à la fin de ce livre : cette énergie aurait-elle pu avoir une autre source ? Cependant, quel que fût le moteur profond de son action, nous devons nous demander *comment*, par *quoi* et éventuellement par *qui* il a été mis en marche, c'est-à-dire quelles ont été les causes, profondes ou occasionnelles, qui ont provoqué en Jeanne la prise de conscience de ce qu'elle devait appeler sa « mission ».

En d'autres termes, nous pensons qu'un certain nombre d'événements ou d'expériences pénibles et traumatisantes, en rapport principalement avec la guerre civile qui avait éclaté entre le parti des Valois (les « Armagnacs ») et celui du duc de Bourgogne (les « Bourguignons »), ont généré chez la petite fille modèle et pieuse de Domrémy une « inquiétude », au sens que Leibniz donne à ce mot dans ses *Essais de théodicée*, à savoir « un état oppressant de gêne ou de malaise », particulièrement chargé d'*affect* au sens freudien du terme[1], cause déterminante de tout acte de volonté

1. « Terme connotant tout état affectif, pénible ou agréable, vague ou qualifié, qu'il se présente sous la forme d'une décharge massive ou comme tonalité générale » (J. Laplanche et

(consciente ou inconsciente), inquiétude qu'elle a apaisée par la foi, source de l'énergie psychique étonnante dont Jeanne a fait preuve en réalisant son projet de vie. Le but de ce chapitre est de présenter les expériences et les situations existentielles qui ont mis la Pucelle sur la voie de ce qu'elle a pu considérer comme une mission divine, du fait de l'existence en elle d'une foi ardente.

La première de ces expériences a eu lieu à Domrémy, alors que Jeanne avait 13 ans (donc en 1425 si l'on admet, comme nous choisissons de le faire ici, qu'elle est née en 1412), dans le jardin de son père, d'où l'on pouvait apercevoir la petite église du village où elle se rendait souvent pour prier et faire ses dévotions, ainsi que toutes les bonnes petites chrétiennes de l'époque. Elle l'a décrite dans les termes qui suivent dès la seconde séance de son procès public, à Rouen, le jeudi 22 février 1431 :

> « Elle a confessé que, alors qu'elle était âgée de treize ans, elle eut une voix venant de Dieu pour l'aider à se gouverner. Et la première fois elle eut grand peur. Et cette voix vint quasi à l'heure de midi, en été, dans le jardin de son père et ladite Jeanne n'avait pas jeûné le jour précédent. Elle entendit la voix sur le côté droit, vers l'église, et rarement elle l'entend sans qu'il y ait une clarté. Cette clarté est du même côté où elle entend la voix, mais il y a généralement une grande clarté. Et quand Jeanne venait en France [*le territoire où se trouvaient Vaucouleurs, Neufchâteau, Domrémy et quelques autres villages appartenait au roi de France, mais il était enclavé au sein du Barrois, qui appartenait au duc de Bar, vassal du roi de France*], elle entendait souvent cette voix. [...] Elle a dit aussi qu'il lui paraissait que c'était une digne voix et elle croit que cette voix était envoyée par Dieu, et après qu'elle eut entendu trois fois cette voix, elle connut que c'était la voix d'un ange. Elle a dit aussi que cette voix l'a toujours bien gardée et qu'elle a bien compris cette voix. [...]. Ensuite elle confessa que cette voix lui disait deux ou trois fois par semaine qu'il fallait qu'elle-même, Jeanne, partît et vînt en France [...] et elle ne pouvait plus durer [*rester*] où elle était. » (*Condamn.*, II, p. 46, *sq.*)

Nous commenterons plus loin cette expérience initiale, cette « scène primitive » qui a lancé Jeanne sur le chemin qui menait au bûcher ; auparavant, il nous faut décrire l'environnement historique au sein duquel elle s'est manifestée.

J.-B. Pontalis, *Vocabulaire de la psychanalyse*, Paris, PUF, 1973, p. 12) ; pour Freud, c'est la traduction subjective de la quantité d'énergie pulsionnelle attachée à une représentation.

LE CRIME DE LA RUE VIEILLE-DU-TEMPLE

Oublions donc pour un instant Domrémy, son église et la maison de la famille d'Arc, pour nous transporter à Paris, quelque cinq années avant la naissance de Jeanne, au mois de juin de l'an 1407.

Il y règne une ambiance étrange d'instabilité politique et militaire, admirablement décrite par l'auteur anonyme du *Journal d'un Bourgeois de Paris*[1]. Depuis deux ans, les serrures et les clefs des portes de la capitale ont été changées, certaines entrées de la ville ont été murées et l'on ne peut plus pénétrer dans Paris ou en sortir que par les portes Saint-Denis, Saint-Antoine, Saint-Jacques ou Saint-Honoré. Quant au Louvre, tel que feu le roi Charles V l'a transformé, c'est toujours une forteresse imprenable, avec sa double enceinte quadrangulaire hérissée de tours et son donjon central de 32 mètres de hauteur ; mais il a pris l'aspect d'un magnifique palais royal, orné de girouettes, de fleurons et d'oriflammes, et ses immenses salles peuvent recevoir des centaines de grands visiteurs. Toutefois, Charles V lui-même, puis Charles VI avaient pris l'habitude de résider en dehors du Louvre, dans un ensemble architectural plus intime, entouré de hautes murailles percées de trois portails seulement (l'un sur les quais de Seine, un autre dans l'actuelle rue Saint-Paul et le troisième dans la rue Saint-Antoine), qui fut appelé l'*Hôtel des Grands-Esbattements du Roi*, ou, plus prosaïquement, l'*Hôtel Saint-Pol*.

En ces années troublées par la guerre anglaise et par la rivalité politique entre la Maison d'Orléans (dont le chef est Louis d'Orléans, frère du roi) et celle de Bourgogne, la capitale vit sur un véritable pied de guerre : « *Jamais*, nous rapporte le Bourgeois de Paris, *on n'avait vu si grande foison d'armes à Paris, au point que les villages alentour s'étaient vidés de leur population.* » Ces hommes d'armes qui bivouaquent à l'extérieur des murailles parisiennes appartiennent au nouveau duc de Bourgogne, Jean sans Peur (1371-1419), successeur de son père Philippe le Hardi et cousin germain du roi Charles VI le Fou. En principe, ces troupes protègent Paris contre les bandes armées – les *routiers* – qui courent les campagnes de France (nous en retrouverons bientôt au pays de Jeanne) ; en fait, elles sont là pour soutenir

1. Voir note 1, p. 68 ci-dessus.

Jean sans Peur, au cas où celui-ci aurait l'idée de s'emparer de la couronne de France par un coup de force.

Or donc, en 1407, à la fin du mois de juin, un jeune homme vêtu en étudiant se rend chez un courtier en logements : il cherche à louer une maison dans le quartier de l'*Hôtel Saint-Pol*. Le courtier n'a rien à lui offrir. L'étudiant lui demande alors s'il n'aurait pas une demeure à louer rue Vieille-du-Temple, à proximité de l'Hôtel où vit la reine, Isabeau de Bavière, qui ne se préoccupe plus guère du roi dément, lequel ne peut plus avoir de vie publique : le courtier n'a rien à lui proposer non plus et l'engage à revenir en automne.

L'été se passe. Le prévôt du roi, qui a la charge du maintien de l'ordre dans la capitale, fait mettre des lanternes dans les rues et passe commande aux maréchaux-ferrants de grosses chaînes, pour barrer les rues de Paris la nuit : de toute évidence, les « capitaines » de la ville, le duc de Berry (oncle du roi Charles VI) et le duc de Bourbon (son oncle par alliance : il a épousé la tante du roi, Jeanne de Navarre) craignent un coup de force des Bourguignons.

L'automne approche. En septembre, la porte du Temple, la porte Saint-Martin et la porte Montmartre sont murées de plâtre, tandis que les rumeurs les plus folles courent dans Paris : le duc d'Orléans (frère du roi) serait à la porte Saint-Antoine, avec des hommes armés, et s'apprêterait à pénétrer de force dans Paris, les Bourguignons en armes seraient de plus en plus nombreux dans Paris et hors Paris, etc. Bref, écrit le Bourgeois de Paris dans sa chronique de l'année 1405, *« les gens de Paris furent si émus, comme si tout le monde fût contre eux et voulût les exterminer »* (*Journal*, paragraphe n° 3).

Au début du mois de novembre, l'étudiant en quête de logement réapparaît. Cette fois-ci, le courtier lui a trouvé un petit hôtel, « à l'enseigne de l'image de Notre-Dame », lui dit-il, dans l'actuel quartier du Marais, rue Vieille-du-Temple (à l'angle actuel de cette rue et de la rue des Rosiers). L'affaire est conclue, et, dans les jours qui suivent, de noirs cavaliers ne cessent d'entrer dans cette maison et d'en sortir, sous les regards intrigués des habitants du quartier : ce sont, doivent-ils penser, de bien curieux « étudiants ».

Vers le 15 novembre, au Conseil du roi, l'institution qui assure la régence du royaume, une dispute éclate entre le duc d'Orléans et le duc de Bourgogne ; ce dernier proteste violemment contre la réorganisation du conseil de régence qui a été faite pendant son absence : sur 26 conseillers, il y a maintenant 20 conseillers orléanais et seulement 2 conseillers bourguignons, plus 2 conseillers neutres. Toutefois, la querelle s'apaise vite, et les deux princes se réconcilient publiquement aux environs du 20 novembre : les épées et les poignards sont rentrés dans leurs fourreaux.

Le 23 novembre au soir, Louis d'Orléans se trouve, comme à son habitude, chez la reine Isabeau, dont certains disent qu'il serait son amant. Vers sept heures du soir, arrive un valet, porteur d'un message du roi Charles VI lui demandant de se rendre sur-le-champ à l'Hôtel Saint-Pol. A cette époque, l'état mental du monarque oscillant entre des périodes délirantes et des périodes de rémission, ce message n'avait donc rien de surprenant : le duc prend congé de la reine, saute sur son cheval et se dirige avec une petite escorte vers les quais de la Seine, par une petite ruelle perpendiculaire à la rue Vieille-du-Temple (par l'actuelle rue Barbette, qui n'existait pas à cette époque). Et, tout à coup, c'est l'embuscade. De l'ombre surgissent sept ou huit hommes masqués, armés d'épées et de haches ; ils se précipitent sur le duc d'Orléans, le font tomber de son cheval en hurlant : *« A mort ! A mort ! »* ; le duc s'écroule, tente mais en vain de parer les coups avec son épée, et il est achevé à coups de haches par ses assassins, en criant : *« Qu'est-ce que c'est ? De qui cela vient-il ? »* Alors, dit un témoin de la scène (la femme d'un cordonnier qui habitait rue Vieille-du-Temple et qui s'était mise à la fenêtre pour guetter l'arrivée de son mari[1]), un homme qui dissimulait son visage sous une cagoule rouge, sort rapidement de la maison qui avait été louée par le courtier, marche vers les agresseurs, leur fait éteindre leurs torches et leur dit : *« Partons, il est mort ! »* Puis les assassins s'enfuirent par la rue des Blancs-Manteaux.

Le meurtre avait été décidé, et peut-être organisé, par Jean sans Peur, le duc de Bourgogne. Le sang royal qui avait coulé ce soir-là déclencha une *vendetta*, puis une affreuse guerre civile qui devait durer quarante ans et qui vint se superposer à la guerre anglaise. La succession des événements est terriblement significative : en 1407, le duc d'Orléans est assassiné rue Vieille-du-Temple ; en 1419, Jean sans Peur est tué par les Armagnacs

1. Jaquette, femme du cordonnier Jean Giffard ; sa déposition, recueillie au Châtelet le lendemain du meurtre, par un fonctionnaire de la prévôtée de Paris, est aux Archives Nationales.

sur le pont de Montereau, sous les yeux du dauphin, impassible ; 1420, son fils, Philippe le Bon, s'allie au roi Henry V d'Angleterre qui conclut avec lui et Isabeau de Bavière (qui dirige le Conseil de régence imposé par la folie du roi) le traité de Troyes, accordant la couronne de France au futur fils de Henry V à la mort de Charles VI. Le dauphin, déshérité, tente de reprendre sa couronne par la guerre : il est battu à Cravant (1423) et à Verneuil (1424) et n'a plus d'autres solutions que d'aller se réfugier de l'autre côté de la Loire, à Chinon, où il va devenir l'insignifiant « roi de Bourges ».

L'INQUIÉTUDE

Jeanne n'a rien su de ces conflits, qui ont éclaté avant sa naissance et elle avait à peine 9 ans à la mort de Charles VI, en 1421, et 11 ans lorsque les Anglo-Bourguignons écrasèrent l'armée du dauphin Charles à Cravant (1423). Que pouvait-elle donc savoir de la guerre civile et de la guerre étrangère qui ravageaient le royaume de France, cette petite campagnarde pieuse, éveillée, certes, mais encore bien éloignée de tous ces drames, géographiquement, socialement et psychologiquement ? Ce n'est donc pas la situation politico-militaire de la France à cette époque qui a pu faire fructifier en elle ce levain d'inquiétude d'où peut naître la foi ardente.

Elle semble avoir tout ignoré, dans son enfance et dans sa première adolescence, de la guerre anglaise ; mais en revanche, comme tous les habitants de Domrémy, elle avait fait l'expérience de la brutalité des Bourguignons, qui dominaient toute la France du Nord-Est (le Nivernais, le Mâconnais, le Charolais, la Franche-Comté et la Champagne, voir la carte n° 4, p. 452). Et il y a fort à parier que, dans les villages du Barrois, les croquemitaines et les grippeminauds qui dévoraient les enfants étaient bourguignons et non pas anglais, car les habitants de Vaucouleurs, de Neufchâteau, de Domrémy, de Greux et de quelques autres villages n'ont jamais eu affaire qu'à la soldatesque bourguignonne et aux bandes nomades de *routiers* qui pillaient les granges, volaient les troupeaux et, parfois, incendiaient les maisons. Telles furent pour eux les « horreurs de la guerre » et c'est vraisemblablement à partir de quelques événements de ce type, vécus ou rapportés, qu'est née en Jeanne, plus sensible sans doute que d'autres enfants, l'inquiétude « existentielle » à laquelle, lorsqu'elle fut un peu plus âgée, elle ne vit plus qu'un remède : rétablir l'autorité de l'héritier de la couronne de France.

L'évêque Cauchon et les juges de Rouen étaient persuadés que Jeanne était une hérétique, voire, pour certains de ces théologiens, une sorcière, mais les plus intelligents d'entre eux, dont ce même évêque, ont tenté d'aller au-delà de cette conviction et de comprendre quelles avaient été les motivations affectives de la conduite de Jeanne. Dès la troisième audience publique du procès, celle du samedi 24 février, Mgr Cauchon met la question bourguignonne à l'ordre du jour :

> « Interrogée si ceux de Domrémy tenaient le parti des Bourguignons ou le parti adverse : Elle répondit qu'elle n'y connaissait qu'un seul Bourguignon [1].
>
> Interrogée si au village de Maxey [2] ils étaient Bourguignons ou adversaires des Bourguignons :
>
> Elle répondit qu'ils étaient Bourguignons.
>
> Interrogée si la voix lui disait, dans sa jeunesse, qu'elle dût haïr les Bourguignons :
>
> Elle répondit qu'elle comprit que les voix étaient pour le roi de France, elle n'aima pas les Bourguignons. Item elle a dit que les Bourguignons auront la guerre, s'ils ne font pas ce qu'ils doivent ; et elle le sait par la susdite voix.
>
> Interrogée si dans son jeune âge, elle eut la révélation par la voix que les Anglais devaient venir en France :
>
> Elle répondit que déjà les Anglais étaient en France quand les voix commencèrent à venir à elle.
>
> Interrogée si elle fut jamais avec les petits enfants qui combattaient pour le parti qu'elle tient :
>
> Elle répondit que non, autant qu'elle se souvienne ; mais elle a bien vu que certains du village de Domrémy qui avaient combattu contre ceux de Maxey, en revenaient bien blessés et ensanglantés.
>
> Interrogée si elle-même, dans son jeune âge, eut grande ardeur de poursuivre les Bourguignons :
>
> Elle répondit qu'elle avait grande volonté ou affection à ce que son roi eut son royaume. » (*Condamn.*, II, p. 63, *sq.*)

Cela dit, pendant cette période de la vie de Jeanne (vers 1425), pour les gens du Barrois et ceux de Domrémy en particulier, le péril bourguignon ne se traduit que par des bagarres villageoises :

1. Il s'agit de Gérardin d'Épinal, laboureur, qui ne lui en voulut sans doute pas de cette réponse, car il témoigna en sa faveur lors du procès en Nullité.
2. Voir ci-dessus, p. 68.

il est plus « mental » que réel. Le véritable danger, c'est alors les bandes armées, comme celles qui, en 1425, obligèrent les habitants de Domrémy à se mettre à l'abri à Neufchâteau, avec leurs troupeaux, comme le rappelle dans sa déposition au procès en Nullité Bertrand Lacloppe (témoin n° 33, couvreur de toits à Domrémy) :

> « A cause des bandes armées se dirigeant alors vers le village [*Domrémy*], à ce qu'on disait, tous les habitants dudit village partirent pour Neufchâteau ; et Jeanne la Pucelle y alla en compagnie de ses père et mère, et y séjourna avec eux pendant quatre jours environ. » (*Null.*, III, p. 258.)

Il est clair que, vers 1425/1428, les campagnes et les routes deviennent moins sûres, dans le Barrois, et qu'il y eut vraisemblablement d'autres alertes de ce genre, avec ou sans la participation de soldats bourguignons en perdition. Il est certain aussi que, lorsque parvint à Domrémy la nouvelle que Bedford, régent d'Angleterre, faisait maintenant marche vers la Loire et visait le Berry où s'était réfugié le dauphin Charles, cela exalta la ferveur de la Pucelle. Malheureusement, la seule information que nous ayons sur la décision que prit Jeanne de partir pour la France, c'est sa réponse à la question que lui posa l'évêque Cauchon lors de la deuxième audience du procès public (22 février), après qu'elle lui eut dit avoir entendu sa « voix » pour la première fois alors qu'elle était âgée de 13 ans (voir ci-dessus, p. 96) :

> « Interrogée sur l'enseignement que lui donnait cette voix pour le salut de son âme :
>
> Elle a dit qu'elle lui enseigna à se bien conduire, à fréquenter l'église ; et la voix a dit à Jeanne qu'il était nécessaire qu'elle-même, Jeanne, partît et vînt en France. Jeanne ajouta que son interrogateur n'obtiendrait pas d'elle, pour cette fois, sous quelle forme la voix lui était apparue [*la première fois, c'était lorsqu'elle avait 13 ans ; cette fois-ci, la voix va lui commander d'aller délivrer Orléans, devant laquelle Bedford a mis le siège le 12 octobre 1428 : l'intervention de la "voix" se situe donc après cette date*]. Elle a dit ensuite que la voix lui avait dit qu'elle-même, Jeanne, allât dans la ville forte de Vaucouleurs, trouver Robert de Baudricourt, capitaine de ce lieu, qu'il lui donnerait des gens qui iraient avec elle ; Jeanne répondit alors [*à la voix*] qu'elle était une pauvre fille qui ne savait ni monter à cheval, ni conduire la guerre. » (*Condamn.*, II, p. 47, *sq.*)

Voilà tout ce que nous savons des relations entre Jeanne et sa « voix », depuis la première fois où elle entendit et reconnut la « voix de Dieu », à 13 ans, dans le jardin de son père, jusqu'à ce message où « la voix » la chargera, une fois de plus, de sa « mission » : demander une escorte à Robert de Baudricourt, aller en France, et délivrer Orléans assiégée par Bedford. Entre ces deux messages surnaturels – divins, selon Jeanne – cette « voix », qu'elle reconnut comme étant semblable à la voix d'un ange, vint l'exhorter *« deux ou trois fois par semaine »* pour qu'elle se décide à partir, la dernière exhortation étant intervenue après le 12 octobre 1428.

On peut évidemment interpréter les deux réponses de Jeanne sans faire appel à une quelconque intervention surnaturelle (par ailleurs impossible à défendre théologiquement : comment le Dieu des chrétiens qui est pure Bonté et Tout-puissant choisirait-il entre les fidèles anglais et les fidèles français ?) et y voir la description naïve du processus psychologique qui a transformé l'*inquiétude* qui minait Jeanne depuis trois ans (depuis 1425) en une puissante et étonnante *force de volonté*, que l'histoire a appelée sa *mission*.

Jeanne a d'abord confusément refusé la domination bourguignonne : elle veut rester sujette du roi de France. Pourquoi ? Tout simplement, peut-être, parce que, pour elle, les « Bourguignons » étaient tous comme ceux de Maxey. Expliquer ce refus par un prétendu patriotisme serait tout à fait anachronique : les deux grands moteurs de l'époque étaient la foi religieuse et la fidélité au souverain ; le patriotisme est un sentiment qui ne verra le jour qu'en 1789. Puis, au cours des trois années qui ont suivi cette première prise de conscience, cette conviction est devenue pour elle véritablement obsessionnelle (c'est ce qu'elle exprime en disant que sa « voix » l'exhortait deux ou trois fois par semaine). Lorsque parvient à Domrémy la nouvelle du siège d'Orléans, Jeanne n'a que 16 ans, et elle ignore certainement l'importance stratégique de cette ville. Ce qui a dû l'émouvoir, c'est plutôt le mot « siège », qui évoque, dans l'imagination populaire, les horreurs de la famine et des massacres. Peut-être aussi quelqu'un lui aura-t-il expliqué que si les Anglais prenaient cette ville, dont elle ignorait tout, ils n'auraient ensuite aucun mal à gagner Chinon, où se trouvaient le dauphin et sa Cour et, qui sait, à le capturer ou à le massacrer.

En résumé, la petite fille pieuse et sage de Domrémy que nous avons vue filer la laine avec sa mère s'est révélée dotée, dès 1425 (c'est-à-dire dès le début de son adolescence), d'une personnalité exceptionnelle, dont le trait le plus saillant est la volonté. Forgée par une inquiétude hors du commun, liée d'une part aux difficultés réelles du temps, incarnées par « les Bourguignons », cette volonté a d'abord été une forme vide à laquelle, dès l'âge de 16 ans, Jeanne a donné un contenu : restituer au dauphin les clefs de son royaume. Telle était, croyait-elle ardemment, sa mission ; elle allait en découvrir les vastes difficultés.

Tout d'abord, en quoi consistait ce royaume ? C'était un territoire dont elle ne connaissait ni la situation, sinon qu'il se trouvait au Sud d'un fleuve qui s'appelait « la Loire », ni les dimensions, sinon que le Barrois mouvant en faisait partie, ainsi que la ville d'Orléans, assiégée, disait-on, depuis peu par les Anglais. Et qui pourrait la conduire au roi ?

Par ailleurs, qu'est-ce que cela signifiait, « restituer un royaume » ? Quelqu'un s'en était-il emparé ou menaçait-il de le faire ? Dans l'imaginaire politique de Jeanne, ce « quelqu'un » ne pouvait être que le duc de Bourgogne, Philippe, paradoxalement surnommé « le Bon ». Mais ces Anglais inconnus, quel rôle jouaient-ils dans cette histoire ? Et comment faire restituer ce royaume au dauphin ? En faisant la guerre ? Jeanne ne savait même pas monter à cheval et elle n'avait pas d'armée. Et puis la royauté, c'est comme la prêtrise : c'est une fonction qui se confère. Or cette réponse était la seule à laquelle elle pouvait répondre, car l'église qu'elle voyait du jardin de son père – *son* église – était consacrée à saint Rémy, qui avait « fait », à Reims, le premier roi des Francs, Clovis. Ses parents lui avaient évidemment expliqué que, pour être roi de France, il fallait avoir été sacré roi à Reims et oint de la même huile qui avait servi à consacrer Clovis : sur ce terrain au moins, elle n'était pas tout à fait ignorante.

Cette mission, Jeanne était intimement convaincue qu'elle lui était inspirée par Dieu, un Dieu dont nul ne doutait, pas même l'Empereur ou le monarque le plus puissant : sa foi médiévale et sa piété lui imposaient de l'accomplir jusqu'à son terme et la tâche qui lui était dévolue, à elle, frêle jouvencelle ignorante, c'était d'obéir à ses « voix », qui lui transmettaient les commandements de Dieu.

ANNUS MIRABILIS

Jeanne a donc pris sa décision : elle ira à Vaucouleurs, comme le lui ordonne la voix, obtiendra une audience de Baudricourt, lui demandera une escorte et partira pour Chinon. Il n'était guère besoin d'inspiration divine pour mettre sur pied un plan aussi simpliste, et, avec l'optimisme de l'innocence, la jeune fille ne doutait point que ce capitaine la recevrait et qu'elle parviendrait à le convaincre, à lui faire partager son ardeur. Elle y parvint, en effet, mais après dix mois (de mai 1428 à février 1429) passés à persuader et à gagner à sa cause un capitaine hésitant, des politiques sceptiques et des intrigants jaloux. Dans la mesure où le « phénomène Jeanne d'Arc » a été un phénomène de volonté, comme nous le pensons, et non pas une aventure surnaturelle, l'analyse chronologique minutieuse de sa genèse est indispensable, et, pour plus de clarté, nous en numéroterons les étapes.

1. L'acte volontaire initial de Jeanne a été la décision irrévocable qu'elle prit (et *seulement la décision*), au début du mois de mai 1428 (cinq mois avant que ne commence le siège d'Orléans, dont il n'était alors aucunement question) de quitter sa famille dans l'intention de se rendre à Vaucouleurs, auprès du Sire de Baudricourt. Pourquoi à Vaucouleurs et non pas à Chaumont, siège du bailliage dont dépendait Domrémy, ou à Andelot, où se trouvait la prévôté qui traitait les affaires de police et de justice concernant Domrémy (voir ci-dessus, p. 53) ?

La réponse à cette première question est simple. Comme tous les paysans du monde à cette époque, Jeanne se déplace à pied (le cheval est réservé aux militaires, aux officiers administratifs, à certains bourgeois, aux nobles, etc.) ; elle ne peut donc envisager que des trajets relativement courts, de 10 ou 15 kilomètres au maximum. Or Andelot est à 41 kilomètres (7 ou 8 heures de marche) de Domrémy, et Chaumont plus loin encore, à 61 kilomètres (au moins dix heures de marche) ; de plus, même si elle avait décidé de s'y rendre en deux ou trois étapes, elle n'en connaissait pas la route, qui était sans doute dangereuse. En revanche, Vaucouleurs était un peu moins éloigné de Domrémy (à 31 kilomètres) et cette châtellenie était, on l'a déjà dit, la dernière place forte qui ne fût pas tombée entre les mains des Anglais dans la moitié Nord de la France ; Robert de Baudricourt, son capitaine, était resté fidèle au dauphin, bien que celui-ci ne fût encore que « le roi de Bourges », et il y entretenait une garnison solide : il avait les moyens de fournir une escorte à la Pucelle, du moins elle était en droit de le penser. Le nom de ce capitaine était bien connu dans la région, et Jeanne avait certainement entendu son père en parler à diverses reprises, mais, bien entendu, elle ignorait tout de lui. Précisons ici que Baudricourt était d'origine lorraine (son père, Liébaud, était chambellan du duc de Bar) et que lui-même possédait une seigneurie dans les Vosges, dont le suzerain était le duc de Lorraine (Louis II).

2. Une fois cette décision prise, Jeanne quitta la maison familiale, ce qui dut sans doute lui coûter affectivement : tout nous porte à croire qu'elle adorait son père et sa mère, avec lesquels elle vivait comme une fille unique, ses frères, plus âgés qu'elle, semblant avoir vécu indépendants très tôt. Toutefois, elle ne partit pas directement pour Vaucouleurs : elle n'y était jamais allée (sinon, peut-être une fois, avec son père, ce qui est loin d'être certain) et elle avait de toute évidence besoin d'un mentor. Elle choisit pour ce rôle le mari de sa cousine germaine, Durand Laxart (ou Lassois, voir ci-dessus, p. 60), laboureur à Burey-le-Petit (aujourd'hui, Burey-en-Vaux, village situé entre Domrémy et Vaucouleurs, à 15 kilomètres environ de Domrémy). Pour ne pas éveiller les soupçons, elle donna à ses parents, comme prétexte de ce voyage, qu'elle allait assister sa cousine, qui devait accoucher.

Laxart (témoin n° 47 dans le procès en Nullité) avait alors 32 ans et, eu égard à son âge (il était son aîné de 16 ans), Jeanne l'appelait « mon oncle » ; voici ce qu'il dit à ce sujet dans sa déposition :

> « [...] Lui-même alla chercher Jeanne chez son père et la conduisit dans la maison qu'il habitait ; et elle disait à lui, témoin, qu'elle voulait aller en France, vers le dauphin, pour le faire couronner, déclarant : "N'a-t-il pas été autrefois dit que la France par une femme serait désolée [*allusion à Isabeau de Bavière, qui aurait poussé Philippe le Bon à signer avec elle et le roi d'Angleterre le traité de Troyes*], et ensuite par une pucelle devait être restaurée ?" Et elle déclara au témoin qu'elle irait dire à Robert de Baudricourt de la faire conduire au lieu où se trouvait le sire dauphin. » (*Null.*, III, p. 283.)

3. Le jeudi 13 mai 1428, jour de l'Ascension cette année-là, c'est-à-dire peu de temps après son arrivée chez Durand-Laxart, Jeanne est à Vaucouleurs, où l'a conduite son « oncle », qui la loge dans la maison de deux habitants de la ville, Catherine et Henri Le Royer (témoins n°s 48 et 49 au procès en Nullité). Elle va avoir avec Robert de Baudricourt une *première entrevue*, dont Laxart ne parle pas, mais que Jeanne mentionne lors de l'audience du 22 février du procès de Condamnation :

> « Item elle a dit que lorsqu'elle vint en ladite ville de Vaucouleurs, elle reconnut Robert de Baudricourt, alors que cependant elle ne l'avait jamais vu auparavant, et elle reconnut le susdit Robert par cette voix ; la voix lui dit en effet que c'était lui ; et Jeanne dit à ce même Robert qu'il fallait qu'elle vînt en France. Mais ce Robert, par deux fois, refusa et la repoussa, à la troisième il l'accueillit et lui donna des gens. Et la voix lui avait encore dit que cela se passerait ainsi [*Jeanne croyait sincèrement à ses "voix" ; elle donne ici un exemple de leur efficacité, qui se répétera avec la reconnaissance du dauphin à Chinon : nous revenons sur ce point plus loin, p. 135*]. » (*Condamn.*, II, p. 49, *sq.*).

Cette première entrevue eut un témoin, le sire Bertrand de Poulengy, qui rencontra Jeanne à Vaucouleurs. Il avait alors 35 ans, et avait connu les parents de la Pucelle quand il était jeune homme et avait entendu dire qu'enfant elle était *« une bonne fille, de bonne tenue »* ; voici son témoignage concernant la venue de Jeanne à Vaucouleurs :

> « Jeanne la Pucelle vint à Vaucouleurs vers l'Ascension du Seigneur, lui semble-t-il, et il la vit alors parler à Robert de Baudricourt, le capitaine de la ville ; elle disait être venue vers Robert de la part de son Seigneur, pour qu'il mandât au dauphin de tenir bon et de ne pas engager la bataille contre ses ennemis, car son Seigneur lui apporterait un secours avant la Mi-Carême. Cette Jeanne disait en effet que le royaume n'appartenait pas au dauphin, mais à son Seigneur ; ce dernier cependant voulait que le dauphin devînt roi et tînt le royaume en commande ; elle ajoutait que, malgré ses ennemis, le dauphin deviendrait roi et qu'elle le conduirait pour le faire sacrer. Lequel Robert lui ayant demandé quel était son Seigneur, elle répondit : "Le roi du ciel." Cela fait, elle retourna à la maison de son père avec un de ses oncles, nommé Durand Laxart de Burey-le-Petit. » (*Null.*, III, p. 292, *sq.*)

4. Après cette brève entrevue, comme le dit Poulengy dans son témoignage, Jeanne retourna à Domrémy, sans doute au début juin 1428 ; sa présence y est attestée par la déposition de Michel Le Buin (témoin n° 45 au procès en Nullité) originaire de Domrémy et installé ultérieurement comme cultivateur à Burey-le-Petit. Ce personnage déclare que :

> « Une fois Jeanne lui dit, la veille de la Saint-Jean-Baptiste, qu'il y avait une jeune fille entre Coussey [*village situé entre*

> *Neufchâteau et Domrémy*] et Vaucouleurs, qui avant un an ferait consacrer le roi de France ; [...] et dans l'année le roi fut consacré à Reims. » (*Null.*, III, p. 280.)

Cette confidence ayant été faite à Domrémy et la Saint-Jean-Baptiste tombant le 24 juin, ce témoignage établit donc que Jeanne était à Domrémy le 23 juin 1428.

5. A la fin du mois de juin et au début du mois de juillet 1428, le Barrois est à nouveau secoué par des troubles provoqués par des routiers bourguignons, qui cernent le village d'Ugny-sur-Meuse (119 habitants de nos jours), proche de Vaucouleurs. Il s'agissait sans doute d'une expédition d'intimidation au nez et à la barbe de la forteresse de Vaucouleurs. Puis, au mois de juillet, le danger se fait plus pressant : cette fois-ci, ce sont les troupes régulières du maréchal de France Antoine de Vergy (un Bourguignon), l'un des vainqueurs de Cravant, devenu gouverneur de la Champagne pour le roi d'Angleterre, qui dirige une expédition contre Vaucouleurs pour le compte de celui-ci, qui est aussi roi de France en vertu du traité de Troyes... et qui est alors âgé de 7 ans (c'est évidemment une opération qui ne peut être qu'approuvée par le régent Bedford, qui, de son côté, guerroye dans les pays de Loire où il est en train de conquérir le Maine). Les habitants des villages menacés, et notamment ceux de Domrémy, s'enfuient à Neufchâteau, avec troupeaux, armes et bagages, comme en 1425 (voir ci-dessus, p. 102), et Jeanne se retrouve avec son père et sa mère dans cette ville. Ils sont hébergés par une femme nommée (ou surnommée) La Rousse ; ce personnage est cité par Jeanne d'Arc elle-même lors de son procès (audience publique du jeudi 22 février) :

> « Elle confessa que, par crainte des Bourguignons, elle quitta la maison de son père et alla à Neufchâteau, en Lorraine, chez une femme nommée La Rousse où elle résida environ quinze jours. » (*Condamn.*, II, p. 45.)

Cette affirmation, anodine, devient, dans l'acte d'accusation rédigé par le promoteur du procès, matière à calomnie :

> « Art. VIII – Jeanne, aux environs de la vingtième année de son âge, de sa propre volonté et sans la permission de ses père et mère, gagna la ville de Neufchâteau en Lorraine et là servit pendant quelque temps une femme aubergiste, appelée La Rousse, chez qui demeurent de façon constante de jeunes femmes sans retenue et logent presque toujours aussi des gens

de guerre. Jeanne demeurant ainsi dans cette auberge se tenait parfois avec ces femmes, parfois conduisait les brebis aux champs et parfois conduisait les chevaux à l'abreuvoir et aux prés et pâturages ; et là elle apprit la manière de monter à cheval et à avoir une connaissance des armes. » (*Condamn.*, II, p. 167.)

Tous les témoins interrogés sur ce séjour à Neufchâteau lors du procès en Nullité rectifièrent évidemment cet article VIII de l'acte d'accusation : Jeanne avait 16 ou 17 ans et non pas 20 ans lors du départ pour Neufchâteau, et elle y était partie avec ses parents et non pas seule. Le séjour fut relativement bref (quinze jours dit Jeanne, certains témoins disent même quatre jours seulement) et quand les habitants de Domrémy s'en retournèrent chez eux, Jeanne reprit avec eux la route de son village, dont l'église avait brûlé, comme le dit dans sa déposition Béatrice veuve d'Estellin (témoin n° 25) :

« Ainsi quand le village de Domrémy fut incendié, Jeannette allait tous les jours de fête entendre la messe au village de Greux [...]. » (*Null.*, III, p. 246.)

Au demeurant, le séjour à Neufchâteau de la famille d'Arc fut un épisode de courte durée : un accord fut conclu en septembre 1428 entre Vergy et Baudricourt, et la paix revint dans la région.

6. Nous voici maintenant à la fin de l'année 1428. Le calme est revenu dans le Barrois, et Jeanne, qui approche de ses 17 ans, va reprendre ses démarches auprès du capitaine de Baudricourt. A-t-elle fait de nouveau appel à Durand Laxart, ou bien est-ce celui-ci qui vint de lui-même la chercher, à Domrémy, on l'ignore. Mais cette fois-ci, point besoin de prétexte : la femme de Laxart vient d'accoucher et son « oncle » a besoin d'aide, comme le confirme Mengette, femme de Jean Joyart (témoin n° 41), dans sa déposition lors du procès en Nullité :

« Quand ladite Jeannette voulut aller à Vaucouleurs, elle fit venir Durand Laxart, pour faire savoir à ses père et mère qu'elle allait chez ce Durand Laxart, demeurant à Burey-le-Petit afin de rendre service à sa femme ; et en partant elle dit, à elle [*Mengette*] qui témoigne : "Adieu !" la recommandant à Dieu, puis alla à Vaucouleurs. » (*Null.*, III, p. 273.)

L'oncle Laxart vint donc une nouvelle fois à Domrémy chercher Jeanne chez ses parents, et l'emmena avec lui à Burey-le-Petit, où elle resta six semaines. C'est au cours de ce séjour que Jeanne lui exposa en détail son projet (aller en France et faire sacrer le dauphin), puis son « oncle » l'accompagna à Vaucouleurs. Jeanne eut alors une *deuxième entrevue* avec Baudricourt, brève mais orageuse, qu'on peut placer au début du mois de décembre 1428 : le capitaine, agacé, répéta à plusieurs reprises à Laxart (qui en témoignera sous serment lors du procès en Nullité) qu'à sa place *« il reconduirait Jeanne chez son père et lui donnerait des gifles »*. (*Null.*, III, p. 283).

De retour à Burey, déçue et irritée, Jeanne voulut partir immédiatement, seule, pour Chinon afin de parler au dauphin. Laxart finit pas l'apaiser et la reconduisit à Vaucouleurs, où elle fut hébergée de nouveau par les époux Le Royer (voir ci-dessus, p. 106), chez lesquels elle devait demeurer environ trois semaines, jusqu'à la fin décembre 1428.

7. C'est au début de ce deuxième séjour chez Catherine Le Royer que Jeanne rencontra (par hasard ?), dans Vaucouleurs, vers la mi-décembre, un homme noble, d'une trentaine d'années, qui lui était inconnu : l'écuyer Jean de Nouillompont (ou Nouvilonpont), dit aussi Jean de Metz, un des familiers de Robert de Baudricourt. Ce personnage, qui devait par la suite devenir l'un des compagnons les plus fidèles de la Pucelle, a témoigné dans le procès en Nullité (c'est le témoin n° 44) et conté ainsi sa rencontre avec Jeanne qui errait dans les rues de Vaucouleurs :

> « Lorsque ladite Pucelle vint au lieu et à la ville de Vaucouleurs [...], le témoin qui parle la vit habillée de pauvres vêtements de femme, de couleur rouge ; elle logeait dans la maison d'un certain Henri Le Royer dudit Vaucouleurs. Le témoin s'adressant à elle lui dit : "Ma mie, que faites-vous ici ? Convient-il que le roi soit chassé du royaume et que nous soyons anglais ?" Laquelle Pucelle lui répondit : "Je suis venue ici, à la chambre du roi, parler à Robert de Baudricourt, pour qu'il veuille me conduire ou me faire conduire au roi. Il ne se soucie pas de moi, ni de ce que je lui dis ; cependant avant la Mi-Carême [*comme la rencontre a lieu en décembre 1428, et que la date de Pâques en 1429 tombait le 27 mars, le prochain jeudi de la Mi-Carême tombera le 10 mars 1429*] il faut que je sois auprès du roi, dussé-je y perdre les jambes jusqu'au genou. Car nul au monde, ni rois, ni ducs, ni fille du roi d'Écosse ou autres, ne peut recouvrer le royaume de France. Pourtant je préférerais filer auprès de ma mère, cette pauvre femme, car ce n'est pas de ma condition ; mais il faut que j'aille, et que j'agisse ainsi, pace que mon Seigneur le veut." Et le témoin lui demandant qui était ce Seigneur, elle répondit que c'était Dieu. Alors ledit Jean, le témoin, promit à la Pucelle en lui touchant la main en signe de foi, qu'il la conduirait avec l'aide de Dieu, vers le roi. » (*Null.*, III, p. 277.)

8. A peu près à la même époque (entre le 1er et le 15 décembre 1428 ? avant ou après la rencontre avec Jean de Metz ? on ne sait) se situe un incident curieux et décisif dont Catherine Le Royer a fait le récit lorsqu'elle déposa dans le cadre du procès en Nullité :

> « [*Catherine Le Royer*] déclara qu'elle vit entrer chez elle Robert de Baudricourt, alors capitaine de ladite ville de Vaucouleurs avec le dit messire [*appellation usuelle des prêtres*] Jean Fournier ; lequel prêtre dit à Jeanne qu'il avait apporté une étole, et il l'avait exorcisée devant le capitaine ; ajoutant que si elle était une mauvaise créature [*c'est-à-dire une créature du démon*], elle s'éloignât d'eux, et si elle était une bonne créature, elle vint vers eux. Jeanne s'approcha alors du prêtre et se jeta à ses genoux ; elle déclara que le prêtre n'avait pas bien agi, car il avait entendu sa confession [1], et lorsqu'elle vit que ledit Robert ne voulait pas la conduire elle dit, comme le témoin l'a entendu, qu'il lui fallait aller au lieu où était le dauphin, ajoutant : "N'avez-vous pas entendu cette prophétie, à savoir que la France par une femme serait détruite, et par une pucelle des marches de Lorraine restaurée ?" Alors le témoin [*Catherine Le Royer*] s'est rappelé avoir entendu ces paroles et fut stupéfait [...]. » (*Null.*, III, p. 285.)

Jeanne comprit sans doute que le scepticisme dont avait fait preuve jusqu'alors Baudricourt était ébranlé et elle se fit de plus en plus pressante, non seulement à son égard, mais avec d'autres personnes, qui se proposèrent de l'aider. Dans le même temps, le capitaine de Baudricourt avait informé le seigneur du Barrois dont il dépendait, le duc de Bar, qui n'était autre que René d'Anjou. Or celui-ci était d'une part le beau-frère du dauphin (le futur Charles VII), qui avait épousé sa sœur, Marie d'Anjou, et d'autre part le gendre du puissant duc Charles II de Lorraine, dont il avait épousé la fille (et héritière) Isabeau de Lorraine ; cette fois-ci, ce qu'on pourrait appeler le « dossier Jeanne d'Arc » était entre les mains des autorités suprêmes de la région : le duc de Lorraine se manifesta le premier et fit parvenir à Jeanne un sauf-conduit qui avait tout l'air d'une convocation. La volonté – ou l'entêtement volontaire – de Jeanne semblait triompher.

Toutefois, à ce point de l'affaire, on est en droit de se demander en quoi ce qu'elle prétendait avoir à dire présentait un

1. Un prêtre ne peut trahir le secret de la confession ; or Jeanne s'était confessée à messire Fournier et lui avait évidemment parlé de ses voix et de sa mission : venir exorciser la maison de Catherine Le Royer, c'était faire peser un soupçon de sorcellerie sur Jeanne qu'il avait précédemment confessée et cela constituait un grave manquement au secret de la confession (noter l'intelligence juridique de Jeanne).

quelconque intérêt, tant pour Baudricourt que pour le duc de Lorraine. Jeanne voulait qu'on la conduisît à Chinon afin de prévenir le dauphin que, s'il livrait une bataille en rase campagne, il serait vaincu comme à Cravant, et pour l'emmener se faire sacrer à Reims : quel responsable politique ou militaire, de nos jours, prêterait attention à une jeune paysanne ignorante porteuse d'un message aussi vague et aussi naïf ? Peut-on imaginer un chef d'État moderne recevant un jeune citoyen ou une jeune citoyenne qui viendrait lui dire de ne pas engager telle ou telle réforme ? d'envoyer ou de ne pas envoyer des troupes sur tel ou tel front ? de se rendre ou de ne pas se rendre à telle conférence internationale ? Même de Gaulle a dû longtemps faire antichambre, à Londres, en 1940, avant d'être écouté et entendu !

Nous irons même plus loin : il est étonnant qu'un souverain comme l'était Charles II de Lorraine ait « perdu son temps » à écouter la petite paysanne de Domrémy qui n'avait rien à lui dire qu'il ne connût déjà.

On ne saura donc jamais la ou les causes de ce revirement. Il n'est pas impossible que Poulengy ou Jean de Metz, séduits par l'ardeur de la jouvencelle, aient insisté auprès du capitaine de Baudricourt pour qu'il en parle au duc de Bar, qui aurait répercuté l'information à Chinon, où vivaient sa sœur, Marie, la reine de France, et sa mère, Yolande d'Aragon, dont l'influence sur le futur Charles VII était bien connue : cette dernière aurait eu alors l'idée machiavélique de faire venir cette petite paysanne à la Cour (il est à noter que ce sont des dames de sa suite qui ont accueilli et examiné Jeanne lorsqu'elle arriva à Chinon), peut-être pour réveiller l'ardeur au combat du « roi de Bourges » à un moment où ses propres terres à elle (le Maine et l'Anjou) étaient menacées par Bedford dont l'offensive contre les pays de Loire avait débuté en 1427.

Le tableau généalogique ci-après montre (p. 114) que Yolande d'Aragon est au centre d'une véritable toile d'araignée familiale, qui comprend, la reine de France, Marie d'Anjou, le duc d'Anjou et le duc de Bar (qui deviendra aussi duc de Lorraine). L'offensive de Bedford sur les pays de Loire, si elle réussit, la priverait des trois plus belles provinces françaises (l'Anjou, le Maine et la Touraine), qui tomberaient entre les mains du roi d'Angleterre. Or les messagers ne cessent de circuler, plus ou moins secrètement, entre Chinon et le Barrois, et Yolande d'Aragon a fini par apprendre l'existence de cette petite paysanne de Domrémy qui s'agite à Vaucouleurs et il n'est pas impossible qu'elle ait eu l'idée de faire venir à Chinon cette petite Barroise de Domrémy, sujette de son fils Louis, duc de Bar. Il n'est pas impossible non plus que ce soit le duc de Bar qui en ait eu l'idée, mais, quoi qu'il en soit, la personnalité de Jeanne est apparue suffisamment attractive pour que le duc envoie la Pucelle à Charles de Lorraine.

Résumons-nous. En décembre 1428, Jeanne se morfond chez Catherine Le Royer, dans l'attente de l'événement qui lui permettra de partir vers le dauphin. Sa logeuse souligne dans son témoignage l'intensité affective de cette attente : «*Jeannette était pleine d'impatience, déclare-t-elle, et le temps lui pesait comme à une femme enceinte, parce qu'on ne l'emmenait pas au dauphin.*» (*Null.*, III, p. 285). Deux nobles appartenant à la suite de Baudricourt, sire Bertrand de Poulengy et sire Jean de Nouillompont, ont constaté cette impatience, et le second lui a même promis de l'accompagner à Chinon si elle devait y aller (voir ci-dessus, p. 110). Puis Baudricourt débarque à l'improviste chez Catherine Le Royer, accompagné d'un prêtre exorciseur, ce qui provoque de la part de Jeanne la réaction que l'on a décrite précédemment : elle s'agenouille, mais déplore l'initiative de ce prêtre qui l'a entendue en confession. Quelque temps après cette visite, qui constitue la *troisième entrevue* de la Pucelle avec le capitaine de Vaucouleurs, celui-ci informe – enfin, pourrait-on dire – le duc de Bar qui, peut-être influencé par Chinon (par Yolande d'Aragon), peut-être spontanément, prévient le duc de Lorraine et celui-ci délivre à Jeanne le sauf-conduit tant attendu.

On était à la fin du mois de décembre 1428 ou au début du mois de janvier 1429 : la Pucelle avait gagné sa première bataille, elle allait pouvoir commencer l'accomplissement de sa mission. L'année qui venait de s'écouler se terminait bien, merveilleusement bien. Elle venait de vivre son *Annus mirabilis*.

EN ROUTE VERS CHINON

Jeanne était toujours chez Catherine Le Royer lorsqu'elle reçut le sauf-conduit qui allait lui permettre d'aller trouver le duc de Lorraine, qui demeurait à Nancy. Le premier moment de joie passé, il lui fallait maintenant songer à s'équiper, car, de Vaucouleurs à Nancy, il y a une cinquantaine de kilomètres, qu'elle ne pouvait faire qu'à cheval, à travers les forêts et les collines, par des routes peu sûres ; d'autre part, la saison était mauvaise (on était au mois de janvier 1429, et les hivers lorrains sont rudes). Enfin, elle avait l'intention de profiter du sauf-conduit pour faire un détour par Saint-Nicolas-de-Port, lieu de pèlerinage célèbre à une douzaine de kilomètres de Nancy, dont le saint protégeait, disait-on, les voyageurs.

Jeanne savait-elle monter à cheval ? Comme tous les enfants des villages, Jeanne s'est certainement amusée à monter sur un cheval à Domrémy, voire à faire de petites promenades, sous la surveillance d'un adulte. Mais faire trois petits tours à califour-

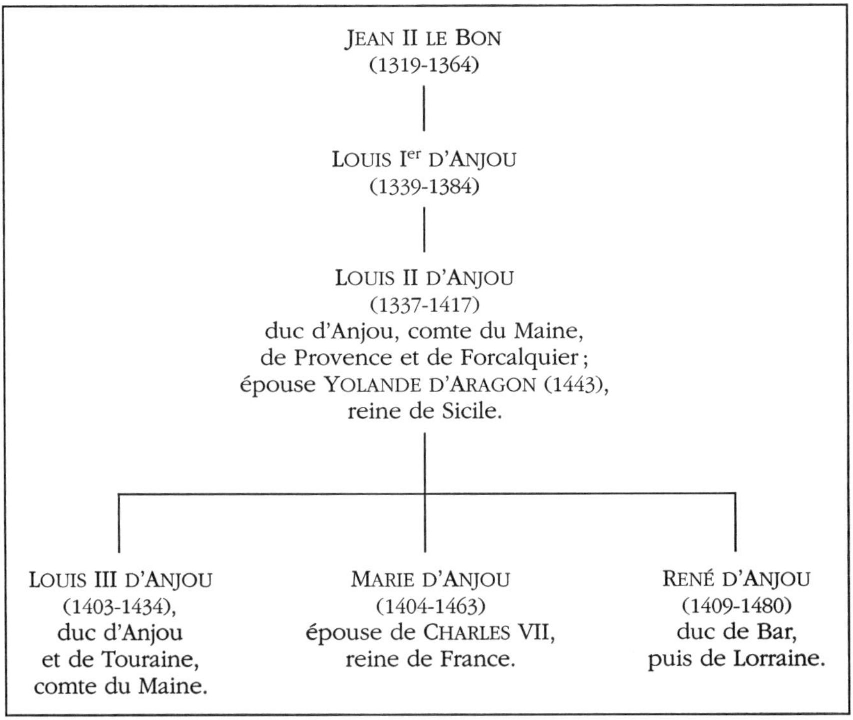

La troisième Maison d'Anjou. Cette Maison princière a pour racine Louis Ier d'Anjou, l'un des fils de Jean le Bon, dont descend aussi le roi Charles VII, petit-fils de Charles V. A la génération de Charles VII, elle est représentée par les enfants de Louis II d'Anjou, qui avait épousé Yolande d'Aragon, à savoir : Louis III d'Anjou, qui possède l'Anjou, le Maine et la Touraine ; Marie d'Anjou, femme du roi Charles VII ; René, duc de Bar puis de Lorraine ; Yolande (ne pas la confondre avec sa mère), qui épousera le duc François de Bretagne.

chon sur le dos d'un cheval de labour ou d'un mulet, et franchir cinquante kilomètres au pas ou au trot, l'hiver, sur les routes de Lorraine recouvertes de neige ou de glace, ce n'est pas la même chose. Dans son réquisitoire, le promoteur du procès de Condamnation prétend que Jeanne a appris à monter à cheval avec des soldats et des femmes de mauvaise vie chez La Rousse, aubergiste à Neufchâteau (voir ci-dessus, p. 108). Bien évidemment, il est le seul à le dire : les témoins du procès en Nullité qui ont parlé de La Rousse ne l'ont pas dépeinte comme une tenancière suspecte, et il ressort de leurs dépositions que Jeanne n'est restée que quatre jours chez elle : on n'apprend pas à monter à cheval en quatre jours. Disons donc que, fille de la campagne, Jeanne n'était pas malhabile sur un cheval, et que ses qualités physiques firent le reste.

Il nous faut maintenant reprendre le témoignage de Jean de Nouillompont (Jean de Metz) au point où nous l'avions laissé (p. 110 ci-dessus). C'est une déposition « concentrée » qui rapporte en fait deux propos : l'un, que nous avons cité plus haut, dans lequel Jeanne se plaint de ce que Baudricourt ne se soucie pas d'elle, et qui correspond à l'état de ses relations avec le capitaine *avant* qu'elle ait reçu le sauf-conduit, et l'autre, la réponse de Jean de Metz à ses doléances, qui implique l'arrivée de ce document à Vaucouleurs ; voici ce second propos dans son intégralité, qui, dans la déposition, s'enchaîne sans transition avec le premier (dont nous reprenons les derniers mots entre crochets) :

> « [Alors ledit Jean, le témoin, promit à la Pucelle, en lui touchant la main en signe de foi, qu'il la conduirait avec l'aide de Dieu vers le roi]. Il lui demanda quand elle voulait partir ; elle lui répondit : "Plutôt aujourd'hui que demain, et demain qu'après [1]." Il lui demanda aussi si elle voulait partir avec ses vêtements [*il s'agit de ses "pauvres vêtements de femme"*] ; et elle répondit qu'elle aimerait avoir des vêtements d'homme [*pour pouvoir chevaucher, bien entendu*]. Alors le témoin lui remit un habit et des chausses de ses serviteurs, pour qu'elle s'en revêtît ; et cela fait, les habitants de la ville de Vaucouleurs lui firent faire un costume d'homme et des chausses, des guêtres et tout le nécessaire, et lui donnèrent un cheval, valant environ seize francs. Une fois habillée et pourvue d'un cheval, munie d'un sauf-conduit du

1. La formule latine est plus belle dans son laconisme : « *Citius nunc quam cras, et cras quam post.* » (*citius* = « plutôt », *nunc* = « maintenant », *cras* = « demain », *post* = « après », *quam* = « que ».)

> seigneur Charles duc de Lorraine, la Pucelle partit pour parler audit seigneur duc, et le témoin alla avec elle jusqu'à la cité de Toul [*voir plus loin la suite de la déposition, concernant le départ pour Chinon*]. » (*Null.*, III, p.277, *sq.*)

Le problème de l'équipement fut donc résolu, chaleureusement, par les gens de Vaucouleurs, qui avaient sans doute pris en sympathie cette fille aux cheveux courts, inquiète mais souriante, qui se promenait si souvent autour de la capitainerie, toujours vêtue des mêmes nippes rouges qui lui donnaient un air de pauvresse, comme nous la dépeint Jean de Metz. Tout le monde s'y mit, car nombreux étaient les habitants de Vaucouleurs qui avaient été convaincus par les paroles de Jeanne, témoigne Catherine Le Royer :

> « Elle, le témoin, et beaucoup d'autres crurent à ses paroles, si bien qu'un certain Jacques Alain et Durand Laxart voulurent la conduire et l'emmenèrent à Saint-Nicolas ; mais ils retournèrent à Vaucouleurs, parce que Jeanne, d'après ce que le témoin a entendu dire, déclara qu'il n'était pas honnête de partir ainsi, après leur retour quelques habitants de la ville lui firent faire une tunique, des chausses, des guêtres, des éperons, une épée et autres choses semblables ; les habitants lui achetèrent un cheval [...]. » (*Null.*, V, p. 285.)

Voilà donc Jeanne la Pucelle et Jean de Metz qui sortent de Vaucouleurs, chevauchant de concert. Ils traversent la Meuse (sans doute au pont de Châlaines), puis la sinistre et glaciale forêt lorraine (le bois de Rigny) et arrivent dans la soirée à Toul, sur la Moselle, à 30 kilomètres environ de Vaucouleurs. C'était la première chevauchée de Jeanne, le voyage s'était fait vraisemblablement au pas et, dans la mesure où les deux voyageurs étaient attendus par le duc, il y a de fortes chances pour qu'ils aient passé la nuit à l'évêché. Le lendemain, Durand Laxart et un certain Jacques Alain, de Vaucouleurs, prennent en charge à leur tour la Pucelle et Jean de Metz retourne à Vaucouleurs. Selon le témoignage de Catherine Le Royer, Jeanne aurait alors fait son pèlerinage à Saint-Nicolas (à une trentaine de kilomètres de Toul) avec Durand, puis aurait été conduite par celui-ci à Nancy (Saint-Nicolas est à une douzaine de kilomètres au Sud de Nancy), où elle fut enfin reçue par le duc Charles de Lorraine.

Le duché de Lorraine était alors l'un des quelque 300 États indépendants les uns des autres, dont l'ensemble constituait l'Empire romain germanique. Il appartenait, depuis quatre siècles, à la Maison des ducs de Lorraine dont Charles II dit le Hardi

(1365-1431) était le maître absolu. Ce prince avait adhéré au parti bourguignon (sans doute en raison de la proximité de ses terres et de celles de Bourgogne), et il avait eu fort à faire, dans le passé, avec les habitants de Neufchâteau, qui l'avaient cité en 1412 devant le Parlement de Paris (Neufchâteau était une ville du Barrois qui relevait de la couronne de France). Naturellement, ce puissant souverain avait refusé de comparaître et il avait prononcé purement et simplement... la saisie de la ville. Le Parlement de Paris réagit en le condamnant au bannissement, comme un vulgaire brigand, et déclara ses seigneuries en forfaiture. Grâce à l'intervention du duc de Bourgogne, Jean sans Peur, alors tout-puissant, l'arrêt n'eut pas de suite, et Charles se détourna peu à peu des affaires de France, tout en restant très influent dans le Barrois, dont une partie – le duché de Bar – était inféodée au roi de France depuis Philippe le Bel (voir ci-dessus, p. 53) et l'autre, au-delà de la Meuse, à la Lorraine. En 1419, il avait marié sa fille aînée Isabeau, héritière de son duché, à René d'Anjou (duc de Bar et frère de la reine de France, voir le tableau généalogique p. 114) et avait, si l'on peut dire, changé de casquette : il était maintenant passé du côté des Armagnacs et des Valois. Ajoutons, pour la petite histoire, que Charles II négligeait son épouse, la pieuse Marguerite de Bavière, qu'il délaissait pour les charmes de sa favorite, Alison May, fille d'une marchande de légumes et d'un chantre, tous deux originaires de Nancy.

De l'entretien de Jeanne avec le duc de Lorraine, nous ne savons rien, sinon ce qu'elle déclara à ses juges, lors de la deuxième audience publique de son procès, le 22 février 1431, ainsi qu'une confidence qu'elle fera plus tard, après le sacre, à une certaine Dame Marguerite La Touroulde, épouse d'un conseiller du roi, lorsqu'elle était à Chinon et témoin n° 107 au procès en Nullité. Voici d'abord la brève déclaration de Jeanne à Rouen :

> « Item elle confessa que le duc de Lorraine manda qu'on la lui conduisît : elle y alla et lui dit qu'elle voulait aller en France. Et le duc l'interrogea sur la recouvrance de sa santé, mais elle lui dit qu'elle ne savait rien là-dessus ; et elle déclara au duc peu de choses sur son voyage. Elle dit cependant au duc qu'il lui donnât son fils et des gens pour la mener en France et elle prierait Dieu pour sa santé. » (*Condamn.*, II, pp. 50, *sqq.*)

On notera que Jeanne commet une légère erreur de langage : elle demande en fait au duc de lui donner non pas son *« fils »* (Charles II n'avait que des filles), mais son beau-fils, René d'Anjou, fils de Yolande d'Aragon et frère de la reine de France Marie d'Anjou, qui avait épousé Isabelle de Lorraine en 1419, et était devenu de ce fait le duc de Bar. Quant à la Dame La Touroulde, qui avait 64 ans quand elle fut entendue comme témoin au procès de 1456, voici les quelques lignes que contient sa déposition au sujet du duc de Lorraine :

> « [...] Le témoin a aussi entendu Jeanne dire que le duc de Lorraine, ayant une maladie, voulut la voir ; elle lui parla, lui disant qu'il se conduisait mal, qu'il ne guérirait pas s'il ne s'amendait, et elle l'exhorta à reprendre sa bonne épouse. » (*Null.*, IV, p. 61.)

Le duc de Lorraine ne lui fut pas d'un grand secours ; dans leurs dépositions au procès en Nullité, l'écuyer Louis de Martigny (témoin n° 30) déclare seulement que *« le seigneur duc lui donna un cheval et de l'argent*[1] *»* et Durand Laxart (témoin n° 47) précise que *« quand le duc la vit, il s'entretint avec elle et lui donna quatre francs, que Jeanne montra au témoin*[2] *».* Ajoutons enfin que Louis de Martigny est le seul à donner une autre information, peu crédible, et qu'il rapporte d'ailleurs par ouï-dire, sur les voyages de Jeanne avant de partir pour Chinon : selon lui, elle serait allée aussi à Chaumont-en-Bassigny, pour y voir le bailli. Comme à cette époque Chaumont était entre les mains des Anglais, on se demande ce que Jeanne aurait alors pu y faire : au reste, lorsqu'elle ira à Chinon, elle prendra soin, précisément, d'éviter Chaumont.

*
* *

Au début du mois de février 1429, les messagers et les espions qui circulaient sur les routes enneigées de France ont informé toutes les autorités, officielle ou officieuses, qu'il se passait « quelque chose » du côté de la Lorraine.

Ces autorités, ce sont les trois « gouvernements » des trois « France » (voir la carte n° 4, p. 452) : celui des Lancastres, dont le chef est provisoirement le régent Bedford qui gouverne en lieu et place du roi Henry VI qui est mineur (en 1429, ce roi a 8 ans, et il porte le titre de roi de France en vertu du traité de Troyes seu-

1. *Null.*, III, p. 254.
2. *Ibid.*, p. 283.

lement) ; celui des Valois, dont le chef est le dauphin Charles qui ne peut porter le titre de roi de France pour deux raisons : 1° le traité de Troyes a cédé la couronne de France à la dynastie des Lancastres ; 2° Charles n'a pas été sacré roi par l'archevêque de Reims (on ne peut donc, en toute rigueur, l'appeler Charles VII) ; celui des Bourguignons, dont le chef est Philippe le Bon de Bourgogne, fils de Jean sans Peur.

Sur le plan militaire, les Lancastres n'ont rien à craindre ; alliés aux Bourguignons, ils sont les maîtres du terrain : les victoires récentes de Cravant et de Verneuil l'ont montré. Sur le plan institutionnel, leur position est plus fragile : ils ont ravi la couronne de France aux Valois par un traité qui n'a pas été sanctionné par les autorités religieuses (il n'y a pas eu de sacre). Pour l'instant donc, Henry VI n'est pas plus « roi de France consacré » que Charles VII : mais ne voilà-t-il pas qu'une « jeune fille » (*puella* en latin, d'où « pucelle ») parle de faire sacrer le dauphin ? Ce bruit qui court, et que rapportent certainement les informateurs à Bedford, mais aussi aux Lords et aux évêques anglais, inquiète à juste titre le régent.

Cependant, Bedford et ses conseillers savent aussi que la politique du fait accompli peut créer des situations irréversibles. Donc, plus vite les forces anglaises auront conquis les pays de Loire, qui sont la propriété personnelle du dauphin, de son épouse, Marie d'Anjou et de la famille de celle-ci (se reporter au tableau généalogique de la p. 114, qui décrit les droits successoraux des trois frères de Marie d'Anjou, tout trois fils de Yolande d'Aragon), plus vite sera réglé, par l'application de la loi du plus fort, le conflit féodal qui oppose depuis si longtemps les Lancastres aux Valois. Sans le savoir, la naïve Pucelle a, si l'on peut se permettre cet anachronisme, une véritable « bombe » entre les mains. Aussi est-elle attendue avec impatience par Yolande d'Aragon, qui voit les splendides fiefs de la famille d'Anjou menacés par la chute prochaine d'Orléans, assiégée depuis le mois d'octobre 1428 et qui espère que cette Jeanne, dont on parle de plus en plus, sans savoir exactement ni qui elle est, ni ce qu'elle peut faire, sortira peut-être son gendre le dauphin de son apathie.

Pendant ce temps, Jeanne, qui a de plus en plus d'amis et de partisans à Vaucouleurs, prépare son départ avec ses deux premiers compagnons : Jean de Nouillompont (Jean de Metz) et Bertrand de Poulengy, qui, selon la déposition du précédent, a financé avec lui le voyage à Chinon.

La date choisie pour le départ de Vaucouleurs fut le « dimanche des Bures » (premier dimanche du Carême), qui tombait, comme on l'a déjà dit, le 13 février 1429. Certains auteurs (dont Duparc, le traducteur moderne du procès en Nullité) pensent que Jeanne et ses compagnons ne se mirent pas en route un dimanche, et que la date probable du départ serait le 14 février. Henri Le Royer, dans la maison duquel habitait Jeanne, les vit partir (il le dit dans sa déposition que nous citons plus loin), mais ne donne aucune date, et sa femme, Catherine Le Royer, non plus. Seul Jean de Nouillompont déclare, dans la suite sa déposition, déjà citée :

> « Lorsqu'elle fut de retour à Vaucouleurs [*après son voyage chez le duc de Lorraine*], vers le dimanche des Bures – il y aura vingt-sept ans au prochain dimanche des Bures à venir, lui semble-t-il – le témoin et Bertrand de Poulengy, avec deux de ses serviteurs, Colet de Vienne, messager royal, et un certain Richard l'Archier, conduisirent cette Pucelle au roi résidant à Chinon, aux coûts et frais dudit témoin et de Bertrand. » (*Null.*, III, p. 278.)

On ne saurait trop souligner, ici, que Nouillompont et Poulengy sont les deux premières personnalités « officielles » qui aient porté attention aux dires de la Pucelle, et même qui les aient sollicités quand ils l'ont « rencontrée » à Vaucouleurs (était-ce vraiment par hasard ?). Poulengy lui-même a assisté à la première entrevue de Jeanne avec Baudricourt le 13 mai 1428 (voir ci-dessus, p. 106). S'ils n'ont pas agi plus rapidement, c'est évidemment qu'ils attendaient l'autorisation d'agir, qui ne pouvait venir que de Baudricourt, or celui-ci ne pouvait pas se permettre de prendre une telle décision – envoyer une « illuminée » au roi – sans être couvert, comme on dirait aujourd'hui. Nous pensons – mais ce n'est qu'une hypothèse sans preuve – qu'il en a référé au duc de Bar et celui-ci au duc de Lorraine, et que le temps qui s'est écoulé entre le 13 mai 1428 et le début du mois de février 1429 correspond aux échanges de messages entre ces deux personnages et les « influents » de Chinon, parmi lesquels, au premier chef, la diabolique Yolande d'Aragon, et la coterie armagnac de Chinon.

Quoi qu'il en fût, les dés étaient jetés et, le 13 février 1429 au soir, une petite escorte, composée du chevalier Jean de Nouillompont (30 ans), de l'écuyer Bertrand de Poulengy (36 ans), et de leurs « servants » respectifs (le messager royal Colet de Vienne, Richard l'Archier, Jean Dieulewaard et Jean de Honnecourt) venait chercher Jeanne chez les Le Royer, où elle demeurait à

Vaucouleurs. A ces premiers compagnons de Jeanne s'était joint Jean d'Arc, l'un des deux frères de la Pucelle. Après quelques adieux, sans doute émus, à Catherine Le Royer et à son époux, Jeanne, qui avait revêtu pour la première fois ses habits d'homme (une tunique, des chausses, des guêtres et des éperons), donna le signal du départ. Bien entendu, lors du procès de Condamnation, dans son réquisitoire (article XI), le promoteur fait une peinture tonitruante du départ de la Pucelle, qui aurait été équipée de pied en cap par le capitaine de Baudricourt avec lequel, prétend-il, elle était *« en familiarité »* :

> «Jeanne, rejetant et abandonnant tout habit féminin, les cheveux tondus en rond à la façon des jeunes gens, revêtit une chemise, des braies [*des hauts-de-chausses*], un pourpoint avec des chausses joignant ensemble, longues et liées au pourpoint par vingt aiguillettes, des souliers hauts lacés en dehors, une courte robe jusqu'au genou ou environ, un chaperon découpé, des bottes ou housseaux serrés, de longs éperons, une épée, une dague, un haubert, une lance et d'autres armements dont elle s'équipa à la manière des hommes d'armes [...].» (*Condamn.*, II, p. 172, *sq.*)

Modestement ou superbement habillée en homme – peu importe – Jeanne enfourcha son cheval (était-ce celui que lui avait donné le duc de Lorraine ou la monture pour laquelle les gens de Vaucouleurs s'étaient cotisés, on ne le sait), et la petite troupe se dirigea vers les portes de la ville, accompagnée – si l'on en croit le réquisitoire du promoteur – par Baudricourt, qui lui aurait dit alors : *« Va, va, et advienne que pourra ! »* Ce sur quoi Jeanne et ses compagnons s'enfoncèrent dans la froide obscurité de la nuit lorraine, en direction du Sud-Ouest.

*
* *

Poulengy et Nouillompont avaient décidé de voyager de nuit, pour éviter les attaques des bandes armées ou des Bourguignons ; bien qu'ils n'eussent jamais eu l'occasion de partir pour la France, ils savaient que, pour arriver à Chinon, ils auraient à traverser six rivières et un fleuve importants : la Marne, l'Aube, l'Yonne, le Loing, la Loire, le Cher, l'Indre (Chinon se trouve sur la Vienne).

L'itinéraire suivi par Jeanne et ses compagnons, ne nous est connu que par deux indications. L'une nous est fournie par

Jeanne elle-même lors du procès de Condamnation (audience du 22 février). Elle déclara ce jour-là à ses juges qu'une première étape la conduisit à l'abbaye bénédictine de Saint-Urbain (en Haute-Marne, à une cinquantaine de kilomètres de Vaucouleurs, près de Sancourt), où, leur dit-elle, *« elle coucha en l'abbaye »* (sans doute grâce à la recommandation de Baudricourt, car l'abbé de Saint-Urbain était un vague cousin de la mère du capitaine de Vaucouleurs). Le lendemain, la Marne fut franchie (sans doute au pont de Joinville), puis la petite troupe se dirigea vers Auxerre. Voici la déclaration de Jeanne :

> « [...] elle alla jusqu'à la ville de Saint-Urbain et là elle passa la nuit dans l'abbaye.
>
> Item elle dit que dans ce voyage elle passa par la ville d'Auxerre et là entendit la messe dans la grande église [*la cathédrale gothique d'Auxerre*] ; et elle avait alors fréquemment ses voix [...]. » (*Condamn.*, II, p. 53.)

L'autre indication nous vient de Dunois, qui nous apprend, dans sa déposition, qu'elle est passée à Gien ; il déclare en effet que :

> « Quand il [*Dunois*] était dans la cité d'Orléans alors assiégée par les Anglais, des nouvelles et des rumeurs parvinrent [...] suivant lesquelles une certaine jeune fille, qu'on appelait communément la Pucelle, venait de passer par Gien et prétendait aller vers le noble dauphin, afin de faire lever le siège d'Orléans et de conduire le dauphin à Reims [...]. » (*Null.*, IV, p. 2.)

Ainsi Saint-Urbain, Auxerre et Gien sont les seules étapes-jalons que nous fournissent les sources. Toutes les reconstitutions de l'itinéraire qui conduisit la Pucelle de Saint-Urbain à Auxerre, puis d'Auxerre à Gien relèvent de la seule imagination de leurs auteurs, en contemplation devant une carte de géographie : elles ne reposent sur aucune déclaration de Jeanne, sur aucun témoignage. En particulier, les étapes signalées par Mme Régine Pernoud (Clairvaux, Pothières, Mézilles) sont des étapes possibles, mais qui ne figurent pas dans les sources à notre connaissance.

Cela dit, comment se fit le voyage de cette jeune fille en compagnie de son frère et de ces six hommes ? Il dura onze jours (le jour du départ étant compris), au cours desquels il se créa inévitablement, entre Jeanne et ses compagnons, des relations amicales et affectives : comment ces hommes de 30 ans vécurent-ils cette promiscuité avec une jeune fille de 17 ans, fraîche et joyeuse, et dont la volonté ne pouvait que forcer l'admiration ? Certes,

Jeanne avait proclamé à plusieurs reprises, quand elle était à Vaucouleurs, qu'elle avait choisi de rester vierge par ordre de Dieu, ou de ses voix, choix que ses premiers partisans respectaient ; mais elle n'en était pas bégueule pour autant, comme le montre cette anecdote reprise par le promoteur dans son réquisitoire (article XI) :

> « Jeanne, ayant familiarité avec ledit Robert de Baudricourt, lui a dit en se vantant qu'une fois expédié et accompli ce qui par révélation de par Dieu lui avait été commandé, elle aurait trois enfants, dont le premier serait pape, le second empereur et le troisième roi. Ce capitaine, entendant cela, lui dit : "Je voudrais donc bien t'en faire un, puisque ce seront des hommes d'une telle autorité qu'ensuite j'aurais plus de valeur." Elle lui répondit : "Noble Robert, non, non, il n'est pas temps ; le Saint-Esprit y travaillera." » (*Condamn.*, II, p. 171.)

Ni Nouillompont, ni Poulengy ne se permirent cependant pareille familiarité avec Jeanne ; leurs dépositions lors du procès en Nullité sur leur voyage sont identiques. Voici celle de Jean de Metz (Nouillompont) :

> « En partant de la ville de Vaucouleurs pour se rendre près du roi, ils allaient parfois de nuit, par crainte des Anglais et des Bourguignons se trouvant aux alentours de leur trajet ; et ils demeurèrent pendant onze jours, à chevaucher jusqu'à cette ville de Chinon [*le jour du départ étant inclus*] ; et en cheminant avec elle, le témoin lui demandait si elle ferait ce qu'elle disait ; elle lui répondait de n'avoir crainte, qu'elle avait reçu mission d'agir ainsi, que ses frères du paradis lui disaient ce qu'elle avait à faire, et que, depuis quatre ou cinq ans déjà ses frères du paradis et son Seigneur, c'est-à-dire Dieu, lui avaient dit qu'il fallait partir à la guerre pour recouvrer le royaume de France. [*Le témoin*] déclara en outre que pendant ce voyage lui, témoin, et Bertrand couchaient chaque nuit ensemble avec elle ; mais cette Pucelle couchait près du témoin avec son pourpoint et ses chausses enfilées ; le témoin la craignait tellement qu'il n'aurait pas osé la solliciter, et par serment déclara qu'il n'eut jamais de désir ni de mouvement charnel. Pendant le trajet, elle aimait entendre la messe [...]. » (*Null.*, III, p. 278.)

Le récit de Poulengy est strictement le même que celui de Jean de Metz, avec quelques petites variantes, à croire qu'ils ont été dictés. Poulengy l'agrémente toutefois d'un détail personnel : il était jeune alors, dit-il, mais lorsqu'il dormait avec elle, il n'éprouvait aucun désir charnel :

« [...] Chaque nuit elle était couchée avec lesdits Jean de Metz et le témoin, elle était cependant revêtue de son surcot et de ses chausses lacées et fixées ; cependant il n'avait pas le désir ni quelque envie charnelle de connaître une femme, et il n'aurait pas osé solliciter ladite Jeanne, à cause de la bonté qu'il voyait en elle. Ajouta ledit témoin qu'ils restèrent onze jours en voyage pour aller jusqu'au roi, alors dauphin, et en route ils eurent beaucoup d'inquiétudes, mais Jeanne toujours leur disait de ne rien craindre, car, une fois arrivés dans la ville de Chinon, le noble dauphin leur ferait bon visage [...]. » (*Null.*, p. 293, *sq.*)

*
* *

Le 21 février 1429, Jeanne et son escorte arrivaient à Fierbois, un petit bourg doté d'un sanctuaire et d'un hospice. Le sanctuaire était sous la protection de sainte Catherine, et il recevait, tout au long de l'année, de nombreux pèlerins. La sainte avait la réputation d'y accomplir des miracles : les gens de guerre y venaient, dans l'espoir de voir guérir leurs blessures et les prisonniers qui avaient recouvré leur liberté venaient y déposer leurs harnois. Cette sainte, protectrice des guerriers, était aussi une des « saintes » dont les voix inspiraient Jeanne, et, comme la Pucelle ne pouvait être reçue par le dauphin inopinément et qu'il lui fallait en quelque sorte s'annoncer ou se faire annoncer, et attendre d'être appelée, Fierbois était le lieu le mieux adapté à cette attente.

Là, Jeanne entendit trois messes le même jour, puis elle écrivit au dauphin pour lui annoncer qu'elle venait à son aide ; c'est du moins ce qu'elle déclare à ses juges, à l'audience du mardi 27 février (quatrième audience publique) :

« Interrogée si elle fut à Sainte-Catherine-de-Fierbois : Elle répondit que oui et elle y entendit trois messes en un jour ; et ensuite elle alla à Chinon. Item elle dit qu'elle envoya des lettres à son roi dans lesquelles il était indiqué qu'elle les envoyait pour savoir si elle entrerait dans la ville où était sondit roi et qu'elle avait bien parcouru cent cinquante lieues pour venir vers lui, à son aide et qu'elle savait beaucoup de bonnes choses pour lui. Et il semble que dans les mêmes lettres il était indiqué qu'elle reconnaîtrait bien sondit roi entre tous les autres [...]. » (*Condamn.*, II, p. 75.)

Comment une telle lettre fut-elle accueillie à Chinon ? Nous le savons par la déposition d'un témoin au procès de Nullité, le sire

Simon Charles, président de la Chambre des comptes du roi, interrogé en 1456. Ce personnage dépose par ouï-dire, car, à l'époque où Jeanne vint à Chinon, il était en ambassade à Venise, et il ne rentra qu'au début du mois de mars. Voici sa déposition, qui est très explicite :

> « [...] On délibéra en Conseil si le roi entendrait Jeanne ou non. On lui demanda d'abord pourquoi elle était venue et ce qu'elle voulait. Bien qu'elle ne voulût rien dire si elle ne parlait au roi, elle fut cependant forcée, de par le roi, de dire le motif de sa mission ; elle dit qu'elle avait deux mandats de la part du Roi des cieux, à savoir l'un pour faire lever le siège d'Orléans, l'autre pour conduire le roi à Reims en vue de son couronnement et de son sacre. Ayant entendu cela, les uns parmi les conseillers du roi disaient que le roi ne devait avoir aucune confiance en cette Jeanne ; et les autres, puisqu'elle se déclarait envoyée par Dieu et qu'elle avait certaines choses à dire au roi, disaient que le roi devait au moins l'entendre. Cependant le roi décida qu'elle serait d'abord examinée par des clercs et des personnages de l'Église ; ce qui fut fait. Enfin, et non sans difficulté, il fut décidé que le roi l'entendrait. Lorsqu'elle entra au château de Chinon pour venir devant le roi, celui-ci hésitait encore, suivant l'avis des grands de sa cour, à s'entretenir avec elle ; mais alors on annonça au roi que Robert de Baudricourt lui avait écrit, qu'il envoyait cette femme, et que celle-ci avait passé par les territoires de ses ennemis, qu'elle avait traversé à des gués beaucoup de rivières, presque miraculeusement, pour arriver jusqu'au roi. Pour cette raison le roi fut poussé à l'entendre et donna audience à Jeanne. » (*Null.*, IV, p. 81, *sq.*)

Jeanne d'Arc allait entrer dans l'histoire... pour quatorze mois.

4

LA MISE À L'ÉPREUVE
(23 février-28 mars 1429)

Notre intention première est de décrire la geste de la Pucelle en dehors de toute considération surnaturelle et, ce faisant, de montrer : 1° que sa conduite et ses actes ont été exceptionnels, et même surprenants de la part d'une jeune villageoise qui ne savait même pas lire et écrire et qui ignorait tout des jeux politiques et de la guerre ; 2° que cette geste, qui n'a duré que quatorze mois, n'a eu à peu près aucune conséquence décisive quant à l'évolution des deux conflits imbriqués qui déchiraient le royaume de France : la guerre féodale franco-anglaise entre les suzerains Valois et leurs vassaux Lancastres et la guerre féodale franco-française entre les princes Valois et les princes bourguignons. Notre intention seconde est de comprendre la personnalité de Jeanne et la source de l'extraordinaire énergie psychique dont elle fit preuve, aussi bien pendant les quatorze mois que dura son action que durant les quatre mois de la torture morale à laquelle elle fut soumise lors de son procès, dont, soit dit en passant, la responsabilité principale incombe à l'Université de Paris et à l'Église, bien plus qu'aux Anglais.

Ce chapitre analyse les deux premiers actes de la geste johannique, au cours desquels, en deux semaines, la Pucelle parvint à convaincre le dauphin à Chinon et à se faire reconnaître « institutionnellement » à Poitiers par les clercs et les juristes.

LA MORT DE CHARLES VI ET SES CONSÉQUENCES

Les guerres se gagnent par l'enthousiasme, le sang et la souffrance des combattants, par la science ou la chance de leurs chefs, par la clairvoyance et par l'habileté des politiques. Or où en est-on, sur tous ces points, en 1429, en ce qui concerne la guerre entre les Lancastres et les Valois (qui est non pas, rappelons-le, une guerre entre le peuple anglais et le peuple français, mais une guerre entre les partisans respectifs de ces deux dynasties) ?

Sur le plan militaire, les hostilités, qui s'étaient apaisées depuis la paix de Brétigny (1360), ont repris de plus belle à l'avènement de Henry V sur le trône d'Angleterre en 1413. L'armée du roi dément (Charles VI) a été écrasée à Azincourt (1415), Henry V a fait alliance avec le duc de Bourgogne, dont les États s'étendent maintenant de la Bourgogne et du Nivernais à la Flandre, interrompus seulement par ceux des comtes de Champagne (voir carte n° 4, p. 452) et il a reconquis la Normandie (1417-1419) ; quant au dauphin (le futur Charles VII), il a fait la guerre à son tour et il a subi deux défaites désastreuses à Cravant (1423) et à Verneuil (1424). Entre temps, la vendetta qui opposait la Maison d'Orléans (le parti des Armagnacs) à la Maison de Bourgogne a resserré les liens de cette dernière avec le roi d'Angleterre, d'autant que les deux principaux acteurs du drame franco-anglais, Henry V puis Charles VI, sont morts à quelques semaines d'intervalle, le premier au mois d'août et le second au mois d'octobre 1422.

Qui va être le roi de cette France déchirée ?

Selon le traité conclu à Troyes en 1420, le futur roi de France, ce doit être Henry VI de Lancastre, alors âgé de dix mois, successeur de son père Henry V, et dont la mère, Catherine de France, est d'ailleurs la fille de Charles VI : la couronne va donc rester en partie dans la famille des Valois. Mais, selon la loi salique, appliquée en France depuis la mort de Louis X le Hutin (voir ci-dessus, p. 25), qui écarte les femmes de la succession à la couronne, le roi de France doit être le plus proche parent mâle du roi défunt, à savoir Charles, l'unique des trois fils de Charles VI à être encore en vie (il est né en 1403) et qui portait alors le titre de comte de Ponthieu ; c'est lui le dauphin légitime, qui devra régner, une fois sacré à Reims, sous le nom de Charles VII. Lui aussi est un Valois, mais par les hommes, et non par les femmes comme son neveu Henry VI, qui vient de naître ; Charles, celui que Jeanne appelle « le gentil dauphin », a 19 ans à la mort de son père.

La suite de l'histoire du royaume de France est alors entre les mains du régent d'Angleterre, le duc de Bedford, frère du roi Henry V. Agé de 33 ans, il a, évidemment, toute l'expérience et toute l'énergie nécessaire pour mener à bien le grand projet des

Lancastres : réunir sur une même tête la couronne de France et celle d'Angleterre. Il a aussi l'avantage de tenir la plus grande partie du Nord de la France, y compris Paris, où Charles VI le Fou vient de mourir silencieusement [1], le 21 octobre 1422, après 42 ans de règne, dont les trente dernières années ont été gérées par un Conseil de régence, pris en main par la reine, la volage et incapable reine Isabeau de Bavière, et composée de celle-ci et des trois frères du roi.

Les funérailles du roi eurent lieu le 15 novembre 1422, à Saint-Denis, où étaient traditionnellement inhumés les rois de France. Voici comment les décrit, triste et désabusé, le Bourgeois de Paris dans son *Journal* :

> « Ce jour-là il n'y eut, pour l'accompagner nul prince du sang de la Maison de France quand il fut porté à Notre-Dame de Paris puis en terre, ni nul autre seigneur qu'un duc d'Angleterre nommé duc de Bedford, frère de feu le roi Henry d'Angleterre, ainsi que son peuple et ses serviteurs, qui moult faisaient grand deuil pour leur perte, et spécialement le menu peuple de Paris qui criait quand on le portait parmi les rues : "Ah ! très cher prince, jamais plus nous n'aurons si bon prince, jamais plus nous ne te verrons. Maudite soit la mort ! Désormais nous n'aurons plus que guerre, puisque tu nous as laissés. Tu vas en repos, nous demeurons au sein de toutes les tribulations et de notre douleur, car nous sommes sur la voie d'être comparables aux enfants d'Israël, quand ils furent menés en captivité à Babylone [...]."
>
> Tout devant allaient les mendiants, l'Université ; puis les collègues des églises de Paris ; puis celui de Notre-Dame de Paris et les gens du Palais royal. Et tout le peuple qui était dans les rues et aux fenêtres pleurait et criait, comme si chacun avait vu mourir l'être qu'il chérissait le plus. Et là venaient sept crosses, à savoir l'évêque de Paris, celui de Beauvais et celui de Thérouanne, l'abbé de Saint-Denis, celui de Saint-Germain-des-Prés, celui de Saint-Magloire, celui de Saint-Crépin et Saint-Crépinien, les prêtres et les clercs tous en rang, les seigneurs de Paris, comme le prévôt, le chancelier et les autres ; et devant il y avait 250 torches que les pauvres serviteurs portaient, tous vêtus de noir [...]. » *(Journal d'un Bourgeois de Paris*, 362 *sqq.)*

Une fois le cercueil du roi mis en terre à Saint-Denis, où le suivirent, nous dit le Bourgeois, plus de 18 000 personnes, et après qu'eurent été dites les prières des morts, un héraut proclama la mort du roi et l'avènement de son successeur (Henry VI,

1. Dans l'Hôtel Saint-Pol (voir ci-dessus, p. 97) et non pas au Louvre.

en vertu du traité de Troyes), dont le duc de Bedford s'autodésigna sur-le-champ comme régent.

> « Un héraut cria hautement que chacun priât pour son âme, et que Dieu voulût sauver et garder le duc Henri de Lancastre, roi de France et d'Angleterre [*Henry VI*] ; et en criant ce cri, tous les serviteurs du roi trépassé tournèrent dessus dessous leurs masses, leurs verges et leurs épées, marquant ainsi qu'ils n'étaient plus officiers du roi défunt [*jusqu'à ce que son successeur les renomme ou en choisisse d'autres*]. Item, le duc de Bedford, au retour de Saint-Denis, fit porter l'épée du roi de France devant lui, comme régent, ce qui donna à murmurer au peuple. » (*ibid.*, pp. 369-370.)

Ce peuple impuissant, qui ne pouvait que murmurer lorsque ses gouvernants violaient les lois et les coutumes auxquelles il était attaché depuis la nuit des temps, qui aimait son roi comme un fils aime son père malgré sa sévérité, sa vieillesse ou sa maladie, pleurait un monarque qui ne gouvernait pratiquement plus la France depuis vingt années au moins, sinon symboliquement et par l'entremise du Conseil de régence !

*
* *

Le dauphin légitime, selon la loi fondamentale du royaume de France, Charles, comte de Ponthieu, qui avait reçu, en 1417, le Poitou et le Berry en apanages, laissa réagir ses conseillers (l'Angevin Robert le Maçon, Jean Louvet, Tanguy du Châtel, Renaud de Chartres, archevêque de Reims et quelques autres) à la proclamation de Bedford ; ceux-ci créèrent immédiatement un gouvernement provisoire à Bourges (plus tard ils institueront de même un Parlement à Poitiers) et ils établirent le projet de s'assurer des positions solides sur la Loire. Le comte de Foix, la noblesse d'Auvergne, la ville de Lyon manifestent alors spontanément leur fidélité au dauphin et à la Maison des Valois, et encouragé par son Conseil, le futur Charles VII envisage la reconquête militaire immédiate de son royaume, entreprise dans laquelle, trop jeune et inexpérimenté, il échoue après les défaites désastreuses de Cravant et de Verneuil, comme on l'a dit plus haut.

C'est à cette époque (1422-1423) que commence à s'affirmer l'influence de Yolande d'Aragon, dont la fille, Marie d'Anjou, épouse le dauphin Charles l'année même de la mort du roi Charles VI. Puis, de Bourges, la Cour ira s'installer à Chinon, les conseillers du dauphin seront disgraciés et d'autres figures apparaîtront dans son entourage, comme Arthur de Richemont, futur duc de Bretagne, qui devient son connétable en 1424.

Au cours des trois années qui suivent, tandis que Bedford, régent des deux royaumes en vertu du traité de Troyes, s'évertue à pacifier l'Angleterre et à gérer les conséquences successorales de ce traité sur le sol français, à Chinon, la situation politique va évoluer.

Plus habile qu'il ne le paraît, profitant de l'éloignement momentané de Bedford, le dauphin pratique une « politique des petits pas » en vue de se rapprocher du duc de Bourgogne. En 1424, on voit apparaître en effet dans son entourage le sire Georges de La Trémoille (1382-1446), un des plus riches seigneurs de France, qui possédait en Artois, en Bourgogne, en Champagne, en Auvergne, en Touraine et au Poitou des terres et des domaines considérables (il s'était aussi spécialisé, à un certain moment de sa vie, dans le rançonnage des riches voyageurs qui traversaient ses territoires !). Et la Cour de Chinon, intriguée, voit alors cet ancien combattant d'Azincourt, dont le frère, Jean, était au service du duc de Bourgogne, faire de nombreux voyages diplomatiques entre le Berry et Dijon.

A cette époque le dauphin avait comme favori et compagnon de débauches un personnages douteux, le sire de Giac, qui avait trempé, avec son épouse (Jeanne de Naillac, l'une des demoiselles d'honneur de la reine Isabeau de Bavière), dans le guet-apens de Montereau dont Jean sans Peur avait été la victime en 1419 et le dauphin l'instigateur (voir ci-dessus, p. 43). La Trémoille avait eu une querelle avec Giac, le connétable de Richemont aussi, et les deux hommes lui réglèrent son compte à la manière des *maffiosi* modernes : au mois de janvier 1427, Giac fut enlevé, ficelé dans un sac et noyé. La disparition de ce témoin gênant arrangeait les affaires du dauphin, qui avait été, on l'a vu, le promoteur ou du moins le bénéficiaire de l'assassinat de Jean sans Peur, et dont l'intérêt politique était maintenant de se rapprocher de Philippe le Bon, le fils de sa victime. *Exit* donc le sire de Giac, et La Trémoille est promu grand chambellan de France, lieutenant-général du roi en Bourgogne et couvert d'honneurs. L'année suivante (1428), Bedford a repris la conquête militaire du territoire français qui revient de droit, selon le droit féodal, au petit Henry VI. Il a fait alliance avec le duc de Bourgogne et marche vers la Loire et le

Berry : la France des Lancastres (capitale : Paris) et la France des Valois de Bourgogne (capitale : Dijon) vont tenter de s'emparer de la France des Valois d'Orléans (en gros, la moitié méridionale du royaume, Guyenne exceptée, avec Bourges comme capitale). Pendant ce temps, La Trémoille est devenu le chef du gouvernement du dauphin, qu'il pousse à s'entendre avec Philippe le Bon. C'est à ce moment, en octobre 1428, que Bedford, qui n'est plus préoccupé par la situation en Angleterre et qui craint que cette entente n'aboutisse, décide de frapper un grand coup et de partir immédiatement à la conquête de la France valoisienne.

L'aventure de Jeanne d'Arc est sur le point de commencer, mais dans de très mauvaises conditions. La Pucelle arrive à Chinon plus ou moins appelée ou souhaitée par le « parti de la guerre », celui de Yolande d'Aragon, qui risque de perdre ses territoires du Maine et de l'Anjou, celui de quelques grands seigneurs comme le duc d'Alençon, pour qui la fidélité féodale à la dynastie passait avant la politique, et, pourquoi pas, celui du peuple naïf qui considère son roi comme le représentant de Dieu sur la terre ; mais son enthousiasme mystique, qui n'est autre que la forme exacerbée du sentiment populaire, va se heurter aux menées plus réfléchies des tenants du « parti de la paix », favorables à une stratégie diplomatique qui aboutirait à une alliance franco-bourguignogne et à l'élimination, *ipso facto*, de la présence anglaise sur le continent : c'est la stratégie de La Trémoille, qui pense en ministre responsable des deniers de l'État (qui se confondent d'ailleurs, peu ou prou, avec les siens) ; c'est la stratégie du dauphin, qui espère, plus que tout autre, que le traité de Troyes sera annulé et que sa légitimité sera reconnue ; celle aussi de l'Église, qui considère le traité de Troyes comme un sacrilège et Jeanne comme une fauteuse de troubles théologiques ; celle enfin des chefs militaires, qui, tel Dunois, ont la tête sur les épaules et se méfient des hasards de la guerre ; c'était peut-être aussi des marchands : mais en ce temps-là, ils n'avaient pas la parole.

LE SECRET DU DAUPHIN

La plupart des auteurs traditionnels (notamment les traducteurs du procès de Condamnation – Quicherat, Pierre Champion et Pierre Tisset –, suivis par les historiens) proposent comme date de l'arrivée de Jeanne à Chinon le 6 mars 1429. Pierre Duparc, dernier traducteur du procès en Nullité (voir notre *Avertissement*), se fondant sur les témoignages de Bertrand de Poulengy et de Jean de Nouillompont (alias Jean de Metz) refuse cette date, à juste titre. Les témoins affirment qu'ils sont partis de Vaucouleurs le « dimanche des Bures » (voir ci-dessus, p. 120), c'est-à-dire le 13 février 1429, et Bertrand de Poulengy précise dans sa déposition (citée plus haut, p. 124) qu'ils *« restèrent onze jours en voyage pour aller jusqu'au roi, alors dauphin »*. Il n'y a plus qu'à compter les jours en incluant le jour du départ (le dimanche 13) : l'arrivée de la Pucelle à Chinon eut donc lieu non pas le 6 mars, mais le 23 février, après deux jours passés à attendre à Fierbois la réponse du roi à la demande d'audience que lui avait envoyée Jeanne (voir ci-dessus, p. 124).

Chinon. Un château sur une colline dominant la Vienne, avec une petite ville autour, cernée de murailles. Dans ce château la Cour d'un roi sans couronne qui aurait dû s'appeler Charles VII à la mort de son père, Charles VI le roi fou, sept ans plus tôt, en 1422 ; mais le traité de Troyes l'a dépossédé de ses droits de dauphin de France en 1420, au profit du roi d'Angleterre Henry VI, qui est encore mineur. Il a 26 ans et les mauvaises langues le traitent de bâtard (ce qui n'était d'ailleurs pas invraisemblable, étant donné les mœurs de sa mère, Isabeau de Bavière, l'épouse du roi dément). Les seigneurs, les évêques et les villes du Nord de la Loire ont reconnu comme roi de France le roi anglais, qui avait un an à la mort de Charles VI, et Charles n'est que le dérisoire « roi de Bourges » ; mais ses partisans sont les princes de la Maison d'Anjou, qui descendent, comme lui, de Jean le Bon, et l'ensemble hétéroclite des « Armagnacs » dont nous avons parlé plus haut (voir p. 40).

Cependant, ce qui a peut-être fait la force de celui qu'on appelle (illégitimement au vu des traités franco-anglais, mais légitimement, eu égard aux lois fondamentales du royaume de France) le « dauphin » Charles, c'est d'avoir eu pour belle-mère une maîtresse femme, Yolande d'Aragon, fille du roi d'Aragon, reine de Sicile et épouse de Louis II d'Anjou, la racine de la troisième Maison d'Anjou (voir ci-dessus, p. 114). A cette Maison appartenaient, par le biais des successions et des mariages – et non pas par celui des conquêtes – l'Anjou, le Maine, la Provence, le comté de Guise, le duché de Bar, le duché de Lorraine, la

Calabre et le royaume de Naples. Vers 1418, au moment où la querelle des Armagnacs et des Bourguignons entre dans sa phase la plus aiguë, Yolande régente *de facto* les éminences grises du roi, fait et défait les favoris, surveille ses favorites ; et, lorsque la guerre anglaise menace les territoires angevins, elle va utiliser tous les moyens et toutes les ruses pour secouer l'apathie du dauphin et redresser la situation. Il n'est pas impossible que lorsqu'elle a vent (sans doute par son fils, René d'Anjou et duc de Bar) du mouvement d'opinion qui se dessine autour de la Pucelle, dans le Barrois, elle pense opportun de le récupérer à Chinon.

Jeanne arrive à Chinon le mercredi 23 février ; nous connaissons son heure d'arrivée dans cette ville par la déclaration qu'elle fit à ses juges lors de son procès (audience du jeudi 22 février 1431) :

> « Elle y arriva environ midi et se logea dans une hôtellerie et, après dîner [*à l'époque, le mot signifie "déjeuner"*], elle alla vers celui qu'elle dit son roi, qui était au château. » (*Condamn.*, II, p. 56.)

Ce qui se passa ce jour-là sur les bords de la Vienne nous a été minutieusement et clairement rapporté par un des témoins au procès en Nullité, sire Simon Charles (témoin n° 112), président de la Chambre des comptes du roi. Lors de l'arrivée de Jeanne à Chinon, il était en ambassade à Venise, et il ne revint en France qu'au mois de mars, au moment où Jeanne était à Chinon ; les informations qu'il donne dans sa déposition lui ont été fournies par son ami Jean de Metz.

On vint donc chercher Jeanne à l'hôtellerie où elle avait pris son repas, on l'interrogea comme le dit le conseiller Charles (on ignore si ce fut à l'hôtellerie ou au château) et, « non sans difficultés » (toujours selon Simon Charles), il fut décidé qu'elle serait menée au château et que le roi – qui hésitait encore – l'entendrait. C'est ainsi qu'eut lieu, ce 23 février 1429 (et non pas le 6 mars comme le dit la chronologie traditionnelle, qui est erronée selon Duparc), la première audience de Jeanne la Pucelle par le roi de Bourges. Voici le récit qu'en fit Jeanne à ses juges, à Rouen, deux ans plus tard :

> « Item elle dit que, quand elle entra dans la chambre [*la minute latine dit "camera", ce qui signifie plus rigoureusement "plafond voûté" ou "salle voûtée", autrement dit une vaste salle*

> *de réception*] de son roi, elle le reconnut parmi les autres, par le conseil de sa voix qui le lui révéla. Et elle a dit à son roi qu'elle voulait aller faire la guerre contre les Anglais.
>
> Interrogée si, à la fois où la voix lui montra son roi, il y avait quelque lumière dans le lieu susdit [*allusion à la déclaration faite par Jeanne au début de cette même déposition, qu'une "clarté" se manifestait lorsqu'elle entendit sa voix pour la première fois, dans le jardin de son père, cf. ci-dessus, p. 96*] :
>
> Elle répondit : "Passez outre." [*c'était la formule qu'elle utilisait quand elle ne voulait pas répondre à ses juges*].
>
> Interrogée si elle ne vit pas quelque ange au-dessus de son roi :
>
> Elle répondit : "Épargnez-moi, passez outre." Elle a dit qu'avant que son roi la mît à l'œuvre, il eut de nombreuses apparitions et de belles révélations. » (*Condamn.*, II, p. 56.)

Le conseiller Simon Charles décrit ainsi, de son côté (et selon les dires de Jean de Metz, qui y assistait) la manière dont débuta l'entrevue :

> « Lorsque le roi sut qu'elle venait, il se tira à part, en s'écartant des autres ; mais Jeanne le reconnut bien et lui fit sa révérence ; elle s'entretint avec lui pendant un long espace de temps. Après l'avoir entendue, le roi paraissait joyeux. Ensuite le roi, ne voulant rien faire sans l'avis des ecclésiastiques, envoya Jeanne en la ville de Poitiers, pour qu'elle y fût examinée par les clercs de l'Université. » (*Null.*, IV, p. 82.)

L'entretien avait été bref, mais chaleureux, si l'on fait confiance au témoignage du frère Jean Pasquerel, de l'ordre des frères ermites de saint Augustin au couvent de Bayeux (témoin n° 110 dans le procès en Nullité), le confesseur et le chapelain attitré de Jeanne. Celle-ci lui aurait raconté sa première entrevue avec le dauphin, qu'il décrit de la sorte, *« pour l'avoir entendu,* dit-il, *de la bouche de Jeanne »* (sans y avoir assisté) :

> « Le sire comte de Vendôme conduisit Jeanne auprès du roi et le fit entrer dans la chambre [*la salle voûtée*] royale. Lorsqu'il la vit, le roi demanda à Jeanne son nom ; elle répondit : "Gentil dauphin, j'ai nom Jehanne la Pucelle ; et le Roy des cieux vous mande par moi que vous serez sacré et couronné dans la ville de Reims, et vous serez le lieutenant du Roi des cieux, qui est roi de la France." Après plusieurs questions posées par le roi, Jeanne dit à nouveau : "Moi je te dis, de la part de Messire, que tu es vrai héritier de France et fils du roi ; et il m'envoie pour te conduire à Reims où tu recevras la couronne et le sacre, si tu veux." L'ayant entendue, le roi déclara aux assistants que Jeanne

lui avait dit certains secrets, que personne ne connaissait ou ne pouvait savoir, si ce n'est Dieu ; aussi avait-il grande confiance en elle. » (*Null.*, IV, p. 72.)

Comme on le voit, nous sommes loin des récits romanesques qui traînent dans tous les manuels d'histoire à destination des écoles primaires ou sous la plume d'académiciens qui sont plus des romanciers que des historiens, témoin l'honorable Gabriel Hanotaux, dans un fameux *Jeanne d'Arc*, paru en 1911 :

> « C'était le soir [*faux : c'était l'après-midi, ce qui est moins mystérieux pour un romancier*]. Des torches éclairaient la grande salle du château remplie de courtisans et de soldats [*vraisemblable, mais quelle source nous le dit ? aucune*]. Charles VII se dissimulait parmi ses familiers [*faux ; Simon Charles précise : "il s'était écarté des autres"*] : il la mettait ainsi à l'épreuve [*inventé : aucune source ne le dit, sinon un chroniqueur peu fiable, du nom de Jean Chartier*]. Mais elle ne se laissa ni intimider, ni surprendre. Elle s'adressa directement à Charles VII et lui dit : "Messire, Dieu vous donne longue vie !" [*Encore inventé ; ce genre de discours est admissible chez Alexandre Dumas, mais non pas sous la plume d'un historien. De même, la suite des propos prêtés à Jeanne est vraisemblable, mais aucune source ne les rapporte*]. » (Gabriel Hanoteaux, *Jeanne d'Arc*, Hachette et Cie, 1911, p. 13.)

De fait, lors du procès de Condamnation, Jeanne parla bien d'un « signe » *(signum)* qu'elle aurait donné au dauphin comme preuve de sa mission. Pressée par ses juges de le décrire, elle refusa par deux fois (lors des audiences du 22 et du 27 février 1431 : à la première, elle refusa de répondre ; à la seconde elle déclara n'avoir rien vu). Puis, au cours de l'audience du 10 mars, et sans doute pour se débarrasser de ses juges, elle répondit que ce signe était *« bon et honorable et bien croyable et bon et le plus riche qui soit au monde*[1] » ; enfin, à l'audience du 13 mars, interrogée à nouveau, elle se lança dans une description allégorique grandiose (quatre pages imprimées dans la traduction de Tisset que nous suivons ici) de sa vision, ce qui était une manière, pour elle, de céder aux instances de ses juges et de ne pas être parjure, puisqu'elle prétendait avoir juré à sainte Catherine de ne pas révéler ce signe :

1. *Condamn.*, II, p. 107

« Interrogée si elle avait juré et promis à sainte Catherine de ne pas révéler ce signe :

Elle répondit : "J'ai promis et juré de ne pas révéler ce signe, et cela de moi-même, parce qu'on me pressait trop de le dire." Et elle-même promit alors qu'elle n'en parlerait plus à quiconque. Item elle dit que ce signe fut que l'ange certifiait cela à son roi [*le dauphin Charles*], en lui apportant la couronne et en lui disant qu'il aurait tout le royaume de France entièrement avec l'aide de Dieu et moyennant le labeur de Jeanne et qu'il mît Jeanne à l'œuvre, à savoir qu'il lui donnât des gens d'armes, autrement il ne serait pas si tôt couronné et consacré. [...].

Interrogée : de quelle matière ladite couronne était-elle ?

Elle répondit qu'il est bon à savoir qu'elle était d'or fin ; et c'était une couronne si riche et si opulente qu'elle ne saurait dénombrer ou apprécier les richesses qui se trouvent en elle ; et cette couronne signifiait que son roi tiendrait le royaume de France. [...]

Interrogée : sur le lieu où l'ange lui apparut, à elle, Jeanne :

Elle répondit : "J'étais presque toujours en prière afin que Dieu envoyât le signe du roi et j'étais dans mon logis, dans la maison d'une bonne femme près du château de Chinon, quand l'ange vint ; et puis l'ange et moi nous allâmes ensemble au roi ; et l'ange était bien accompagné d'autres anges qui étaient avec lui, que chacun ne voyait pas."

[...]

Interrogée si tous les anges qui accompagnaient l'ange susdit étaient d'une même figure :

Elle répondit que certains d'entre eux s'entre-ressemblaient bien, et les autres non, dans la manière dont elle les voyait ; et certains d'eux avaient des ailes, certains aussi étaient couronnés ; et il y avait dans la compagnie, saintes Catherine et Marguerite qui furent avec ledit ange et les autres anges aussi jusque dans la chambre de son roi. » (*Condamn.*, II, p. 121, *sqq.*)

Cela, c'est ce que Jeanne répondit aux juges de Rouen qui l'interrogeaient, et cette réponse semble suspecte : mise en présence de casuistes qui l'interrogent sur les anges, Jeanne répond n'importe quoi (elle ajoute même, à la fin de sa déclaration, qu'elle fut « courroucée » lorsque l'ange l'a quittée !). Si l'on veut faire à Jeanne la faveur – et elle le mérite – de ne pas la considérer comme une illuminée de sacristie, il ne faut pas s'arrêter à ces réponses qui sont une manière comme une autre de hausser les épaules, et examiner ce que deux témoins au procès en Nullité ont rapporté sur le fameux « signe » qu'elle avait promis de donner au dauphin pour lui prouver que sa mission était divine. Le premier est le sire Raoul de Gaucourt (témoin n° 58), gouverneur civil d'Orléans au moment du siège ; écoutons-le :

« [...] On lui demanda quel signe elle [*Jeanne*] pouvait montrer pour qu'on ajoutât foi à ses paroles. Elle répondit alors que le signe qu'elle leur montrerait serait la levée du siège et le secours à la ville d'Orléans. » (*Null.*, IV, p. 12.)

Le second est maître François Garivel (témoin n° 59) conseiller en matière de justice des « aides » (impôts indirects) :

« Des clercs lui demandèrent qu'elle montrât un signe, leur permettant de croire qu'elle était envoyée de par Dieu ; mais elle leur répondit que ce signe, donné à elle par Dieu, était la levée du siège d'Orléans : elle ne doutait pas d'y arriver, si le roi voulait lui donner une troupe, même petite. » (*Null.*, IV, p. 13.)

Après cette première entrevue, on assigna à la Pucelle un logement dans une tour du château de Coudray et le roi mit à son service un jeune écuyer, Louis de Coutes (témoin n° 103), qui déposera lors du procès en Nullité. Les souvenirs que ce dernier évoque de l'arrivée de la Pucelle, dans sa déposition, sont précis et nous donnent une idée du genre de vie qu'elle mena à Chinon pendant la dizaine de jours qu'elle y passa :

« [...] L'année où Jeanne vint près du roi, en la ville de Chinon, lui, témoin, avait alors quatorze ou quinze ans ; il était au service du sire de Gaucourt, et passait son temps avec lui qui était capitaine dudit lieu de Chinon. En ce temps arriva Jeanne audit lieu de Chinon, en compagnie de deux hommes [*il s'agit de Poulengy et de Jean de Metz*] ; elle fut conduite au roi ; le témoin qui parle la vit plusieurs fois, qui allait auprès du roi et en revenait ; et on assigna à Jeanne un logement dans une tour du château de Coudray. Dans cette tour le témoin resta avec Jeanne et, pendant tout le temps qu'il y fut, il resta continuellement en sa compagnie, pendant la journée ; mais, de nuit, elle avait des femmes [*de chambre*] avec elle. Il se rappelle bien qu'en ce temps où elle fut dans ladite tour du Coudray, des hommes de haute condition vinrent plusieurs jours s'entretenir avec Jeanne ; mais ce qu'ils faisaient ou disaient, il l'ignore, car toujours, quand il voyait arriver ces hommes, le témoin se retirait ; il ne sait qui étaient ces hommes. » (*Null.*, IV, p. 47.)

*
* *

Que valait et que voulait cette petite paysanne dont on disait tant de bien en Lorraine ? De quel secours pouvait-elle être pour le dauphin, que sa venue avait sorti, semble-t-il, de l'apathie ? Qu'est-ce qui le détermina à l'équiper et à l'envoyer vers Orléans, autrement dit à la prendre au sérieux ?

La déposition du duc d'Alençon (témoin n° 109) lors du procès en Nullité nous fournit des éléments de réponse à cette question. Le duc nous dit d'abord que, lorsque Jeanne vint voir le roi, le 23 février 1429, lui-même chassait la caille dans la région de Saint-Florent-lès-Saumur, et qu'il fut prévenu de son arrivée par un de ses intendants : une Pucelle qui se disait envoyée par Dieu pour délivrer la ville assiégée d'Orléans venait d'arriver à Chinon, lui dit-il. Aussi, dès le lendemain (24 février), le duc fila à Chinon et il y trouva Jeanne, en train de s'entretenir avec le roi (il s'agit de l'entretien que nous avons conté plus haut : *« Gentil dauphin, etc. »*). A son arrivée, Jeanne demanda au dauphin qui il était, et celui-ci lui répondit que c'était le duc d'Alençon. Alors, déclarera le duc plus tard, Jeanne s'écria : *« Vous, soyez le très bien venu ! Plus nombreux seront-ils ensemble du sang royal de France, et mieux cela sera. »* (*Null.*, IV, p. 64.)

Le lendemain, Jeanne vint à la messe du roi et, lorsqu'elle le vit, elle lui fit la révérence ; puis le roi l'emmena dans une chambre, avec le duc d'Alençon et le sire de La Trémoille (spécialiste du double-jeu et de l'intrigue : premier chambellan de Jean sans Peur, puis favori, compagnon de débauches et ministre du dauphin, ce qui ne l'empêcha pas de ravitailler les Anglais quand ils assiégeaient Orléans). Après avoir ordonné aux courtisans qui l'entouraient de se retirer, le dauphin eut un second entretien avec la Pucelle en leur seule présence, entretien que l'on qualifie de « secret » pour cette raison. Alors, dit le duc dans son témoignage :

> « Jeanne adressa plusieurs requêtes au roi, et, entre autres pour qu'il donnât son royaume au Roi des cieux : après cette donation [*affirma-t-elle*] le Roi des cieux agirait comme il l'avait fait avec ses prédécesseurs [*les premiers Valois*] et le remettrait en son état antérieur ; il y eut aussi beaucoup d'autres choses, que le témoin ne se rappelle pas, mais dont on parla jusqu'au repas. Après le repas, le roi alla se promener dans les prés, et Jeanne y courut avec la lance ; le témoin, voyant comme elle se comportait en tenant la lance et en courant avec la lance, lui donna un cheval. » (*Null.*, IV, p. 64.)

Les affirmations de la Pucelle pendant le repas et ses prouesses sportives après le repas ont-elles été suffisantes pour convaincre le roi qu'elle était l'envoyée que Dieu lui destinait pour sauver et Orléans, et son royaume ? Nous ne le pensons pas. Mais il est probable qu'elle fit au dauphin une révélation qui lui sembla d'une importance extrême et qui emporta son adhésion : cette révélation aurait concerné ce qu'on appelle le « secret du dauphin ». Ce qui nous conduit à poser deux questions : 1° Jeanne a-t-elle fait une révélation impressionnante au dauphin ? 2° si oui, quelle était-elle ?

A la première question, Jeanne a répondu elle-même, lors du procès de Rouen, mais le laconisme de sa réponse à la deuxième a alimenté des milliers d'hypothèses :

> « Interrogée : comment son roi ajouta-t-il foi à ses dires ?
> Elle répondit : *qu'il avait même de bons signes* et à cause des clercs.
> Interrogée : quelles révélations a eues son roi :
> Elle répondit : "Vous ne les aurez pas encore de moi de cette année." Item elle a dit que pendant trois semaines elle fut interrogée par les clercs, à Chinon et à Poitiers, et son roi eut un signe des faits avant qu'il voulût croire en elle. Et les clercs de son parti furent de cette opinion qu'il leur semblait, dans son fait, ne rien y avoir que du bien. » (*Condamn.*, II, p. 74, *sq.*)

En quoi consistait donc le « secret du dauphin » qui était si intime, si grave sans doute, qu'il ne pouvait être connu que de lui-même et de Dieu – qui, par définition, connaît tout – et que par conséquent Jeanne d'Arc, si elle le savait, ne pouvait tenir que de Dieu, ce qui était la preuve absolue de sa crédibilité ? Pour le connaître, il faut lire ce qu'un secrétaire de Charles VIII (petit-fils de Charles VII, qui a régné de 1483 à 1498), Pierre Sala, a écrit sur ce sujet dans ses *Exemples de hardiesse de plusieurs rois et empereurs* :

> « Après que le roi Charles VII fut mis si bas qu'il n'avait plus où se retirer sinon à Bourges et en quelque château des environs, Notre Seigneur lui envoya une Pucelle, par le conseil de laquelle il fut remis en son entier et demeura seul roi paisible. Et si, par aventure, il était malaisé de faire comprendre à certains que ce roi ajouta foi aux paroles de celle-ci, sachez qu'elle lui transmit un long message venant de Dieu dans lequel elle mit à jour le secret que le roi tenait enclos dans son cœur, au point qu'il ne l'avait jamais révélé, de sa vie, à quiconque, sinon à Dieu lorsqu'il le priait. Et, quand il entendit les choses que la Pucelle lui dit en le prenant à part, et qu'elle ne pouvait pas connaître, sinon par une inspiration divine, alors il mit toute sa conduite et ses ressources entre ses mains. »

Quel était ce message, que seul Dieu pouvait connaître et avoir transmis à la Pucelle ? Pierre Sala nous le dévoile, en nous rapportant les confidences que lui a faites, vers 1480, Guillaume Gouffier, seigneur de Boissy, chambellan, ami intime et confident de Charles VII :

> « Celui-ci, nous dit Sala, me conta, entre autres choses, le secret qui avait existé entre le roi et la Pucelle. Et il ne pouvait que bien le savoir, car, dans sa jeunesse, il avait été très aimé de ce roi, au point que celui-ci ne voulut jamais souffrir la présence d'aucun gentilhomme dans son lit, à l'exception de Boissy. Le roi lui confia donc, dans l'intimité, les paroles que la Pucelle lui avait dites et que vous verrez ci-après. Il est vrai que du temps de ses plus grands malheurs, Charles VII se trouva si bas qu'il ne savait plus que faire et ne faisait que penser à sauver sa vie. Car, comme je vous ai dit, il était cerné par ses ennemis de tous côtés. Un matin, en proie à ces douloureuses pensées, il entre dans son oratoire, tout seul, et, là, il fait une prière à Notre Seigneur, une prière muette, du fond de son cœur, sans prononcer une seule parole, une prière dans laquelle il Lui demandait dévotement que s'il était exact qu'il fût le véritable héritier descendant de la noble Maison de France, alors il serait juste que le royaume lui appartînt, et qu'il Lui plût de le préserver ou de le défendre ; ou bien, au pis, de lui donner la possibilité de se sauver en Espagne ou en Écosse, qui étaient de toute ancienneté amies et alliées des rois de France, ce pourquoi il les choisissait comme terres de refuge. »

C'est cette prière intérieure que Jeanne évoqua devant le roi, pour lui prouver le caractère divin de sa mission, en lui disant ensuite solennellement – sans doute avec la mystérieuse puissance de conviction de l'accent, de l'intonation et du regard – les paroles suivantes : *« Je te dis, de la part de Messire* [de Notre Seigneur] *que tu es vrai héritier de France et fils de roi. »* C'est aussi la version que propose le frère Pasquerel, confesseur et aumônier de Jeanne : elle peut expliquer le subit enthousiasme du roi de Bourges. Au cours de l'entrevue secrète entre le dauphin et Jeanne, à laquelle assistaient La Trémoille et le duc d'Alençon, Jeanne aurait affirmé au « gentil dauphin » (voir ci-dessus, p. 139) qu'elle lui parlait *« au nom de Dieu »* et qu'il était *« vrai héritier de France et fils du roi* [*Charles VI*] *»* : le dauphin avait toutes les raisons du monde de croire en Jeanne d'Arc !

Nous pensons que Jeanne désirait profondément et sincèrement se battre non pas tellement *contre* les Bourguignons, dont son village, sa province du Barrois et, de façon plus abstraite pour elle, le royaume de France avaient eu à souffrir, et encore moins contre les Anglais, qui devaient lui sembler un peuple bien lointain, mais *pour* le gentil dauphin dont les territoires étaient menacés et qui n'avait pas ceint sa couronne. Elle se voyait, dans ses rêves, comme la femme choisie par Dieu pour lui rendre son royaume en le menant à Reims et elle avait le besoin intime, profond d'être reconnue comme telle. Et c'est bien ainsi que la reconnut le dauphin quand elle lui parla de son secret. Croyait-elle en la qualité surnaturelle de sa mission, ou jouait-elle la comédie ? On peut penser qu'elle y croyait, puisque même la perspective du bûcher ne la fera pas changer d'opinion.

Au fur et à mesure que son dessein, d'imaginaire qu'il était, devint réel, depuis que l'avaient écoutée, puis aidée et suivie des hommes comme Poulengy, Nouillompont, Baudricourt, le duc de Bar et, maintenant, le dauphin lui-même, Jeanne était devenue incapable, psychologiquement, de résister à la tentation de l'explication *surnaturaliste* des petits événements de sa vie quotidienne. Et, lorsque l'Église lui intentera un procès d'hérésie et de sorcellerie, Mgr Cauchon et ses juges auront beau jeu à évoquer ses explications ou ses non-dits comme des charges complémentaires à lui faire supporter. Ainsi pour la fameuse épée de Sainte-Catherine de Fierbois, qui fut une des pièces les plus « travaillées » de son dossier, alors qu'il ne s'agissait sans doute que d'une trouvaille fortuite.

Voici d'abord les faits. Quand elle était partie de Vaucouleurs, Jeanne, nous l'avons dit, par nécessité (pour pouvoir chevaucher) et sur les instances de Baudricourt et de ses compagnons avait pris habit d'homme et Robert de Baudricourt lui avait fait don d'une épée. Quand elle fut à Chinon (ou à Tours, les sources sont incertaines), le 2 avril 1429 (date retenue par Régine Pernoud), prise d'une inspiration subite, elle envoya sur-le-champ un homme jusqu'à Fierbois, pour y chercher une épée qui se trouvait, affirmait-elle, derrière l'autel de l'église Sainte-Catherine de Fierbois : l'homme, un armurier de Tours, y partit et découvrit effectivement une épée enterrée derrière l'autel et rouillée. C'était une trouvaille banale : sans doute Jeanne avait-elle aperçue par hasard, dépassant de terre, la garde ou les ornements de cette arme, et n'y avait pas prêté attention, puis, en y repensant, avait-elle eu le désir de la récupérer. Cette affaire mineure fit l'objet d'un long interrogatoire, lors de l'audience du mardi 27 février, à Rouen :

« Interrogée comment elle savait que cette épée était là :

Elle répondit que cette épée était dans la terre, rouillée, portant cinq croix gravées [*était-ce la marque de l'armurier ? Ou bien était-ce une épée "sarrasine" et les croix des signes magiques ?*] ; et elle sut que l'épée était là par ses voix et elle n'avait jamais vu l'homme qui alla chercher ladite épée. Et elle écrivit aux gens d'Église de ce lieu qu'il leur plût qu'elle ait cette épée et ils la lui envoyèrent. Elle n'était pas profondément sous terre derrière l'autel, à ce qu'il lui semble ; cependant elle ne sait au juste si elle était devant l'autel ou derrière, mais elle pense qu'elle a écrit alors qu'elle était derrière l'autel. Elle dit encore qu'aussitôt après que l'épée fut trouvée, les gens d'église de ce lieu la frottèrent et sur-le-champ la rouille tomba sans effort. Et ce fut un armurier de Tours qui alla la chercher et les gens d'Église de ce lieu donnèrent un fourreau à Jeanne et aussi ceux de Tours, ensemble avec eux ; et ils firent faire deux fourreaux, l'un de velours vermeil et l'autre de drap d'or. Elle dit encore qu'elle porta continuellement ladite épée, depuis qu'elle l'eut jusqu'à ce qu'elle partît de Saint-Denis après l'assaut de Paris.

Interrogée quelle bénédiction elle fit ou fit faire sur ladite épée :

Elle répondit qu'elle n'y avait jamais fait ou fait faire une quelconque bénédiction et elle n'aurait pas su quoi faire, parce qu'elle avait été trouvée dans l'église de Sainte-Catherine qu'elle aimait bien. » (*Condamn.*, II, p. 75, *sq.*)

LES EXAMENS DE POITIERS (7 MARS-28 MARS 1429)

Pour comprendre l'accueil fait à la Pucelle par le roi et les grands qui l'entouraient lorsqu'elle arriva à Chinon, il faut apprécier à son juste niveau le problème politique et militaire qui se posait alors au dauphin et à son entourage.

En vertu du traité de Troyes, le dauphin n'a plus aucun droit sur la couronne de France, qui doit revenir au petit Henry VI de Lancastre (en 1429, rappelons-le, celui-ci a 7 ans), et il ne peut récupérer ce droit qu'en imposant, par la force, à l'Angleterre l'annulation de ce traité. Malheureusement, depuis que Bedford a repris la lutte armée, Charles n'en a pas les moyens : il a perdu le meilleur de ses troupes sur les champs de bataille de Cravant et de Verneuil, et Orléans, la place forte qui garde ses territoires (les pays de Loire), assiégée, ou plus exactement, nous le verrons ci-après, « surveillée » depuis le mois d'octobre 1428, va bientôt céder. Théoriquement, donc, pour lui, tout est perdu et la solution classique pour un souverain déchu, au Moyen Age, c'est de laisser la place au vainqueur et d'aller se retirer dans un monastère.

Yolande d'Aragon, qui a son mot à dire dans la mesure où certains des pays de Loire lui appartiennent (le Maine, l'Anjou), n'est pas de cet avis. Elle a suffisamment de fortune pour lever une armée et payer de bons capitaines, mais il faut que son gendre le dauphin en ait la volonté. Or celui-ci est dans l'incapacité d'agir et il est même des moments où il pense qu'il est un héritier illégitime de Charles VI. La puissante et efficace reine de Sicile a peut-être joué un rôle dans la venue de Jeanne à Chinon (voir ci-dessus, p. 113), et de toutes façons, elle n'a pu que bien accueillir cette fille qui avait deux idées en tête [1] : délivrer Orléans et faire sacrer le dauphin roi de France.

Or il faut souligner que ce dernier a spontanément choisi de lui faire confiance lorsqu'elle lui a déclaré, au nom de Dieu, qu'il était le véritable fils et héritier de Charles VI. D'un seul coup, lui qui doutait tant de la légitimité de sa naissance retrouvait le courage de lutter. Mais, quelque grande que fût sa confiance en Jeanne, il ne pouvait lui confier une armée et des responsabilités importantes dans la poursuite de la guerre sans s'assurer qu'elle n'était pas inspirée par le Démon, ne serait-ce que pour ne pas être en butte aux attaques des sceptiques, qui ne manquaient pas dans l'entourage du roi.

Il fallait donc soumettre Jeanne à un examen probatoire, conduit par des clercs dûment désignés, ce qui ne pouvait se faire qu'à Poitiers, capitale juridique du royaume de France, depuis que Paris était entre les mains des Bourguignons. Toutefois, il ne fallait pas pour autant dédaigner le clergé local, et une première commission d'enquête fut nommée à Chinon. Elle était uniquement composée de gens d'Église, dont le duc d'Alençon nous donne les noms, dans sa déposition au procès en Nullité : Gérard Machet, confesseur du dauphin et futur évêque de Castres ; Jean Raffanel, évêque de Senlis ; Robert Alleman, évêque de Maguelonne ; Hugues de Combarel, évêque de Poitiers ; messire

1. Qu'une jeune fille ardente, qui n'aime pas les Bourguignons, veuille partir au secours de celui qu'elle appelle son roi, c'est là chose compréhensible, d'autant que Domrémy était un village pro-Armagnacs ; mais qu'elle veuille le faire sacrer à Reims, cela lui a certainement été soufflé par quelqu'un ; mais par qui ? Par Baudricourt, sur ordre du duc de Bar ? Par Jean de Metz, qui l'accosta dans les rues de Vaucouleurs ? Par Laxart, sur qui nous ne savons pas grand-chose, mais qui semble très efficace ?

Pierre, de Versailles, plus tard évêque de Meaux ; Messire Jourdan Morin ; et plusieurs autres. Voici comment se déroula l'interrogatoire, selon la déposition du duc d'Alençon :

> « Les membres de la commission demandèrent à Jeanne pour quelle raison elle était venue, et qui l'avait envoyée au roi. Elle répondit qu'elle était venue de la part du Roi des cieux, qu'elle avait des voix et un conseil qui lui indiquaient ce qu'elle avait à faire ; de cela cependant le témoin ne se souvient pas. Mais plus tard Jeanne, qui prenait alors ses repas avec le témoin, confia à celui-ci qu'elle avait été beaucoup questionnée, mais qu'elle savait et pouvait plus de choses qu'elle n'en avait dites à ceux qui l'interrogeaient. » (*Null.*, IV, p. 65.)

Cette dernière remarque est troublante et jette une ombre sur le profil psychologique de Jeanne. Dans la mesure où nous écartons la thèse mythologique selon laquelle Jeanne aurait été informée de tout ce qui concernait le dauphin, les Anglais, les Bourguignons, etc. par Dieu, *via* les voix de ses saintes (ce problème est analysé au chapitre 13 ci-après), quand elle prétend en « savoir » plus qu'elle ne dit, cela signifie non pas qu'elle ment, mais qu'elle « croit » en savoir plus qu'elle ne dit, et qu'elle le croit sincèrement. Et cette sincérité naïve, cette foi qui est en elle la conduira jusqu'au bûcher, comme la foi patriotique a conduit tant de héros anonymes à la mort dans l'histoire.

Enfin, à Chinon, Jeanne fut aussi examinée anatomiquement par deux femmes, la Dame de Trèves et la Dame de Gaucourt (l'épouse du maître d'hôtel du dauphin). Frère Jean Pasquerel rapporte cet examen dans sa déposition au procès en Nullité :

> « Le témoin a entendu dire que Jeanne, lorsqu'elle vint près du roi, fut inspectée deux fois par des femmes, pour savoir ce qu'il en était d'elle, si elle était un homme ou une femme, si elle était vierge ou non ; et on la trouva femme, mais jeune fille et vierge. L'inspectèrent, à ce qu'il apprit, la dame de Gaucourt et la dame de Trêves. » (*Null.*, IV, p. 71.)

Après cela, la Pucelle fut conduite à Poitiers, pour y subir des examens plus approfondis.

*
* *

Le séjour de Jeanne à Poitiers se situe entre le 7 et le 28 mars 1429. A la demande du Conseil du roi, Jeanne y fut interrogée par un groupe de théologiens pour faire un rapport au roi, comme le déclare dans sa déposition au procès en Nullité le frère Seguin de Seguin (témoin n° 136). Les documents écrits relatifs à cet interrogatoire – dont les questions et les réponses furent enregistrées par des scribes ou des notaires – n'ont pas été fournis au tribunal qui jugea le procès en Nullité malgré l'envoi à Poitiers, en 1455, de commissaires enquêteurs, et ils ne nous sont pas parvenus ; peut-être ont-ils étaient détruits par la suite sur l'ordre de Charles VII ou du chancelier Regnault de Chartres, pour des raisons que nous ignorons. Cependant leur contenu général et quelques détails relatifs à ces trois semaines passées par Jeanne à Poitiers ont été souvent mentionnés dans les dépositions de certains témoins interrogés dans le cadre du procès en Nullité, en particulier par frère Seguin de Seguin, de l'ordre des frères prêcheurs, professeur de théologie sacrée à l'Université de Poitiers, dont il sera le doyen en 1456.

Au début du mois de mars 1429, le dauphin et les membres de son Conseil étaient venus siéger à Poitiers, comme ils le faisaient régulièrement. Le Conseil se tenait dans la maison d'une certaine La Macée, ainsi que l'expose frère Seguin de Seguin qui nous décrit sa composition dans son témoignage :

> « Le Conseil du roi était alors assemblé dans la maison d'une certaine La Macée, dans la ville de Poitiers, et parmi ceux du Conseil se trouvait le seigneur archevêque de Reims, alors chancelier de France [*Regnault de Chartres*]. Ils firent venir le témoin [*frère Seguin de Seguin*], maîtres Jean Lombart, professeur de théologie sacrée à l'Université de Paris, Guillaume Le Marié, chanoine de Poitiers, bachelier en théologie, Guillaume Aymeri, professeur de théologie sacrée, de l'ordre des frères prêcheurs, frère Pierre Turelure, maître Jacques Maledon, et plusieurs autres, dont il ne se rappelle plus les noms ; ils leur dirent qu'ils étaient délégués par le roi pour interroger Jeanne, et pour relater au Conseil du roi leur impression sur elle ; et ils les envoyèrent à la maison de maître Jean Rabuteau, dans la ville de Poitiers, où était hébergée Jeanne, afin de l'examiner. » (*Null.*, IV, p. 150.)

Les noms des autres théologiens convoqués, dont frère Seguin de Seguin ne se souvient plus, nous sont fournis par la déposition de maître François Garivel (témoin n° 59) au procès en Nullité :

> « Au moment où Jeanne la Pucelle arriva [*à Chinon*], le roi l'envoya à Poitiers, où elle fut logée dans la maison de feu maître Jean Rabatiau, alors avocat du roi au Parlement ; et furent délégués dans cette cité, par ordre du roi, des docteurs et

> maîtres célèbres, à savoir dom Pierre de Versailles, alors abbé de Talmond, ensuite évêque de Meaux, Jean Lambert, Guillaume Aymeri, de l'ordre des frères prêcheurs, Pierre Seguin, de l'ordre des frères du Carmel, tous docteurs en Écriture sainte, Mathieu Mesnaige, Guillaume Le Marié, bacheliers en théologie, avec plusieurs autres conseillers du roi, licenciés en l'un et l'autre droit [*le droit civil et le droit canonique*], qui, à plusieurs reprises réitérées et pendant presque trois semaines, examinèrent ladite Jeanne, en inspectant ses dits et faits. » (*Null.*, IV, p. 13.)

Au total furent donc chargés du « dossier Jeanne d'Arc » dix théologiens et « plusieurs » conseillers politiques (laïcs). Mais qui avait la majorité, dans ce jury ? Les théologiens ou les politiques ? On l'ignore, puisque les pièces officielles ont disparu, ce qui est pour le moins suspect.

On ne peut cependant s'empêcher de comparer le jury de Poitiers, convoqué par le Conseil du roi préoccupé, avant tout, de redresser une situation politique et militaire catastrophique, mettant en péril la monarchie valoisienne, au tribunal ecclésiastique de Rouen, mis en place par l'Université de Paris et par l'Église, préoccupée avant tout de lutter contre les hérésies naissantes qui menaçaient son autorité. Le premier, politique dans ses fondements, avait pour but de conclure à la validité religieuse de la mission politique et militaire de Jeanne, qui convenait aux Valois ; le second avait des fondements théologiques et se devait de punir Jeanne dont l'action narguait trop spectaculairement, par ses succès mêmes, les doctrines de l'Église militante.

Nous connaissons les questions posées à Jeanne lors du procès de Rouen. Certaines sont évidemment d'ordre théologique (sur les voix, les saintes apparitions, une révélation que Jeanne aurait eue au sujet de ses habits d'homme), mais la plupart de celles qui nous sont parvenues ont pour but de montrer que la Pucelle a tort *théologiquement* de prétendre être inspirée par ses voix, et à toutes elle répond qu'elle a agi de telle ou telle façon parce que Dieu le lui a commandé ; nous ignorons la plupart des questions que lui posèrent les religieux et les conseillers politiques à Poitiers, mais celles qui ont été conservées ont un but évidemment politique, et ses réponses ont été admises parce qu'elles étaient *politiquement correctes* et *politiquement attendues,* et non pas en vertu de leur qualité théologique.

Ainsi les trois questions suivantes, rapportées par frère Seguin de Seguin, sont éminemment politiques et sans intérêt théologique ; elles portent sur les motivations de la Pucelle, et non pas sur les forces – qu'elle prétend surnaturelles et divines – qui l'ont poussée à partir vers le dauphin :

> « Maître Jean Lombart lui demanda pourquoi elle était venue, car le roi voulait bien connaître ce qui l'avait poussée à venir le voir ; elle répondit de belle manière que, en gardant des animaux, une voix lui était parvenue, et lui dit que Dieu avait grande pitié du peuple de France et qu'il fallait qu'elle vînt en France. Ayant entendu cela, elle s'était mise à pleurer ; alors la voix lui avait dit d'aller à Vaucouleurs, et là elle trouverait un capitaine qui la conduirait avec sécurité en France et vers le roi [...]. » (*Null.*, IV, p. 150.)

> « Maître Guillaume Aymeri l'interrogea : "Tu as déclaré que la voix t'a dit la volonté de Dieu de délivrer le peuple de la France du malheur où elle se trouve. S'il veut le délivrer, il n'est pas besoin d'avoir des hommes d'armes." Jeanne répondit alors : *"En nom Dé, les gens d'armes batailleront et Dieu donnera victoire."* De cette réponse fut content maître Guillaume. » (*Ibid.*, IV, p. 151.)

> « Alors le témoin [*il s'agit toujours de maître Guillaume Aymeri dont frère Seguin de Seguin rapporte les questions qu'il posa à Poitiers*] dit à Jeanne que Dieu ne voulait pas qu'on crût en elle, si rien ne montrait qu'on dût lui faire créance ; et qu'eux, conseillers, ne recommanderaient pas au roi de lui confier des hommes d'armes sur ses simples affirmations, et de les mettre en danger, à moins qu'elle n'eût autre chose à avancer. Elle répondit : *"En nom Dieu, je ne suis pas venue à Poitiers pour faire signes ; menez-moi à Orléans, je vous montrerai les signes prouvant par quoi je suis envoyée"* ; elle demanda que des hommes lui fussent confiés, le nombre qu'il leur paraîtrait convenable ; et elle irait à Orléans. Elle annonça alors au témoin et aux autres assistants quatre événements qui étaient encore à venir. 1° que les Anglais seraient battus, le siège mis devant Orléans levé, et la ville délivrée des Anglais ; auparavant toutefois elle ferait une semonce aux Anglais ; 2° elle déclara que le roi serait sacré à Reims ; 3° que la ville de Paris rentrerait dans l'obéissance au roi de France ; 4° enfin que le duc d'Orléans rentrerait d'Angleterre [*il s'agissait de Charles d'Orléans, le poète, neveu de Charles VII, qui resta prisonnier en Angleterre, après la bataille d'Azincourt*]. » (*Ibid.*, IV, p. 151.)

L'enquête de Poitiers semblait interminable à Jeanne, qui n'avait qu'un désir : en finir avec ces interrogatoires et partir pour Orléans. Il lui fallut cependant subir, une deuxième fois, un examen gynécologique, afin que l'on vérifie et son sexe, et sa virginité. L'examen nous a été rapporté par Jean d'Aulon (témoin n° 137 dans le procès en Nullité), un gentilhomme du Languedoc au service du dauphin en tant qu'écuyer d'écurie, commis par celui-ci auprès de la Pucelle à titre d'intendant et qui l'assista dans toutes ses expéditions, à partir de celle d'Orléans. Voici ce qu'il dit au sujet de ce second examen qui clôt l'enquête de Poitiers, et de sa conséquence immédiate : l'envoi de Jeanne à Orléans.

> « [*Le témoin dit que*] La Pucelle fut envoyée à la reine de Sicile [*Yolande d'Aragon*], mère de notre souveraine dame la reine [*Marie d'Anjou, femme de Charles VII*] et à certaines dames étant avec elle ; par lesquelles la Pucelle fut vue et secrètement regardée dans les secrètes parties de son corps ; mais, après qu'elles eurent vu et regardé tout que qu'il fallait regarder en ce cas, ladite dame [*la reine de Sicile*] dit et relata au roi qu'elle et sesdites dames trouvaient certainement que c'était une vraie et entière pucelle, en laquelle n'apparaissait aucune corruption ni violence [*ni traces de viol*]. Le témoin dit qu'il était présent quand la Dame fit sondit rapport.
>
> Dit en outre qu'une fois ces choses entendues, le roi, considérant la grande bonté qui était en cette Pucelle et ce qu'elle lui avait dit que par Dieu elle lui était envoyée, il fut par ledit seigneur conclu en son Conseil que dorénavant il s'aiderait d'elle ou de ses faits de guerre, attendu que, pour ce faire, elle lui était envoyée.
>
> Dit en conséquence qu'il fut délibéré qu'elle serait envoyée à la cité d'Orléans, laquelle était assiégée par les anciens ennemis [*les Anglais*].
>
> Dit que pour ce faire lui furent attribués des gens pour la garde de sa personne, et d'autres pour la guider.
>
> Dit que pour la garde et conduite de celle-ci, lui, le témoin, fut désigné par le roi, notredit seigneur.
>
> Dit aussi que pour la sûreté de son corps, ledit seigneur fit faire à ladite Pucelle harnois tout neuf pour son corps, et cela fait, donna l'ordre à une certaine quantité de gens d'armes de la mener et conduire, elle et sa compagnie, audit lieu d'Orléans.
>
> Dit qu'immédiatement après elle se mit en chemin avec sesdites gens pour aller vers ce lieu. » (*Null.*, I, p. 475, *sq.*)

*
* *

Cette fois-ci, donc, la Pucelle avait enfin gagné. On peut dater avec précision cette victoire sur les hésitants et les incrédules, car, dès qu'elle apprit – avec la joie que l'on imagine – le verdict des conseillers et la décision du roi de lui donner un *état*, c'est-à-dire une sorte de petit état-major personnel et différents moyens militaires, son premier acte fut de dicter (car elle ne savait pas écrire) une *Lettre aux Anglais*, datée du « mardi de la semaine sainte » (22 mars 1429), dont la copie nous est restée et que nous reproduisons ci-après, traduite en français moderne (lors du procès de Condamnation, la rédaction et l'envoi de cette lettre lui ont été reprochés dans le réquisitoire du promoteur, dans les articles XXI à XXV) :

> « XXI – Item Jeanne, menée par sa témérité et sa présomption, fit faire des lettres portant en tête de ses noms JÉSUS MARIE, entre lesquels était mis le signe de la croix, et les fit envoyer de sa part à notre seigneur le roi [*Henry VI, roi de France et d'Angleterre en vertu du traité de Troyes*], à monseigneur de Bedford [*régent durant la minorité de Henry VI et qui avait relancé la guerre en France*], alors régent du royaume de France, et aux seigneurs et capitaines tenant le siège devant Orléans ; ces lettres contenaient de nombreuses choses mauvaises et pernicieuses et non conformes à la foi catholique.
>
> XXII – *Texte de la lettre (voir ci-après).*
>
> XXIII – D'après la teneur de ces lettres il est clairement évident que Jeanne a été jouée par de malins esprits et qu'elle les consulte fréquemment sur ce qu'elle doit faire, ou bien que, pour séduire les peuples, elle invente pernicieusement et mensongèrement de telles fictions. »

Voici le texte intégral de la lettre incriminée d'après l'édition critique qui en a été donnée par Germain Lefèvre-Pontalis, *les Sources allemandes de l'histoire de Jeanne d'Arc* (1903) :

> ✤ JÉSUS MARIE ✤
>
> « Roi d'Angleterre et vous, duc de Bedford, qui vous dites régent du royaume de France ; vous, Guillaume Pole, comte de Suffolk [1], Jean, sire de Talbot [2], et vous Thomas, sire de Scales [3], qui vous dites lieutenants dudit duc de Bedford, faites raison au Roi du ciel ; rendez à la Pucelle qui est ici envoyée de par Dieu, le Roi du ciel, les clefs de toutes les bonnes villes que vous avez prises et violées en France. Elle est ici venue de par Dieu pour

1. William Poole, comte de Suffolk, homme de guerre anglais (1396-1450), qui commandait devant Orléans après la mort de Salisbury (voir p. 000) ; fait prisonnier à Jargeau en mai 1429, et libéré après payement d'une rançon de 20 000 livres. Il est mort massacré par ses compatriotes qui lui reprochaient ses sentiments pro-français. Ne pas le confondre avec le capitaine John Poole, que Jeanne a surnommé « la Poule ».
2. John Talbot (v.1384-1453), 1er comte de Shrewsbury, homme de guerre anglais qui commanda les forces anglaises durant la dernière phase de la guerre de Cent ans ; mort à la bataille de Castillon, dernière bataille de cette guerre, en 1453.
3. Thomas, sire de Scales et de Nucelles (?–1460) ; il prit part aux sièges d'Orléans et de Beaugency et fut fait prisonnier à la bataille de Patay.

réclamer le sang royal [*le droit du sang, qui fait de Charles VII le vrai roi de France*]. Elle est toute prête à faire la paix, si vous voulez lui faire raison en abandonnant la France et payant pour ce que vous l'avez tenue. Et vous tous, archers, compagnons de guerre, gentilshommes et autres qui êtes devant la ville d'Orléans, allez-vous en en votre pays, de par Dieu ; et si vous ne le faites ainsi, attendez les nouvelles de la Pucelle qui ira vous voir sous peu, à vos bien grands dommages. Roi d'Angleterre, si vous ne le faites ainsi, je suis chef de guerre et en quelque lieu que j'attendrai vos gens en France, je les en ferai aller, qu'ils le veuillent ou non. Et, s'ils ne veulent obéir, je les ferai tous occire ; je suis ici envoyée de par Dieu, le Roi du ciel, corps pour corps, pour vous chasser hors de toute la France. Et s'ils veulent obéir, je les prendrai en miséricorde. Et n'ayez point une autre opinion, car vous ne tiendrez point le royaume de France de Dieu, le Roi du ciel, fils de sainte Marie, mais le tiendra le roi Charles, vrai héritier ; car Dieu, le Roi du ciel, le veut, et cela est révélé par la Pucelle au roi Charles, lequel entrera à Paris en bonne compagnie. Si vous ne voulez croire ces nouvelles de par Dieu et la Pucelle, en quelque lieu que nous vous trouverons, nous frapperons dedans et y ferons un si grand "hahay[1]" qu'il y a bien mille ans qu'en France il n'y en eut un si grand, si vous ne nous faites raison. Et croyez fermement que le Roi du ciel enverra plus de force à la Pucelle que vous ne sauriez lui mener tous vos assauts, à elle et à ses bonnes gens d'armes ; et aux horizons on verra qui aura meilleur droit de Dieu du ciel. Vous, duc de Bedford, la Pucelle vous prie et vous requiert que vous ne vous fassiez pas détruire. Si vous lui faites raison, vous pourrez encore venir en sa compagnie, là où les Français feront le plus beau fait qui jamais fut fait pour la chrétienté. Et faites réponse si vous voulez faire la paix en la cité d'Orléans ; et si vous ne le faites ainsi, de vos biens grands dommages qu'il vous souvienne sous peu. Écrit ce mardi, semaine sainte. »

Quelle est la signification de cette belle – trop belle – lettre ? Le Moyen Age chrétien a été confronté au problème de l'incompatibilité de la guerre et des Évangiles. Les philosophes du temps – pour l'essentiel et dans l'ordre chronologique saint Augustin, saint Thomas et Gerson – et leurs disciples ont disserté sans fin sur le sujet et ne l'ont pas mieux résolu que nos modernes théoriciens des droits de l'homme. Les grands ténors dont nous venons de citer les noms ont élaboré le concept de *guerre juste* : ils n'ont abouti qu'à des contradictions. En dictant cette lettre – si

1. Cri de guerre.

c'est bien elle qui l'a dictée, et non pas un des nombreux spécialistes en casuistique thomiste qui pullulaient à Poitiers – Jeanne déclare au roi d'Angleterre qu'il a usurpé la couronne de France, ce qui est manifestement une injustice, et que s'il la restitue à son légitime propriétaire et qu'il évacue ses territoires, il ne lui sera fait aucune guerre. Si Bedford lui avait répondu qu'il n'y avait pas eu usurpation mais application d'un traité librement consenti par les deux parties (le traité de Troyes), qu'aurait-elle pu répondre (ou qu'auraient pu répondre les casuistes) ? que ce traité avait été signé sous la contrainte ? Mais, dans ce cas, pourquoi la fille du roi de France (Catherine) avait-elle épousé le roi d'Angleterre (Henry V) et lui avait-elle donné un fils (Henry VI) auquel le fameux traité réservait la couronne de France, un fils dont le sang royal (valoisien) était évidemment garanti, alors qu'on pouvait douter de celui qui se disait dauphin (Charles VII) ? La querelle était sans fin et, finalement, la force ne pouvait que primer le droit. Alors, pourquoi cette lettre de Jeanne à Bedford ?

En posant la question d'une autre façon, on peut lui trouver une réponse. La *Lettre aux Anglais* affirme comme un axiome que Charles est l'héritier légitime du royaume de France ; la question qu'il faut poser est donc la suivante : qui avait intérêt à écrire aux Anglais que Charles VII était le *vrai* héritier du royaume de France ? Il est bien évident que ni le dauphin, ni aucun de ses conseillers, ni Yolande d'Aragon, ni qui que ce soit d'autre à la Cour ne tient à ce que soit soulevée la légitimité de la naissance du futur Charles VII ; en revanche, en brandissant la légitimité successorale (liée à la loi salique) comme un étendard, en attaquant juridiquement ses éventuels adversaires au lieu d'avoir à se défendre, le parti valoisien-armagnac élimine par avance ce type de contestation. Et comme, dans tous les cas de figure, la seule solution pour récupérer quelque territoire que ce soit, c'est la guerre, autant affirmer d'entrée la légitimité du dauphin : c'est donc lui, ou plus probablement sa belle-mère (elle avait l'art de l'intrigue dans le sang), qui a inspiré la teneur de la lettre que Jeanne a dictée et de toute façon signée. Une signature qui pouvait faire impression sur les guerriers hésitants : ne savait-on pas, à Orléans comme à Chinon et comme à Vaucouleurs, que Jeanne recevait ses ordres de Dieu ? Cela devait suffire à intimider les soldats ennemis et à exalter les soldats de celui qui sera bientôt, grâce à eux, grâce à Jeanne, le roi Charles VII.

5

LA SEMAINE D'ORLÉANS : UN « DRÔLE DE SIÈGE »
(29 avril-8 mai 1429)

Le « siège » d'Orléans dont les historiens traditionnels, depuis Michelet, ont fait leurs choux gras, n'est peut-être pas une imposture, mais la version qu'on en donne habituellement relève de l'hagiographie bien plus que de l'historiographie. La réalité fut beaucoup plus banale, beaucoup moins héroïque et beaucoup moins édifiante qu'on ne le croit d'ordinaire. On a en effet appelé « siège d'Orléans » une opération militaire qui n'a jamais eu les caractères d'un siège en règle ; pendant les quelque sept mois que cette opération a duré, les individus, les convois et même les troupes françaises ont pu entrer et sortir de la ville sans encombres, il n'y a eu ni famine, ni épidémie, ni assauts, ni combats sur les murailles. Celles-ci étaient simplement « surveillées » par quelques centaines d'hommes d'armes postés dans des bastides assez loin de la ville et le gros des troupes anglaises (entre 3 000 et 4 000 hommes) était réparti en trois cantonnements, chacun d'eux à une vingtaine de kilomètres d'Orléans. Quant à la « délivrance d'Orléans » elle a consisté en la prise de trois bastides, ce qui a demandé aux troupes de Dunois une demi-journée, et elle a été principalement l'œuvre des hommes d'armes envoyés par le roi qui sont entrés dans la ville en même temps qu'un convoi de ravitaillement ; Jeanne, qui, ce jour-là, a combattu les armes à la main, n'y a pas joué un rôle particulier, mais sa présence, spectaculaire, a été pour les combattants un adjuvant psychologique considérable. L'affaire a été ultérieurement montée en épingle et transformée en un épisode épique autant pour les besoins de la propagande religieuse que pour ceux de la propagande patriotique : nous respectons la personnalité de Jeanne, qui est réellement extraordinaire, mais nous considérons, au vu des témoignages qui nous sont parvenus, que l'affaire, telle qu'on la présente depuis Michelet, n'a aucun rapport avec ce qui s'est passé réellement. On ne répétera jamais assez cette belle formule de Fustel de Coulanges, que, si le patriotisme (ou la foi) sont des vertus, l'histoire est une science.

LE « DRÔLE DE SIÈGE » D'ORLÉANS

A vrai dire, l'armée de Bedford, sous le commandement de Thomas de Montacute, comte de Salisbury, avait envahi la vallée de la Loire dès 1427, dans le but de reconquérir le Maine, qui appartenait jadis aux Plantagenêts (voir ci-dessus, p. 21), et il avait pris sur lui de s'emparer de différentes places, en aval et en amont d'Orléans, ce qui était contraire aux intentions de Bedford, qui avait en vue la conquête de l'Anjou jusqu'à Angers. C'est dans ces conditions que Salisbury fit son apparition sous les murs d'Orléans, le 12 octobre 1428, à la tête d'une petite armée.

A l'époque, la cité royale d'Orléans est une très petite ville de 40 ou 45 hectares de superficie (2 478 hectares aujourd'hui, c'est-à-dire environ soixante fois plus !), qui tiendrait tout entière sur le Champ-de-Mars, à Paris, et qui abrite deux ou trois milliers d'habitants (Régine Pernoud dit 30 000 : cela correspondrait à une densité de 7 500 hab/km^2, soit le double de la densité actuelle, ce qui est totalement invraisemblable). Siège d'un évêché (la cathédrale Sainte-Croix) et d'une École de droit romain dépendant de l'Université de Paris, Orléans faisait partie du domaine royal depuis les premiers Capétiens. Sa situation géographique est alors éminemment stratégique : ses puissantes murailles, garnies d'une trentaine de hautes tours cylindriques, s'élèvent sur les bords de la Loire (voir carte n° 4, p. 452) et protègent le pont qu'il faut franchir pour atteindre Bourges. D'autre part, son nom est tout un symbole : c'est celui de la Maison dont le dauphin est le chef. Aussi Bedford envisage-t-il de commencer sa campagne contre le royaume de Bourges en enlevant Orléans que défend une petite garnison, commandée par le comte de Dunois, connu sous le nom du « Bâtard d'Orléans[1] » ; le gou-

1. Jean Dunois (v. 1403-1468) était le fruit des amours du duc Louis d'Orléans, frère de Charles VI, et de Mariette d'Enghien, dame de Cani ; dès l'âge de 12 ans, il disait fièrement

verneur civil de la ville est Raoul de Gaucourt, le mari de la Dame de Gaucourt qui constata la virginité de Jeanne à Chinon (voir ci-dessus, p. 145).

Les murailles de la ville, dont l'une longeait la rive droite de la Loire, étaient hérissées d'une trentaine de tours (de guet et de défense), distantes les unes des autres de 70 mètres en moyenne (le périmètre hors-murs d'Orléans était d'environ 2,5 kilomètres) ; elles étaient percées de cinq portes (voir la carte qui accompagne ce texte) :

– la porte du Pont s'ouvrait, comme son nom l'indique, sur le pont qui franchissait le fleuve et qui se prolongeait, au-delà de sa rive gauche, par la route allant vers Vierzon et Bourges à travers la Sologne (l'actuelle Nationale 20) ; elle était défendue par un châtelet, édifié à l'intérieur des murailles, en travers de la route d'accès ;

– la porte Renard s'ouvrait à l'Ouest de la ville ; la route qui en partait bifurquait en deux branches, l'une vers Patay, l'autre vers Blois ;

– la porte Barnier s'ouvrait sur la façade Nord, la route qui en partait conduisait directement à Paris (c'est l'actuelle Nationale 20) ;

– la porte Parisi s'ouvrait aussi sur la face Nord et la route qui en partait allait rejoindre de même la route de Paris (Nationale 20) ;

– la porte de Bourgogne s'ouvrait sur la façade Est, et, au-delà, vers Chécy et la Bourgogne.

La méthode traditionnelle pour s'emparer d'une ville fortifiée comme l'était Orléans consistait à y mettre le siège et à attendre, pour donner l'assaut, que ses défenseurs et sa population, épuisés par le manque de vivres, fussent dans l'incapacité physique de résister. De sorte que, lorsqu'on parle de « siège », on évoque irrésistiblement les affres et les tourments des malheureux habitants mourant de faim, de soif ou de maladie, sous la surveillance impitoyable des armées assiégeantes, et l'on songe à quelques drames célèbres : le siège d'Alésia par les Romains, celui de Calais par les armées du roi Édouard III, celui de Paris par les

qu'il n'était pas le fils « du ridicule Cani » (le mari de sa mère), mais « le Bâtard d'Orléans », et qu'il refusait la succession de ce dernier. Il fut élevé avec les enfants légitimes du prince par l'épouse de celui-ci, Valentine de Milan, qui avait du Bâtard une telle opinion qu'elle dit, au moment du meurtre de son père, rue Vieille-du-Temple : « Il n'y aura que lui pour le venger un jour. »

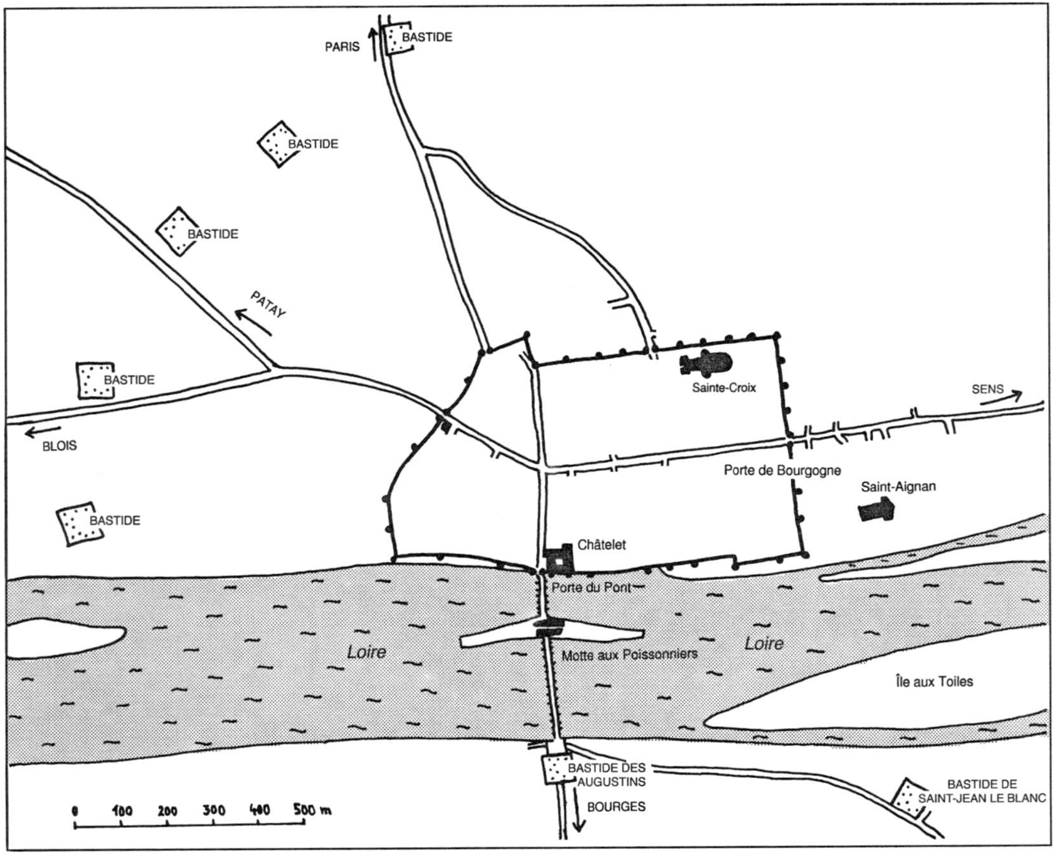

Orléans, au carrefour de la Loire et des routes menant vers Bourges, Blois, Patay, Paris et la Bourgogne, était en 1429 une petite cité qui tiendrait tout entière sur l'actuel Champ-de-Mars, à Paris ; elle comptait moins de 2 000 habitants.

Prussiens en 1870 par exemple. Ce ne fut en rien, on va le voir, le cas d'Orléans.

D'abord, parce qu'il n'y eut pas de véritable siège, au sens militaire du terme, ni même aucune tentative d'offensive de la part des Anglais ; *ensuite* parce que les combats se limitèrent à l'attaque (par les Armagnacs) d'un convoi de vivres envoyés de Paris aux assiégeants (la « Journée des harengs », à Rouvray-Saint-Denis) et à trois petits engagements entre lesdits « assiégeants » et la petite troupe française, emmenée par Jeanne d'Arc et Dunois, au cours d'une simple semaine (le 30 avril, le 4 et le 7 mai 1429) ; *enfin* parce que les Anglais, au moment où devait se livrer la grande et vraie bataille pour Orléans, le 8 mai au matin, les Anglais firent demi-tour sans combattre, pour des raisons que tout le monde ignore encore.

*
* *

Entre le moment où la petite armée anglaise, commandée par Salisbury, arriva en vue d'Orléans, le 12 octobre 1428, et celui où Jeanne d'Arc pénétra dans Orléans avec Dunois, le 29 avril 1429, il s'écoula un peu plus de six mois sans qu'il ne se passe rien devant les murs d'Orléans, assiégée (de loin) sans l'être par les Anglais qui n'entreprendront absolument rien contre la ville.

1. *12 octobre 1428.* Arrivée de Salisbury devant Orléans. Ses effectifs ne sont pas nombreux : entre 3 000 et 4 000 hommes. Le général inspecte les lieux, dispose ses troupes et décide de s'emparer avant toutes choses de la forteresse des Tournelles, à l'entrée du pont à dix-neuf arches d'environ 300 mètres de longueur qui relie Orléans à la Sologne. Mais Dunois a des canons et fait tirer quelques boulets de pierre par-dessus la Loire : l'un de ces boulets atteint Salisbury en plein visage, et il meurt quatre jours plus tard (le 3 novembre 1428). L'affaire d'Orléans commence mal pour les Anglais, que commande maintenant William de la Pole, comte de Suffolk (que Jeanne appellera « La Poule » ou « Suffort »). Voici le récit du Bourgeois de Paris :

> « Le comte de Salisbury était toujours sur la rivière de Loire, et prenait châteaux et villes à son vouloir, car il était fort expert en matière militaire ; ainsi s'en vint-il devant Orléans, et l'assiégea de toutes parts, mais la déesse Fortune, qui n'est l'amie de personne, lui montra comme elle traite ses ennemis, quand ils

> ne se méfient pas : un boulet de canon lui fut envoyé qui lui donna le coup de la mort. Ce dont bien grand dommage eurent les Anglais, et particulièrement le régent de France [*Bedford : le roi légitime de France, pour le Bourgeois, c'est le petit Henry VI*], car il se reposait dans les cités de France à son aise lui et sa femme, qui partout où il allait le suivait. » (*Journal*, p. 493.)

Dans l'attente d'un nouveau général, William de la Pole divise ses forces, qui prennent leurs cantonnements sur les rives de la Loire, en amont et en aval d'Orléans : à Jargeau, à 18 kilomètres en amont, et, en aval de la ville, à Meung (à 18 kilomètres) et à Beaugency (à 25 kilomètres). Le 1er décembre, les nouveaux généraux arrivent : John Talbot, qui sera fait plus tard comte de Shrewsbury (il tombera à la bataille de Castillon, en 1453), et Thomas Glasdale (Jeanne l'appellera « Glassidas »).

2. *Début décembre 1428.* Les travaux d'investissement commencent, mais mollement. Au lieu de ceinturer la ville de fortifications, pour empêcher les assiégés d'en sortir et les renforts éventuels ou les convois de ravitaillement d'y pénétrer, les Anglais construisent en tout et pour tout une dizaine de bastilles (voir carte p. 156), éloignées des remparts (à plusieurs centaines de mètres de ceux-ci, ou même davantage). En particulier, aucune bastide ne protège la porte de Bourgogne, à l'Est de la ville, par laquelle on peut entrer commodément dans Orléans ou en sortir, sans avoir à franchir la Loire en ce point. Bref, ce siège ressemble plus à une « drôle de guerre » qu'à un siège en règle.

3. *Noël 1428.* « La Poule » envoie un message courtois à Dunois, qui s'est installé dans Orléans avec quelques centaines d'hommes, pour lui demander de lui prêter des musiciens (des *ménétriers*), afin, sans doute, de distraire ses troupes, et Dunois lui envoie quelques joueurs de viole. Auparavant, le général anglais avait fait cadeau aux conseillers municipaux d'Orléans... d'un panier de figues ! Le « siège » d'Orléans devient un siège d'opérette.

4. *12 février 1429.* Depuis quatre mois que le « siège » a commencé, il ne s'est rien passé de sérieux autour d'Orléans depuis la mort de Salisbury ; cependant, alors que les Orléanais ont encore des vivres dans leurs greniers et peuvent, éventuellement, sortir de la ville pour faire un tour dans les jardins et les vergers environnants, les Anglais commencent à manquer de farine et surtout de poisson : on est en période de Carême, et il est interdit de manger de la viande. Les Parisiens, qui sont pour la plupart des partisans des Anglo-Bourguignons, décident d'envoyer un convoi de ravitaillement aux assiégeants. Au matin du 12 février, un cortège de 300 chariots, chargés de sacs de farine et de barils de harengs part en direction d'Orléans, avec, en tête, le prévôt de Paris, Simon Morhier, et le capitaine anglais John Falstaff (ou Falstoff) ; il est escorté par une troupe forte de 1 500 hommes, selon les chroniqueurs de l'époque[1] tous favorables aux Anglo-Bourguignons. Arrivé à la hauteur du village de Rouvray-Saint-Denis (à une quarantaine de kilomètres au Nord d'Orléans), le convoi est attaqué par une *« grande quantité d'Armagnacs »*, dit le Bourgeois de Paris, auxquels s'étaient joints des Écossais, et il y eut un combat acharné entre les deux petites armées, qui tourna à l'avantage des hommes de Falstaff. Cette « journée des harengs », comme on l'appela par la suite, aurait coûté 400 morts aux Armagnacs, mais les chiffres donnés par les sources semblent fantaisistes (le Bourgeois de Paris, par exemple, parle d'un combat héroïque qui aurait opposé 1 500 Anglais à 7 000 Armagnacs, ce qui est tout à fait invraisemblable).

16 février 1429. Le comte de Clermont, qui se tenait dans Orléans avec ses propres troupes (2 000 hommes disent les chroniqueurs, en réalité 400 ou 500 hommes au maximum), décide de partir rejoindre le dauphin à Chinon, et, accompagné de quelques autres, au nombre desquels l'archevêque Regnault de Chartres, il quitte Orléans, sans être aucunement inquiété par les assiégeants : il ne reste plus, pour défendre la ville, que Dunois et quelques centaines d'hommes d'armes.

Deuxième quinzaine de février (?). Les échevins d'Orléans s'adressent au duc de Bourgogne (Philippe III le Bon) pour lui demander d'intervenir auprès de Bedford. Philippe a accepté de faire la démarche, mais il est revenu bredouille, Bedford lui ayant répondu qu'il *« n'avait pas coutume de battre les buissons pour laisser les oisillons à autrui »* ; il a réagi à cette réponse méprisante en retirant le contingent de 300 Picards qui faisaient partie des troupes assiégeantes.

5. *16 février-28 avril.* Cette ville assiégée dans laquelle on entre ou on sort comme dans un moulin, ces Anglais qui n'attaquent pas, ces capitaines orléanais qui se disputent, au point que l'un des

1. Le *Journal d'un Bourgeois de Paris*, les *Chroniques* d'Enguerrand de Monstrelet et la *Chronique de la Pucelle.*

plus remarquables d'entre eux, le comte de Clermont, est retourné à Chinon, ces habitants d'Orléans qui ne se manifestent pas, ni pour se plaindre, ni pour demander qu'on en finisse avec cette situation fausse, tout cela fait réfléchir le dauphin et ses conseillers. Le futur Charles VII n'est sans doute pas mécontent que les choses se déroulent sans combat : il a encore dans la mémoire l'amer souvenir des défaites de Cravant et de Verneuil. Son but, c'est d'aboutir à un accord avec le duc de Bourgogne avant que les assiégés ne se découragent et ne se rendent aux assiégeants.

Il lui faut donc entretenir leur moral et leur fidélité. Pour cela, puisque le dispositif de siège mis en place par les Anglais est une véritable passoire, il va envoyer aux Orléanais tout ce qu'ils réclament, et à profusion, des vivres et des munitions notamment, et l'arrivée de la Pucelle à Chinon, le 23 février, lui fournit enfin l'arme psychologique qui lui manquait : « Bonnes gens d'Orléans, va-t-il pouvoir dire aux assiégés, ne perdez pas courage, patientez, une Pucelle est arrivée sur les bords de la Loire, qui, inspirée par Dieu, va vous délivrer, vous et votre cité. »

6. *23 février-28 mars 1429.* Il ne se passe toujours rien devant Orléans, tandis que la Pucelle, arrivée à Chinon le 23 février, est examinée par les clercs et les théologiens, qui reconnaissent le caractère divin de sa mission. Le 28 mars, elle dicte la fameuse *Lettre aux Anglais* citée ci-dessus (p. 150).

7. *28 mars-29 avril.* La situation devant Orléans se fige : les Anglais ne tentent rien contre la ville et Dunois, informé de la venue de la Pucelle, a envoyé deux de ses adjoints pour *« être plus informé sur son compte*[1] », à savoir le sire Raymond de Villars, sénéchal de Beaucaire, et Jamet de Tillay (qui sera nommé ensuite bailli de Vermandois). Pendant ce temps, à Blois, Jeanne se prépare à accomplir la première partie de sa mission : « délivrer » Orléans.

LA « DÉLIVRANCE D'ORLÉANS » : UNE LÉGENDE BIEN TOURNÉE

Au chapitre précédent, nous avons laissé Jeanne à Poitiers, le 22 mars 1429, dictant sa *Lettre aux Anglais*, qu'elle fit porter aux capitaines anglais commandant devant Orléans. Après cette

1. *Null.*, V, p. 3.

missive, qu'elle voulait naïvement et sans doute sincèrement, comminatoire, elle fut conduite à Tours, où furent confectionnés son armure, son étendard et ses panonceaux (écussons peints, en toile).

La Pucelle a décrit elle-même son étendard à ses juges, lors de la quatrième audience de son procès (mardi 27 février 1431) :

> « Interrogée si, quand elle alla à Orléans, elle avait étendard ou bannière, et de quelle couleur :
>
> Elle répondit qu'elle avait un étendard dont le champ était semé de lys et il y était figuré un monde [*Dieu le Père tenant un globe dans sa main*] et deux anges sur les côtés ; il était de couleur blanche, de toile blanche ou boucassin, et y étaient écrits les noms : JÉSUS MARIE, comme il lui semble, et il était frangé de soie.
>
> Interrogée si ces noms : JÉSUS MARIE étaient écrits en haut, ou en bas ou sur le côté :
>
> Elle répondit : sur le côté, à ce qu'il lui semble.
>
> Interrogée sur ce qu'elle préférait, ou son étendard ou l'épée :
>
> Elle répondit qu'elle préférait de beaucoup, quarante fois, l'étendard à l'épée.
>
> Interrogée qui lui fit faire cette peinture sur l'étendard :
>
> Elle répondit : "Je vous ai assez dit que je n'ai rien fait que du commandement de Dieu." Elle dit encore qu'elle portait elle-même le dit étendard, quand elle attaquait les adversaires, pour éviter de tuer quelqu'un et elle dit qu'elle n'a jamais tué personne. » (*Condamn.*, II, p. 77, *sq.*)

Enfin, après divers préparatifs, Jeanne fut conduite à Blois, le 21 avril, avec l'intendant-secrétaire, Jean d'Aulon, qui avait été désigné pour l'assister, son chapelain, frère Pasquerel, et deux pages-écuyers, Louis de Coutes et un certain Raymond : nous sommes loin de la « maison militaire » que certains historiens lui attribuent, non sans quelque grandiloquence !

Cela dit, ce n'est pas une armée royale de libération qui part de Blois pour Orléans : c'est un simple convoi de ravitaillement (*« charretées de blé,... force de bœufs, moutons, vaches, pourceaux »*, écrit un chroniqueur du temps, Jean Chartier) destiné aux habitants de la ville assiégée, accompagné par un bon nombre de prêtres et de moines qui marchent en tête, en chantant les louanges du Seigneur, et par une petite escorte armée dont le faible effectif fera sourire les Anglais eux-mêmes, comme le déclare sur ce sujet frère Pasquerel (témoin n° 110), dans sa déposition lors du procès en Nullité :

> « [...] Ils entrèrent tous ensemble dans Orléans, sans obstacle, et introduisirent le ravitaillement à la vue des Anglais. Cela était surprenant, car tous ces Anglais, très nombreux [*ils n'étaient pas plus de 2 000 : voir p. 159*] et puissants, armés et prêts à combattre, voyaient passer les hommes d'armes du roi, troupe assez faible par rapport à eux ; ils voyaient aussi et entendaient les prêtres qui chantaient, parmi lesquels se trouvait le témoin, portant la bannière ; et cependant aucun Anglais n'attaqua ces hommes d'armes et ces prêtres. » (*Null.*, IV, p. 74.)

En d'autres termes, ni le roi de Bourges, ni ses conseillers, si habiles dans l'art de l'intrigue, n'auraient commis ni l'imprudence politique de faire de cette fragile jeune fille de 17 ans un *« chef de guerre »* auquel des capitaines patentés et de grande classe, comme Dunois, La Hire ou Gilles de Rais auraient à obéir, ni l'imprudence militaire de compter uniquement sur Jeanne, sur ses prières et sur les cantiques de ses moines pour vaincre un guerrier professionnel de haute volée comme Talbot. En revanche, pour relever le moral des habitants d'Orléans éprouvés et celui des soldats qui auraient tendance à baisser les bras, Jeanne était le personnage idéal. « Pourvu qu'ils tiennent », disait Clemenceau en 1916, à propos des civils dont il craignait le défaitisme, « grâce à la Pucelle ils tiendront », pensaient peut-être le dauphin, La Trémoille et Dunois.

Mais en quoi son action sur le moral des troupes ou des civils pouvait-elle conduire à la levée de ce siège qui ne ressemblait à aucun autre ? La réponse est simple : la présence de Jeanne n'a pas contribué au départ des Anglais ; pour d'obscures raisons que nous ignorerons toujours, ils sont partis d'eux-mêmes, pratiquement sans combattre alors qu'ils jouissaient d'une supériorité numérique écrasante. C'est ce que montre d'une manière évidente l'examen détaillé des faits.

*
* *

1. *Mercredi 27 et jeudi 28 avril 1429.* Le convoi de ravitaillement quitte Blois le 27, avec, en tête, les prêtres qui chantent des cantiques et qui brandissent l'étendard de Jeanne, suivis des hommes d'armes et de chariots bourrés de victuailles. Il ne s'agissait ni d'une armée, ni même d'un régiment (voir ci-après la déposition de Dunois). Jeanne est accompagnée par les maréchaux Gilles de Rais et Boussac, par le seigneur de Culan (plus tard amiral de France) et par Étienne La Hire. Elle ignore totalement la géographie et la topographie des lieux, mais Dunois a prévenu ses guides qu'en venant de Blois, on ne peut accéder à Orléans par la rive Nord de la Loire, en raison des bastilles anglaises qui en ferment les routes (voir la carte p. 156), ni par le pont à 19 arches sur le fleuve, car les Anglais ont construit une puissante bastille à l'entrée de ce pont, sur la rive Sud (un couvent appartenant à l'ordre des Augustins et transformé en forteresse). Il faut donc entrer dans Orléans soit en bateau (en débarquant sur la rive Nord), soit par la porte de Bourgogne, en faisant un détour par Chécy (sur la Loire, 10 kilomètres après Orléans en venant de Blois) à travers la Sologne. C'est cette dernière solution qui fut adoptée. Jeanne, ses prêtres, ses soldats et ses chariots partirent le long du fleuve à travers la Sologne et campèrent dans les champs alentour le 27 et le 28 avril au soir.

2. *Vendredi 29 avril.* Le convoi passe au large des murailles d'Orléans et parvient sur la rive Sud de la Loire, environ 3 kilomètres après Orléans, en face de l'église de Saint-Loup (qui est sur la rive Nord). Dunois (témoin n° 57), qui était venu à sa rencontre, dépose en ces termes au procès de Nullité :

> « Dans cette église se trouvaient des Anglais nombreux et courageux ; aussi parut-il au seigneur déposant [*Dunois*] et aux autres capitaines que les troupes royales, c'est-à-dire ces hommes d'armes accompagnant le ravitaillement, n'étaient pas suffisantes pour faire face et conduire les vivres jusque dans la cité ; et surtout il leur parut que les nefs ou bateaux nécessaires pour aller chercher le ravitaillement, et difficiles à obtenir, devraient remonter le courant de l'eau avec un vent tout à fait contraire. Alors Jeanne s'adressa au seigneur déposant en ces termes : "Êtes-vous le bâtard d'Orléans ?" Il répondit : "Oui, je le suis, et je me réjouis de votre arrivée." Elle reprit : "Est-ce vous qui avez donné le conseil de me faire venir ici, de ce côté de la rivière, et de ne pas aller directement où se trouvent Talbot et les Anglais ?" Il répondit que lui, et d'autres plus sages encore, avaient donné ce conseil, croyant agir au mieux et le plus sûrement. Jeanne reprit alors en ces termes : "*En nom Dieu*, les conseils de Dieu, mon Seigneur, sont plus sûrs et plus sages que les vôtres. Vous avez cru m'abuser, et vous vous êtes bien plus abusés vous-mêmes, car je vous apporte le meilleur secours qui aura jamais été donné à un combattant ou à une cité, c'est le secours du Roi des cieux. Il ne vient pas cependant pour l'amour de moi : il vient de ce Dieu qui, à la requête de saint Louis et de saint Charlemagne, eut pitié de la ville d'Orléans, et ne souffrit pas que les ennemis eussent et le corps du seigneur d'Orléans et sa ville [...]." » (*Null.*, IV, p. 3, *sq.*)

Comme on le voit, Jeanne ne manquait pas d'assurance, et son aplomb fit certainement effet sur Dunois, d'autant qu'à l'instant même, le vent changeait de sens, ainsi qu'il le dit dans la suite de sa déposition :

> « Dit en outre le seigneur déposant qu'aussitôt, comme à l'instant, le vent qui était contraire, et très opposé à la montée des bateaux chargés de ravitaillement pour Orléans, changea et devint favorable ; aussi les voiles furent immédiatement tendues ; ledit déposant monta sur les bateaux [...] et ils passèrent au-delà de l'église Saint-Loup [*dans la direction d'Orléans*] en dépit des Anglais. Dès lors le déposant eut grande confiance en Jeanne, plus qu'auparavant ; il la supplia de bien vouloir traverser le fleuve de Loire et entrer dans la ville d'Orléans, où elle était fort réclamée. » (*Null.*, IV, p. 4.)

Néanmoins, Jeanne s'entête. Elle n'est pas venue uniquement pour convoyer des chariots de ravitaillement : elle veut conserver ses hommes d'armes avec elle et se battre contre les Anglais, car telle est sa mission. Elle accepte donc d'accompagner Dunois, mais à la condition que ses soldats passent la Loire à leur tour. On lui dit que c'est impossible immédiatement ; il faut qu'ils retournent à Blois, où il y a un pont, et qu'ils y traversent la Loire ; ensuite ils la rejoindront par la rive Nord. Dunois finit par s'incliner, comme il l'expose dans sa déposition :

> « Le déposant alla auprès des capitaines qui avaient la charge de mener ces hommes d'armes ; il les supplia et requit, pour les besoins du roi, d'accepter que Jeanne entrât dans la cité d'Orléans [*sans eux*] et, quant à eux, d'aller à Blois, avec leurs troupes, où ils traverseraient la Loire pour se rendre à Orléans ; il n'y avait en effet aucun passage plus proche. Les capitaines acquiescèrent à cette requête et consentirent à traverser à Blois. Alors Jeanne partit avec le sire déposant [...], avec elle La Hire traversa aussi le fleuve Loire et ils entrèrent ensemble dans la ville d'Orléans [...]. » (*Null.*, IV, p. 5.)

L'entrée se fit le 29 avril, une fois le soir tombé, c'est-à-dire vers 20 heures. Il n'y avait eu ni combat, ni victoire, et les Anglais étaient toujours là, mais, dans Orléans ce fut la fête et les cloches sonnèrent à toutes volées. Puis Jeanne s'endormit du sommeil du juste, dans la maison de Jacques Boucher, le trésorier du duc d'Orléans [1], qui avait été mise à sa disposition (témoignages de Colette et Pierre Milet, témoins n°s 115 et 116, *Null.*, IV, pp. 88-89).

1. Charles d'Orléans – le poète – avait été fait prisonnier par les Anglais en 1415, à Azincourt, et il ne revint de Londres qu'en 1440.

3. *Samedi 30 avril.* Le témoignage de Dunois, qui est formel, ne peut s'interpréter que d'une seule façon : la Cour a décidé d'utiliser Jeanne, dont l'ardeur et la foi ne peuvent que servir la cause du dauphin. Elle lui a donné satisfaction en l'armant, en lui donnant une petite suite (d'Aulon, les deux écuyers, un chapelain), en l'envoyant à Orléans où elle confortera le moral des habitants et, si nécessaire, celui des troupes, bref elle a joué son jeu, mais elle ne l'a pas chargée de faire la guerre à un capitaine aussi expérimenté que Talbot : le dauphin et ses conseillers étaient pieux, certes, mais ils étaient suffisamment éclairés pour penser que Dieu, en lequel ils croyaient d'ailleurs, n'avait pas à prendre parti entre les Anglais, les Bourguignons ou les Valois. Confier à cette jeune fille des responsabilités militaires aurait semblé insensé à plus d'un : un échec à Orléans signifierait l'élimination définitive de la dynastie valoisienne. C'est sans doute pour cette raison que l'on a mis à la disposition de la Pucelle une simple escorte, et non pas une unité militaire, dont il était sans doute prévu qu'elle devait rentrer à Blois une fois Jeanne, ses prêtres et son convoi arrivés à bon port. Les historiens français traditionnels, prisonniers du portrait idyllique et patriotique brossé par Michelet, ont rarement souligné ce fait, qui ressort de l'examen des dépositions des témoins au procès en Nullité et qui a été bien analysé, il y a trois quarts de siècle, par Gustave Rudler[1] : la fameuse semaine d'Orléans (29 avril-8 mai) n'a été qu'un conflit permanent entre la Pucelle et les chefs militaires français, qui voulaient bien *« l'exploiter, mais en la tenant à l'écart des conseils »* ; ils ont tous en la mémoire le sanglant échec de la « Journée des harengs » (voir ci-dessus, p. 159), et, plus encore, celui de la bataille de Verneuil, et ils ne tiennent pas à en renouveler l'expérience. De sorte que le mot d'ordre des politiques et des militaires est le même : pas de risques.

Mais allez donc retenir la Pucelle ! A peine sortie du lit, ce samedi 30 avril, elle est allée provoquer les Anglais devant la bastille de la Croix-Buisée (voir carte p. 156) pour leur réclamer la libération de l'un des deux hérauts qui avaient porté à Suffolk sa *Lettre aux Anglais* du 22 mars et qui étaient retenus prisonniers, contrairement à toutes les lois de la guerre. L'engagement est purement verbal : Jeanne traite les Anglais de *« Godons »* (terme

1. *Michelet, historien de Jeanne d'Arc*, 2 vol., Paris, 1925-1926.

comparable à celui de « Boches » dont les Français affublaient les Allemands, entre 1870 et 1945), et ceux-ci traitent les hommes d'armes qui l'accompagnent de *« maquereaux mécréants*[1] *»*, mot qui avait déjà, à l'époque, le sens qu'il a de nos jours (on le rencontre déjà dans *le Roman de la Rose*). Elle se rend ensuite à la bastide des Tournelles, qui est occupée par Suffolk : cette fois-ci, c'est elle qui est traitée de « sorcière », et on lui promet de la rôtir si on la prend.

4. *Dimanche 1er, lundi 2 et mardi 3 mai.* Dunois est parti pour Blois, afin de ramener des renforts ; il a fait promettre à Jeanne de ne rien tenter.

5. *Mercredi 4 mai.* Dunois, Gilles de Rais et le maréchal de Saint-Sévère arrivent de Blois avec des troupes fraîches. Ils ont traversé la Loire à Blois et ont cheminé sur la rive Nord du fleuve ; une fois en vue d'Orléans, ils ont contourné la ville (défendue, vers l'Ouest, par de solides bastides) et y pénètrent par la seule porte libre, celle de Bourgogne (voir carte p. 000).

Dans l'après-midi, tandis que Jeanne se repose dans sa chambre, le tocsin qui résonne à travers tout Orléans la réveille : que se passe-t-il ? Son écuyer, Louis de Coutes, le conte dans sa déposition au procès de Nullité :

> « Très peu de temps après être montée dans sa chambre, Jeanne descendit et dit ces paroles au témoin : *"Ah ! sanglant garçon, vous ne me diriez pas que le sang de France fût répandu !"*, en lui ordonnant d'aller chercher son cheval ; entretemps elle se fit armer par la maîtresse de maison et sa fille ; lorsque le témoin revint, ayant préparé son cheval, il trouva Jeanne déjà armée ; elle dit alors au témoin d'aller chercher son étendard, qui était resté en haut ; et le témoin le lui remit par la fenêtre. Ayant saisi son étendard, Jeanne se précipita vers la porte de Bourgogne ; l'hôtesse dit alors au témoin de la suivre, ce qu'il fit. Il y avait à ce moment une attaque, une escarmouche, du côté de Saint-Loup [*voir la carte, p. 156*], et au cours de cette attaque, le retranchement fut pris [*il s'agissait de la bastille de Saint-Loup, occupée par des Anglais*] ; Jeanne rencontra quelques Français blessés, ce qui l'indigna. Les Anglais se préparaient à la défensive, lorsque Jeanne arriva en hâte contre eux ; aussitôt que les Français virent Jeanne, ils se mirent à crier et s'emparèrent de la bastille, ou fortin, de Saint-Loup. Le témoin a entendu dire que certains hommes d'Église [*anglais*], ayant revêtu leurs

1. Témoignage de son écuyer Louis de Coutes (témoin n° 103), *Null.*, IV, p. 48 ; l'insulte fut lancée par un dénommé le bâtard de Grandville.

habits ecclésiastiques, vinrent au-devant de Jeanne ; celle-ci les reçut, ne souffrit pas qu'on leur fît le moindre mal et les reçut dans son logis, les autres Anglais étant tués par les gens de la ville d'Orléans. » (*Null.*, IV, p. 48, *sq.*)

La prise de cette bastide fut le premier fait d'armes positif dans le cadre des opérations tendant à mettre fin au siège d'Orléans : Jeanne arriva après la bataille, pour panser les blessés. On pouvait prévoir que les hommes d'armes qu'avait ramenés Dunois allaient continuer, au cours des jours suivants, à mettre fin au siège en s'emparant des autres bastides anglaises. Il faut souligner ici un point important : comment se fait-il que les troupes anglaises qui étaient cantonnées à Jargeau (voir ci-dessus, p. 158) ne soient pas intervenues pour conserver la bastide de Saint-Loup ? Il y a deux réponses possibles : 1° elles n'en eurent pas le temps, étant donné la rapidité avec laquelle l'affaire a été montée (même Jeanne d'Arc, qui était à deux pas, est arrivée trop tard) ; 2° les chefs de l'armée anglaise préparaient déjà la levée du siège (pour des raisons que nous expliquons ci-après), et n'avaient aucune raison d'engager un combat inutile.

6. *Jeudi 5 mai.* Cette année-là (1429), il s'agit du jeudi de l'Ascension, donc jour de trêve. Jeanne va faire ses dévotions et, en sortant de l'église, elle se dirige vers le fortin des Tournelles, occupé par Suffolk et un détachement de soldats anglais. Elle dicte à un clerc une brève requête, par laquelle elle exige de Suffolk qu'il libère ses hérauts ; en voici le texte :

> « Vous, hommes d'Angleterre, qui n'avez aucun droit en ce royaume de France, le Roi des cieux vous avertit et vous mande par moi, Jeanne la Pucelle, d'abandonner vos fortins et de rentrer dans votre pays, sinon je vous ferai tel *hahu* [*assaut*] dont on se souviendra toujours. Et cela, je vous l'écris pour la troisième et dernière fois ; je n'écrirai plus davantage. Ainsi signé : Jhésus, Maria. Jehanne la Pucelle. *Post-scriptum :* Je vous aurais bien envoyé ma lettre d'une manière plus honnête ; mais vous détenez prisonniers mes messagers, *hérauts* en français ; vous avez retenu mon *héraut* dénommé *Guyenne.* Si vous voulez me le renvoyer, moi je vous renverrai quelques-uns de vos gens pris au fortin de Saint-Loup, car ils ne sont pas tous morts. »

Ensuite, nous dit frère Pasquerel qui nous rapporte cette lettre, elle prit une flèche, attacha la lettre à la pointe de la flèche et ordonna à un arbalétrier de l'expédier aux Anglais, en leur criant : *« Lisez, ce sont des nouvelles ! »* Les Anglais reçurent la flèche, lurent la lettre et se mirent à crier: *« Voici des nouvelles de la putain des Armagnacs »*, ce qui fit pleurer Jeanne abondamment.

L'après-midi du 5 mai, après les Vêpres, les chefs militaires français tiennent conseil, sous la direction de Dunois. Leur plan est hautement stratégique: simuler un assaut des bastides du Nord et de l'Ouest (« Paris » et « Rouen ») et attirer ainsi les Anglais hors de leurs bastilles du Sud (où se trouvent leurs chefs), qu'on attaquerait alors en masse avec furie, notamment la bastide des Augustins que les Anglais ont édifiée à l'entrée du pont sur la Loire, du côté de la Sologne (voir la carte, p. 156). Jeanne n'y a pas été invitée, et pour cause: ces généraux expérimentés se méfient de son impétuosité, et elle n'accepterait pas de simuler une attaque dans le Nord. Toutefois, elle les prit de vitesse de la manière qu'on va décrire, et c'est Jeanne qui leur imposera dès le lendemain son plan d'attaque sans leur demander leur avis: faire une sortie en masse et attaquer d'emblée les bastides du Sud.

7. *Vendredi 6 mai.* Nous devons la seule indication qui soit en notre possession, concernant cette action qui fut d'ailleurs décisive, à Simon Charles (témoin n° 112 déjà cité) qui dépose lui-même par ouï-dire, d'après une confidence que lui a faite le gouverneur civil d'Orléans, Raoul de Gaucourt:

> « De ce qui se passa à Orléans, il [*Simon Charles*] ne sait rien, sauf par ouï-dire, car il ne fut pas présent; mais il a entendu dire du sire de Gaucourt ce qui suit: lorsqu'elle était dans Orléans, les gens qui avaient la charge des troupes royales décidèrent qu'il ne paraissait pas bon de faire l'attaque ou l'assaut le jour où fut prise la bastille des Augustins; et ce même sire de Gaucourt fut commis pour garder les portes, afin d'empêcher de faire une sortie [*ce que voulait sans doute faire Jeanne*]. Jeanne cependant n'en fut pas contente; mais fut d'avis que les hommes d'armes devaient sortir avec les gens de la ville, pour aller à l'assaut contre ladite bastille, et beaucoup d'hommes d'armes et de gens de la ville étaient de cet avis. Jeanne dit alors au seigneur de Gaucourt qu'il était un "sale type" [*le texte latin dit* "malus homo" *que Duparc traduit un peu faiblement par* "mauvais homme"]. [...]. Les hommes d'armes tenant la ville sortirent, contre la volonté du sire de Gaucourt, et allèrent à l'assaut et à la conquête de la bastille des Augustins, qu'ils prirent par force et violence. » (*Null.*, IV, p. 83.)

Passant outre les décisions de Dunois et des capitaines et les ordres de Gaucourt, Jeanne va donc emmener les hommes d'armes à l'assaut de la bastide des Augustins. Les opérations se déroulèrent de la sorte:

– Jeanne, suivie par une troupe où les civils (habitants d'Orléans) sont mêlés aux militaires (les hommes d'armes qu'elle a décidés à partir à l'assaut de la bastide des Augustin, malgré le *veto* de Gaucourt), se dirige vers la porte de Bourgogne, la poutre qui maintient celle-ci close est enlevée par la foule, et tout le monde se précipite en direction de la Loire ; les capitaines (et avec eux sans doute, Dunois) sont maintenant de la partie, et guident leurs hommes.

– La troupe traverse la Loire, en passant par les deux îles qui s'allongent entre ses deux rives, l'Île-aux-Bœufs et l'Île-aux-Toiles : le but est d'atteindre la bastide de Saint-Jean-le-Blanc, défendue par un peloton de fantassins anglais et où se trouvent les capitaines anglais (Glasdale, Talbot, de la Pole, Fastolf) ; lorsque Glasdale aperçoit cette horde déchaînée, il court se réfugier avec ses hommes dans la forteresse des Augustins, à l'entrée du pont sur la Loire.

– Jeanne et les capitaines, qui ont maintenant leurs forces bien en main, cernent la forteresse, devant laquelle les combats durent toute la journée, sans succès, jusqu'au crépuscule : le Dieu qui avait promis la victoire à Jeanne l'aurait-il abandonnée ? Déjà Dunois donne l'ordre à ses hommes, blessés, épuisés, de repasser la Loire et d'aller s'enfermer dans Orléans.

– C'est alors que les Anglais commettent l'énorme erreur de sortir de leur forteresse, où ils étaient cependant bien à l'abri, et de tenter un combat en rase campagne (on ignore quel chef anglais a commis pareille bévue : Suffolk ? Talbot ? De la Pole ? Glasdale ?) ; La Hire, Jeanne et Dunois font demi-tour, suivis des escadrons de cavalerie : en un rien de temps les Anglais sont bousculés et la forteresse des Augustins est prise. La nuit tombe sur cette victoire inattendue, et les forces françaises (quelques centaines d'hommes) la passent sur la position conquise. Quant à Jeanne, nous dit son écuyer Louis de Coutes, après la bataille, elle rentra à Orléans, dormir chez elle :

> « Elle revint dans la ville d'Orléans où elle coucha dans son logis avec quelques femmes, comme elle avait coutume de le faire ; car toujours la nuit elle avait une femme couchant avec elle, si elle pouvait en trouver une ; et si elle ne pouvait en trouver lors de la guerre et en campagne, elle couchait tout habillée. » (*Null.*, IV, p. 49.)

8. *Samedi 7 mai.* Après avoir pris les bastides de Saint-Loup et de Saint-Jean-le-Blanc, puis la forteresse des Augustins, il ne restait plus aux Français, pour que toutes les routes à l'Ouest et au Sud d'Orléans fussent libérées, que d'emporter le fortin des Tournelles, qui doublait les Augustins, ce qui fut fait le 7 mai, ainsi que le conte son écuyer, Louis de Coutes :

> « Dès le jour suivant Jeanne, contre l'avis de plusieurs seigneurs estimant que sa décision allait mettre les gens du roi en grand danger, fit ouvrir la porte de Bourgogne [*c'était en effet une imprudence : les forces anglaises auraient pu s'y engouffrer*] et une petite porte située près de la grosse tour ; puis elle passa l'eau avec quelques hommes d'armes, pour attaquer la bastille du Pont [*le fortin des Tournelles*], que tenaient encore les Anglais. Attaquant en ce lieu, les gens du roi y tinrent depuis la première heure [*6 heures du matin*] jusqu'à la nuit ; là Jeanne fut blessée [*elle reçut une flèche dans le cou*], et on lui ôta son armure pour soigner sa blessure ; et aussitôt après avoir été soignée, elle se réarma et alla vers les autres à l'attaque et à l'assaut, qui se prolongea de la première heure jusqu'au soir, sans arrêt. Le retranchement fut enfin pris, et Jeanne, restant toujours avec les hommes d'armes pour l'assaut, les exhortait à avoir bon courage, à ne pas se retirer, car ils auraient le fortin sous peu ; elle disait, semble-t-il, qu'ils auraient le fortin quand ils verraient le vent pousser son étendard dans sa direction. Toutefois, vers le soir, les gens du roi, voyant qu'ils n'arrivaient à rien, que la nuit approchait, désespéraient de s'emparer de ce fortin. Cependant Jeanne persistait toujours, leur promettant qu'ils auraient sans faute le fortin le jour même [*on est en droit de penser que Dunois et les autres capitaines exhortaient leurs hommes de la même manière*]. Les gens du roi préparèrent alors un nouvel assaut ; ce que voyant, les Anglais ne firent aucune défense, mais, terrifiés, furent presque tous noyés [...]. » (*Null.*, IV, p. 49, *sq.*)

Pour la petite histoire, signalons que parmi les noyés il y avait Glasdale, celui que Jeanne appelait « Glassidas » et qui l'avait un jour traitée de putain. Et autour d'Orléans on releva les cadavres de 114 Anglais : la bataille d'Orléans fut, et de beaucoup, la moins meurtrière de toute la « guerre de Cent ans » !

*
* *

Cette accumulation de détails, qui provient des témoignages recueillis lors du procès en Nullité et qui pourrait être beaucoup plus importante encore, mérite commentaire.

Sur les conditions mêmes du « siège », nous serons bref. Il est clair que ce ne fut pas un véritable siège, au sens strict du terme. L'armée anglaise était une petite armée (4 000 hommes au plus, répartis en trois contingents à plusieurs kilomètres d'Orléans), et elle ne pouvait absolument pas cerner la ville en force : il aurait fallu à ses chefs au moins dix fois plus d'effectifs, ne serait-ce que pour réaliser de véritables travaux d'investissement, à la manière de César, par exemple, en entourant les murailles d'une ou deux circonvallations, afin de l'étouffer et de l'affamer. Les Anglais ne purent faire mieux que d'établir une dizaine de petites bastides ou fortins sur les routes menant à Orléans, comme nous l'avons indiqué sur la carte p. 156 ; chacune d'entre elles pouvait contenir une dizaine ou une quinzaine d'hommes, pas davantage, et de préférence des archers et des arbalétriers qui pouvaient atteindre de loin leurs assaillants (c'est ainsi que Jeanne fut blessée). Cela explique que, durant les six mois pendant lesquels dura ce faux siège, les troupes, les messagers, les habitants eux-mêmes s'ils voulaient tenter l'aventure, purent entrer et sortir d'Orléans comme il leur chantait. Le Bourgeois de Paris le souligne dans son *Journal :*

> « Malgré tous les Anglais qui assiégeaient Orléans, la Pucelle fit entrer dans la cité à grande foison d'Armagnacs et grande quantité de vivres, sans que jamais l'armée anglaise ne bouge ; et pourtant les Anglais les voyaient passer à une ou deux portées d'arc d'eux, et pourtant aussi ils avaient eux-mêmes grand besoin de vivres. » (*Journal d'un Bourgeois de Paris*, p. 503.)

Par ailleurs, le gros de l'armée anglaise (3 500 hommes peut-être, une fois les hommes postés dans les bastilles ôtés) a été divisé en trois contingents, dont chacun est cantonné à plusieurs kilomètres d'Orléans (à Jargeau, Beaugency et Meung), comme on l'a dit plus haut : cette armée ne peut donc pas faire pression sur les assiégés. En d'autres termes, Orléans n'a jamais été véritablement assiégée ; elle est simplement « bloquée », sous la surveillance de quelques centaines de soldats anglais répartis dans une dizaine de petits fortins.

Que dire, ensuite, de la « délivrance » d'Orléans ? Elle s'est résumée à la prise des bastides de Saint-Loup (décidée par Dunois et ses capitaines, le 4 mai, pendant que Jeanne *faisait la sieste*), de Saint-Jean-le-Blanc (*sans combat* : le poste avait été abandonné par les Anglais après la prise de Saint-Loup), des Augustins (le 6 mai, à l'initiative de Jeanne d'Arc, *par l'armée de Dunois, avec l'assistance de civils* et malgré les hésitations du gouverneur Gaucourt). Ce ne sont pas là des faits d'armes considérables :

il s'agit tout au plus de petits engagements, d'*escarmouches* comme on disait alors dans le langage militaire, prévus, organisés et accomplis par l'armée régulière que commandaient Dunois et ses officiers. Si Jeanne d'Arc n'avait jamais existé, les choses se seraient déroulées de la même manière : Chinon ne pouvait admettre l'investissement d'Orléans qui, à une époque où les grands ponts étaient rares, commandait l'accès à la France valoisienne ; celle-ci avait fait son deuil, bien entendu, de la France bourguignonne, et se devait de fermer ses portes à la France lancastrienne (anglaise, si l'on veut) sous peine de mort. Les capitaines français étaient à pied d'œuvre et ils s'en sont très bien sortis, sans Jeanne d'Arc qui n'a servi vraiment, à Orléans, qu'à la propagande – indispensable – en faveur de la Maison des Valois-Orléans.

Mais, dira-t-on, une fois les fortins anéantis et les bastides reprises, il restait encore les cinq bastides qui barraient les routes vers Paris, Patay et Blois, à quatre desquelles les Anglais avaient donné les noms de villes françaises ou en leur pouvoir (du Nord au Sud : « Paris », « Rouen », « Londres », « La Croix-Buisée », « Saint-Laurent », voir carte p. 156), et surtout les trois régiments formant le gros de l'armée anglaise et cantonnés à Jargeau, Meung et Beaugency. Il s'agissait là de forces importantes – près de 4 000 hommes – qui risquaient, à tout moment et à la faveur d'une quelconque trahison, de pénétrer dans la ville et de tout prendre, ou tout brûler.

La nuit du 7 au 8 mai fut une nuit anxieuse, pour les habitants d'Orléans : bien peu nombreux furent ceux qui purent fermer l'œil. Quant à Jeanne, nous dit Dunois dans sa déposition au procès en Nullité :

> « Elle fut conduite à son logement pour que sa blessure reçut des soins. Une fois les soins donnés par un chirurgien, elle se restaura en prenant quatre ou cinq rôties dans du vin, coupé de beaucoup d'eau, et elle ne prit aucune autre nourriture. » (*Null.*, IV, p. 6.)

Le dimanche 8 mai au matin, les capitaines français sont donc sur le qui-vive : que va faire cette armée anglaise, deux fois plus nombreuse que la leur et qui n'est pas encore entrée dans la bataille ? Les habitants d'Orléans sont sur les remparts : anxieux, ils scrutent l'horizon, et attendent avec crainte l'apparition des chevaliers, des archers, des artilleurs et des fantassins anglais.

Que va-t-il se passer ? C'est encore Dunois qui nous l'apprend, dans la même déposition, et ce qu'il dit est suffisamment incroyable qu'il nous faut préciser ici que tous les témoins interrogés sur ce sujet ont dit la même chose :

> « Le lendemain, de bon matin, les Anglais sortirent de leurs tentes et se rangèrent en bataille pour le combat. A cette vue, la Pucelle se leva de son lit et mit seulement un habit appelé en français *jasseran* [*"cotte de maille" : sa blessure à la base du cou lui interdisait l'armure*] ; elle décida cependant que personne n'attaquerait les Anglais, ni ne leur réclamerait rien, mais qu'on les laisserait partir. Et ils partirent en fait, sans que personne alors les poursuivît. Dès ce moment la ville fut délivrée de ses ennemis. » (*Null.*, IV, p. 6, *sq.*)

Du haut de leurs murailles, les habitants d'Orléans, qui s'attendaient à entendre les « Godons » vociférer et se ruer à l'assaut des murailles avec des échelles, n'en reviennent pas : l'armée anglaise fait demi-tour et s'éloigne, silencieuse et en bon ordre, vers le Nord. Le cauchemar est terminé. Les cloches de la cathédrale et des chapelles de la ville sonnent à toute volée, les Orléanais pleurent de joie : cela faisait exactement sept mois et quatre jours qu'ils vivaient dans les transes. Ce départ sans assaut, sans combat, sans trompettes et sans tambours, pour eux, gens simples, c'est un *miracle*. Et c'est à la Pucelle qu'ils le doivent. N'avait-elle pas prédit au roi qu'elle lèverait le siège d'Orléans (*Condamn.*, II, p. 179) ? Mais il n'y eut pas que les gens simples qui furent de cette opinion ; le duc d'Alençon résumera le sentiment de tous dans sa déposition au procès en Nullité :

> « Ce que Jeanne fit dans la ville d'Orléans, le témoin n'en sait rien, si ce n'est par ouï-dire, car il ne fut pas présent et n'alla pas avec ses hommes d'armes. Cependant il vit par la suite les fortins établis devant la ville d'Orléans, et il constata leur force ; il croit qu'ils furent pris plus par miracle que par la force des armes, spécialement le fortin des Tournelles, au bout du pont, et le fortin des Augustins ; si dans ceux-ci le témoin s'était trouvé avec une petite troupe, il aurait bien pu espérer résister pendant six à sept jours à toute la puissance des ennemis, qui, lui semble-t-il, n'auraient pu s'en emparer ; et, comme il l'a entendu rapporter par les hommes d'armes et capitaines qui y furent, ceux-ci attribuaient presque tous les événements d'Orléans à un miracle de Dieu venant d'en haut et non à l'œuvre des hommes. Il l'entendit dire plusieurs fois par sire Ambroise de Loré, naguère prévôt de Paris. » (*Null.*, IV, p. 66.)

Dès ce dimanche 8 mai au matin donc, la légende de Jeanne est en marche ; elle allait se confirmer dans les semaines qui allaient suivre, comme nous le verrons plus loin (p. 196 ci-après).

Le désarroi des consciences, la puissance de la foi, le désir ardent de jours meilleurs firent que tout le monde, ou presque tout le monde, crut sincèrement que Jeanne était directement inspirée par Dieu : on croyait aux miracles, ou du moins on voulait y croire, un peu comme ces sportifs modernes bourrés de substances dopantes, mais qui n'en font pas moins, parfois, le signe de croix au moment du départ.

La « libération d'Orléans » ne fut pas une « libération » puisque la ville n'était ni occupée, ni véritablement assiégée, mais simplement surveillée et menacée par les Anglais qui n'entreprirent aucune tentative, d'agression, aucun assaut contre elle. Cette surveillance, pour désagréable qu'elle fût, n'occasionna aucune souffrance à la population, ni aucune privation grave, et la prise des bastides anglaises qui y mit fin et que les historiens appellent la « délivrance d'Orléans » est due aux troupes de Dunois et de ses capitaines. Jeanne y prit part avec ardeur, c'est vrai, mais elle n'y joua pas un rôle déterminant, et l'affaire se termina par le départ sans combattre de l'armée anglaise cantonnée alentour. En faire un « miracle » était de bonne politique, à cette époque obscurantiste, de la part de Charles VII et des Armagnacs. Cinq siècles plus tard, l'anticléricaliste inénarrable que fut Michelet voit dans Jeanne d'Arc, de manière tout aussi obscurantiste, l'incarnation du « peuple sous une forme virginale et pure » (*Œuvres*[1], IV, p. 364) : la Pucelle est pour lui une sorte de Christ laïque qui meurt pour la France ! Villon était moins délirant que Michelet : pour lui, Jeanne est tout simplement une brave Lorraine que les Anglais, ennemis du roi de France, ont brûlée à Rouen.

1. Nous citons Michelet, dans ce livre, d'après l'édition de ses *Œuvres complètes*, Paul Viallaneix, Paris, 1974.

6

D'ORLÉANS À REIMS : LE RÊVE D'UNE JEUNE FILLE

(9 mai-17 juillet 1429)

Jeanne a toujours été fermement convaincue que sa mission ne s'arrêtait pas à la « délivrance » d'Orléans : Dieu, le « Roi du ciel », a-t-elle dit à ses juges, lui avait donné comme mission finale de restituer son royaume au dauphin, c'est-à-dire de le faire consacrer roi de France par l'évêque de Reims et, dès qu'elle arriva à Chinon, elle en fit la promesse au dauphin, comme le rappelle le promoteur du procès de Condamnation dans son réquisitoire :

> « En présence dudit Charles [*le dauphin, noter que le promoteur de dit pas "le dauphin" : pour lui, le roi de France, c'est Henry VI*], ladite Jeanne lui promit entre autres trois choses : premièrement qu'elle ferait lever le siège d'Orléans, secondement qu'elle le ferait couronner à Reims, troisièmement qu'elle le vengerait de ses adversaires [...]. » (*Condamn.*, II, p. 179.)

Le sacre du roi était le véritable but de la mission que lui avait confiée Dieu par l'intermédiaire de ses voix, et dont la « délivrance » d'Orléans n'était que le signe : il eut lieu le dimanche 17 juillet 1429 à Reims, dix semaines après la levée du siège d'Orléans.

Ces dix semaines furent occupées par ce que certains appellent, de manière quelque peu grandiloquente, la « campagne de la Loire » (du 10 au 26 juin), marquée par la victoire à Patay de l'armée française – commandée par le duc d'Alençon, Dunois, La Hire et le connétable de Richemont – sur les Anglais, et par les péripéties qui ont émaillé le voyage de Jeanne et de la grande armée du dauphin de Gien à Reims (du 26 juin au 16 juillet), sur la « route du sacre ».

LA CAMPAGNE DE LA LOIRE

Le dimanche 8 mai 1429, après le départ des quelques centaines d'Anglais qui occupaient les autres bastides surveillant Orléans, il y eut encore une procession d'action de grâces à travers la ville en liesse, et le lendemain, après une nuit de repos, Jeanne quitta Orléans avec ses compagnons, pour se rendre auprès du dauphin ; sans doute avait-elle espéré d'abord que celui-ci viendrait faire une entrée solennelle dans la ville libérée, et elle l'attendit à Blois du 9 au 12 mai, comme il ressort de la déposition faite par Simon Beaucroix, écuyer (témoin n° 105 au procès en Nullité) :

> « Le même jour [*le 9 mai*], les gens du roi sortirent de la ville d'Orléans et retournèrent à Blois où ils arrivèrent dans la journée. Jeanne resta là deux ou trois jours, et ensuite se rendit à Tour et à Loches, où les gens du roi se préparaient à aller contre la ville de Jargeau [*où se trouvaient des forces anglaises*]. » (*Null.*, IV, p. 56.)

A Tours, où elle arriva donc le 13 mai, Jeanne rencontra enfin son souverain, et, nous dit son écuyer, Louis de Coutes (témoin n° 103 dans le procès en Nullité), *« on décida que le roi irait à Reims pour le sacre »* (*Null.*, IV, p. 50). Qui prit cette décision ? Le témoin ne nous le dit pas, mais ce ne fut évidemment pas Jeanne, qui n'avait aucune autorité pour ce faire : le dauphin, hésitant, comme toujours, a dû longuement en parler avec ses conseillers, et notamment avec La Trémoille, avant de se déterminer.

Toutefois, cette décision n'eut aucun effet immédiat, puisque, trois semaines plus tard, le 4 juin, Jeanne était encore à Loches, avec Dunois et d'autres chefs militaires : après qu'*« on »* eut décidé de partir pour Reims, *« on »* s'était aperçu qu'il fallait d'abord déloger de la vallée de la Loire les troupes anglaises qui y avaient été engagées en vue de la prise d'Orléans. Elles étaient d'ailleurs relativement peu nombreuses : 2 500 hommes au maximum, si l'on s'en tient au bilan de la bataille de Patay (voir ci-dessous, p. 182). Voici ce que dit Dunois dans sa déposition de 1456 au procès en Nullité :

> « Après le siège de la ville d'Orléans la Pucelle, accompagnée du déposant et autres capitaines, se rendit auprès du roi au château de Loches, pour lui demander d'envoyer des gens de guerre reprendre les châteaux et les villes situés sur la Loire, à savoir Meung, Beaugency et Jargeau ; ce qui permettrait de poursuivre

plus librement et plus sûrement au-delà jusqu'à Reims, pour le sacre. Elle pressait le roi à ce sujet avec beaucoup d'insistance et fréquemment, pour qu'il se hâtât, qu'il n'attendît pas davantage. Alors le roi fit toute la diligence possible, envoya le duc d'Alençon, ledit seigneur déposant et les autres capitaines avec Jeanne afin de reprendre villes et châteaux ; de fait on les remit dans l'obéissance royale en peu de jours, grâce à la Pucelle, comme le croit le seigneur déposant, interrogé sur cela et entendu.

De même, déclare ledit seigneur, sur ce interrogé, qu'après la levée du siège d'Orléans, les Anglais rassemblèrent une grande armée pour défendre les localités et châteaux susdits qu'ils tenaient. Le château et le pont de Beaugency étant assiégés [*par les Français*], l'armée anglaise se dirigea vers le château de Meung-sur-Loire, encore dans l'obéissance des Anglais ; mais elle ne put secourir les assiégés du château de Beaugency. Lorsque les Anglais apprirent que le château avait été pris et placé dans l'obéissance du roi de France [*du dauphin*], ils se réunirent en une seule armée et se rangèrent en bataille, en attendant les Anglais. Alors le sire duc d'Alençon, en présence du seigneur connétable, du sire déposant et de plusieurs autres, demanda à Jeanne ce qu'ils devaient faire. Elle lui répondit à haute voix : "Avez-vous de bons éperons ?" A ces mots les assistants demandèrent à Jeanne : "Que dites-vous ? Devrions-nous tourner les talons ?" Alors Jeanne répondit : "Non ! Ce sont les Anglais qui ne se défendront pas et seront vaincus, et il vous faudra des éperons pour leur courir sus." Il en fut ainsi : les Anglais s'enfuirent et, tant morts que prisonniers, il y en eut plus de quatre mille [*c'est-à-dire la quasi-totalité des forces anglaises*]. » (*Null.*, IV, p. 7, *sq.*)

Après cette entrevue du 4 juin à Loches avec le dauphin, Jeanne se rend à Selles-sur-Cher, où des informateurs la renseignent sur les mouvements des troupes anglaises, puis, le lendemain, court jusqu'à Romorantin, où elle s'occupe de rassembler ses propres troupes. La victoire remportée à Orléans par les hommes de guerre de Dunois et à laquelle elle a participé – sur un plan plus « moral » que militaire – a donné un souffle nouveau à cette jeune fille qui a vite compris qu'à la guerre, l'enthousiasme n'est rien sans la méthode, et qui raisonne maintenant comme un capitaine chevronné. En quelques jours, la *pasionaria* d'Orléans est devenue un soldat obéissant, qui s'incline sagement devant les décisions avisées de ses chefs. Un chevalier[1]

1. Guy de Laval, quatrième du nom.

qui, répondant à l'appel du dauphin, qu'il considérait comme son roi, avait rejoint l'armée royale, nous trace un portrait fort intéressant de la Pucelle, dans une lettre qu'il écrit à sa mère et à son aïeule au début du mois de juin 1429 ; on y découvre que Jeanne était une excellente... cuisinière. La voici, transcrite en français moderne :

> « Le lundi [*6 juin 1429*] je partis avec le roi pour venir à Selles-sur-Cher, à quatre lieues de Saint-Aignan ; le roi fit venir devant lui la Pucelle, qui était déjà à Selles : d'aucuns disaient que ç'avait été en ma faveur [*que le roi l'avait appelée*] pour que je la visse. Et ladite Pucelle nous fit très bonne chère, à mon frère et à moi, étant armée de toutes pièces, sauf à la tête, et tenant sa lance à la main. Et après que nous fûmes descendus à Selles, j'allais à son logis la voir ; elle fit venir du vin et me dit qu'elle m'en ferait bientôt boire à Paris. Et semble chose toute divine de son fait que de la voir et de l'entendre. Puis elle est partie le lundi aux vêpres, de Selles pour aller à Romorantin, ainsi que le maréchal de Boussac et grand nombre de gens armés de la commune avec elle. Et je la vis monter à cheval, armée tout en blanc, sauf la tête, une petite hache à la main, sur un grand coursier noir, qui se démenait très fort à la porte de son logis et ne souffrait pas qu'elle montât ; lors elle dit : mène-moi à la croix qui est devant l'église auprès du chemin, et lors elle monta sans qu'il bouge, comme s'il était attaché ; elle se tourna alors vers la porte de l'église, qui était tout proche, et dit avec une voix de femme : "Vous, les prêtres et gens d'église, faites processions et prières à Dieu." Et lors se retournant : "Tirez avant, tirez avant !" Son étendard que portait un grand page était déployé, elle avait sa petite hache à la main et un de ses frères [*Jean d'Arc*] était arrivé depuis huit jours [...].
>
> Ce jourd'hui [*le 8 juin, date de la lettre*], Monsieur d'Alençon, le bâtard d'Orléans et Gaucourt [*donc trois capitaines éprouvés*] doivent partir de ce lieu de Selles et aller après la Pucelle [*probablement à Romorantin*]. Et il vient chaque jour des gens de toutes parts, mais tous ont si bonne espérance en Dieu que je crois qu'il nous aidera.
>
> Écrit à Selles, ce mercredi 8 juin 1429 [...]. Vos humbles fils, Guy et André de Laval. »

Cette précieuse lettre nous explique clairement comment s'est préparée la « campagne » de la Loire, qui n'a été qu'une opération de nettoyage préalable nécessaire au départ pour Reims : il n'était pas question que les trois contingents anglais se regroupent et menacent les arrières de l'armée royale, une fois celle-ci engagée sur la route du sacre. Elle a été décidée par le dauphin, après qu'il eut reçu ses capitaines et la Pucelle (*cf.* la déposition de Dunois ci-dessus) ; le rassemblement des troupes s'est fait en Sologne (entre Selles et Romorantin), et le départ se fit d'Orléans, le vendredi 10 juin. Le commandement en chef de l'armée royale fut donné au duc d'Alençon (témoin n° 109 dans le procès en Nullité), qui prit pour adjoints Dunois et Étienne de Vignoles, dit La Hire ; sa déposition nous renseigne sur les modestes moyens (1200 hommes de guerre) mis en œuvre pour cette « campagne », qui débuta par la prise de Jargeau :

> « Le témoin ne vit plus Jeanne d'Arc depuis qu'elle eut quitté le roi [*à Chinon*] jusqu'à la levée du siège d'Orléans. Il la revit à Selles, en Berry, d'où il rejoignit avec Jeanne les autres hommes d'armes se trouvant près d'Orléans. Et ils firent tant qu'ils réunirent jusqu'à six cents lances des gens du roi, avec l'intention d'aller à Jargeau, ville qu'occupaient les Anglais ; et cette nuit-là ils couchèrent dans un bois ; le lendemain vinrent d'autres hommes d'armes, conduits par le sire bâtard d'Orléans, le sire Florent d'Illiers et quelques autres capitaines ; et tous rassemblés ils se trouvèrent environ mille deux cents lances. Il y eut alors discussion entre les capitaines, car les uns étaient d'avis de donner assaut à la ville, les autres, opposés, affirmant que les Anglais avaient une grande puissance et étaient en grand nombre. Jeanne, voyant ces discussions entre eux, leur dit de ne pas craindre le nombre et de ne pas faire difficulté à donner l'assaut aux Anglais, car Dieu conduisait leur entreprise ; elle ajouta que si elle n'avait pas été sûre que Dieu menât l'affaire, elle aurait préféré garder ses moutons et ne pas s'exposer à tant de périls. Sur ces paroles ils se mirent en route vers la ville de Jargeau, croyant s'emparer des faubourgs et y passer la nuit ; mais les Anglais, l'apprenant, vinrent à leur rencontre et d'abord les repoussèrent. Ce que voyant, Jeanne prit son étendard et partit à l'attaque en exhortant les hommes d'armes à avoir bon courage ; et ils firent tant que cette nuit-là l'armée du roi s'installa dans les faubourgs de Jargeau. [...] Les gens du roi préparèrent l'artillerie et firent au matin diriger bombardes et machines contre la ville. [*Puis*] on décida de lancer l'assaut contre la ville, et les hérauts crièrent : "A l'assaut". Jeanne dit alors au témoin qui dépose : *"Avant, gentil duc, à l'assaut !"* Et, comme il paraissait au témoin qu'on agissait prématurément, en partant si vite à l'assaut, Jeanne lui dit : *"N'hésitez pas ! l'heure est prête quand il plaît à Dieu"* [...]. Plus tard, elle dit au témoin : "Ah ! gentil duc, as-tu peur ? Ne sais-tu pas que j'ai promis à ton épouse de te ramener sain et sauf ?" C'était vrai, en effet : quand le témoin quitta sa femme pour venir à l'armée, celle-ci dit à Jeanne qu'elle craignait beaucoup pour son mari, qu'il avait déjà été prisonnier et qu'elle l'aurait

> volontiers prié de rester. Alors Jeanne répondit : *"Dame, n'ayez pas peur ! Je vous le rendrai sauf, dans l'état où il est, ou même meilleur."* » (*Null.*, IV, p. 67.)

Comme on le voit, non seulement la Pucelle était réellement courageuse, ce qui mérite d'être salué, mais elle était aussi douée d'un optimisme à toute épreuve, conséquence sans doute de son immense foi, mais aussi de son extrême jeunesse (n'oublions pas qu'elle a 17 ans). L'assaut fut donné le 12 juin, et Jeanne y participa vaillamment, montée sur une échelle, son étendard à la main ; elle fut même atteinte à la tête d'une pierre, qui se brisa sur sa capeline et elle tomba de son échafaudage, tout en continuant d'encourager les combattants : *« Sus, amis, sus ! Notre Seigneur a condamné les Anglais ! »*, leur criait-elle, rapporte le duc d'Alençon.

Et, de fait, la lutte devenait plus acharnée, plus confuse : les Anglais tombaient les uns après les autres sous les coups des chevaliers français et Suffolk vit même son frère, Willliam de la Pole, tomber à ses côté. De toutes parts on le presse de se rendre. Soit. Mais à qui ? Suffolk, meurtri, blessé, fait crier au duc d'Alençon qu'il veut lui parler, mais il n'est pas entendu et l'assaut se poursuit. Selon les archives anglaises, il aurait alors interpellé un jeune combattant français dont il admirait la vaillance au combat :

« Es-tu gentilhomme ? lui demande Suffolk.

– Je suis Regnault, écuyer, gentilhomme d'Auvergne.

– Es-tu chevalier ?

– Point encore. »

Le comte lui ordonne de s'approcher, l'adoube avec peine du plat de son épée et la tend au nouveau chevalier. La bataille est terminée : *« En un instant la ville de Jargeau fut prise*, rapporte le duc d'Alençon dans sa déposition au procès en Nullité, *les Anglais firent retraite vers les ponts, suivis par les Français et dans la poursuite plus de onze cents furent tués. »* (*Null.*, IV, p. 68).

Après cette victoire, l'armée royale retourna vers Orléans. Elle passa devant ses murs – sans s'y arrêter – le 13 juin et fonça sur les deux autres places tenues par les Anglais depuis le début du siège, Meung et Beaugency (voir ci-dessus, p. 158). Meung tomba le 15 juin, grâce aux bombardes rapportées d'Orléans, puis Jeanne et le duc d'Alençon passèrent la nuit dans une église, près de Meung, où, nous dit le duc dans sa déposition, *« ils furent en grand péril »*, et, poursuit-il :

> «... le lendemain, ils allèrent vers Beaugency, où ils rencontrèrent dans les prés d'autres troupes royales et menèrent une attaque contre les Anglais se trouvant dans la ville. Après cette attaque, les Anglais abandonnèrent la ville et se réfugièrent dans le château [*de Beaugency*] ; on plaça alors des gardes devant le château pour empêcher les Anglais de sortir. » (*ibid.)*

Cependant, une autre armée anglaise, plus nombreuse que celles qui venaient d'être vaincues, se dirigeait maintenant vers la Loire, commandée par John Fastolf[1], le héros d'Azincourt, et par Talbot. A Sully-sur-Loire, où il résidait depuis le début de la campagne, le dauphin en avait été avisé, et avait envoyé vers Beaugency des troupes fraîches ainsi que le chef suprême de ses armées, le connétable de Richemont, qui était alors en disgrâce (voir ci-dessus, p. 131), mais dont les capacités guerrières pouvaient toujours servir. D'où l'incident inévitable, car Jeanne ne le tenait pas en son cœur. Alors qu'ils se trouvaient assis devant le château de Beaugency qu'ils venaient de prendre, Jeanne et le duc d'Alençon apprirent que le connétable approchait, avec sa troupe ; voici comment d'Alençon narre l'incident, lors du procès en Nullité :

> « Le duc et Jeanne en furent mécontents et voulurent se retirer de la ville, eux et les autres de l'armée, car ils avaient l'ordre de ne pas recevoir le seigneur connétable dans leur compagnie. Aux dires du témoin, Jeanne déclara que, si le connétable venait, elle s'en irait. Mais le lendemain, avant l'arrivée du seigneur connétable, on apprit que les Anglais venaient en grand nombre, et avec eux le sire de Talbot. Les troupes crièrent *"à l'arme"* ; et alors Jeanne dit au témoin, qui voulait s'en aller à cause de l'arrivée du sire connétable, qu'il était nécessaire de s'entraider. [...] Vint alors un homme en la compagnie de La Hire, pour annoncer au témoin et aux capitaines du roi que les Anglais approchaient, qu'ils seraient bientôt en vue et qu'ils étaient environ mille hommes d'armes. Au bruit, Jeanne demanda ce que disait cet homme, et, l'ayant appris, elle déclara au sire connétable : *"Ah ! beau connétable, vous n'êtes pas venu de par moi ; mais puisque vous êtes venu, soyez le bien venu."* [...]. » (*Null.*, IV, p. 68, *sq.*)

Peu de temps après, l'armée de Talbot et de Fastolf fit son apparition dans la plaine. Jeanne se serait écriée alors : *« Dieu nous les envoie pour que nous les punissions ! »* Et elle aurait

1. Shakespeare a immortalisé ce nom sous la forme de « John Falstaff », le *clown* le plus fameux de son théâtre,... ce que n'était pas le Fastolf historique.

ajouté : « *Le gentil roi aura aujourd'hui la plus grande victoire qu'il eut jamais.* » La bataille eut lieu le 18 juin 1429, en pleine Beauce, à Patay (à une trentaine de kilomètres au Nord-Ouest d'Orléans) et il y fut fait un grand massacre des Anglais, qui laissèrent 2 000 morts sur le terrain d'après les chroniqueurs bourguignons et seulement 200 prisonniers (dont les principaux chefs anglais : Talbot, Thomas de Scales, Henry Barnache). Si l'on en croit le Bourgeois de Paris, la défaite anglaise aurait été plus grande encore. Voici comment il la commente dans son *Journal*, dans lequel, lorsqu'il parle de l'armée royale, il utilise l'expression « les Armagnacs » pour la désigner, car, pour lui comme pour la plupart des Parisiens, le roi de France, c'est le petit Henry VI, et le régent de France, Bedford.

> « Item en celui temps [*juin 1429*] les Armagnacs tenaient les campagnes, où ils détruisaient tout, et il fut envoyé contre eux une armée d'environ huit mille Anglais. Mais quand vint le jour où ils rencontrèrent les Armagnacs, ils n'étaient plus que six mille et les Armagnacs étaient dix mille [*les effectifs annoncés par le Bourgeois de Paris sont inexacts ; l'auteur, qui est pro-bourguignon, peut ainsi expliquer la défaite anglaise par la supériorité numérique des Français, alors qu'en fait, le rapport de forces était largement en faveur des Anglais*]. Ainsi coururent-ils sus aux Anglais moult âprement, et les Anglais ne refusèrent pas le combat ; il en résultat une grande défaite, d'un côté comme de l'autre, mais à la fin, les Anglais ne purent plus supporter les assauts des ennemis, qui étaient plus du double en nombre, et les encerclèrent. Les Anglais furent donc battus, et il fut bien retrouvé, à ce qu'on dit, 4 000 morts anglais ou davantage ; quant aux autres [*les Français*] on ne connut pas, à Paris, à combien s'élevèrent leurs pertes. » (*Journal d'un Bourgeois de Paris,* p. 506.)

Bien qu'elle ne fût pas comparable à celle subie par les Français à Azincourt[1], où la France laissa 7 000 chevaliers morts sur le terrain, cette défaite anglaise mit un terme à la progression des Anglais dans la vallée de la Loire : Jeanne pouvait enfin envisager de conduire le dauphin à Reims pour son couronnement et son sacre. Elle eut un grand retentissement en Angleterre, où Fastolf fut accusé d'avoir quitté le champ de bataille « *sans coup férir* » ; Bedford ordonna qu'il fût rayé de l'ordre de la Jarretière

1. « La bataille de Patay, qui est une véritable réplique d'Azincourt », écrit Régine Pernoud, qui a le sens de l'hyperbole (*Jeanne d'Arc*, Paris, Fayard, 1986, p. 98).

et se préoccupa de reconstituer son armée décimée, tandis qu'à Paris, après ce désastre inattendu et sans précédent, la panique s'empara des autorités municipales, qui, craignant un retour offensif et en force des « Armagnacs », proclamèrent la ville en état de siège et, sans doute sur les instances de Bedford, décida d'envoyer sur-le-champ une ambassade au duc de Bourgogne pour le supplier de venir au secours du royaume de France (la France lancastrienne s'entend) qui était en danger. Quelle bonne aubaine pour Philippe le Bon, qui depuis la Journée des harengs (voir ci-dessus, p. 159) avait pris ses distances et s'était retiré du conflit[1] : il promet aux ambassadeurs de Bedford d'être à Paris dans les plus brefs délais et il y arrive le 10 juillet suivant, à la tête de six ou sept cents hommes de guerre. Les anciens traités, notamment le traité de Troyes, furent consolidés, et il y eut une grande cérémonie à Notre-Dame à laquelle assistèrent le Parlement et l'Université de Paris. C'était l'union sacrée contre les Armagnacs et Charles de Valois, le prétendant illégitime – selon les Anglais – au trône de France : devant le peuple de Paris qui se pressait sur le parvis de la cathédrale, on lut en public l'ancien traité d'amitié, juré jadis entre Jean sans Peur – le père de Philippe le Bon – et le dauphin d'alors[2], Louis de Guyenne, alliance odieusement trahie par le « gentil dauphin » de Jeanne sur le pont de Montereau (mais on omit d'évoquer l'assassinat de la rue Vieille-du-Temple, en 1407, origine de la *vendetta* entre les deux familles princières).

En définitive, celui qui était le plus touché par la défaite de Patay, c'était le régent Bedford : il demanda à Londres qu'on lui envoyât des troupes fraîches, en remplacement des hommes qu'il avait perdus lors cette guerre éclair dans la vallée de la Loire, mais les seules forces disponibles de l'autre côté de la Manche étaient celles de Henry Beaufort, cardinal de Winchester et régent

1. La politique du duc de Bourgogne a été longtemps hésitante. Philippe le Bon craignait la politique expansionniste de Bedford, et il se faisait mal à l'idée qu'il puisse s'emparer des pays de Loire, contigus à son duché. En mars 1429, après la Journée des harengs, il avait offert au régent de mettre le duché d'Orléans sous sa garde, et Bedford lui avait répondu sèchement qu'il « serait bien fâché d'avoir battu les buissons pour que d'autres eurent les oisillons », ce à la suite de quoi le duc de Bourgogne avait retiré ses troupes d'Orléans ; cette décision facilita la reprise de la ville par les forces du dauphin qui, à partir de ce moment, conçut le projet d'une « paix de Bourgogne », projet qui devait faire son chemin par la suite.
2. Louis de Guyenne ; à sa mort, en 1415, ce fut son frère cadet, Charles, comte de Ponthieu, qui reçut le titre de dauphin et qui règnera plus tard sous le nom de Charles VII.

d'Angleterre (750 cavaliers et un millier d'archers selon les sources, plus 2 000 fantassins). Il les avait promises... au pape Martin V (né en 1368, pape de 1417 à 1431 : ce fut le pape de « l'affaire Jeanne d'Arc »), qui en avait besoin pour sa croisade contre les hussites [1] en Bohême. Le cardinal parvint à satisfaire et le pape, et Bedford : ses hommes de guerre furent embarqués à Londres sur des navires arborant le pavillon de la croisade, ce qui donna satisfaction au premier, mais ils furent débarqués à Calais, ce qui soulagea le second, et il reçut du régent une prime substantielle, car il ne méprisait pas les richesses temporelles.

LA ROUTE DE REIMS

La victoire de Patay ouvrait au dauphin Charles la route de Reims. Encore fallait-il décider ce prince frivole et hésitant, qui était resté à Sully-sur-Loire pendant toute la campagne, à cueillir les fruits de la victoire de son armée. Jeanne se rendit donc auprès de lui, et le rencontra à Saint-Benoît-sur-Loire (entre Sully et Chinon). Le conseiller Simon Charles (témoin n° 112 dans le procès en Nullité) décrit ainsi leur entrevue, qui fut assez dramatique :

> « Le témoin dit avoir entendu de la bouche du roi beaucoup de bonnes paroles à propos de cette Jeanne, et cela à Saint-Benoît-sur-Loire ; en ce lieu le roi eut pitié d'elle, de la peine qu'elle prenait, et lui ordonna de se reposer. Alors Jeanne en pleurs dit au roi qu'il n'eût pas d'hésitation et qu'il recouvrerait tout son royaume et serait rapidement couronné. Le témoin dit aussi qu'elle blâmait fort les hommes d'armes, lorsqu'elle les voyait faire chose qui ne lui paraissait pas à faire. » (*Null.*, IV, p. 82.)

Nous ne connaissons pas la date exacte de cette rencontre, qui se situe entre le 18 juin, date de la bataille de Patay, et le 22 juin, date de la réunion du Conseil du roi, à Châteauneuf-sur-Loire, où il fut décidé d'aller à Reims pour le sacre (Conseil

1. Jan Hus (1369-1415) était un réformateur tchèque, qui critiquait sévèrement les abus du clergé de son temps ; cité devant le concile de Constance en 1414, il fut arrêté par les autorités ecclésiastiques un mois après son arrivée dans cette ville, malgré le sauf-conduit que lui avait accordé l'empereur germanique Sigismund, et condamné à mort pour hérésie : il fut brûlé vif le 6 juillet 1415, et ses cendres furent jetées dans le Rhin. Les hussites étaient divisés en deux groupes : les modérés (qui demandaient essentiellement le droit de prêcher les Évangiles en langue tchèque) et les radicaux, qui avaient en outre des exigences ritualistes (ils demandaient que le Saint Calice aussi bien que l'hostie fussent présentés aux fidèles). Les extrémistes furent sauvagement exterminés en 1434.

auquel Jeanne n'assistait pas et n'a jamais assisté). Le soir du 18 juin, les troupes rentrèrent à Orléans avec leurs capitaines et elles y restèrent la journée du 19 ; l'entrevue de Loches eut donc lieu le 20 ou le 21 juin.

On tint plusieurs Conseils (sans Jeanne) à Châteauneuf. La décision de partir pour Reims fut sans doute prise le 22 juin, malgré l'avis de plusieurs opposants, qui craignaient le caractère hasardeux et dangereux de la chevauchée, à juste titre d'ailleurs : il fallait compter une quinzaine de jours de voyage, de la Loire à Reims, en passant par Troyes, Arcy-sur-Aube et Châlons-sur-Marne, à travers des terres contrôlées les unes par les Bourguignons, les autres (en Champagne) par les Anglais. A ces conseillers trop prudents, Jeanne a vraisemblablement expliqué avec fougue que celui qui ne risque rien n'a rien. Puis, une fois le principe du voyage accepté, on discuta des moyens et des modalités.

Les capitaines (Dunois, d'Alençon) étaient d'avis de partir vers le Nord-Ouest et d'attaquer d'abord la Normandie avant de se rabattre ensuite sur Reims ; La Trémoille, qui n'aimait pas la guerre, aurait préféré négocier avec le duc de Bourgogne, par l'intermédiaire de son frère, qui était bien en cour à Dijon ; Raoul de Gaucourt n'était pas pour la guerre non plus, et l'évêque Regnault de Chartres ne croyait pas et n'avait jamais cru à la mission de la Pucelle. C'est finalement le point de vue de cette dernière, qui était aussi celui des capitaines, qui l'emporta : on décida de réunir tout le monde – le dauphin, les conseillers, les grands, les civils et les militaires – à Gien, en amont d'Orléans, et de là, on partirait vers Auxerre, en territoire bourguignon, pour ensuite gagner Troyes par Saint-Florentin, la date du départ étant fixée au 27 juin 1429.

Jeanne frétillait d'impatience. Elle était sur le point de voir se réaliser le rêve de tous ses instants, depuis cet été ensoleillé de l'année 1425 où elle avait entendu – ou cru entendre – cette voix qui lui disait qu'il lui fallait aller en France et qui lui répétait, tous les jours, qu'elle devait mener le roi devant l'autel de Reims.

Avant même de partir, tandis que, jour après jour, affluaient vers Gien les personnalités civiles et les unités militaires, la Pucelle dicte deux lettres, l'une au duc de Bourgogne, l'autre aux habitants de Tournai (ils la recevront le 6 juillet), en pays flamand : c'était la seule grande cité au Nord de la Loire qui fût restée fidèle aux Valois et qui ne soit pas tombée dans l'obédience bourguignonne. Ces deux messages sont les premières lettres « politiques » de Jeanne qui, de toute évidence, avait un certain sens de la « communication » (voir ci-après, p. 000, nos observations sur l'obsession épistolaire de la Pucelle, qui dicta 14 lettres de ce type en neuf mois, du 25 juin 1429 au 28 mars 1430).

La lettre au duc de Bourgogne ne nous est pas parvenue, mais nous possédons une missive ultérieure de la Pucelle à Philippe le Bon, datée du 17 juillet, dans laquelle elle en fait mention (voir ci-après, p. 194) : c'était une invitation à assister aux cérémonies du sacre. Une telle démarche n'était pas une provocation et n'avait rien d'étonnant : le duc de Bourgogne était un des plus grands vassaux de celui que Jeanne considérait comme devant être le vrai roi de France, et, ami ou ennemi, il était normal qu'il fût convié à la cérémonie du sacre. Quant à la seconde missive, c'est un véritable tract de propagande, à destination des Tournaisiens, dont il faut, pense Jeanne, entretenir la fidélité ; copiée en plusieurs exemplaires, elle fut transmise aux 36 quartiers de la ville. La voici, adaptée en français moderne :

> « JÉSUS MARIE
>
> Gentils loyaux Français de la ville de Tournay, la Pucelle vous fait savoir des nouvelles que en VIII jours elle a chassé les Anglais de toutes les places qu'ils tenaient sur la rivière de Loire par assaut et autrement et que beaucoup sont morts ou ont été capturés et les a battus dans une bataille, et elle croit que le comte de Suffolk, La Pole son frère, le sire de Talbot, le sire de Scales et messire Jehan Falstaff et plusieurs chevaliers et capitaines ont été pris, et que le frère du comte de Suffolk est mort. Maintenez-vous bien, loyaux Français, je vous en prie.
>
> Et vous prie et requiers que vous soyez tous prêts de venir au sacre du gentil roi à Rains [*Reims*] où nous serons dans peu de temps ; et venez au-devant de nous quand vous saurez que nous approcherons. A Dieu je vous recommande. Dieu soit bonne garde de vous et vous donne grâce que vous puissiez maintenir la bonne querelle du royaume de France. Écrit à Gien le 25e jour de juin. »

Le 26 juin au soir, tout le monde est rassemblé autour, le dauphin, qui ne dit mot, les capitaines, les soldats, les prêtres, Jeanne, tous les auxiliaires de l'armée jusqu'au moindre palefrenier. Et quelle troupe ! Il y a là *« environ douze mille combattants, tous preux, hardis et de grand courage »*, dit la *Chronique de la Pucelle* (le nombre nous semble exagéré, si l'on se réfère à l'importance des unités engagées dans les différents combats depuis Orléans), et la fine fleur des seigneurs du royaume : le duc d'Alençon, le comte de Clermont (fils du duc de Bourbon), le comte de Vendôme, Regnault de Chartres, archevêque de Reims et chancelier de France, le seigneur de Trêves, ancien chancelier, les seigneurs des pays de Loire (de Lobeau, de Thouars, de Sully-sur-Loire, de Chaumont-sur-Loire, de Chauvigny), messires La Fère et Thibaut d'Armagnac, sans oublier les grands capitaines, à qui l'on devait toutes les victoires qui avaient permis ce grand jour : Gilles de Rais et Sainte-Sévère, maréchaux de France, le Bâtard d'Orléans, La Hire, Poton de Xaintrailles, et tant d'autres encore.

Le 27 juin au matin, l'avant-garde de cette grande armée se met en marche. Elle est sous les ordres des deux maréchaux, qu'accompagnent Jeanne, La Hire et Poton. Le 29 juin, le gros des troupes s'ébranle à son tour, avec, bien protégé au sein de sa garde de chevaliers, le dauphin et ses conseillers, dont La Trémoille. Entre les premiers rangs de l'avant-garde et les derniers rangs de l'arrière-garde, il y a bien une douzaine de kilomètres, que les messagers chargés de transmettre les ordres parcourent dans les deux sens, au galop. Lorsque la nuit tombe, on bivouaque dans les champs ; les nuits d'été sont douces et les tentes du dauphin et des seigneurs sont vite montées.

Le 1er juillet, l'avant-garde de l'armée du Sacre arrive devant Auxerre, une ville bourguignonne qui a adopté le parti anglais ; deux jours plus tard, le 3 juillet, c'est l'armée royale au complet qui cerne les murailles de cette cité où il faisait bon vivre, que défend une petite garnison, et qui a résolument fermé ses lourdes portes. Chez les Français, on délibère : Jeanne, toujours persuadée que Dieu était du côté des Français et toujours exaltée, voudrait que l'on prenne Auxerre d'assaut : les forces françaises avaient été capables d'enlever Jargeau, que défendait une puissante armée anglaise, elles ne devraient faire qu'une bouchée de la garnison auxerroise. La Trémoille opine, au contraire, à tenter une transaction, et le dauphin est de son avis : il aurait donné secrètement 2 000 écus à son ministre afin qu'il achète la bonne volonté et la neutralité des Auxerrois. Ceux-ci, qui ont à choisir entre deux périls – l'assaut dévastateur de leur cité par une puissante armée et la colère du duc de Bourgogne dont ils sont les sujets –, choisissent de conjurer le plus proche : ils négocient. Ils fourniront des vivres à l'armée royale et promettent *« de faire au roi obéissance comme le feront les habitants de Troyes, de Châlons et de Reims»* et, en échange, leur cité sera épargnée.

Ainsi fut fait. L'armée du Sacre resta trois jours (jusqu'au 3 juillet) devant Auxerre ; ce fut l'occasion pour Philippe le Bon d'entamer des négociations secrètes avec l'entourage du dauphin. Un émissaire fut envoyé de Dijon, en toute urgence, auprès de La Trémoille, et un seigneur bourguignon qui séjournait à la Cour de France, Jean de Villeneuve, se rendit à Dijon pour exposer au duc de Bourgogne *«plusieurs choses que lesdits Dauphin et La Trémoille avaient dictées de bouche à iceluy Villeneuve»*, rapporte un chroniqueur du temps. A la suite de ces premiers contacts, Philippe le Bon, qui a compris que le sacre est inéluctable, part précipitamment pour Paris, tandis que l'armée royale continue sa marche sur Reims : le processus de paix est sur le point d'être engagé.

Après cette halte à Auxerre, l'armée du Sacre se dirigea vers l'Yonne et marcha sur Brimont-l'Archevêque, qui se soumit sans résister, tout comme Saint-Florentin et Saint-Phal (près de Troyes). Au fur et à mesure qu'elle progressait, ses rangs grossissaient. Dans sa déposition au procès en Nullité, Gobert Thibaud (témoin n° 104), écuyer de l'écurie du roi, résume en quelques mots cette phase de la marche sur Reims, qui se transformait, de lieues en lieues, en une marche triomphale :

> «Dit en outre le témoin que Jeanne fit rassembler les gens d'armes entre les villes d'Auxerre et de Troyes, et on en trouva beaucoup, car chacun voulait la suivre ; le roi ne rencontra aucune opposition, mais les portes des cités et des villes s'ouvraient devant lui.» (*Null.*, IV, p. 53.)

Le 4 juillet, l'armée campe près de Saint-Phal, à une trentaine de kilomètres de Troyes (sans doute dans la forêt de Crogny). De là, Jeanne dicta une lettre qu'elle fit porter par deux hérauts aux *«seigneurs bourgeois»* de Troyes, dont l'original a disparu, mais dont il subsiste une copie faite au XVIIIe siècle, conservée dans un registre municipal de la ville :

> «JHESUS MARIA
> Très chers et bons amis, s'il ne tient à vous, seigneurs, bourgeois et habitants de la ville de Troyes, Jehanne la Pucelle vous mande et fait savoir de par le Roy du ciel son droiturier et souverain Seigneur, duquel elle est chacun jour en son service royal [*notez la référence à son inspiration divine*], que vous fassiez

vraie obéissance et reconnaissance au gentil roy de France, qui sera bientôt à Reims et à Paris, qui que ce soit qui vienne contre lui, et en ses bonnes villes du saint royaume à l'aide du roy Jésus. Loyaux Français, venez au-devant du roy Charles et qu'il n'y ait point de faute et ne vous doutez de [*n'ayez aucune crainte pour*] vos corps ni de vos biens, si ainsi vous faites ; et, si vous ne faites pas ainsi, je vous promets et certifie sur vos vies que nous entrerons, avec l'aide de Dieu, en toutes les villes qui doivent être du saint royaume, et y ferons bonnes paix fermes, qui que ce soit qui vienne contre. A Dieu je vous recommande ; que Dieu vous garde, s'il lui plaît. Réponse brief [*rapide*]. Devant la cité de Troyes ; écrit à Saint-Phal, le mardi quatrième de juillet. »

Le mercredi 5 juillet, l'armée royale est sous les murs de Troyes. Charles s'est fait précédé de hérauts qui somment les habitants de lui jurer obéissance, mais l'affaire ne fut pas aussi simple que pour Auxerre, et cela pour plusieurs raisons. Tout d'abord, Troyes était la ville où avait été conclu le fameux traité qui privait le dauphin Charles de ses droits à la couronne et où avait été célébré le mariage de feu le roi Henry V avec Catherine de France, la fille de Charles VI et la sœur du dauphin Charles : nombre de bourgeois craignaient les représailles qui risquaient de s'abattre sur eux s'ils affirmaient ouvertement leur fidélité au Valois. D'autre part la cité entretenait une garnison anglo-bourguignonne forte de 600 hommes, capable de résister longtemps à un assaut et il n'était pas question, à quelques jours du sacre, de faire couler du sang français. Il fallait donc pouvoir s'entendre avec les habitants de la ville, mais ceux-ci étaient divisés : les uns étaient acquis aux Armagnacs, les autres, la majorité, étaient farouchement pro-bourguignons. Cinq jours s'écoulèrent donc, dans l'attente que la situation évolue, mais rien ne se produisait : sommations, propositions, les assiégés rejetaient tout, d'autant que les greniers de la ville étaient pleins et qu'ils savaient que les assiégeants commençaient à être à court de vivres.

La seule initiative que prirent les habitants de Troyes fut d'envoyer vers Jeanne un franciscain illuminé, un certain frère Richard, qui avait causé quelques troubles à Paris par ses prêches, au mois d'avril précédent. Ce personnage, sans doute un vulgaire escroc qui exploitait la crédulité des braves gens, prétendait revenir de Jérusalem et y avoir rencontré des Juifs qui se rendaient à Babylone où se trouvait, lui avaient-ils dit, le Messie qui devait rendre aux Juifs leur héritage, c'est-à-dire la Terre

Promise par l'Éternel aux enfants d'Abraham ; en conséquence il exhortait les chrétiens à prier, car, disait-il :

> « Ce Messie est l'Antéchrist, qui, selon la Sainte Écriture, doit naître en la cité de Babylone, être nourri à Bethsaïda et élevé à Coronaym dans sa jeunesse, desquelles villes Notre Seigneur dit : "Malheur à toi, Bethsaïda, malheur à toi, Coronaym [1]." [...]. »

Ce franciscain qui annonçait la fin du monde et dont les paroles avaient semé la discorde avait été expulsé de Paris à la fin du mois d'avril, et il avait échoué à Troyes où il avait remporté un certain succès en disant aux habitants de la ville : *« Semez, bonnes gens, semez des fèves à foison, car celui qui doit venir viendra à brève échéance. »* Les Troyens avaient donc semé... et ce furent les soldats de l'armée du sacre, qui, à court de vivres, découvrirent, à quelque distance, un champ de fèves nouvelles qui vint à point nommé suppléer à la pénurie qui s'était installée dans le camp. Lorsque le franciscain envoyé par la ville de Troyes fut mis en présence de Jeanne pour se renseigner sur elle, il fit le signe de croix et commença par l'asperger d'eau bénite, ce qui lui attira cette réplique ironique de la Pucelle : *« Approchez hardiment, je ne m'envolerai pas. » (Condamn.*, II, p. 95).

Cependant, l'attente devant Troyes menaçait de durer, et il fallait en finir. Le dauphin convoqua ses chambellans, ses conseillers et ses ministres, et l'on tint conseil. L'archevêque de Reims, Regnault de Chartres, plaida pour le retrait des troupes et le retour à Gien ; Jean le Maçon, seigneur de Trêves et ancien chancelier, fit alors remarquer que le roi avait entrepris ce voyage *« seulement par l'admonestation de ladite Jehanne »* et qu'il fallait demander son avis à celle-ci. C'était aussi l'opinion de Dunois, qui rapporte ainsi son intervention :

> « La Pucelle vint, entra au Conseil, et dit ces paroles ou d'autres semblables : "Noble dauphin, ordonnez à vos troupes d'assiéger la ville de Troyes, sans poursuivre de plus longues délibérations, car, en nom Dieu, avant trois jours je vous ferai entrer en cette cité, par amour ou par puissance et force ; et la Bourgogne, pleine de fausseté, sera très stupéfaite." Alors la Pucelle avança aussitôt avec l'armée royale, fixa les tentes au long des fossés, et prit telles admirables précautions que n'auraient pas prises deux ou trois chefs de guerre plus exercés et plus fameux. Elle tra-

1. Évangile selon Matthieu, XI, 21.

vailla tant cette nuit-là que le lendemain l'évêque et les citoyens de la cité, effrayés et tremblants, se placèrent dans l'obéissance royale. [...] Une fois cette cité rentrée dans l'obéissance au roi, celui-ci partit pour Reims, où il trouva une entière soumission et où il fut sacré et couronné. » (*Null.*, IV, 323 *sq.*)

Le témoignage hautement compétent de Dunois est confirmé par Sire Simon Charles, qui nous donne quelques détails sur les talents militaires de Jeanne :

> « Jeanne prit donc son étendard, suivie par beaucoup d'hommes de pied, et elle ordonna que chacun fît des fagots, pour combler les fossés [*qui interdisaient l'accès de la ville*]. Ils en firent beaucoup, et le lendemain Jeanne cria : "A l'assaut !", en feignant de placer des fagots dans le fossé. Voyant cela, les citoyens de Troyes, craignant l'assaut, envoyèrent quelqu'un pour négocier une capitulation avec le roi. Un accord fut conclu avec les citoyens et le roi entra dans la ville de Troyes en grand apparat, Jeanne portant son étendard près du roi. » (*Null.*, IV, p. 83.)

L'entrée solennelle du dauphin et de son cortège dans la ville de Troyes eut lieu le dimanche 10 juillet au matin ; Charles fut accueilli par le nouvel évêque de la cité, Jean de Laiguisé. Il fut convenu que les gens de guerre qui étaient dans Troyes, tant Anglais que Bourguignons, s'en iraient librement et retourneraient chez eux, et le dauphin fit proclamer, au grand soulagement de tous, que les bénéfices qui avaient été accordés aux ecclésiastiques au nom du roi mineur Henry VI par le régent Bedford seraient reconduits par le dauphin une fois que celui-ci aurait été sacré roi à Reims.

Dans la matinée du 12 juillet, le dauphin quittait Troyes avec les siens, et envoyait son héraut Monjoie demander aux habitants de Châlons – dernière étape avant Reims – qu'ils le reçoivent *« avec pleinière obéissance »* (l'itinéraire du cortège royal suivait à peu près le tracé de l'actuelle autoroute A 26). Les bourgeois déléguèrent vers lui des émissaires, qu'il rencontra à Bussy-Lettrée (à mi-chemin entre Troyes et Châlons) ; ils lui remirent les clés de la ville, dans laquelle il entra le 14 juillet et où il fut reçu *« bénignement »*, disent les chroniqueurs, par l'évêque de Châlons, Jean de Montbéliard.

A Châlons, une surprise attendait Jeanne. La route qu'elle suivait n'était pas très éloignée de son pays natal (Domrémy est à environ 100 kilomètres de Châlons à vol d'oiseau) et cinq habitants de son village étaient venus l'attendre à l'entrée de la ville :

Jean Morel (témoin n° 23), l'un de ses parrains, Gérardin d'Épinal (témoin n° 38) – celui dont Jeanne disait qu'il était le seul homme de Domrémy partisan des Bourguignons – et trois autres dont nous ignorons les noms ; les deux premiers le déclareront dans la déposition qu'ils feront lors du procès en Nullité :

> « Au mois de juillet, lui, témoin qui parle [*Jean Morel*], alla à Châlons lorsqu'on disait que le roi allait à Reims pour se faire sacrer, et là vit ladite Jeanne qui lui donna une veste rouge qu'elle avait revêtue. » (*Null.*, III, p. 243.)
>
> « Le témoin [*Gérardin d'Épinal*] la vit aussi à Châlons, avec quatre autres dudit village, et elle disait n'avoir pas peur, si ce n'est d'une trahison. » (*Null.*, III, p. 307)

Le dauphin, Jeanne et l'armée royale, intacte mais exténuée, repartent le 15 juillet de Châlons (l'itinéraire suit le tracé de l'actuelle autoroute A 4) et s'arrêtent vers la fin de la journée à une lieue dans la petite localité de Sept-Saulx, dont le château, qui appartient à l'archevêque de Reims, accueille le dauphin, Jeanne et leur suite. L'armée campe dans les environs, à quatre lieues de la ville. Charles, toujours pessimiste, craint un incident à la dernière minute : et si Reims résistait ? Jeanne le réconforte : qu'il ne craigne rien, lui dit-elle, avant même qu'on en aperçoive les murailles, les bourgeois de la ville viendront au-devant de nous.

Jeanne peut être satisfaite. Le voyage de Gien à Reims s'est effectué sans encombres : encore une nuit de sommeil, et demain son « gentil dauphin » fera son entrée dans Reims, grâce à elle, certes, qui n'a cessé d'exalter son moral – ce qu'espérait depuis le début de l'aventure Yolande d'Aragon – mais grâce, surtout, à une grande et bonne armée, commandée par de grands capitaines.

*
* *

L'arrivée du dauphin Charles au château de Sept-Saulx fut connue le soir même, à Reims, où les habitants étaient encore hésitants. Certes, ils n'avaient pas à son égard les préventions des Troyens et des Auxerrois, mais il existait dans la ville un parti bourguignon, animé par deux frères, Guillaume et Jean de Châtillon, et par Jean de Villiers, seigneur de l'Isle-Adam. Toutefois, lorsque ceux-ci demandèrent à leurs partisans s'ils étaient prêts à se défendre et à résister, la présence, à quatre lieues des murailles de Reims, d'une grande armée qui avait écrasé l'armée anglaise à Patay, puis qui avait eu raison – sans verser une goutte de sang – des Auxerrois et des Troyens, ne les encouragea pas à se lancer dans un combat perdu d'avance. De plus, tous les habitants de la ville avaient eu connaissance d'une lettre à eux adressée par leur ancien archevêque, Regnault de Chartres, leur recommandant de se soumettre au futur roi de France, le dauphin Charles de Valois, qui devait être prochainement couronné.

La cause était donc entendue et le petit peuple de Reims fit le siège des notables et des gens d'église afin qu'un petit groupe d'entre eux se rendît auprès du roi, à Sept-Saulx, pour déposer à ses pieds les clefs de la ville. Alors, tandis que, dans la matinée du 16 juillet, Regnault de Chartres retrouvait, non sans déplaisir, son siège archiépiscopal, une délégation de Rémois, composée de notables et d'ecclésiastiques, partait vers le château de Sept-Saulx. Elle y parvint dans le début de l'après-midi, se présenta devant le futur monarque et déposa à ses pieds les clés de la ville. En échange, Charles accorda à tous les habitants de Reims l'amnistie pour tous les torts dont ils avaient pu se rendre coupables à son égard (c'est ce qu'on appelait, dans le langage juridique de l'époque, une « loi d'abolition ») et, dans la tiède soirée de ce 16 juillet, il fit son entrée solennelle dans la ville sainte de Reims avec *« grant nombre de chevalerie et son armée entièrement, là où était Jehanne la Pucelle, qui fut moult regardée de tous »*.

Pendant ce temps, Philippe le Bon était arrivé à Paris, où il rencontrait Bedford le 14 juillet. Les deux hommes s'embrassent, écoutent un sermon à Notre-Dame, se rendent dans la grande salle du Palais de Justice et là, aux applaudissements d'une immense assistance, le duc de Bourgogne renouvelle le serment de vengeance à l'encontre du dauphin Charles, instigateur de l'assassinat de Jean sans Peur sur le pont de Montereau, et de ses partisans qui en avaient été les exécutants. Confiant, Bedford donne l'ordre aux juristes de son gouvernement de préparer un nouveau traité anglo-bourguignon. Dans le même temps, en spécialiste du double jeu qu'il était devenu par nécessité, Philippe met ce délai à profit pour se tourner vers le dauphin et envoie des ambassadeurs à Reims ; il sait que le sacre est proche et il leur recommande avec insistance de ne se présenter à Charles que le lendemain de la cérémonie : c'est avec le roi consacré par l'archevêque de Reims qu'il veut traiter, et non pas avec le dauphin.

Retournons donc à Reims, où Charles vient d'entrer avec Jeanne et sa suite. Renouant avec une vieille coutume capétienne, on avait installé une grande estrade à l'extérieur de la cathédrale, du côté du chœur, sur laquelle, la veille du sacre, le roi devait monter, accompagné des pairs[1] du royaume qui le présentaient solennellement à la foule en prononçant cette formule traditionnelle : « Voici votre roi que nous, pairs de France, choisissons comme roi et souverain seigneur. Et s'il y a âme qui le veuille contredire, nous sommes ici pour en faire droit et il sera demain consacré par la grâce du Saint-Esprit, s'il n'est par vous contredit. » A cette proclamation, le peuple, en manière de consentement, répondait : « Noël ! »

Les Rémois ainsi assemblés crièrent donc « Noël ! » tard dans la soirée du 16 juillet et la nuit se passa à préparer la cérémonie du sacre qui devait avoir lieu le lendemain matin. Les accessoires traditionnels – et notamment la couronne royale – étant conservé à Saint-Denis, qui était aux mains des Anglais, on utilisa les anciens ornements et les insignes conservés dans le trésor de la cathédrale, où l'on trouva même une couronne royale pour la circonstance. Et, lorsque le soleil se leva, au petit matin du 17 juillet, tout était prêt pour recevoir les premiers invités qui déjà arrivaient, à commencer par le duc de Lorraine.

Quant à Jeanne, qui était retournée passer la nuit au château de Sept-Saulx, elle mit à profit le temps qui lui restait avant la fête du sacre pour dicter sa deuxième lettre au duc de Bourgogne (pour la première, voir ci-dessus, p. 186 ; l'original de la lettre du 17 juillet est conservé aux Archives de Reims) :

> « JHESUS MARIA
>
> Haut et redouté prince, duc de Bourgogne, Jehanne la Pucelle vous requiert de par le Roy du ciel, mon droicturier souverain seigneur, que le roy de France et vous faciez bonne paix, ferme, qui dure longuement ; pardonnez l'un à l'autre, de bon cuer, entièrement, ainsi que doivent faire loyaulx chrestiens, et s'il vous plaist à guerroier, si allez sur les Sarazins. Prince de Bourgogne je vous prie, supplie et requiers, tant humblement que requérir vous puis [*aussi humblement que je puisse vous*

1. Il y avait douze pairs de France, six laïcs et six ecclésiastiques ; sont absents deux laïcs (le connétable de Richemont, exclus de la cérémonie par la volonté de Charles VI, et le duc de Bourgogne) et deux ecclésiastiques (dont l'évêque de Beauvais, Mgr Cauchon, entièrement acquis aux Anglais).

> *requérir*] que ne guerroiez plus au saint Royaume de France, et faictez retraire [*fassiez retirer*] incontinent et briefvement vos gens qui sont en aulcunes [*quelques*] places et forteresses dudit saint Royaume ; et de la part du gentil Roy de France, il est prest de faire paix à vous, sauve son honneur, s'il ne tient en vous, et [*je*] vous fais à savoir de par le Roy du ciel, mon droicturier et souverain Seigneur, pour vostre bien et pour vostre honneur et sur voz vie, que vous n'y gaignerez point bataille à l'encontre des loyaulx Français, et que tous ceulx qui guerroient au dit Saint Royaume de France guerroient contre le roy Jhesus, Roy du ciel et de tout le monde, mon droicturier et souverain Seigneur. Et vous prie et requiers à jointes mains que ne faictes nulle bataille ni ne guerroiez contre nous, vous, vos gens ou sujets ; et croiez seurement que, quelque nombre de gens que vous amenez contre nous, qu'ils n'y gaigneront mie, et sera grande pitié de la grande bataille et du sang qui y sera respendu de ceux qui y viendront contre nous. Et à trois sepmaines que je vous avoye escript et envoié bonnes lettres par un hérault [*il y a trois semaines, je vous ai écrit et envoyé bonnes lettres par un héraut*] que feussiez au sacre du roy qui, aujourd'hui dimanche XVIIe jour de ce présent mois de juillet, ce fait en la cité de Reims dont je n'ay eu point de response [*il s'agit de la lettre que nous avons citée ci-dessus, p. 186*], ni n'ouyt [*ni entendu parler*] dudit hérault. A Dieu vous commens [*je vous recommande*] et [*qu'il*] soit garde de vous, s'il lui plaist ; et [*je*] prie Dieu qu'il y mette bonne paix. Escript audit lieu de Reims, ledit XVIIe jour de juillet. »

Une fois cette lettre écrite, la Pucelle partit pour Reims, où la cérémonie du sacre devait débuter à neuf heures du matin. Il nous en est parvenu un récit enjolivé (« truqué », prétend H. Guillemin[1], à juste titre sans doute), dû à « trois gentilshommes angevins » qui le rédigèrent à l'intention de Yolande d'Aragon, la « découvreuse » de Jeanne d'Arc (voir ci-dessus, p. 112). Le sacre de Charles VII ne se déroula pas selon le rituel (l'*ordo coronationis*) fixé en 1270 par Charles V (voir ci-dessus, p. 21), mais conformément à l'ancienne coutume capétienne.

Tout d'abord, quatre pairs de France (les maréchaux Gilles de Rais et de Sainte-Sévère, le seigneur de Graville, grand maître des arbalétriers, et l'amiral de Culan), en armes et toutes bannières déployées, se rendirent à cheval jusqu'à l'église Saint-Rémy de Reims, auprès des religieux de l'abbaye gardienne de la Sainte Ampoule contenant l'huile du sacre : ils s'en déclarèrent

1. H. Guillemin, *Jeanne dite Jeanne d'Arc*, Paris, Gallimard, 1970.

solennellement les « otages » et firent le serment de ne point la perdre de vue à l'aller et au retour. L'abbé de Saint-Rémy sortit alors de son église et se mit en marche sous un dais somptueux, tenant entre ses mains la fiole sacrée dont on disait qu'elle avait été apportée du ciel à Clovis par une colombe.

De son côté, l'archevêque de Reims était sorti de la cathédrale, revêtu de tous les attributs de sa dignité, entouré par les chanoines du chapitre. Il se rendit jusqu'à l'église de Saint-Rémy de Reims, où l'abbé lui remit solennellement l'Ampoule qui fut ensuite portée, en procession, sur le maître-autel de la cathédrale, en présence de tous les dignitaires – princes, prélats, barons et chevaliers – qui avaient accompagné Charles et de la Pucelle, qui brandissait fièrement son étendard ; d'après les informateurs angevins de Yolande d'Aragon, durant toute la cérémonie, *« Jeanne s'est tenue jouxtant le roy, son étendard à la main »*.

De cet étendard il sera question, on le sait, lors du procès de Condamnation, et c'est alors que Jeanne prononcera la réplique fameuse que tout le monde connaît. A l'audience du 3 mars 1431, elle fut interrogée en effet sur son comportement le jour du sacre :

> « Interrogée sur ce qu'elle a fait à Reims des gants avec lesquels son roi fut consacré [*lors des grandes cérémonies, on procédait à une distribution de gants, que l'on donnait aux dignitaires, aux participants, etc.*] :
>
> Elle répondit qu'il y eut une livrée [*distribution*] de gants, pour les donner aux chevaliers et nobles qui étaient présents ; et ce fut l'un d'eux qui avait perdu ses gants ; mais elle ne dit point qu'elle les ferait trouver. Elle a dit aussi que son étendard fut en l'église de Reims ; et il lui semble qu'il était assez près de l'autel, quand le roi fut sacré, et elle-même le tint un peu. Mais elle ne sait si le frère Richard l'a tenu. » (*Condamn.*, II, p. 97.)

La phrase célèbre fut prononcée à l'audience du 18 mars, l'après-midi :

> « Interrogée si quelqu'un a fait flotter son étendard autour de la tête de son roi, lorsqu'il était couronné à Reims [*pratique qui pouvait passer pour une manœuvre de sorcellerie*] :
>
> Elle répondit que non, qu'elle sache.
>
> Interrogée : pourquoi cet étendard fut-il plus porté dans l'église de Reims, au sacre de son roi, que les étendards des autres capitaines :
>
> Elle répondit que cet étendard avait été à la peine, c'était bien raison qu'il eût de l'honneur. » (*Condamn.*, II, p. 146.)

Une fois les grands installés, le dauphin parut, précédé de ses officiers, et vint s'agenouiller devant l'autel. L'archevêque, suivi de ses chanoines, s'approcha alors de celui qui allait être sacré roi de France et prononça la formule du rituel capétien :

> « Nous te requerrons de nous octroyer qu'à nous et à nos églises, qui furent à nous commises, que tu nous conserves le privilège canonique, loi et justice due, et nous gardes et défendes, comme roy est tenue son royaume à [*l'égard de*] chacun évêque, et l'église à luy commise. »

Le roi fit le serment d'octroyer son soutien aux évêques et à l'Église, et, toujours conformément au rituel du sacre, formula le deuxième serment du sacre, par lequel il promettait de défendre en tout temps la paix et la concorde, de protéger la veuve et l'orphelin, de travailler de bonne foi à mettre hors des territoires soumis à sa juridiction tous ceux que l'Église déclarerait être hérétiques. Après cela, deux ecclésiastiques, pairs de France, soulevèrent le siège sur lequel le dauphin était assis, tandis que les autres pairs maintenaient la couronne royale au-dessus de sa tête. Ils le levèrent ainsi trois fois de suite sur le pavois, à la manière des anciens rois francs : le couronnement proprement dit était terminé. Pour que le dauphin Charles devînt le roi Charles VII, il fallait encore qu'il fût oint : il se mit donc à genoux, et l'archevêque oignit Charles sur la tête, la poitrine, les épaules et à la saignée de chaque bras[1]. Alors les trompettes retentirent sous les voûtes de la cathédrale, en même temps que résonnaient partout les cris de « Noël ! Noël ! » mille fois repris.

Il était deux heures de l'après-midi : la cérémonie était terminée. La Sainte Ampoule fut reportée à l'abbaye de Saint-Rémy, et Charles VII, accompagné par les prélats, les pairs de France et les seigneurs se rendit au palais archiépiscopal où fut célébré un banquet royal : le roi et l'archevêque de Reims prirent leur repas, en tête-à-tête si l'on peut dire, servis par le duc d'Alençon, le comte de Clermont, le comte de la Marche et plusieurs autres pairs.

Jeanne fut sans doute très heureuse, ce jour-là, de voir enfin son « gentil dauphin » couronné et sacré roi de France ; mais elle

1. Le rituel capétien ne prescrivait pas que l'onction fût faite aussi sur les mains, de sorte qu'il ne fut pas nécessaire de mettre aussitôt après des gants au roi ; les juges de Rouen avaient oublié ce détail, ce qui explique la question qu'ils posèrent à Jeanne au sujet des gants du roi qui auraient « disparu » après le sacre.

eut aussi une autre joie : celle de revoir son père, Jacques d'Arc, et son frère Pierre, qui étaient venus à Reims pour le couronnement, avec Durand Laxart comme le dit Husson Lemaistre (témoin n° 134 au procès en Nullité), natif de Viéville, à « trois lieues de Domrémy », qui vivait à Reims, où il était chaudronnier, au moment du sacre de Charles VII :

> « [*Le témoin*] ne vit Jeanne et n'en eut connaissance que lorsqu'elle vint à Reims, au couronnement du roi ; le témoin habitait alors cette ville. Et il y avait aussi là le père de Jeanne et sire Pierre, son frère, avec le témoin et sa femme [...]. » (*Null.*, IV, p. 146.)

Pour la petite histoire : le roi fit remettre un présent de 60 livres à Jacques d'Arc et la ville de Reims prit à sa charge ses frais de séjours comme il ressort du document suivant retrouvé dans les archives de la ville et dont voici la traduction en français moderne :

> « A Alice, veuve Rolin Moriau, hôtesse de *L'Ane rayé*, pour dépense faite en son hôtel par le père de Jehanne la Pucelle, qui était en la compagnie du roi quand il fut sacré en cette ville de Reims, la somme de vingt-quatre livres parisis, comme il appert par le mandat du lieutenant Thomas de Bazoches ; donné l'an mil quatre cent vingt-neuf, et par quittance de ladite Alice, écrite au dos de ce mandement. »

Le père de Jeanne reçut aussi un cheval pour s'en retourner à Domrémy, c'était bien la moindre des choses. Plus tard (le 31 juillet, à Château-Thierry, alors qu'il marchait sur Paris comme on l'explique plus loin), Charles VII fera un cadeau véritablement royal aux habitants de Domrémy et de Greux, il leur accordera le privilège d'être *« exempts de toutes tailles, aides, subsides et contributions* [...] *en faveur et à la requête de notre bien aimée Jeanne la Pucelle »*.

Quant à Jeanne, ce qu'elle croyait être sa mission était terminée et il n'est pas impossible qu'elle soit allée dire au roi, comme le prétend le chroniqueur anonyme auteur du *Journal du siège d'Orléans et du voyage de Reims*[1] :

1. Édité par Quicherat en 1841-1849 (voir *Bibliographie*), t. IV, pp. 94-202, et, en 1896, par P. Charpentier et E. Cuissard (à Orléans).

« Gentil roy, or est exécuté le plaisir de Dieu, qui voulait que je levasse le siège d'Orléans et que je vous amenasse en cette cité de Reims recevoir votre saint sacre, en montrant que vous êtes vrai roy, et celui auquel le royaume de France doit appartenir. »

Le rêve de la petite jeune fille de Domrémy s'était réalisé : il avait duré le temps d'un printemps, depuis ces jours de mars 1429, où les clercs de Poitiers avaient prononcé leur *Nihil obstat* à l'aide qu'elle proposait au gentil dauphin Charles et qu'elle disait être voulue par Dieu, à ce 17 juillet doré où il venait d'être consacré roi du royaume de France.

7

PARIS : LA FIN DU RÊVE
(21 juillet-9 septembre 1429)

Quatre mois de rêve !

Un rêve, Jeanne en était persuadée, qui lui avait été inspiré par Dieu et qui lui avait fait goûter au plaisir enivrant des chevauchées, des habits d'homme, de l'aventure guerrière, du commandement, de la popularité et – peut-on oser le dire ? – du vedettariat. Mais un rêve qui, maintenant qu'il s'était réalisé et qu'elle avait atteint, avec le sacre de Reims, le but de la mission que lui avait confiée Dieu, était terminé. Et Jeanne, qui avait goûté à l'opium des combats impossibles, au parfum de la poudre à canon, au plaisir pervers et indéfinissable qu'ont les héros à faire triompher une cause juste, sentait poindre en elle une nouvelle mission, non plus divine, comme de conduire le dauphin jusqu'à l'autel de Reims, mais humaine et dont elle s'était fixé le but de son propre chef.

Jusqu'à ce qu'elle parvienne à Chinon, Jeanne, dont l'inquiétude politique infantile plongeait ses racines dans les exactions des Bourguignons, les rendaient naïvement responsables des malheurs du dauphin qui avait perdu son royaume. Elle n'avait aucune idée de ce que pouvait être le traité de Troyes et les « Anglais » ne faisaient pas partie de son imaginaire politique juvénile, conscient ou inconscient.

Les circonstances avaient voulu que la première mission dont elle s'était sentie investie par Dieu, à l'orée de l'adolescence, passât par la délivrance d'Orléans et par la campagne de la Loire : Jeanne découvrit alors, par elle-même et non par des « révélations », que le gentil dauphin que Dieu lui commandait de conduire à Reims avait des ennemis autrement plus dangereux et autrement plus puissants que les Bourguignons, à savoir les Anglais, qui possédaient déjà la moitié du territoire français, et qui semblaient avoir les moyens d'en conquérir l'autre moitié.

C'est pourquoi, après le sacre de Reims, elle va se fixer un nouveau but, de son propre chef : « bouter les Anglais hors de France », un but qu'elle n'atteindra pas.

LES INTENTIONS DE JEANNE APRÈS LE SACRE

La Pucelle, nous en sommes convaincu, croyait sincèrement être l'instrument de la Providence, et, jusqu'alors, l'ampleur de sa réussite ne pouvait que l'encourager à y croire : avoir traversé une partie de la Bourgogne, puis la Champagne, où dominait l'influence bourguignonne, sans coup férir, ni à Auxerre, ni à Châlons, ni à Troyes, sans un accrochage, cela relevait du miracle. Pas un seul instant elle n'a envisagé que ce « miracle » pouvait être le fruit d'une subtile politique de rapprochement entre la France et la Bourgogne, secrètement engagée par Charles VII et par Philippe le Bon, et que sa lettre du 17 juillet au duc de Bourgogne enfonçait, sans qu'elle le sût, des portes ouvertes.

Car Philippe jouait en fait un double jeu dans cette histoire. Après la Journée des harengs, il avait eu une altercation avec Bedford (voir ci-dessus, p. 183, note 1), et après la bataille de Patay, où les Anglais avaient été battus, il avait fait preuve d'une neutralité douteuse, en laissant se réaliser la cérémonie du sacre ; mais, par ailleurs, dans le courant de la première quinzaine de juillet, il avait rencontré Bedford à Paris, qui attendait les trois ou quatre mille anti-hussites du cardinal de Winchester (voir ci-dessus, p. 184) et il n'avait pas répondu aux propositions de paix que lui faisait Jeanne dans sa lettre du 17 juillet (voir ci-dessus, p. 194), tout en envoyant cependant des représentants à la cérémonie du sacre, en bon vassal respectueux des lois féodales qu'il était.

Bien malin, donc, qui pourrait deviner les intentions de ce prince qui prodigue des sourires aux deux adversaires. Mais bien malin aussi celui qui pourrait découvrir celles de Charles VII. Car, maintenant, en dépit du traité de Troyes, qui n'est en dernière analyse qu'une convention politique et laïque, le Valois est bel et bien le véritable roi de France, car il a sur le jeune Henry VI un avantage considérable : il a été *consacré* par l'archevêque de Reims agissant au nom de Dieu, et nul traité humain ne peut défaire ce que Dieu a fait. Seul le pape, peut-être, pourrait annuler cette consécration, toutefois il faudrait pour cela que se présentent des circonstances exceptionnelles, et celles-ci n'ont aucune raison de se manifester.

Donc Charles VII est bel et bien roi de droit divin, et son premier devoir, ce n'est pas de reconquérir les territoires appartenant à la Maison de France dont les Anglais se sont emparés, c'est de reprendre Paris, la capitale historique de son royaume, où siège le Parlement et à proximité de laquelle sont enterrés, dans la basilique de Saint-Denis, tous ses prédécesseurs depuis le roi Dagobert, et même ses ancêtres depuis Hugues Capet, le premier d'entre eux. Mais l'ex-roi de Bourges ne sait pas comment s'y prendre. Paris n'est pas un gros bourg comme l'était Orléans, c'est une ville de 200 000 habitants – la plus peuplée de la chrétienté – qui possède des fortifications alors uniques au monde. En outre, avant que de l'attaquer, Charles VII doit s'assurer de la neutralité, sinon de l'assistance, du duc de Bourgogne qui, prudent, hésite avant d'agir et applique avant la lettre la future devise anglaise : *wait and see.*

La seule personne décidée (et pour cause : elle n'a rien à perdre et elle est convaincue que Dieu la guide et l'inspire), c'est Jeanne. Ce qu'elle appelle sa « mission » comportait aussi – elle l'a proclamé à Poitiers, au mois de mars – l'expulsion des Anglais hors de France, bien que cette libération du territoire n'eût pas d'abord le même caractère théologiquement obsessionnel que la délivrance d'Orléans et le sacre de Reims (elle leur était d'ailleurs subordonnée). Maintenant que les deux premiers buts de sa mission ont été atteints, elle est persuadée qu'il faut avancer, alors, sans se poser de questions, elle avance : à Paris, il faut aller à Paris, immédiatement.

Le roi, lui, ne semble pas pressé de quitter Reims, bien que le bruit se soit répandu en ville que l'armée royale partirait le lendemain du sacre. Oui, on va y aller à Paris, mais il faut qu'il en délibère avec ses ministres et Jeanne n'a pas voix au chapitre : la politique doit l'emporter sur l'enthousiasme aveugle, fût-il dicté par des « voix » célestes et Paris n'est pas Orléans : on n'y entre pas comme dans un moulin !

Finalement, la date du départ est fixée au 21 juillet. Enfin ! Jeanne exulte. Mais elle déchante très vite : l'armée du sacre ne met pas le cap sur Paris et Jeanne apprend, à sa plus grande stupéfaction, qu'on se dirige vers le Nord (vers l'Aisne), car, dit-on, le peuple réclame le roi à Laon et à Soissons. Pourquoi ce détour et tous les autres qui suivront : parti le 21 juillet de Reims, le roi n'arrivera devant Paris que... 36 jours plus tard (il ne sera à Saint-Denis que le 26 août 1429) !

Jeanne, qui a toujours été plus ou moins écartée du Conseil du roi, ne comprend plus, et elle perçoit confusément qu'elle a mis la charrue devant les bœufs quand, de Poitiers, au mois de mars 1429, tout enivrée de ses premiers succès auprès des clercs et avant l'affaire d'Orléans, elle écrivait déjà, dans sa *Lettre aux Anglais* : *« Je suis ici envoyée de par Dieu* [...] *pour vous chasser hors de toute la France. »* Lorsque Mme Régine Pernoud appelle triomphalement cette lettre naïve un « ultimatum », elle confond les genres. Un ultimatum, dans le cadre de la politique internationale, c'est une menace de déclaration de guerre, fondée sur l'existence d'une force armée : tel n'était pas le cas de la *Lettre aux Anglais,* qu'il faut plutôt classer dans la catégorie rhétorique des *vaticinations,* ce qui n'exclut en rien le fait indiscutable de la sincérité naïve de Jeanne, qui se sentait réellement prédestinée par Dieu à bouter les Anglais hors de France quand elle leur écrivait, quatre mois plus tôt : *« Dieu, le Roi du ciel, le veut, et cela est révélé par la Pucelle au roi Charles, lequel entrera à Paris en bonne compagnie. »*

Cependant, Charles VII est un souverain conscient de ses responsabilités, et La Trémoille, quoi qu'on ait dit de sa duplicité, est un ministre qui croit plus en la négociation qu'en la guerre ; de même Regnault de Chartres, qui, en tant qu'archevêque, a son mot à dire en matière de théologie. Le temps est venu des trêves et des pourparlers secrets avec Philippe le Bon : sans doute est-ce la raison pour laquelle Charles VII prend son temps avant de se diriger vers Paris.

Le 21 juillet, il est à Corbeny, où il procède au toucher des écrouelles[1] ; à Château-Thierry, il reste quatre jours (du 27 au 31 juillet) et signe, avant d'en partir, la lettre de franchise exonérant d'impôts les habitants de Domrémy et de Greux ; il s'attarde

1. Par la vertu du saint baume dont ils avaient été oints, les rois de France acquéraient le pouvoir thaumaturgique de guérir les scrofuleux en touchant leurs abcès (leurs écrouelles) : ils touchaient les malades, faisaient le signe de croix sur leur visage et disaient : "Je te touche, Dieu te guérit."

même trois jours à Provins (du 2 au 5 août), sans doute dans l'attente d'un messager bourguignon. Les Rémois, que la situation de leur cité en territoire d'obédience bourguignonne inquiète, s'impatientent : qu'attend donc Charles VII pour entrer dans Paris ? Ils redoutent les représailles des Anglais, qui pourraient leur reprocher l'accueil qu'ils ont fait au roi, et ils ont hâte de voir partir l'armée du Sacre : une fois Charles VII installé à nouveau dans la capitale (s'il peut y entrer), ils n'auront plus grand-chose à craindre.

Jeanne, qui a un sens indiscutable de la communication, va au-devant de leur inquiétude et prend sur elle de les rassurer en dictant à leur intention, le 5 août, avant de partir de Provins, la lettre qui suit (conservée aux Archives municipales de Reims ; traduite en français moderne) :

> « Mes chers et bons amis les bons et les loyaux Français de la cité de Reims, Jehanne la Pucelle vous fait savoir de ses nouvelles et vous prie et vous requiert de ne pas douter de la bonne querelle qu'elle mène pour le sang royal ; et je vous promets et certifie que je ne vous abandonnerai point tant que je vivrai ; et il est vrai que le roi a fait trêves avec le duc de Bourgogne quinze jours durant parce qu'il doit rendre la cité de Paris paisiblement au terme de quinze jours. Pourtant je ne vois donner nulle merveille depuis quinze jours [*que je suis partie de Reims*] si je n'y entre aussi tôt que possible : il a été fait tant de trêves que je ne suis point contente, et je ne sais si je les respecterai, mais si je les respecte ce sera seulement pour préserver l'honneur du Roi, et ils [*les Anglais ?*] n'abuseront pas du sang royal, car je maintiendrai l'armée du roi pour être toute prête, au terme desdits quinze jours s'ils ne font la paix [*pour rassurer les Rémois, Jeanne outrepasse ses attributions : ce n'est pas à elle de décider s'il faut maintenir ou dissoudre l'armée royale, c'est au roi*]. C'est pourquoi, mes très chers et parfaits amis, je vous prie de ne pas vous faire de souci tant que je vivrai, mais je vous requiers faire bon guet et de garder la bonne cité du roi et de me faire savoir s'il n'y a pas chez vous de soucis qui puissent vous accabler car très rapidement je pourrai vous les distraire et faites-moi savoir de vos nouvelles.
>
> A Dieu je recommande qu'il vous conserve. Écrit ce vendredi V^e jour d'août près de Provins, un lieu sur la route de Paris. »

Cette lettre est hautement significative, et l'interprétation de Guillemin[1] est sans défaut, malgré sa rudesse. Selon cet auteur,

1. *Jeanne dite Jeanne d'Arc*, p. 155 *sqq.*

Jeanne explique aux Rémois, inquiets et qui se sentent abandonnés par le roi, que si l'armée royale ne marche plus vers Paris, c'est parce que la « trêve de quinze jours » dont elle parle est plus qu'une simple trêve (celle-ci existe *de facto* depuis des mois) : c'est un véritable accord. Philippe le Bon aurait proposé à Charles VII de ne pas s'opposer militairement à la reprise de sa capitale par le roi, reprise qui aurait été précédée de « quinze jours de trêve officielle » (pour quoi faire ? pour permettre à l'armée royale de souffler avant les inévitables combats qui l'attendaient à Paris et dont le duc de Bourgogne promettait de ne pas se mêler ?). Jeanne flaire une perfidie, ou un traquenard, et réagit, en écrivant aux Rémois : des trêves de ce genre *« je n'en suis point contente »*. Elle est persuadée que la trêve proposée par Philippe le Bon est un piège que *« la fausse Bourgogne »* tend au roi : le duc le pousse à entrer dans Paris... où Charles et son armée se feront massacrer par les anti-hussites armés jusqu'aux dents envoyés à Bedford par le cardinal de Winchester (voir ci-dessus, p. 184) et qui y sont arrivés le 25 juillet. Dans tous les cas, le duc de Bourgogne est gagnant : si Charles VII l'emporte, il en sera reconnaissant au duc, si les Anglais sont vainqueurs, ce dernier pourra faire valoir que c'est lui qui a désarmé le roi de France. Et Jeanne, qui était fine mouche, a raisonné comme Guillemin, mais elle s'est trompée sur un point : Charles VII était trop prudent pour se jeter dans la gueule du loup, et il y aurait regardé à deux fois avant de pénétrer dans un Paris dont on lui aurait ouvert gracieusement les portes.

*
* *

De Provins, le roi remonte vers Coulommiers et tourne autour de Paris. Son itinéraire n'a aucune justification : Charles VII donne l'impression de chercher à gagner du temps. Bedford, qui ne comprend pas les raisons de ces va-et-vient, se fortifie, à tout hasard, à Montépilloy, où il fait planter des pieux, comme à Azincourt, pour que les chevaliers français s'y embrochent s'ils attaquent, et il envoie des hommes du côté de Senlis pour s'opposer à la progression de l'armée française. Le 7 août il adresse un pompeux cartel à Charles VII par ses hérauts d'armes : *« Vous, Charles de Valois, qui abusivement avez fait entreprise contre la couronne de Henry, par la grâce de Dieu vrai et droit roi de France et d'Angleterre... »*, le sommant de choisir

« *quelque place aux champs, convenable et raisonnable* » pour une bataille en ligne et d'avoir pitié du pauvre peuple chrétien (les Français) qui souffre de son entêtement et des méfaits de « *cette femme en habit d'hommes, et de conduite dissolue* ».

Charles VII ne bronche toujours pas, et il a pour cela une excellente raison : il a signé une trêve plus ou moins secrète de quinze jours avec le duc de Bourgogne, qui doit se terminer le 20 août, et il attend que Philippe se manifeste pour agir. Le 15 août, cependant, l'armée française s'approche de Montépilloy, entre Crépy-en-Valois et Senlis. Bien entendu Jeanne est au premier rang, armée de pied en cap ; mais La Hire a envoyé des cavaliers en éclaireurs et ils ont vu les pals destinés aux Français : il retient ses troupes, et l'on ne se bat toujours pas. Quant au roi Charles VII, il n'a aucune nouvelle de Philippe le Bon et de ses promesses de reddition amiable de Paris.

Cette guerre des nerfs devient accablante, et les capitaines perçoivent déjà des murmures dans les rangs. Pendant ce temps, les villes en deçà et au-delà de l'Oise envoient des émissaires au roi, auquel elles ouvrent leurs portes : Creil, Gournay, Choisy font leur soumission, Saint-Quentin, Abbeville, Amiens ne demandent qu'à le recevoir. Mais Charles se gardait bien d'avancer : ces villes devaient obéissance au duc de Bourgogne, et il n'était pas question de lui déplaire en acceptant leurs offres et de faire échouer les pourparlers en cours pour quelques entrées triomphales et intempestives dans telle ou telle cité. Puisque ses capitaines ont faim de combats, le roi les expédie vers la Normandie, une terre anglaise, en leur donnant carte blanche et c'est ainsi que Poton de Xaintrailles et La Hire vont prendre, coup sur coup, Aumale, Torcy, Étrepagny et Château-Gaillard, où La Hire a la joie de délivrer le preux Barbazan, un chevalier que tout le monde croyait mort et qui languissait depuis neuf ans dans une cave, enchaîné, par ordre du roi d'Angleterre. Entre-temps le connétable de Richemont, qui était venu participer aux réjouissances guerrières, enlevait quelques châteaux aux Anglais et menaçait Évreux.

Toutes ces opérations ne constituaient pas une campagne de reconquête en bonne et due forme : c'étaient des actions individuelles, entreprises par des chevaliers dont le métier était la guerre, et qui conservaient leurs prises ; elles affaiblissaient les positions anglaises, sans mettre en danger l'alliance franco-bourguignonne que Charles VII tentait de mettre sur pied. Le roi était d'ailleurs personnellement intéressé à ce que cessât la *vendetta* entre les Armagnacs et les Bourguignons, que ces derniers avaient ouverte en assassinant Louis d'Orléans rue Vieille-du-Temple, en 1407, et que lui-même avait relancée en faisant massacrer Jean sans Peur sur le pont de Montereau en 1419 ; il se trouvait donc être – logiquement – la prochaine victime de cette querelle, et seule une réconciliation franche et entière avec Philippe le Bon pouvait le sauver des poignards bourguignons. Toutes ces subtilités dynastico-féodales échappaient totalement à Jeanne d'Arc, qui n'avait plus qu'un but, maintenant : chasser les Anglais de la terre de France et, pour commencer, les bouter hors de Paris en leur faisant, comme elle le disait, *« un grand hahu »*.

C'est alors que Bedford réussit un véritable coup de maître politique devant lequel on doit tirer son chapeau et qui réduisit à néant toutes les ambitions de Jeanne : le 12 août, avant de partir vers Montépilloy, où il espérait que Charles VII accepterait de livrer bataille à ses propres forces (et peut-être comptait-il sur l'exaltation de Jeanne pour l'y engager, comme elle l'avait fait pour Orléans), puis (et surtout) vers Rouen que menaçaient les exploits individuels des capitaines français en Normandie, le régent nomme Philippe le Bon gouverneur militaire de Paris en son absence. Il faut admirer le machiavélisme avant la lettre de la manœuvre, qui avait pour but de faire exploser l'alliance franco-bourguignonne en préparation : s'il venait à l'idée de Philippe de livrer Paris à Charles VII, il se déconsidérait aux yeux de tous les féodaux d'Europe occidentale, il perdait son honneur et il n'était plus rien ; si Charles VII entreprenait de prendre Paris, il devrait donc combattre le duc de Bourgogne, et le projet d'alliance franco-bourguignonne fondait comme neige au soleil.

Philippe para le coup, qu'il avait vu venir : il s'abstint de prendre possession de ce commandement que Bedford lui offrait et qui était un cadeau empoisonné, et il envoya à Paris, pour l'y représenter, Louis de Luxembourg, chancelier de France, avec Simon Mohrier comme prévôt et un général anglais (Redley) pour commander la garnison, forte de 10 000 hommes. Lui-même fit une entrée solennelle dans Compiègne, où il résida quelques jours (du 16 au 23 août).

Quant à Jeanne, elle constate qu'on ne l'écoute plus, qu'on ne la chérit plus, et elle en a gros sur le cœur. Son grand rêve de bouter les Anglais hors de France s'est envolé. Elle n'a plus rien à faire qu'à poursuivre les mauvaises femmes qui tournent autour de ses soldats. Elle a joué un petit rôle de quatre mois sur la scène de l'histoire de France, les quatre mois qui séparent l'affaire d'Orléans du sacre, et il n'y a plus d'emploi pour elle ; désabusée et nostalgique, elle se confie à Dunois, qui rapporte ses propos dans sa déposition au procès en Nullité (témoignage n° 57) :

> « Le roi arrivant à La Ferté et à Crépy-en-Valois, le peuple vint au-devant de lui, plein d'allégresse, et criant : "Noël !" Alors la Pucelle, qui chevauchait entre l'archevêque de Reims et ledit déposant [*Dunois*], dit ces paroles : "Voici un bon peuple [*une population*] ! Je n'ai jamais vu autre peuple qui tant se réjouît à la venue d'un si noble roi ; et puissé-je être assez heureuse, à la fin de mes jours, d'être inhumée sur cette terre !" Entendant cela, ledit seigneur archevêque dit : "O Jeanne ! En quel lieu avez-vous espoir de mourir ?" Elle répondit : "Où cela plaira à Dieu, car je ne sais pas plus que vous ni le temps, ni le lieu. Et puisse-t-il plaire à Dieu, mon créateur, que je me retire, abandonnant les armes, et que j'aille servir mon père et ma mère, en gardant leurs moutons, avec ma sœur et mes frères, qui se réjouiraient beaucoup de me voir" [...]. » *(Null.*, IV, p. 10.)

Elle était bien déçue, la Pucelle, de constater qu'on ne lui laissait pas faire un *« grand hahu »* aux Anglais.

L'ÉCHEC DEVANT PARIS

Pourtant, la politique patiente et sans brio de Charles VII commençait à porter ses fruits. Dès le 16 août, à l'approche de l'expiration de la trêve, l'archevêque Regnault de Chartres, porteur de propositions de paix, avait été reçu par les représentants de Philippe le Bon. Le roi s'humiliait littéralement : il demandait à son bon cousin de lui pardonner cette malheureuse erreur de Montereau, de trouver un terrain d'entente, il allait même jusqu'à lui faire dire qu'il renonçait à le considérer comme un vassal, qu'il le dispensait de tout hommage féodal, et il lui rend Compiègne (sur le papier seulement : en fait, la ville était devenue le quartier général de l'armée royale) avec les villes qui avaient un pont sur l'Oise, la rivière qu'il fallait franchir en venant de France pour pénétrer dans la Flandre bourguignonne.

L'opinion dominante, du côté français, est alors qu'il est nécessaire, indispensable d'aboutir à une paix durable et définitive avec la Bourgogne. C'est, évidemment, l'avis de La Trémoille et c'est aussi celui de son frère, Jean de La Trémoille, conseiller du duc de Bourgogne. A la fin du mois d'août, ce sont les ambassadeurs bourguignons qui se rendent à Compiègne auprès du roi et, le 21 août un premier traité, provisoire, est scellé (on l'appelle « convention d'Arras », mais il ne faut pas la confondre avec le traité d'Arras, signé en 1435, qui mit fin définitivement au conflit entre les Armagnacs et les Bourguignons) : il prévoit une série de trêves de quatre mois s'étendant à toute la rive droite de la Seine, ainsi qu'aux villes qu'elle traverse, sauf Paris.

Cette clause excluant Paris de la trêve générale de quatre mois semble invraisemblable : quelle peut en être l'origine ?

Charles VII n'aurait jamais accepté de signer un traité lui interdisant de reprendre Paris par les armes, ne serait-ce que pendant quatre mois. Il n'envisage pas de rester le roi de Bourges, et, même s'il n'est pas en mesure, actuellement, de reconquérir sa capitale, il entend s'en réserver la possibilité dans le futur immédiat : les 4 000 guerriers du cardinal de Winchester seront, tôt ou tard, réclamés par le pape pour sa croisade anti-hussite en Bohême (voir ci-dessus, p. 184), et il pourra alors agir en conséquence. Par ailleurs, Philippe le Bon ne risquait rien en acceptant d'inclure une telle clause dans la convention d'Arras, car il savait que Paris, avec sa formidable enceinte et les anti-hussites de Winchester, était imprenable et il ne craignait pas les imprécations et les simagrées de Jeanne d'Arc : Paris n'était pas Auxerre et Charles avait suffisamment de bon sens pour ne pas s'engager dans une opération impossible et politiquement maladroite. Autant signer et voir venir[1].

Cependant, Jeanne, soutenue par le duc d'Alençon, va forcer la main au roi et, dans la dernière semaine d'août 1429, les événements s'accélèrent. Le 23 août, le duc, accompagné de Jeanne, arrive en reconnaissance tout près de Paris, à Saint-Denis, avec un petit détachement. Le bourg est désert : tous ses habitants se sont retranchés derrière les murailles de la capitale car, partout, on craint l'arrivée des Armagnacs. Le 25 août, Saint-Denis est pris presque sans combat et, nous dit le Bourgeois de Paris dans son *Journal*, un climat de panique s'installe dans la capitale :

1. Certains auteurs (Guillemin, *op. cit.* ; Thierry Maulnier, in *Jeanne et les Juges*, Paris, 1951 ; Bernard Shaw) ont avancé l'opinion – mais ce n'est qu'une opinion sans preuve – que la fameuse clause avait pour but de permettre une attaque de Paris qui, dans tous les cas, ne pouvait qu'échouer, échec qui déconsidérerait la Pucelle, que les conseillers du roi commençaient à trouver un peu trop remuante.

« Personne n'osait sortir pour vendanger vigne ou verjus [1], ni aller rien cueillir aux marais [2], ce qui fit bientôt monter les prix des denrées. » (*Journal*, p. 516.)

« Item, la première semaine de septembre l'an 1429, les quarteniers [*officiers de police chargés de la surveillance d'un quartier*], chacun en son endroit, commencèrent à fortifier Paris, aux portes de boulevards [*bastides protégeant les portes de Paris*], dans les guérites qui étaient sur les murs, à mettre sur affûts les canons et des réserves de boulets de pierre sur les hauts des murs, à redresser les fossés dehors la ville et dedans. Et en ce temps-là, les Armagnacs [*il s'agit de l'armée royale, que les Parisiens considéraient comme celle du parti Armagnac*] firent écrire des lettres scellées du sceau du comte d'Alençon [*le Bourgeois se trompe sur le titre ; il s'agit du duc*], et les lettres disaient : "A vous, prévôt de Paris et prévôt des marchands et échevins" et les nommaient par leurs noms, et leur mandaient leur salut dans un beau langage croyant ainsi dresser une partie de la population contre l'autre et contre la garnison anglaise. Mais on aperçut bien leur malice, et il leur fut signifié de ne plus gâcher leur papier pour ce faire, mais ils n'en tinrent pas compte. » (*Journal d'un Bourgeois de Paris*, p. 518.)

La prise de Saint-Denis, qui n'était pas défendue, ne fut pas un fait d'armes : la cité était quasi déserte ; mais elle donna à réfléchir à Louis de Luxembourg, que Philippe le Bon avait nommé pour gouverner Paris en ses lieu et place (voir ci-dessus, p. 208). Il se prit tout à coup à douter de la fidélité des Parisiens à l'égard du duc, et, le lendemain, 26 août, il appelait les présidents et les conseillers du Parlement de Paris, les dignitaires du clergé et les autorités de la ville à renouveler le serment d'allégeance prêté au duc de Bourgogne et au duc de Bedford.

Du côté des Armagnacs, on s'activait. Le duc d'Alençon avait l'impression que l'on pouvait prendre Paris, mais, pour ce faire, il fallait décider le roi à se rendre lui-même sur le terrain, avec son armée, et à donner le signal de l'assaut. Le 1er septembre, le duc part pour Senlis, où Charles VII s'est maintenant installé ; il cherche à le convaincre de venir donner le signal de l'attaque. Mais Charles VII n'est par un fier-à-bras. Il est persuadé – et il a sans doute raison – que s'il réussit à prendre Paris par la force, il s'aliénera les Parisiens à tout jamais, et que, s'il échoue, il pourra dire adieu au traité de paix avec la Bourgogne. Mais le

1. Raisin aigre, dont on fait une sorte de vinaigre, le verjus.
2. Dans les jardins où les paysans s'adonnaient à des cultures maraîchères.

duc d'Alençon est tenace. Il parvient à entraîner le roi jusqu'à Saint-Denis, où il arrive, avec son armée, le 7 septembre. Jeanne est radieuse : elle croit – naïvement ou orgueilleusement ? – qu'elle va sauver Paris, le roi et la France. Elle n'a pas compris qu'elle se trompe du tout au tout : les Parisiens n'ont pas besoin d'être sauvés, ils se trouvent très bien comme ils sont, ils chérissent le duc de Bourgogne, ils craignent les Armagnacs qui ont trop souvent saccagé leurs champs et fait régner la terreur autour de Paris dans le passé ; de plus, avec la présence des Anglais, les affaires ont repris. Le roi non plus n'a pas besoin d'être sauvé : il est sur le point de conclure un excellent traité d'entente cordiale avec Philippe le Bon, et, à eux deux, ils n'auront aucun mal à se débarrasser de Bedford, leur bête noire (le roi d'Angleterre, qui n'a que sept ans, ne les gêne pas). Enfin, quelle est la France que Jeanne veut sauver ? la Normandie et la Guyenne des Lancastres ? la France des Armagnacs, au Sud de la Loire ? la France bourguignonne, d'Auxerre à la Flandre ?

Mais, surtout, Jeanne n'a aucune idée de la puissance des défenses de Paris, que connaissent bien les généraux du roi.

La ville de Paris, au temps de Jeanne d'Arc, s'étendait de part et d'autre de la Seine. Elle était entourée d'une enceinte fortifiée, commencée en 1356, à l'initiative d'Étienne Marcel, le prévôt des marchands, continuée sous Charles V et terminée sous Charles VI, en 1383. Le Paris de l'époque correspondait approximativement, sur la rive droite, au quatre premiers arrondissements actuels et, sur la rive gauche, à une bonne partie des cinquième et sixième arrondissements ; sa superficie était d'environ 439 hectares.

L'enceinte de la rive gauche était l'ancienne enceinte de Philippe Auguste. Elle était constituée par deux murs de pierres taillées, l'un extérieur, vertical, d'une hauteur de 9 mètres, et l'autre intérieur, légèrement incliné ; l'espace entre les deux murs était rempli de moellons et de ciment. Son épaisseur était de 3 mètres à la base, et de 2,30 mètres au sommet de l'enceinte, qui formait un chemin de ronde, dallé, et protégé de l'extérieur par un parapet garni de créneaux. Tous les 70 mètres environ, le rempart était flanqué d'une tour cylindrique à plate-forme crénelée, d'un peu plus de 2 mètres de diamètre intérieur, avec un mur de 1,20 mètre d'épaisseur ; il y avait une trentaine de tours. Les portes étaient formées de ventaux de chêne, encastrées entre deux tours rondes, crénelées, avec devant elles un fossé ; il y en avait sept : les portes de *Nesle*, de *Buci*, *Saint-Germain* (à l'intersection de l'actuelle rue de l'École-de-Médecine et du boulevard Saint-Germain), *Saint-Michel* (à l'intersection de la rue Monsieur-le-Prince et du boulevard Saint-Michel), *Saint-Jacques, Saint-Marcel* et *Saint-Victor.*

L'enceinte de la rive droite, appelée enceinte de Charles V, était beaucoup plus longue (elle englobait la place de la Bastille et les jardins du Palais-Royal jusqu'à l'arc-de-triomphe du Carrousel). Elle comprenait aussi deux murs, l'un vertical et l'autre en plan incliné, mais qui étaient élevés sur une butte de terre très solide ; elle était munie de tours crénelées comme sur la rive gauche, et percée de sept portes (*Saint-Antoine,* du Temple, *Saint-Martin, Saint-Denis, Montmartre, Saint-Honoré* et *Porte-Neuve*) et, sur la plate-forme qui en faisait le tour, on avait disposé des canons. Les deux enceintes étaient précédées de deux fossés d'environ 30 mètres de large, le fossé intérieur étant rempli d'eau.

Prendre Paris, cela signifiait combler les deux fossés, franchir ces puissantes murailles, se battre contre une armée anglaise nombreuse et bien entraînée et contre une population parisienne qui se préparait à résister à l'assaut des Armagnacs : inutile d'ajouter que c'était pratiquement impossible.

*
* *

L'armée royale, « *bien douze mille hommes ou plus* », note le Bourgeois de Paris dans son *Journal*, est arrivée le 7 septembre, veille de la Nativité de la Vierge ; elle a été logée en partie à Saint-Denis, en partie dans les localités environnantes. Jeanne et le duc d'Alençon ont prévu que le grand assaut serait donné le lendemain 8 septembre.

Voici d'abord le récit détaillé de la bataille pour Paris (traduit et adapté en français moderne) que donne de cet événement le Bourgeois de Paris, qui en fut le témoin :

> « **519.** La veille de la Nativité Notre-Dame, en septembre, les Armagnacs vinrent donner assaut aux murs de Paris, qu'ils croyaient pouvoir prendre d'assaut ; mais ils n'y acquirent pas grand-chose, si ce n'est douleur, honte et infortune, car plusieurs d'entre eux furent blessés et restèrent marqués pour tout le reste de leur vie. Mais les fous ne croient jamais rien, tant qu'il ne leur est rien arrivé, et cela je le dis pour eux, victimes de si grands malheurs et de leur malheureuse croyance en une créature qui avait forme de femme, qui était avec eux et qu'on nommait la Pucelle : qui était-elle ? Dieu seul le sait [*le Bourgeois verrait*

volontiers en Jeanne une créature diabolique]. Avec ces hommes de guerre, cette Pucelle s'entendit et ils firent tous le serment d'assaillir Paris le jour de la Sainte Nativité Notre-Dame [*le Bourgeois souligne que l'attaque contre Paris a été délibérément lancée le jour d'une grande fête religieuse*].

Et ils s'assemblèrent tous bien douze mille ou plus, et vinrent à l'heure de la grand-messe [*c'est un sacrilège de plus*], entre onze heures et midi, emmenant leur Pucelle avec eux, et très grande quantité de chariots, charrettes et chevaux, tous chargés de grande quantité de fagots de bois liés par trois brins d'osier pour remplir les fossés de Paris [*il s'agit des deux fossés, dont l'un rempli d'eau, qui entouraient les remparts de Paris : voir ci-dessus, p. 213*].

Ils commencèrent à attaquer entre la porte Saint-Honoré et la porte Saint-Denis [*c'est-à-dire la façade Est des murailles de Paris*]. Ce fut un assaut très cruel, et les attaquants insultaient les Parisiens avec moult vilaines paroles. Et là était leur Pucelle, avec son étendard, sur le rebord extérieur du fossé, qui criait aux Parisiens : "Rendez-vous vite, car si vous ne vous rendez pas avant la nuit, nous y entrerons par force, que vous le veuillez ou non, et vous serez tous mis à mort, sans merci." Un défenseur lui répondit : "C'est à voir, paillarde, ribaude !" et il lui tire un coup d'arbalète qui lui perce la jambe de part en part, et elle de s'enfuir ; un autre perce le pied du porte-étendard d'une flèche tirée avec son arbalète. Celui-ci, quand il se sentit blessé, leva la visière de son casque pour ôter le vireton [*la flèche courte et massive que l'on tirait avec une arbalète*] de son pied, mais un autre de nos soldats lui tire dessus, l'attrape entre les deux yeux et il meurt sur-le-champ : c'était le soldat que le duc d'Alençon et la Pucelle chérissaient le plus, car ils auraient préféré perdre quarante hommes plutôt que leur porte-étendard. L'assaut fit couler beaucoup de sang des deux côtés, et dura bien jusqu'à quatre heures après dîner [*quatre heures de l'après-midi, le dîner étant le repas de midi*]. Un peu après quatre heures, les Parisiens reprirent courage et tirèrent vers les assaillants tellement de coups de canons et autres traits que ceux-ci furent forcés de reculer et d'abandonner leur assaut, et de s'en aller ; et heureux ceux qui parvinrent à s'enfuir, car les Parisiens avaient de grands canons à longue portée qui, pointés à la porte Saint-Denis, atteignaient Saint-Lazare et au-delà, ce qui épouvanta l'ennemi. Ainsi tous furent mis en fuite, mais personne ne sortit de Paris pour les poursuivre, par peur des embuscades. Et les assaillants, en s'enfuyant, mirent le feu à la grange des Mathurins, près du marché aux pourceaux. Ils avaient attaché leurs morts sur leurs chevaux [*pour les emmener dans leur fuite et les enterrer chrétiennement*] et ils furent tous brûlés, comme les païens à Rome, jadis, faisaient incinérer leurs guerriers morts [*il faut comprendre que les corps de ces chevaliers chrétiens, attachés morts, à leur cheval, furent incinérés par accident, comme des païens*]. Et ils maudissaient leur Pucelle, qui leur avait promis que sans nulle faute ils prendraient Paris de force, grâce à leur assaut, et qu'elle y coucherait cette nuit ainsi qu'eux tous, et qu'ils seraient tous enrichis des biens de la cité, et que tous les Parisiens qui s'y opposeraient seraient tués par l'épée ou brûlés dans leur maison ; mais Dieu, qui arrêta la grande entreprise malfaisante d'Holopherne par une femme nommée Judith [1], ordonna par sa pitié autrement qu'ils [*les Armagnacs*] ne pensaient [*la volonté de Dieu a permis aux Armagnacs de venir chercher leurs morts pour les enterrer*]. Car le lendemain, munis d'un sauf-conduit, ils vinrent chercher leurs morts, et le héraut qui vint avec eux fut assermenté par le capitaine de Paris [*c'était la fonction des hérauts que de reconnaître les morts et les blessés sur un champ de bataille, et d'en faire la liste sous serment*]. Il jura que les blessés étaient bien quinze cents dont cinq cents ou plus étaient morts ou blessés à mort. Et il est vrai qu'en cet assaut il n'y avait eu nuls hommes d'armes [*du côté des Parisiens : l'assaillant a été repoussé par les artilleurs et les arbalétriers anglais, il n'y a pas eu de corps à corps*], sinon environ 40 ou 50 Anglais qui firent très bien leur devoir ; car la plus grande partie des chariots, dans lesquels les Armagnacs avaient amené leurs fagots pour bourrer les fossés, furent pris par les Parisiens, de sorte qu'ils ne purent entrer dans Paris, car il n'était pas bien de vouloir faire telle tuerie le jour de la Sainte Nativité de Notre-Dame [*au Moyen Age, il ne fallait pas livrer de bataille le jour des fêtes religieuses, car toute bataille fait des victimes ; les Armagnacs ont été punis par où ils ont péché*].

520. Environ trois ou quatre jours après, vint le régent [*Bedford*] à Paris [*en fait, il arriva le 18 septembre*] et envoya de ses gens à Saint-Denis, mais les Armagnacs s'en étaient partis sans rien payer de leurs dépens [*aux gens de Saint-Denis, qui leur avaient ouvert leurs portes, et chez lesquels ils avaient logé avant l'attaque*], car les Armagnacs avaient promis à ceux de Saint-Denis de les payer avec les biens de Paris, quand ils auront pris la ville ; mais ils manquèrent à leur intention [*puisqu'ils ne purent prendre Paris*] et ils trompèrent leurs hôtes de Saint-Denis et d'ailleurs. Et le pire, pour ces gens, ce fut que le régent, les prévôts de Paris et des marchands et échevins de Paris les eurent en grande indignation, pour s'être rendus aux Armagnacs sans combattre, et ils furent condamnés à de très grandes amendes [*ce furent les premiers Français à être punis pour faits de collaboration avec l'ennemi dans l'histoire de France*]. » (*Journal d'un Bourgeois de Paris,* pp. 519-520.)

1. L'exemple du Bourgeois est bien mal choisi : Judith, héroïne juive, a tué le général assyrien Holopherne qui menaçait son peuple, elle était donc l'instrument de Dieu ; Jeanne, selon le Bourgeois, est l'instrument du Diable.

Ajoutons à ce récit, qui se suffit à lui-même, que l'armée royale s'était repliée sans être poursuivie (c'est le Bourgeois de Paris qui l'affirme), emmenée hors de portée des arbalètes et des canons anglais par Jeanne et par le duc d'Alençon, les conducteurs de l'opération et les responsables du désastre.

Au petit matin du 9 septembre, la Pucelle envoie quérir le duc et le conjure de faire sonner *« les trompilles »* pour retourner au combat, lui déclarant qu'elle ne bougera pas de devant Paris jusqu'à ce qu'elle ait pris la ville. Il semble, d'après les chroniqueurs, que le duc et les capitaines ne jugeaient pas alors la situation comme désespérée, mais nous ne saurons jamais s'ils avaient raison, car, le jour même, le duc de Bar et le comte de Clermont, partis de Saint-Denis où ils se trouvaient avec le roi et d'autres troupes, viennent sommer le duc d'Alençon et la Pucelle, au « nom du roi » de rebrousser chemin : le roi a renoncé à prendre Paris, car il a compris que c'était là chose impossible, et ordonné que l'armée du sacre se replie en direction de la Loire. Jeanne en pleure de rage.

Charles VII laissa une partie de son armée en Île-de-France et dans le Beauvaisis, sous le commandement du comte de Clermont. Celui-ci s'installa à Beauvais, avec l'archevêque de Reims (Regnault de Chartres), chargé de négocier la paix avec le duc de Bourgogne (la convention d'Arras n'avait pas été violée par l'attaque sur Paris, puisque la capitale y avait été exclue de la zone de trêve ; les pourparlers en vue d'une paix définitive pouvaient donc continuer) ; les villes de Compiègne, Senlis et Creil reçurent respectivement comme commandants militaires Guillaume de Flavy, le comte de Vendôme et Jacques de Chabannes. Ces dispositions prises, le roi repartit vers la Loire avec le reste de son « armée du sacre » qui fut dissoute à Gien, le 21 septembre 1429.

EXPLICATIONS

Ceux des chroniqueurs du temps qui étaient du parti anglo-bourguignon attribuent la défaite de la Pucelle et de l'armée royale à la supériorité technique et tactique des moyens de défense mis en place et à l'attitude de la population parisienne, que résume bien cette mention extraite des *Registres du Parlement de Paris* :

> « Même si les Armagnacs [*les Français partisans de Charles VII*] avaient été quatre fois plus nombreux et même mieux armés qu'ils étaient, ils n'auraient pas pris ladite ville de Paris par assaut ou en faisant le siège tant qu'il y aurait eu des vivres dans la ville, qui en était d'ailleurs bien pourvue pour très longtemps ; les habitants s'étaient bien unis avec les gens d'armes pour résister à l'assaut et à l'entreprise susdite. »

En revanche, les historiens traditionnels ont fait supporter à Charles VII et à ses conseillers (notamment à La Trémoille et à Regnault de Chartres) la responsabilité de cette défaite de l'armée royale. Les uns ont souligné l'insuffisance des moyens mis à la disposition des attaquants : l'artillerie, les échelles, les vivres, tout manquait, jusqu'aux fascines pour combler les profonds fossés qui entouraient les murailles de Paris. La plupart rapportent à Charles VII et à sa politique « tortueuse » la responsabilité du désastre. Le roi, disent-ils, n'avait qu'une confiance assez réticente en la mission divine de la Pucelle, au point que Gerson[1], dont les doctrines théologiques s'accordaient avec l'idée d'une action surnaturelle, lui recommandait fréquemment d'obéir à Jeanne d'Arc et de la suivre dans la voie du miracle : « Que la France se garde de l'incrédulité », répétait-il souvent. Le roi, lui, avait davantage confiance en un bon traité, encouragé dans cette voie du bon sens politique par La Trémoille et par Regnault de Chartres, qui, l'un comme l'autre, ne croyait ni aux « voix », ni à « la mission divine » de Jeanne, le premier par rationalisme, le second en vertu de sa foi même, qui lui faisait refuser l'idée d'un Dieu anthropomorphe se mêlant quotidiennement des affaires des hommes.

Certes, à ces critiques, ouvertes ou sournoises, explicites ou ironiques, Charles VII était sensible ; mais il constatait l'effet sur le peuple, sur les soldats et même sur certaines personnes de son entourage des « prophéties » de Jeanne (qu'Orléans serait délivré, que le roi serait sacré à Reims, et d'autres plus élémentaires) et, tant que le comportement illuminé de Jeanne était accompagné de résultats matériels appréciables, en bon politique, il les approuvait. C'est important, le moral du peuple, en temps de crise : combien de Français ont été maintenus dans l'espérance par les slogans de la radio anglaise, lors de l'Occupation, prédisant la Libération future de leur pays alors que, partout, les nazis étaient triomphants ?

1. Philosophe et théologien contemporain de Jeanne d'Arc (1368-1429).

D'autre part, ce qui semble le plus important au roi, en août 1429, ce n'est pas la reconquête de Paris, qui s'est d'ailleurs révélée impossible militairement, c'est l'alliance franco-bourguignonne, qui mettra fin à la guerre civile qui affaiblit la France depuis vingt ans et qui, seule, permettra de « bouter les Anglais hors de France » (et c'est en poursuivant jusqu'au bout cette politique que son fils, Louis XI, atteindra totalement ce but). Là est la raison pour laquelle il n'a rien fait d'important qui pourrait interrompre les pourparlers plus ou moins secrets qu'il avait avec Philippe le Bon.

Résumons-nous et concluons.

Devenu par le sacre un monarque à part entière, Charles VII se doit de reprendre Paris, mais, pour réussir dans cette entreprise, il doit liquider la querelle entre Armagnacs et Bourguignons et faire la paix avec Philippe le Bon, une paix solide et durable, ce qui demande du temps. A ses côtés, Jeanne est pressée d'agir, peut-être parce qu'elle croit à une nouvelle mission qui parachèverait la première, une mission « nationale », peut-être en vertu d'un processus psychologique que nous tenterons d'analyser plus loin (voir ci-après, p. 337), peut-être parce qu'elle tient naïvement à accomplir la promesse qu'elle a faite aux Rémois ; mais elle n'a pas véritablement conscience de l'ampleur du projet.

Une fois signée la convention d'Arras, le 23 août 1429, Charles VII a les mains libres pour marcher sur Paris et donner ainsi satisfaction à Jeanne. Le résultat est catastrophique, et certains ont formulé l'hypothèse que Charles VII l'avait plus ou moins prévu (et peut-être aussi Regnault de Chartres et La Trémoille) : son échec a eu pour conséquence d'ôter une bonne partie de son prestige à Jeanne, du moins dans l'entourage politique et militaire du roi, une Jeanne qui commençait à devenir « encombrante » dans la perspective d'une entente franco-bourguignonne. Cette hypothèse est plausible, mais ses auteurs ont été incapables d'en apporter la moindre preuve, sinon en faisant appel à des comparaisons historiques[1] problématiques.

1. *Cf.* H. Guillemin : « Lors de la convention signée à Versailles, en janvier 1871, par Jules Favre et Bismarck, se clignant de l'œil l'un à l'autre : armistice général entre Allemands et Français, alors, sauf pour l'armée de l'Est qui n'est pas comprise dans la trêve. Or, nous connaissons aujourd'hui le mot du secret.

En tout cas, souhaité ou non, l'échec devant Paris a mis fin à la carrière politique et militaire « officielle » de Jeanne auprès de Charles VII, une carrière qui avait commencé devant Orléans en mai 1429, et qui venait de s'achever piteusement en septembre de la même année : son passage dans l'histoire proprement dite de la France, et en particulier de la « guerre de Cent ans » aura duré... quatre mois. La sienne propre durera encore deux ans, jusqu'au bûcher de Rouen.

Il s'agissait de la liquider, cette armée, cette dernière armée dont disposait encore la résistance française, le dernier atout de Gambetta. Et la clause en question visait ce Gambetta, haï des Jules gouvernementaux (Jules Favre, Jules Ferry, Jules Simon) autant que de Bismarck. Le petit article de Versailles était là pour lui casser les reins. Et je ne serais pas éloigné de croire que la clause concernant Paris, l'invraisemblable clause du traité d'Arras, répond à une intention toute pareille, car il y a aussi, en 1429, quelqu'un qu'il convient de perdre : Jeanne.

8

LE TEMPS DES FEUILLES MORTES
(9 septembre-31 décembre 1429)

A l'issue de ces deux journées du 8 et du 9 septembre 1429, au cours desquelles l'armée du sacre subit devant les murailles de Paris l'échec que nous venons de conter, le destin de Jeanne a basculé : elle va cesser d'être la *persona grata* qui impressionnait tant le dauphin à Chinon, alors qu'il se désintéressait plus ou moins des affaires du royaume. Charles VII, poussé par ses conseillers, a sans doute fait le bilan du passage éclair – et bienfaisant – de la Pucelle dans le paysage politique et militaire du temps :

– 8 ou 9 jours à Orléans (du 29 avril au 8 mai), qui n'était pas vraiment en état de siège et dont les Anglais ont été chassés par l'armée venue de Blois, commandée par Dunois et La Hire ;

– 8 jours sur la Loire (de Jargeau à Patay, entre le 12 et le 18 juin), où ce sont encore ses soldats à lui et ses capitaines qui ont fait la quasi-totalité de l'ouvrage ;

– un mois de présence (entre le 24 juin et le 17 juillet, de Gien à Reims) à ses côtés : il n'avait pas besoin de Jeanne pour aller à Reims, mais, il veut bien le reconnaître, elle l'y a poussé ;

– et maintenant deux jours à Paris, pour y subir une grave défaite qui a coûté très cher au Trésor royal.

Reste à son actif que sa présence à Chinon a réveillé tout le monde, à commencer par lui-même, qu'on a cru un instant à ses voix et que certains y croient encore.

S'il avait raisonné comme les chimistes modernes, Charles VII aurait pu en déduire que Jeanne, avec la fougue de la jeunesse et du mysticisme réunis, avait secoué les bonnes volontés, tel un catalyseur déclenche une réaction. Il fallait, certes, lui en être reconnaissant, mais aussi veiller à ce que ce catalyseur n'allât pas déclencher des réactions indésirables ou parasites. Il en a sans doute longuement discuté avec La Trémoille et Regnault de Chartres : la vivacité et la personnalité de Jeanne n'étaient pas des qualités compatibles avec la difficile négociation que menait le roi en vue de conclure une bonne et grande paix avec le duc de Bourgogne, qui était la condition de la grandeur à venir du royaume de France. Il fallait donc, avec élégance et délicatesse, mettre la Pucelle hors d'état de nuire politiquement à la France en cours de construction.

LA DAME DE BOURGES

Retournons pour quelques instants à Saint-Denis, le 7 septembre 1429. La Pucelle, rouge sans doute d'émotion à l'idée de la bataille décisive qui allait se dérouler, le duc d'Alençon, les comtes de Clermont, de Vendôme et de Laval, les maréchaux Gilles de Rais et de Sainte-Sévère, le seigneur de Montmorency, La Hire, Poton de Xaintrailles et d'autres capitaines, avaient occupé le village de La Chapelle. Le lendemain, 8 septembre, c'est la fête de la Nativité de la Vierge ; lors de la deuxième audience du procès de Rouen (le jeudi 22 février 1431), Jeanne déclarera que *« sa voix »* voulait la retenir à Saint-Denis, sans doute parce que l'Église interdisait les combats les jours de fêtes religieuses, mais que *« les seigneurs »* – à savoir le duc d'Alençon et ses pairs – l'emmenèrent attaquer la porte Saint-Honoré *« contre sa volonté »* :

> « Jeanne confessa que la voix lui a dit qu'elle demeurât dans la ville de Saint-Denis en France ; et elle, Jeanne, voulait y demeurer ; mais, contre sa volonté, les seigneurs l'emmenèrent. Si cependant elle n'avait pas été blessée, elle n'en serait pas partie ; et elle fut blessée dans les fossés de Paris, comme elle arrivait là venant de ladite ville de Saint-Denis ; mais en cinq jours elle fut guérie. Ensuite elle confessa qu'elle fit faire une escarmouche devant la ville de Paris.
>
> Et comme on lui demandait si ce n'était pas alors jour de fête :
> Elle répondit qu'elle croit bien que ce fut jour de fête.
> Interrogée si cela était bien fait :
> Elle répondit : "Passez outre" [...]. » (*Condamn.*, II, p. 57.)

Autrement dit, ce ne serait pas Jeanne qui aurait choisi le jour de l'attaque, mais, à l'entendre, les *« seigneurs »* qui l'emmenèrent. Et elle refuse d'en dire plus *(« Passez outre »)*. Les Saintes ne lui ont donc pas dit d'aller au combat, mais elles ne lui ont pas non plus dit de ne pas y aller ; elles lui ont commandé seulement de rester à Saint-Denis. Aurait-elle désobéi en suivant les seigneurs malgré elle ? Quoi qu'il en soit, elle participe à la petite bataille devant la porte Saint-Honoré (c'est ce qu'elle appelle *« l'escarmouche »*) et reçoit un trait d'arbalète dans la cuisse. La voilà hors de combat, et elle passe la journée gisante derrière un talus et refusant de quitter la place.

A onze heures du soir, l'armée du roi – qui est curieusement absente dans cette tentative pour reprendre Paris – se retire à La Chapelle, où elle campe dans les mêmes lieux que la nuit précédente ; le duc d'Alençon et Gaucourt, l'ancien administrateur civil d'Orléans, emportent Jeanne de force sur son cheval de bataille, malgré ses protestations et ses (petits) jurons : *« Par mon martin [mon bâton], crie-t-elle en se débattant, on aurait pu prendre la place ! »*, rapporte le chroniqueur Perceval de Cagny. Le lendemain, par ordre du roi, ce sera la retraite vers la Loire et la fin de la grande aventure de Jeanne. Elle va faire une dernière prière à la cathédrale de Saint-Denis, où elle offre son armure au saint martyr, patron de cette basilique, ainsi que l'épée qu'elle a conquise sur un soldat bourguignon, en combattant à la porte Saint-Honoré. Puis elle attend les ordres du roi, et se repose de sa blessure.

Ces ordres ne vont pas tarder : Charles VII donne à son armée le signal du repli général sur la Loire. L'épopée qui devait bouter les Anglais hors de Paris d'abord, hors de France ensuite est terminée à peine commencée. Et voici Jeanne, idole tombée de son piédestal, qui suit tristement le roi et l'interminable colonne de fantassins et de cavaliers qui s'étire sur les routes poudreuses de l'Île-de-France en direction de la Loire. A part les noms et les dates des étapes, nous ne savons rien de ce morne retour, qui se fit dans les derniers jours de l'été 1429 par Lagny, Provins, Nangis (15 septembre), Bray (où la Seine est passée, le 17 septembre), Sens, Courtenay, Château-Reynard, Montargis. Le lundi 21 septembre, la brillante armée du sacre, qui n'est plus qu'une troupe de traînards et de blessés, fourbus et crottés, se retrouve à Gien, d'où elle était partie pour Reims trois mois plus tôt, avec des fleurs aux lances, des oriflammes au poing et des armures rutilantes.

A Gien, l'armée du sacre fut dissoute, et, dès le lendemain, Jeanne éprouva le besoin d'envoyer de ses nouvelles aux habitants de Troyes. La lettre qu'elle leur adressa a été perdue, mais nous en connaissons l'existence par la mention suivante, consignée dans le « Registre des assemblées » de cette ville, à la date du 2 octobre 1429 :

> « Le dimanche, IIe jour du mois d'octobre de l'an mil CDXXIX [...] furent en ladite assemblée publiées certaines lettres de Jehanne la Pucelle, écrites à Gien, le XXIIe jour dudit mois [*de septembre*], par lesquelles elle se recommande à M. le bailli de Troyes ou son lieutenant et à MM. les gens du clergé, bourgeois et habitants de la ville de Troyes, leur fait savoir de ses nouvelles, et qu'elle a été blessée devant Paris. »

Que signifie cette lettre, dictée à destination des habitants d'une ville que l'armée du sacre avait eu à combattre, deux mois auparavant (les 9 et 10 juillet 1429) ?

Il est bien naturel qu'après la dure expérience de l'échec qu'elle vient de subir devant Paris, après l'impression pénible qu'elle a d'être « mise en quarantaine » par le roi et par ses conseillers, qui ne la chérissent pas dans leur cœur, Jeanne éprouve le besoin de se manifester, de faire une sorte de timide appel au petit peuple auquel elle appartient : quel bonheur ce serait, pour elle, que de recevoir une réponse, de constater que si La Trémoille l'ignore ou fait mine de l'ignorer, il y a, quelque part en France, des braves gens qui se souviennent d'elle ! Mais pourquoi avoir choisi les Troyens comme destinataires, et non pas les Rémois, qui étaient plein d'égards pour la Pucelle ?

On ne pourra jamais répondre à ces questions, mais il est certain qu'à Gien, après une longue chevauchée, et se ressentant encore de sa blessure à la cuisse, le « moral » de Jeanne est au plus bas. Elle est déçue – voire vexée – par son échec, par l'attitude des conseillers, par les « On vous l'avait bien dit, Sire,... » que le roi doit entendre plusieurs fois par jour, par le silence qui s'est fait brusquement autour de sa personne, reine d'un jour à laquelle on reprend la belle robe qu'on lui avait prêtée et qu'on oublie. C'est ce qu'a fait le roi, en donnant sous ses yeux congé à cette armée du sacre qui devait lui permettre, à elle, la Pucelle, de bouter les Anglais hors de France... et qui n'avait combattu qu'un seul malheureux jour, devant les imprenables murailles de Paris ! La fête est finie, le gentil dauphin est devenu un roi dédaigneux et calculateur, un *« roi homme d'affaires »* et non plus un *« roi de chrétienté »*, comme dit Péguy[1] : adieu, beau prince, Cendrillon se retrouve en sabots. Et ce n'est pas au palais de Chinon qu'on la conduit, c'est à Bourges, où elle sera logée chez une certaine Dame Marguerite La Touroulde (témoin n° 107 dans le procès en Nullité), « honnête et prudente femme », épouse de maître René de Bouligny, conseiller du roi (il était receveur général). Cette personne habitait déjà à Bourges lorsque Jeanne était arrivée à Chinon, mais elle ne rencontra la Pucelle qu'à son retour de Paris, après le siège manqué de la capitale. Voici comment elle conte l'événement :

> « [*Après le repli de l'armée du sacre à Gien*], le roi vint alors à Bourges, où se trouvait la reine, et le témoin avec elle. Le roi approchant, la reine alla au-devant de lui, dans la ville de Selles en Berry, accompagnée du témoin ; alors que la reine allait au-devant du roi, survint Jeanne ; elle salua la reine et fut conduite à Bourges et logée, sur l'ordre du sire d'Albret, dans la maison d'elle-même qui témoigne, bien que feu son mari eût déclaré qu'elle serait logée dans la maison d'un certain Jean Duchesne ; elle resta dans la maison du témoin pendant trois semaines, y couchant, buvant et mangeant. » (*Null.*, IV, p. 60.)

Les paroles de Dame La Touroulde sont pleines d'enseignements. Nous apprenons que le logement de Jeanne à Bourges était prévu depuis un certain temps et que, *« sur l'ordre »* du sire d'Albret, on la place chez l'épouse du receveur général : le roi avait donc décidé que Jeanne ne viendrait pas vivre à la Cour à son retour de Paris, ce que l'on peut considérer comme un début de disgrâce. L'intervention du sire d'Albret est elle aussi à souligner : c'est sous ses ordres que Jeanne va bientôt servir... contre un bandit de grand chemin – un routier – à la solde de l'Angleterre, Perrinet Gressart, dont nous parlons plus loin. Tout était donc organisé à l'avance, par le roi ou par ses conseillers, pour écarter Jeanne de la Cour et des affaires du royaume.

La suite du témoignage de Dame La Touroulde nous renseigne sur la conduite de Jeanne à Bourges. Les six mois qu'elle a passés à la Cour, à la guerre et sur les routes semblent l'avoir mûrie : elle est toujours aussi pieuse (elle se confesse souvent, va

1. Dans sa fameuse *Note conjointe*, Paris, Gallimard. Cette distance prise subitement par Charles VII, après l'échec – qui était inévitable – de Paris fut pour Jeanne, nous dit cet auteur, *« la plus grande détresse secrète de sa vie, son point de douleur et de catastrophe »* (*Ibid.*).

à la messe et à mâtines), mais elle est devenue plus réaliste et repousse les « fables » qu'on raconte sur elle. Nous apprenons aussi qu'elle connaît bien les choses de la guerre, qu'elle déteste le jeu de dés et qu'elle raffole des bains de vapeur :

> « Presque chaque jour celle qui témoigne couchait avec Jeanne [*il était normal, à l'époque, de coucher à plusieurs dans un lit*] et ne vit ni ne constata en elle rien de mauvais ; mais Jeanne se comporta toujours comme une femme honnête et catholique, car elle se confessait très souvent, aimait entendre la messe ; et demanda plusieurs fois au témoin d'aller à mâtines ; le témoin y alla plusieurs fois à sa demande et l'y conduisit.
>
> Dit en outre que parfois on racontait des fables sur Jeanne, et on lui disait qu'elle allait sans crainte à l'assaut car elle savait bien qu'elle ne serait pas blessée ; elle répondait alors qu'elle n'avait pas plus de garantie que les autres hommes d'armes. Et quand elle avait été interrogée par les clercs, elle leur avait répondu : *"Il y a dans les livres de Notre Seigneur plus que dans les vostres."*
>
> [...]
>
> Dit aussi que Jeanne détestait le jeu de dés.
>
> Déclare que Jeanne était fort simple et ignorante, ne sachant absolument rien d'autre, à la connaissance du témoin, que le fait de guerre. [...]
>
> Déclare en outre qu'elle vit plusieurs fois Jeanne au bain et dans les étuves ; elle croit, comme elle a pu le constater, qu'elle était vierge [*on se demande comment la Dame La Touroulde a pu le constater*]. Elle était toute innocence, d'après ce qu'on sait de son comportement [...]. » (*Null.*, IV, p. 61, *sq.*)

LA CONFÉRENCE DE PARIS (10-20 OCTOBRE 1429)

Pendant que Jeanne fréquentait les étuves de Bourges en attendant une nouvelle mission qui, cette fois-ci, risquait d'être plus humaine que divine, car elle dépendrait des intentions de sire d'Albret, lieutenant général du roi, des maîtres du territoire français – Charles VII, Bedford et Philippe le Bon – déployaient tous leurs talents de négociateurs pour s'éliminer les uns les autres, politiquement s'entend.

Comme on l'a expliqué plus haut, le sacre de Charles VII avait rendu le traité de Troyes difficilement défendable et plaçait Bedford dans une situation pour le moins inconfortable. C'est pourquoi il décide de rencontrer Philippe le Bon, pour mettre au point une politique commune concernant la couronne de France, qui soit favorable à chacun d'entre eux. Comme le duc de Bourgogne est dans la même situation que lui, il en accepte le principe : elle lui fournira l'occasion, pense-t-il, de pactiser avec les membres du parti bourguignon qui vivent dans la capitale (le Bourgeois de Paris en est un exemple) et qui ont fait acte d'obédience au duc de Bedford. Philippe le Bon aspire en effet au poste de régent de la cité de Paris, non pas pour les piètres avantages que procure alors cette fonction, compte tenu de la situation générale des choses, mais parce qu'elle lui conférerait un rang politique certain et lui permettrait de parler presque d'égal à égal avec Charles VII (de régent à roi). Bedford, de son côté, est prêt à accorder la régence (de Paris et de la France occupée par les Anglais) à Philippe, à la condition que celui-ci accepte de le reconnaître comme gouverneur de la Normandie (reconquise par Henry V en 1419-1420 et dont le statut politique est encore à définir, voir p. 43)[1].

Les deux hommes arrivent à Paris à la fin du mois de septembre 1429 (à tout hasard, pour faire une démonstration de force, le duc de Bourgogne s'est fait accompagner d'une armée de 4 000 Picards), et les Parisiens leur font un accueil enthousiaste. Il n'est que de lire le *Journal* du Bourgeois, notre informateur :

> « **520.** Item environ trois ou quatre jours après [*après la retraite des troupes françaises, c'est-à-dire vers le 18 septembre*], vint le régent Bedford à Paris [...].
>
> **521.** Item, le vendredi dernier jour de septembre de l'an 1429, vint à Paris le duc de Bourgogne, avec moult belle compagnie et si nombreuse qu'on dut les loger chez les habitants et dans les maisons vides [*Philippe venait à Paris pour négocier un accord qui devait modifier l'équilibre des relations anglo-bourguignonnes : il était donc accompagné d'une grande suite*]. Il entra par la porte Saint-Martin [*située à l'emplacement de l'actuel arc de triomphe appelé "porte Saint-Martin" et construit au XVIIe siècle*] et amena avec lui sa sœur, femme du duc de Bedford, régent de France, qui était avec lui ; ils étaient précédés de dix hérauts, tous vêtus de cottes de mailles, aux armes des deux seigneurs, et d'autant de trompettes [...], et de là allèrent à Saint-Pol [*l'ensemble de bâtiments proches du Louvre où logeait le roi depuis Charles V, et qui était alors occupé par la reine Isabeau de Bavière ; voir ci-dessus, p. 97*]. » (*Journal d'un Bourgeois de Paris*, pp. 520-521.)

1. Il ne faut pas confondre « conquêtes » et « tractations politiques » ; les premières ont pour objet l'appropriation d'un territoire et se font par les guerres, les armes à la main, les secondes – qui en sont souvent la conséquence logique – ont pour objet le pouvoir et se font dans des « entrevues », suivies ou nom d'un « accord » écrit et/ou juré. Les mœurs n'ont guère changé de nos jours.

Dans les premiers jours d'octobre, un peu partout, en France comme en Angleterre, on ne parle plus que d'une grande trêve qui se prépare et, vers le 10 octobre, on voit arriver à Paris, par ces bruits alléchés, diverses personnalités politiques qui n'ont pas été invitées aux entretiens anglo-bourguignons mais qui tiennent à y assister, sinon à y participer : Henry Beaufort, cardinal de Winchester (qui est, ne l'oublions pas, régent d'Angleterre), et l'archevêque de Reims, Regnault de Chartres, conseiller de Charles VII, qui a obtenu un sauf-conduit pour se rendre à Saint-Denis (il espère profiter de l'occasion pour engager des pourparlers avec le régent d'Angleterre). C'est donc une véritable conférence au sommet qui va se tenir à Paris ; elle va durer une semaine (jusqu'au 17 octobre).

Il y fut pris des mesures importantes, qui définirent le cadre juridique dans lequel allaient s'inscrire, pour quelques années encore, les relations politiques franco-anglo-bourguignonnes. A la requête de l'Université de Paris, toute-puissante, idéologiquement et religieusement, à cette époque, du Parlement, non moins puissant, et du corps constitué des bourgeois de Paris, il y fut décidé que le « duc anglais » Bedford serait gouverneur de Normandie et que le duc de Bourgogne prendrait sa place comme régent de France.

Tout cela était bien clair sur les parchemins, mais fort loin des réalités. La question la plus importante qui se posait concernait Paris : une fois Bedford et ses troupes en Normandie, et le nouveau régent, Philippe le Bon, à Dijon, qui donc allait défendre les 200 000 Parisiens et les habitants des villages autour de Paris contre les innombrables troupes de routiers qui dévastaient les champs, pillaient les fermes et les greniers et rançonnaient les voyageurs et contre les bandes armagnacs qui ravageaient l'Île-de-France de la même manière, en dépit de la trêve instaurée dans la région parisienne par Philippe le Bon ? Le Bourgeois s'en émeut, et il écrit dans son *Journal* :

> « Quand les Anglais furent partis (ils partirent un samedi soir, allèrent à Saint-Denis et y firent beaucoup de mal), le duc de Bourgogne partit ensuite, et convint d'une trêve avec les Armagnacs jusqu'à Noël suivant [*Philippe le Bon, en sage politique, pratiquait comme Charles VII la politique des "petits pas"*] en ce qui concernait Paris et les faubourgs alentour seulement ; mais tous les villages d'autour Paris [*qui n'étaient pas compris*

> *dans la zone de trêve*] étaient rançonnés par les Armagnacs [1] et nul Parisien n'osait mettre le pied hors des faubourgs qu'il ne fût mort, ou enlevé, ou rançonné de tout ce qu'il possédait jusqu'à ce qu'il n'eut plus un sou vaillant. Et il n'entrait dans Paris aucune marchandise indispensable à la vie quotidienne qui ne fût rançonnée deux ou trois fois plus qu'elle ne valait [...], et, ni pour la Toussaint, ni pour les autres fêtes religieuses [*où l'on ne devait pas manger de viande*], on ne trouvait à Paris ni harengs frais, ni quelque marée que ce soit. » (*Journal*, p. 522.)

Il est clair, à lire ces lignes désabusées, que le duc de Bourgogne n'avait pas l'intention de se battre pour Paris, qu'il devrait rendre un jour ou l'autre au roi de France. Ce qui l'intéressait avant toutes choses, c'était de protéger les territoires qu'il possédait en Flandre, et d'assurer une sorte de continuité territoriale entre ceux-ci et la Bourgogne. La manière dont il prit congé des bourgeois parisiens, après avoir nommé le seigneur de l'Isle-Adam (maréchal de France) pour le représenter comme gouverneur de Paris, est révélatrice de son projet politique :

> « Après être resté environ quinze jours à Paris, le duc de Bourgogne en partit, la veille de la Saint-Luc (le 18 octobre), emmenant avec lui ses 6 000 soldats picards [...]. Quand son avant-garde fut partie, le duc fit crier [*par ses hérauts, véhicules, à l'époque, des informations officielles*], comme une manière d'apaiser les gens simples, que si on voyait que les Armagnacs venaient assaillir Paris, qu'on se défendît le mieux qu'on pourrait, et laissa sans garnison ainsi la ville de Paris. » (*Journal*, p. 523.)

Bedford quitta Paris deux jours après Philippe le Bon et partit avec ses troupes en direction de la Normandie, laissant les Parisiens pratiquement livrés à eux-mêmes et à leurs sages échevins. Dans le même temps, à Saint-Denis, Regnault de Chartres s'entretenait avec le cardinal de Winchester (sans doute les deux archevêques parlèrent-ils de la croisade anti-hussite à laquelle étaient destinées les troupes du cardinal anglais), et, du côté de Bourges, Jeanne se morfondait dans l'inaction à laquelle elle était condamnée par les tractations politiques des grands.

1. On pourrait se demander pourquoi la trêve n'a pas été étendue à la banlieue parisienne ; la raison en est simple : le duc de Bourgogne n'aurait pas eu les moyens de la faire respecter ; il pourrait y avoir aussi une autre raison, plus machiavélique : en laissant la banlieue parisienne exposée aux atteintes des Armagnacs, qui ne se gênaient pas pour piller, voler, incendier et massacrer, il entretenait ce qu'on pourrait appeler « l'anti-armagnaquisme » des Parisiens, ce qui renforçait sa position de régent.

LE TRISTE AUTOMNE DE LA PUCELLE

Pour l'instant (durant l'automne 1429), le duc d'Alençon agit en indépendant et avec ses propres deniers : il a levé une petite armée, et engagé comme capitaine un fidèle Armagnac, rescapé d'Azincourt, Ambroise de Loré, qui, depuis plus de dix ans, ne cesse de guerroyer contre les Anglais, auxquels il avait repris Beaumont-le-Vicomte en 1419, qui avait fait la campagne de la Loire, de Jargeau à Patay, et qui avait participé à l'attaque des murailles de Paris ; pour la circonstance, il l'a nommé maréchal et lui a donné comme première mission de fortifier la bourgade de Saint-Célérin, dans la Sarthe (à une vingtaine de kilomètres du Mans). Les Anglais sont venus assiéger Saint-Célérin, ils ont été battus par Ambroise de Loré et sont repartis bredouille, mais cette petite victoire n'a convaincu personne, ni le roi, qui était alors à Chinon, ni ses conseillers (La Trémoille, l'archevêque de Reims et Raoul de Gaucourt) inflexibles et unanimes : le roi n'a absolument pas les moyens de mener quelque guerre que ce soit, et encore moins de la gagner, même avec Jeanne d'Arc comme mascotte.

Ils avaient raison, les conseillers. Ils misaient sur une réconciliation franco-bourguignonne – d'ailleurs en train de se réaliser – qui, seule, permettrait de bouter les Anglais hors de France, comme aimait à le répéter Jeanne. Les historiens patriotiques et déroulèdiens, émules lyriques de Michelet, ont stigmatisé ces ministres, et en particulier La Trémoille, d'avoir empêché la Pucelle de « sauver la France » ; ils oubliaient : 1° que la France de 1870 et de 1914 n'existait pas en 1429 ; 2° que Jeanne ne disposait d'aucune armée ; 3° que ce n'était pas « la France » qui était en danger, mais la dynastie des Valois, ni plus ni moins « française » que celle des Lancastres qui descendaient, comme Charles VII, du même Saint Louis (voir le tableau dynastique, p. 444).

Plus brièvement, on dira que, dans la conduite des affaires du royaume, Charles VII et ses conseillers procèdent par étapes prudentes : le sacre d'abord, et ce fut indiscutablement un triomphe, a engendré la Conférence de Paris, où Bedford n'a pas soulevé le problème de la couronne de France ; l'armistice franco-bourguignon du 23 août, ensuite, a été un pas important vers la paix, et il a pesé lourd dans la pensée de Philippe le Bon lors de la conférence de Paris ; il ne reste plus au roi de France qu'à renouveler autant de fois qu'il le faudra ces trêves pour parvenir à une entente définitive avec son cousin Philippe. Inutile, donc, de gâcher ce patient travail diplomatique par des expéditions inconsidérées.

C'est pourquoi le roi se tient sagement et philosophiquement tranquille à l'intérieur de ses frontières, au Sud de la Loire, et s'occupe notamment de faire régner l'ordre dans son propre territoire, mis en coupe réglée par un « routier », un bandit de grand chemin du nom de Perrinet Grassart. C'est un ancien soldat devenu hors-la-loi qui s'est proclamé, par la force de ses armes et de celles de ses malandrins, « seigneur » de La Charité-sur-Loire, un bourg qu'il a transformé en place-forte, à la limite du Berry et de la Bourgogne, et des localités voisines de Saint-Pierre-le-Moûtier et de La Motte-Josserand. De là, cet aventurier attaque les convois, rançonne les voyageurs (La Trémoille lui-même s'est fait arrêter par ce brigand bandit de grand chemin, qui a exigé de lui une rançon de 14 000 écus d'or pour le libérer), et, le cas échéant, vend ses services aux Bourguignons ou à Bedford pour quelque coup de main. Charles VII a donné tous pouvoirs au sire d'Albret, de Bourges, pour le tenir à l'œil.

Tel est le morne paysage « politique » dans lequel va naviguer la Pucelle au cours des premières semaines de l'automne 1429. Adieu, les fêtes et les lampions de Chinon, les grands « hahu » infligés aux Anglais, l'odeur exaltante de la poudre à canon, l'étendard qui tournoie, les combats, les assauts et les proclamations ! Jeanne est devenue maintenant une bonne dame qui se promène dans les rues de Bourges, avec sa logeuse, qui va aux bains et aux étuves, fait parfois une petite promenade à cheval et rêve du bon temps où elle ferraillait, à Beaugency ou à Patay. Elle serait volontiers partie avec le duc d'Alençon, bouter les Anglais hors de Normandie, mais le roi ne l'a pas voulu, et elle ne reverra jamais plus le gentil duc, qui témoignera avec émotion en sa faveur lors du procès en Nullité.

Au mois d'octobre, une convocation du sire d'Albret va la tirer de sa torpeur. Au cours d'un Conseil royal, tenu à Mehun-sur-Yèvres (entre Chinon et Bourges), il a été décidé d'en finir avec les exactions de Perrin Grassart dans la région, d'autant que ce personnage est à la solde de l'Angleterre et qu'il est fort capable d'enlever ou d'assassiner des personnalités importantes. Le sire d'Albret fut chargé de monter une expédition contre ce bandit et de lui ravir la place de La Charité-sur-Loire, avec l'assistance de la Pucelle : une vulgaire opération de police, quelle déchéance pour Jeanne ! Voici comment Jean d'Aulon (témoin n° 137 dans le procès en Nullité) conte l'affaire :

> « Certain temps après le retour du sacre le roy fut advisé par son conseil alors qu'il était à Mehun-sur-Yèvre, qu'il était très nécessaire de recouvrer la ville de La Charité, que tenaient lesdits ennemis ; mais qu'il fallait avant prendre la ville de Saint-Pierre-le-Moustier, que tenaient pareillement ces ennemis.
>
> Pour ce faire et assembler gens, alla ladite Pucelle dans la ville de Bourges, en laquelle elle fit son assemblée, et de là avec certaine quantité de gens d'armes, dont monseigneur d'Albret était le chef, allèrent assiéger ladite ville de Saint Pierre le Moustier.
>
> Après que ladite Pucelle et sesdites gens eurent tenu le siège devant ladite ville par aucun temps [*pendant un certain temps*], il fut ordonné de donner assaut à cette ville ; et ainsi fut fait et la prendre firent leur devoir [*en la prenant firent leur devoir*] ceux qui là étaient ; mais en raison du grand nombre de gens d'armes étant dans ladite ville, et aussi la merveilleuse résistance que ceux qui étaient dedans faisaient, furent contraints et forcés lesdits Français eulx retraire [*de se retirer*], pour les causes susdites. Et à cette heure, lui, le témoin qui parle, qui était blessé d'un trait au talon, de sorte que sans potences [*béquilles*] ne se pouvait soutenir, ni marcher, vit que ladite Pucelle était demeurée très petitement accompagnée de ses gens [...], il monta sur un cheval et tira incontinent vers elle et lui demanda ce qu'elle faisait là, seule, et pourquoi elle ne faisait pas retraite comme les autres. Laquelle, après qu'elle eut ôté sa salade [*son casque*] de dessus sa tête, lui répondit qu'elle n'était pas seule, et qu'elle avait encore en sa compagnie cinquante mille [*sic*], et que de cet endroit elle ne se partirait jusqu'à ce qu'elle eut pris ladite ville [...]. Elle lui dit qu'il lui fît apporter des fagots et claies pour faire un pont sur les fossés de ladite ville, afin qu'ils y pussent mieux approcher. Et en lui disant ces paroles elle s'écria à haute voix et dit : "Aux fagots et aux claies tout le monde, afin de faire le pont !" Lequel incontinent après [*aussitôt après*] fut fait et dressé. De laquelle chose le témoin qui déposait fut tout émerveillé ; car incontinent la ville fut prise d'assaut, sans y trouver pour lors trop grande résistance. »

Jean d'Aulon enjolive vraisemblablement l'aventure. Saint-Pierre-le-Moûtier n'était pas une ville fortifiée comme l'étaient Orléans ou Auxerre et Jeanne ne risquait pas d'avoir « cinquante mille gens » avec elle (les armées avec lesquelles elle a combattu les Anglais sur la Loire n'ont jamais compté plus de trois mille hommes, et elles n'étaient pas sous son commandement) ; quant à Perrin Gressart, ce n'était qu'un bandit de grand chemin bien organisé et non point un grand capitaine : même si sa bande était nombreuse, le nombre de ses complices ne devait pas dépasser quelques centaines, au grand maximum.

La ville une fois prise, on se dirigea – dans les froidures de novembre – vers La Charité-sur-Loire, où Perrin Gressart s'était barricadé. La petite armée de la Pucelle manquait d'armes, de munitions et d'équipements ; instruits par les difficultés rencontrées devant Saint-Pierre-le-Moûtier, le connétable d'Albret et Jeanne adressent une lettre aux habitants de Clermont (datée du 7 novembre 1429) pour leur demander de la poudre pour les canons et des obus (des « traits » d'artillerie en pierre) : cette missive ne nous est pas parvenue, mais les archives de la ville en font mention. Le 9 novembre, Jeanne dicte une lettre similaire aux habitants de Riom, conservée dans les Archives communales de cette cité :

> « Pierre-le-Moûtier a été prise d'assaut, et, avec l'aide de Dieu, j'ai l'intention de faire vider les autres places qui sont opposées au Roi ; mais, comme il a été fait grande dépense de poudres, traits et habillements [*matériel*] de guerre devant ladite ville, nous en sommes dépourvus pour aller mettre le siège devant La Charité, où nous allons prestement. Je vous prie [...] de vouloir envoyer et aider pour ledit siège poudres, salpêtre, soufre, traits, arbalètes fortes et autres habillements de guerre ; et en cela faites tant que par faute desdites poudres et autres habillements de guerre la chose ne soit pas longue et que vous ne puissiez dire en cela être négligents ou refusants. Chers et bons amis, que Notre Seigneur vous garde. Écrit à Moulins, neuvième jour de novembre. »

Le siège fut mis devant La Charité le 24 novembre et il dura un mois, mais, contre toute attente, la place résista. Tout ce que nous savons de cet échec, c'est que Jeanne et d'Albret perdirent leurs bombardes et leur matériel d'artillerie et que le siège fut levé sans que les assiégés eussent reçu le moindre secours de l'extérieur. Un chroniqueur du temps (Perceval de Cagny) met cette défaite sur le compte du roi, qui n'envoya ni vivres, ni argent pour entretenir sa compagnie. Retenons le mot « compagnie » : ce n'est pas une armée, qui a été utilisée contre Perrin Gressart, c'est une petite unité, en vue, on le répète, d'une simple opération de nettoyage policier. Décidément, le roi n'en veut plus, de la Pucelle (et La Trémoille non plus).

Lors du procès de Condamnation, Jeanne donna de ces événements une version désabusée, précisant qu'à La Charité comme à Saint-Pierre-le-Moûtier rien ne fut entrepris ni sur le commandement de ses «voix», ni contre: elle assume, en quelque sorte, la responsabilité de ses échecs:

> «Jeanne, interrogée sur ce qu'elle a fait dans les fossés de la ville de La Charité:
> Répondit qu'elle y fit faire assaut, mais elle n'y jeta ni fit jeter de l'eau bénite, par manière d'aspersion.
> Interrogée pourquoi elle n'est pas entrée dans ladite ville de La Charité, puisqu'elle avait commandement de Dieu:
> Elle répondit: "Qui vous a dit que j'avais commandement de Dieu ?"
> Interrogée si elle a eu conseil de sa voix:
> Elle répondit qu'elle-même voulait venir en France [*en Normandie, avec le duc d'Alençon ou à Chinon ? La Charité est à la frontière du Nivernais et de la Bourgogne*] ; mais les hommes d'armes lui dirent que le mieux était d'aller d'abord devant la ville de La Charité.» (*Condamn.*, II, p. 100, *sq.*, *cf.* II, p. 124.)

*
* *

Après qu'elle eut échoué dans sa chasse aux bandits (ou entre les deux opérations de Saint-Pierre-le-Moûtier et de La Charité, on ne sait), Jeanne se vit chargée de démasquer l'imposture d'une fausse mystique, diseuse de bonne aventure qui sévissait dans le Berry, une certaine Catherine de La Rochelle, que le Bourgeois de Paris nous présente ainsi dans son *Journal*, après avoir parlé du supplice de la Pucelle (à laquelle du reste il la compare: le Bourgeois était un farouche partisan des Bourguignons):

> «Une qui est avec les Armagnacs, nommée Catherine de La Rochelle, laquelle dit que lorsqu'on consacre le précieux corps de Notre Seigneur Dieu elle voyait merveilles du haut secret de Notre Seigneur Dieu [*elle voyait la présence réelle du Christ au lieu de l'hostie*].» (*Journal d'un Bourgeois de Paris*, p. 580.)

Jeanne rencontra cette voyante sous l'égide du fameux frère Richard dont nous avons déjà parlé (p. 189); voici ce qu'elle en dit à ses juges, lors du procès de Condamnation (audience du samedi 3 mars):

> «Interrogée si elle avait connu ou vu Catherine de La Rochelle:
> Elle répondit que oui, à Jargeau et à Montfaucon, dans le duché de Berry.

Interrogée si ladite Catherine lui montra une dame, revêtue d'un habit blanc, qu'elle disait lui apparaître quelquefois [*c'était la vision que prétendait avoir Catherine*] : Elle répondit que non.

Interrogée sur ce que Catherine lui a dit :

Elle répondit que cette Catherine lui a dit qu'une dame blanche, revêtue d'un habit d'or, venait à ladite Catherine, lui disant qu'elle allât par les bonnes villes et que son roi ait à lui donner des hérauts et des trompettes pour faire crier que quiconque aurait de l'or, de l'argent ou un trésor caché, l'apportât aussitôt ; et que ceux qui auraient de ces choses-là cachées et ne les apporteraient pas, seraient bien découverts par ladite Catherine et qu'elle saurait bien trouver ces trésors, et qu'elle paierait ainsi les hommes d'armes de Jeanne [*à cette époque, Jeanne combattait Perrin Grassart, et elle s'était plainte de ne pas avoir assez de moyens pour ce faire*]. Sur quoi Jeanne répondit à Catherine qu'elle retournât à son mari faire ses ménages et nourrir ses enfants [*c'est une réponse incrédule du même type qu'avait faite Baudricourt à Laxart en décembre 1428, lorsqu'il lui avait dit qu'il fallait reconduire Jeanne chez son père et lui donner deux gifles, voir ci-dessus, p. 110*]. Et pour savoir certitude sur le fait de cette Catherine, Jeanne a parlé à sainte Catherine ou sainte Marguerite qui lui dirent que du fait de Catherine de La Rochelle, il n'y avait que folie et que c'était tout néant. Et elle écrivit au roi de qu'il devait faire à ce sujet, et quand elle vint à lui, elle lui dit que c'était folie et tout néant que le fait de cette Catherine. Toutefois le frère Richard voulait qu'on mît cette Catherine à l'œuvre et le frère Richard et cette Catherine furent donc mécontents de Jeanne.

Interrogée si elle parla avec cette Catherine du projet d'aller à La Charité-sur-Loire :

Elle répondit que ladite Catherine ne lui conseillait pas d'y aller, et qu'il y faisait trop froid ; et elle disait à Jeanne qu'elle n'irait point. Item la même Jeanne a dit à Catherine qui voulait aller vers le duc de Bourgogne pour faire la paix, qu'il lui semblait qu'on ne trouverait point de paix, sinon par le bout de la lance. Item elle a dit qu'elle a demandé à cette Catherine si cette dame blanche qui lui apparaissait venait à elle chaque nuit, disant qu'elle voulait pour cela coucher avec elle dans le même lit. Et de fait Jeanne y coucha et veilla jusqu'à minuit et elle ne vit rien ; ensuite elle s'endormit. Alors Jeanne demanda si cette dame viendrait l'autre nuit ; et Catherine répondit que oui ; Jeanne dormit alors le jour pour veiller toute la nuit suivante. Et elle coucha cette nuit-là avec ladite Catherine et veilla toute la nuit ; mais elle ne vit rien, quoique souvent elle ait demandé à ladite Catherine si cette dame viendrait ou non et Catherine répondait : "oui, tantôt". » (*Condamn.*, II, p. 99, *sq.*)

Jeanne jugea bon d'écrire au roi pour lui dire son sentiment sur cette visionnaire qui lui faisait, si l'on peut dire, concurrence, et, bien entendu, lorsque Catherine de La Rochelle fut appelée à déposer comme témoin à l'Official de Paris, lors du procès de Condamnation, elle l'accabla, déclarant que Jeanne sortirait de sa prison de Rouen par l'aide du diable, si elle n'était pas bien gardée (*Condamn.*, II, p. 223).

*
* *

Cela faisait à peine dix mois que Jeanne avait quitté sa petite patrie barroise, dix mois pendant lesquels tout avait changé dans sa vie.

Au mois de février, à Vaucouleurs, quand elle s'était rendue auprès du duc Charles de Lorraine, elle avait abandonné cotillons courts et souliers plats et revêtu ses premiers habits d'homme, afin de pouvoir mieux chevaucher. Le 5 mars, elle était entrée à Chinon, et le 6 mars – superbe et nostalgique souvenir – cette petite paysanne de 17 ans qui ne savait ni lire, ni écrire, ni faire la révérence avait été reçue par celui qui allait devenir le roi de France, comme Dieu le lui avait promis à elle, la Pucelle. Un mois plus tard, à Tours, on la revêtait d'une armure blanche et scintillante, on lui confectionnait un étendard et on lui donnait une épée. Un autre mois s'était encore écoulé, puis elle avait vécu une semaine inoubliable, du 29 avril au 8 mai : la vertu de ses prières et de celle des moines qui la suivaient, l'enthousiasme de ses paroles, l'efficacité des hommes de guerre que commandait Dunois avaient fait fuir les Anglais de devant Orléans. Une autre semaine avait suivi, plus exaltante encore, celle du 10 au 18 juin, durant laquelle Jeanne s'était enivrée de l'odeur de la poudre et de la poussière des combats, avait escaladé des murailles, frappé d'estoc et de taille, pleuré sur des morts, souri à des blessés et sans doute prié pour les âmes des 2 000 Anglais laissés morts dans la plaine de Patay.

Quatre jours après Patay, elle avait pleuré de joie lorsque le Conseil, malgré l'opposition de certains, et sur ses insistances, avait décidé qu'on irait à Reims pour le sacre. Le Sacre ! Le terme de sa mission ! Le terme ? A voir : Dieu ne lui avait-il pas dit aussi de chasser tous les Anglais hors de France ?

Alors ce fut la grande désillusion : l'échec devant Paris, le morne retour à Gien, et maintenant, une petite vie médiocre dans cette ville de Bourges où ses voix semblaient l'avoir oubliée. Jeanne rêvait de sièges, de combats, d'« escarmouches », de chasser les Anglais hors de la terre de France : le sire d'Albret lui avait simplement proposé de poursuivre un vulgaire chef de bandes, dont ses voix ne lui avaient jamais parlé... et elle n'y était même pas parvenue !

Que la vie devenait triste, pour la Pucelle, qui allait devoir attendre la fin de l'hiver pour retrouver les bruits et la fureur des combats, car les trêves conclues par le roi Charles VII avec le duc de Bourgogne, et qui avaient été plusieurs fois renouvelées, n'arrivaient à terme que le 15 mars 1430.

9

COMPIÈGNE : LA FIN DU VOYAGE
(14 janvier-23 mai 1430)

L'année 1430 a débuté dans la joie et dans la paix, tant du côté bourguignon que chez les Armagnacs.

Le 9 janvier, à Bruges, le duc de Bourgogne a célébré en grandes pompes son troisième mariage (il a épousé Isabelle de Portugal, qui sera la mère de Charles le Téméraire), et il a prorogé jusqu'au 15 mars, puis jusqu'au 16 avril la trêve qui devait prendre fin à Noël 1429 (voir ci-dessus, p. 210) : Charles VII a gagné trois mois de paix supplémentaires, il va pouvoir faire progresser sa politique des petits pas.

Quelques jours plus tard, le 14 janvier 1430, la chancellerie royale rendait publique la lettre d'anoblissement de Jeanne et des siens, datée de *« Meheun-sur-Yèvre* (Meung-sur-Yèvre), *29 décembre 1429. »* Pour remercier Jeanne de ses bons et loyaux services envers la Couronne, le roi accordait à la Pucelle la récompense que l'on accorde aux anciens braves ; il la « décorait », avec la « citation » suivante : *« Pour reconnaître les très pures et abondantes grâces dont la Divine Majesté l'a comblé par le ministère de notre chère et bien-aimée Pucelle. »* Dorénavant, la famille d'Arc (ou *Day*, quand on prononçait ce patronyme avec l'accent champenois) aura le droit de s'appeler *« du Lys »*, par référence à cette fleur qui figurait sur l'étendard qui avait été à l'honneur lors de la cérémonie du sacre.

Ce geste n'était pas spontané : il n'est pas impossible que Charles VII y ait été encouragé à l'honorer ainsi par une lettre au sujet de Jeanne que lui avait écrite, en mai 1429, l'archevêque d'Embrun, Jacques Gélu [1], dans laquelle ce prélat affirmait que la

1. Ce prélat (v. 1370-1432), né dans le diocèse de Trèves, a été évêque de Tours

guerre qu'il menait contre les Anglais était une guerre *juste* en ce qui le concernait, et *méritoire* en ce qui concernait Jeanne (*Null., V,* p. 199). Dans cette missive, Gélu rapportait aussi au roi que le cardinal de Foix, de retour de Rome, lui avait longuement parlé de Jeanne, ce qui tendrait à prouver que Martin V (pape de 1417 à 1431, pro-armagnac) savait à quoi s'en tenir quant à l'action de Jeanne en France : la Pucelle avait déjà un « dossier » à Rome, et sans doute aussi à l'Université de Paris, « anglaise » depuis 1418 et souveraine en matière de religion et de lutte contre les hérésies sur le territoire français.

Jeanne – au contraire de ses frères – n'usera pas de cette distinction inattendue que venait de lui accorder son roi (nous avons vu que lors de l'interrogatoire d'identité qui ouvrit son procès, le mercredi 21 février 1431, elle répondit simplement qu'on la nommait Jeannette dans son pays, le Barrois, et qu'on l'appela ensuite Jeanne quand elle vint en France et elle ne fait aucune allusion à son titre de noblesse), mais elle lui mit du baume au cœur, car, le 19 janvier, huit jours après la publication de son anoblissement, la Pucelle participe à un joyeux festin, organisé par la municipalité d'Orléans, où l'on consomma, disent les registres municipaux, six chapons, neuf perdrix, treize lièvres et où l'on but *« cinquante-deux pintes de vin »*.

LE RETOUR DE JEANNE

L'année avait donc bien commencé, et, pour Charles VII et pour son entourage, elle devait bien continuer : le prolongement de la trêve annoncé par le duc de Bourgogne allait permettre, pensait-on, l'ouverture d'une conférence de paix franco-bourguignonne et la fin des guerres.

Il y avait cependant une petite ombre au tableau : le 13 février 1430, Bedford, qui, en tant que régent de France, contrôlait tout le territoire français au Nord de la Loire pour le compte du jeune roi d'Angleterre, Henry VI (qui avait alors 9 ans), prit la décision de réunir administrativement la Brie et la Champagne au duché de Bourgogne, à charge pour Philippe le Bon de s'en emparer réellement et de les annexer à l'État bourguignon : depuis Azincourt,

en 1415, puis d'Embrun en 1427, et légat du pape Martin V en France ; il n'était pas aimé des Bourguignons.

en effet, ces parties du domaine royal français n'avaient pas de véritable statut (ce qui explique que le sacre de Charles VII ait pu avoir lieu à Reims). Le cadeau de Bedford à Philippe était un cadeau empoisonné : il introduisait une cause de discorde dans l'entente franco-bourguignonne en train de se réaliser[1], discorde qui, si elle s'aggravait, affaiblirait d'un seul coup ses deux rivaux en Europe occidentale.

Les premiers à s'inquiéter de ces manœuvres, ce furent naturellement les Rémois (dont l'archevêque était aussi chancelier de France et avait célébré le sacre de Charles VII) : bon nombre d'entre eux ne souhaitaient pas devenir des sujets du duc de Bourgogne. En revanche, Charles VII y resta indifférent ou, du moins, fit semblant de le rester : il accordait une priorité absolue à la conclusion d'une entente franco-bourguignonne définitive et n'avait pas l'intention de la faire avorter en soulevant quelque contentieux territorial que ce fût.

Les Rémois se sont-ils alors tournés vers la Pucelle, qui leur avait toujours témoigné attention ? Savaient-ils que la Jeanne de mars 1430 n'occupait plus, à la Cour, la place qu'elle semblait occuper au moment du sacre, six mois auparavant ? Il est difficile de répondre à ces deux questions, mais il est de fait que, le 16 mars, Jeanne leur écrira, de Sully-sur-Loire, où elle se trouvait alors, une lettre fougueuse qu'elle présente comme une réponse à un appel qu'ils lui auraient fait (et dont nous n'avons aucune trace dans les registres municipaux de Reims). Dans cette missive, Jeanne prend ses désirs pour des réalités, comme on va le lire, et ce qu'elle promet aux Rémois n'a aucun rapport ni avec les intentions, ni avec les moyens de Charles VII. En voici la teneur (traduite en français moderne : il ne nous reste de cette lettre qu'une copie, faite au XVIIe siècle) :

> « Très chers et bien aimés amis, que je désire revoir, Jehanne la Pucelle a reçu vos lettres, qui font mention de vos craintes au sujet d'un siège possible de votre ville. Sachez qu'il n'y en aura point, si je puis les rencontrer d'ici peu [*il s'agit des ennemis bourguignons*], et s'il se trouvait que je ne les rencontre point et

1. La préoccupation historique des ducs de Bourgogne était de réunir en une seule unité géopolitique, à l'intérieur d'une frontière continue, les territoires qu'ils possédaient en Flandre, jusqu'à la mer du Nord, et ceux qu'ils possédaient autour de Dijon, Cluny et Nevers (la Bourgogne proprement dite) : l'annexion permise par Bedford permettait à Philippe de réaliser ce rêve.

qu'ils viennent vers vous, soyez aussi courageux que vous le pourrez, car je viendrai en peu de temps jusqu'à vous, et je leur ferai chausser leurs éperons [*pour s'enfuir*] si vite qu'ils ne sauront où les prendre. Je ne vous écris rien d'autre pour l'instant, sinon de vous recommander d'être toujours bons et loyaux. Je prie Dieu qu'il vous ait en sa garde. Écrit à Sully, le XVIe jour de Mars. Je vous enverrais encore quelques nouvelles qui vous feraient bien plaisir, mais je crains que les lettres ne soient prises en chemin et que l'ennemi n'apprenne ainsi lesdites nouvelles.

JEHANNE. »

Douze jours plus tard, Jeanne envoie une deuxième lettre à ses bons amis les Rémois, toujours de Sully-sur-Loire, et toujours optimiste :

« Très chers et bons amis, je pense qu'il vous plaît de savoir que j'ai reçu vos lettres, lesquelles font mention de ce qu'on a rapporté au roi que, dans la bonne cité de Reims, les choses allaient très mal. Aussi, veuillez savoir que c'est bien vrai : on lui avait réellement rapporté qu'il y en avait beaucoup [*dans Reims*] qui avaient fait alliance et qui devaient trahir la ville et mettre les Bourguignons dedans. Et, depuis, le roi a su qu'il n'en était rien, parce que vous lui donnez toutes assurances sur ce point, ce dont il est très content. Et croyez que vous êtes bien en sa grâce et que si vous aviez à besogner [*contre les Bourguignons*], il vous secourrait en cas de siège. Et il sait que vous souffrez beaucoup des duretés que vous font ces traîtres de Bourguignons, nos adversaires. Il vous en délivrera, s'il plaît à Dieu, dans les délais les plus brefs, à savoir le plus tôt que faire se pourra. Aussi je vous prie, très chers amis, que vous gardiez bien la bonne cité [*de Reims*] pour le roi et que vous fassiez très bon guet, et vous aurez bientôt de bonnes nouvelles, plus en détail. Pour l'instant, je ne vous écris rien d'autre sinon que toute la Bretagne est française [*fausse nouvelle, que Jeanne diffuse pour des raisons évidentes de propagande*] et que son duc envoie au roi trois mille combattants payés pour quatre mois [*encore une fausse nouvelle : mais comment les Rémois pourraient-ils la contrôler ?*]. A Dieu je vous recommande, qu'il vous garde en sa grâce. Écrit à Sully le 28 mars.

JEHANNE. »

On s'aperçoit, en lisant ces deux lettres (dont la deuxième porte « la plus belle signature de Jeanne » d'après Régine Pernoud), que la Pucelle a retrouvé son moral et sa combativité. Cependant, leur ton est différent de celui des lettres qu'elle envoyait, l'année précédente, aux Anglais, au duc de Bourgogne, aux mêmes habitants de Reims ou aux habitants de Troyes. Les

« Lettres aux Rémois » de mars 1429 sonnent faux, et pour cause : Jeanne n'a plus l'oreille du roi, elle le sait qu'elle n'a plus aucun moyen de le persuader de partir aider les Rémois.

Ces lettres nous apprennent aussi que Jeanne n'est plus à Bourges, mais, au moins jusqu'au 28 mars (date de la seconde lettre), à Sully-sur-Loire, près d'Orléans, où elle a banqueté le 19 janvier précédent, après avoir été anoblie. Elle est restée sur place, sur les lieux de ses « exploits » de l'an passé, ce qui était plus gai, pour elle, que d'être sur ceux de son dernier échec (à La Charité-sur-Loire). Elle caresse sans doute le rêve de voir le roi appeler aux armes tous ses fidèles seigneurs, franchir à nouveau la Loire, marcher encore une fois sur Paris, et reconquérir sa bonne ville, d'où les Anglais sont partis d'eux-mêmes. Montjoie et Saint-Denis[1] ! Elle va reprendre du service, et après avoir rendu sa couronne au roi – du moins croit-elle sincèrement que c'est à elle qu'il la doit – elle va lui rendre Paris.

Charles VII, lui, dispose ses pièces sur l'échiquier où il se prépare à affronter politiquement le duc de Bourgogne qui, après avoir reçu de Bedford le gouvernat de la Champagne et de la Brie, lorgne à présent vers la Picardie.

Philippe le Bon a en effet compris – comme Charles VII d'ailleurs – que la politique intérieure anglaise va bientôt prendre une place prépondérante dans les préoccupations du régent (dans peu d'années, Henry VI sera majeur, et Bedford n'aura plus les mains libres : il devra compter avec le jeune roi et avec ses conseillers) et que c'est donc peut-être pour lui le moment d'amadouer les cités picardes, au loyalisme hésitant. Au début du mois d'avril 1430, le duc de Bourgogne a même tenté de s'emparer de Compiègne en douceur et il a fait une proposition alléchante au sire de Flavy, son gouverneur (de l'or et une riche héritière comme épouse en remplacement de sa femme actuelle, infidèle notoire). Celui-ci lui a répondu, noblement : *« La ville ne m'appartient pas, Monseigneur le Duc, elle appartient au roi. »* Philippe le Bon se le tint pour dit, et Charles VII, qui avait été informé de sa démarche, envoya à tout hasard vers l'Île-de-France un corps auxiliaire d'un millier d'hommes, fantassins et

1. *Montjoie !* était le cri de guerre des Français depuis le XIIe siècle ; à l'époque de Jeanne, les Armagnacs criaient *Montjoie et Saint-Denis !* et les Bourguignons *Montjoie et Saint-André !*

archers confondus, sous les ordres du maréchal de Sainte-Sévère, montrant ainsi sa force pour ne pas avoir à s'en servir.

Bien entendu, Jeanne n'était pas de la fête. Le roi et ses conseillers s'en méfiaient : toutes les actions militaires qui avaient tourné à l'avantage des forces françaises (Orléans, Jargeau, Meung-sur-Loire, Beaugency, Patay) avaient été dirigées, sur le plan tactique et technique, par les « capitaines » du roi, comme Dunois ou d'Alençon, et Jeanne n'en avait jamais été que l'adjuvant moral (ce qui était d'ailleurs beaucoup, car, lorsqu'elle était arrivée à Chinon, l'ambiance était au défaitisme). En revanche, les opérations qu'elle avait lancées spontanément, telle la conquête impossible de Paris dans laquelle elle entraîna le roi et toute l'armée française, et même les petites descentes de police contre Perrinet Grassard, s'étaient terminées par des échecs. S'il tenait à ce que la couronne de France restât dans la Maison de Valois, Charles VII ne pouvait se permettre de courir aucun risque : il se devait de mettre Jeanne et ses « voix » à l'écart de ce dernier combat, qu'il n'avait pas le droit de perdre.

*
* *

Nous ne savons à peu près rien de ce qui s'est passé à Sully-sur-Loire entre Jeanne et le roi, qui s'y rencontrèrent lorsque Sainte-Sévère partit vers l'Île-de-France avec son armée, dont Jeanne avait été exclue ; mais il est certain que la Pucelle agissait maintenant en fonction de ses impulsions personnelles, et elle ne fait plus allusion aux injonctions de ses « voix ». Elle a fait venir auprès d'elle ses deux frères, son chapelain, frère Pasquerel, et quelques partisans, et elle a réuni toutes ses richesses, qu'elle a décrites ainsi à ses juges lors de son procès (séance du samedi 10 mars 1431, dans sa prison) :

> « Interrogée si elle avait un cheval quand elle fut prise, soit coursier, soit haquenée [1] :
>
> Elle répondit qu'elle était alors à cheval sur un demi-coursier.
>
> Interrogée : qui lui avait donné ce cheval ?
>
> Elle répondit que son roi ou les gens du roi lui donnèrent de l'argent de sondit roi ; et elle avait cinq coursiers de l'argent de son roi, sans les trottiers qui étaient plus de sept ;

1. Un guerrier avait en général deux chevaux : l'un pour la bataille (le *coursier*) et l'autre de service (la *haquenée*).

> Interrogée si elle eut jamais d'autres richesses de son roi que ces chevaux :
>
> Elle répondit qu'elle ne demanda rien à son roi, sinon de bonnes armes, de bons chevaux, et de l'argent pour payer ses gens de son hôtel.
>
> Interrogée si elle avait un trésor :
>
> Elle répondit qu'elle avait dix ou douze mille écus qu'elle a vaillants ; mais ce n'était pas un grand trésor pour conduire la guerre ; c'est même peu de chose ; ce sont ses frères qui ont cela, à ce qu'elle pense. Et elle dit que ce qu'elle a est du propre argent de son roi. » (*Condamn.*, II, p. 106, *sq.*)

C'est avec cet argent et sans doute avec celui de ses frères que Jeanne put alors se constituer une petite armée personnelle dont l'effectif devait être compris entre 200 et 400 hommes (400 selon le chroniqueur contemporain Perceval de Cagny, appartenant au parti armagnac), pour la plupart des routiers piémontais que leur capitaine, un certain Beretta, vendait à l'encan, et elle partit dans la direction de l'Île-de-France, au début du mois d'avril 1430. Avant de quitter Sully, Jeanne fit écrire une lettre à l'intention des hérétiques de Bohême (les Hussites), sur laquelle nous reviendrons plus loin.

Qu'allait-elle pouvoir faire avec cette armée ? Pas grand-chose, sinon se faire prendre par les Bourguignons ou par les Anglais. A son procès (séance du 10 mars 1431, dans sa prison) elle a prétendu qu'elle le savait, car ses Saintes le lui avait prédit :

> « Interrogée [...] elle répondit qu'en la semaine de Pâques dernièrement passée [*la semaine pascale de l'année 1430 : le procès s'est déroulé en 1431*], étant sur les fossés de Melun, il lui fut dit par ses voix, c'est-à-dire par les voix des saintes Catherine et Marguerite, qu'elle serait prise avant la Saint-Jean [*24 juin*], et qu'il fallait qu'il en fût ainsi ; et qu'elle n'en fût point frappée de stupeur, mais qu'elle le prît en gré, et que Dieu l'aiderait.
>
> Interrogée si, depuis ce lieu de Melun, il ne lui fut point dit par ses voix susdites qu'elle serait prise :
>
> Elle répondit que oui, de nombreuses fois et presque tous les jours. » (*Condamn*, II, p. 104.)

On ignore à quelle date Jeanne partit de Sully-sur-Loire avec sa bande de routiers ; toutefois, nous avons trois lettres d'elle écrites de Sully le 16, le 23 et le 28 mars, respectivement adressées aux « bourgeois et autres habitants de la ville de Reims » (signée : Jehanne), aux Hussites de Bohême (signée de Pasquerel, son aumônier, qui écrit en son nom), et à nouveau aux habitants de Reims (signée de sa main, voir cette lettre ci-dessus, p. 242). Conclusion immédiate : Jeanne a quitté Sully-sur-Loire *au plus tôt* le 28 mars 1430.

Bien des historiens ont glosé sur une phrase de Perceval de Cagny qui affirme que Jeanne quitta Sully *« à l'insu du roi et sans prendre congé »*. Qu'a-t-il bien voulu dire par là, se sont-ils demandés. Il est certain que la démarche de Jeanne qui, de guerrière au service du roi qu'elle était, se transforme en chef d'une bande de routiers, ne pouvait guère plaire au roi. Mais que craignait donc Jeanne, en partant ainsi sur la pointe des pieds ?

Que le roi l'empêche de partir et la fasse arrêter ? Pourquoi donc Charles VII aurait-il voulu l'empêcher de participer, à titre privé en quelque sorte, à la campagne de libération de l'Île-de-France et des villes stratégiques de la Picardie, comme Compiègne, qu'il était lui-même en train de préparer ? Pourquoi lui mettre des bâtons dans les roues ? La réponse la plus plausible à cette question est la suivante : le roi voulait « doser » sa future victoire sur le duc de Bourgogne, afin de faire prévaloir une politique d'alliance franco-bourguignonne dont nous avons déjà parlé, et il craignait les excès anti-bourguignons d'une Pucelle victorieuse. Dans le langage des polémologues, cela s'appelle « soulever la question des buts de guerre ».

Quoi qu'il en soit, voici donc la Pucelle sur la route de l'Île-de-France. La sève gonflait les buissons d'aubépines et les oiseaux chantaient, nous dit Cagny : comme elle est partie au plus tôt de Sully le 28 mars, elle ne peut pas être arrivée avant le 2 ou 3 avril à Lagny-sur-Marne, où vont se produire deux incidents, sur lesquels elle fut interrogée lors du procès de Condamnation.

Le premier concerne un pseudo-miracle dont elle aurait été l'auteur. Une femme de Lagny avait accouché d'un enfant qui ne donnait aucun signe de vie depuis trois jours et qui était tout noir, et l'on craignait qu'il ne fût mort sans avoir été baptisé (ce qui signifiait pour son âme la damnation éternelle). Jeanne alla prier pour lui avec les autres jeunes filles de la ville, l'enfant se mit à bouger, bâilla trois fois, fut baptisé et mourut aussitôt : son âme était sauvée et le peuple crut que l'enfant avait été ressuscité par Jeanne. Voici comment cet épisode fut traité lors de l'audience du samedi 3 mars 1431 :

> « Interrogée sur l'âge qu'avait l'enfant qu'elle ranima à Lagny :
>
> Elle répondit que l'enfant avait trois jours ; et il fut apporté devant une image de Notre Dame à Lagny, et il fut dit à Jeanne

que les jeunes filles de la ville étaient devant ladite image et qu'elle voulût aller prier Dieu et Notre Dame qu'ils donnent vie à l'enfant. Alors elle alla avec les autres jeunes filles et pria et finalement la vie apparut dans l'enfant qui bâilla trois fois et fut baptisé ensuite. Aussitôt il mourut et fut inhumé en terre bénite. Et il y avait trois jours, à ce qu'on disait, que la vie n'était apparue dans l'enfant, et il était tout noir comme la tunique de ladite Jeanne. Mais quand il bâilla, la couleur commença à lui revenir. Et Jeanne était avec les jeunes filles, priant à genoux, devant Notre Dame.

Interrogée s'il fut dit par la fille qu'elle avait fait faire cette résurrection et que cela avait été fait à sa prière :

Elle répondit qu'elle ne s'enquérait point de cela. » (*Condamn.*, II, p. 98, *sq.*)

Le second incident est une opération de police menée par Jeanne et son contingent de Piémontais. Pendant qu'elle était à Lagny, on vint lui annoncer qu'une bande de trois ou quatre cents routiers anglais ou bourguignons, commandés par un certain Franquet d'Arras, ravageait et pillait les campagnes de l'Île-de-France. La Pucelle et sa petite troupe se mirent à la poursuite de ce pirate : la plupart des bandits furent tués, les autres furent capturés et, parmi eux Franquet d'Arras. Jeanne eut d'abord l'intention d'échanger ce brigand contre un aubergiste parisien qui était resté aux mains des Anglais, mais le bailli de Senlis s'y opposa. Sur ce, on apprit que le maître aubergiste était mort et Jeanne abandonna Franquet aux mains de la justice, en disant au bailli : *« Puis l'homme que je voulais avoir est mort, faites de celui-ci ce que vous devrez faire par justice. »* Le procès de Franquet devant le tribunal de Lagny dura quinze jours ; il avoua qu'il avait été « meurtrier, larron et traître », fut condamné à mort et décapité. Lors du procès de Rouen, il fut reproché à Jeanne d'avoir livré Franquet d'Arras et d'être ainsi responsable de sa mort. L'affaire fut examinée à l'audience de l'après-midi du mercredi 14 mars 1431 (dans la prison). Voici comment Jeanne se défendit :

« Elle répondit qu'elle consentit à ce qu'on le fît mourir, s'il l'avait mérité, parce qu'il confessa être meurtrier, larron et traître ; et elle dit que son procès dura quinze jours et fut jugé par le bailli de Senlis et les hommes de la justice de Lagny. Elle a dit aussi qu'elle requérait qu'on lui donne ledit Franquet [*qu'on lui donne ledit Franquet pour être déféré devant un tribunal*] pour que soit libéré un homme de Paris, le maître de l'hôtellerie *A l'Ours ;* et quand elle sut que cet homme était mort, et que le bailli lui dit qu'elle voulait faire grand tort à la justice en libérant ledit Franquet, alors elle dit au bailli : "Puisque l'homme que je voulais avoir est mort, faites de celui-ci [*Franquet*] ce que vous devez faire par justice." [...]. » (*Condamn.*, II, p. 130.)

De Lagny, Jeanne gagna Melun où, dit-elle aux juges de Rouen, elle se trouvait au moment de la semaine de Pâques (voir ci-dessus, p. 245), qui tombait cette année le 22 avril. C'est « sur les fossés » de Melun (sans doute les tranchées qui protégeaient la ville) que ses voix lui révélèrent qu'elle serait prise *« avant la Saint-Jean »*. Elle se rendit ensuite à Crépy-en-Valois où elle arrive le 25 avril et apprend que, la trêve accordée par le duc de Bourgogne étant arrivée à son terme (le 16 avril), les Bourguignons allaient mettre le siège devant Compiègne, la ville-clef de la Picardie, par où elle était passée l'année précédente, avec le roi, en revenant du sacre.

La nouvelle était grave : elle signifiait que la guerre allait recommencer. Jeanne adressa un message au roi, pour lui demander d'envoyer des renforts à Compiègne et décida de partir sur-le-champ, afin de secourir cette cité, comme elle l'expliqua à l'un des juges de Rouen, maître Jean de La Fontaine, venu l'interroger dans sa prison le samedi 10 mars 1431 :

> « Ensuite par maître Jean de La Fontaine par nous [*Mgr Cauchon, président du tribunal ecclésiastique*] spécialement commis et député pour cela, Jeanne fut interrogée et il lui demanda par le serment qu'elle avait prêté, de quel lieu elle était partie la dernière fois qu'elle vint à Compiègne :
>
> Elle répondit qu'elle était partie de Crépy-en-Valois. » (*Condamn.*, II, p. 104.)

LA CAPTURE DE JEANNE

Compiègne était une cité plus importante qu'Orléans ou Chinon. C'était une ville de résidence royale depuis les Mérovingiens, défendue par d'imposantes murailles, munies de plus de 1 500 créneaux, avec un appareil très élaboré de douves, de barbacanes, de tours, de portes fortifiées, de contrescarpes[1] et de palissades, et une puissante artillerie. Elle avait pour gouverneur militaire et civil le sire Guillaume de Flavy (1398-1449), écuyer du

1. Sorte de chaussée (« boulevard ») surélevée qui borde la rive extérieure du fossé rempli d'eau cernant les murailles d'une ville ou d'une forteresse ; elle était généralement bordée, le long du fossé, par une palissade percée d'ouvertures munies de portes donnant accès à autant de ponts conduisant aux différentes portes de la ville ou de la forteresse.

roi, Compiégnois de naissance et fieffé débauché. Ce personnage douteux, dont le chroniqueur Jacques Duclercq[1] nous dit qu'il était « *moult hardi et vaillant homme de guerre, mais des pires en vilenies, en femmes et en luxure, dans l'art de voler, piller, faire noyer, faire pendre et faire mourir les gens* », trouva la mort en février 1449 à la suite d'un complot fomenté par sa femme, Blanche d'Awrebruche, et par l'amant de celle-ci, le capitaine Pierre de Louvain : Flavy fut assassiné par son barbier, qui, alors que son maître faisait la sieste, lui coupa la gorge avec son rasoir, après l'avoir étourdi d'un coup de bâton ; sa douce femme l'acheva avec le même rasoir, encore imprégné du sang de son époux. La ville était en principe bourguignonne, mais, après le sacre, ses habitants en avaient envoyé les clefs au roi de France ; Charles VII y avait alors séjourné pendant une semaine, et avait pu constater *de visu* l'importance stratégique de cette place, que se disputaient depuis des années les Armagnacs et les Bourguignons (la ville avait subi huit assauts entre 1415 et 1430).

Au point où nous en sommes parvenus de l'histoire du conflit franco-bourguignon (en avril 1430), la situation politique était on ne peut plus confuse. Les Anglais avaient débarqué à Calais le mois précédent, avec, dans leurs bagages, le petit roi Henry VI d'Angleterre (9 ans), et, dans leurs 47 navires, plus de 2 000 hommes de guerre, dans le but d'aider les Bourguignons à reconquérir les places qu'ils avaient perdues, y compris Compiègne et la forteresse voisine de Choisy-sur-Oise (tenue elle aussi par les Armagnacs) et devant laquelle Philippe le Bon s'en était venu mettre le siège. Dans le même temps, toutefois, les pourparlers secrets entre Charles VII et le duc de Bourgogne allaient bon train, et Compiègne ne semblait pas menacée, pour l'instant, d'une attaque bourguignonne.

C'est à ce moment-là (25 avril 1430) que Jeanne fait son apparition en Picardie. A peine arrivée, elle apprend que les Bourguignons vont assiéger Compiègne et elle envoie un messager vers le roi, pour demander des renforts. Charles VII, qui connaissait déjà la situation par ses propres services de renseignements, fait la sourde oreille : il croit que le processus de paix qu'il a amorcé avec la Bourgogne va s'achever heureusement, malgré le retour

1. Né en 1420, mort après 1467 ; auteur de *Mémoires*, dont il existe une édition moderne belge (1823).

des forces anglaises en France. Le 6 mai, lasse de ne rien voir venir, Jeanne part pour Compiègne, avec ses mercenaires : elle constate que les Anglais sont toujours occupés à Choisy et retourne à Crépy. Au bout de quelques jours, elle comprend que le roi ne bougera pas et repart pour Compiègne. Par précaution, elle voyage de nuit avec ses routiers, et elle pénètre dans la ville avant le jour, au moment où l'étoile du matin brillait au firmament (selon Cagny), c'est-à-dire entre quatre et cinq heures du matin, le 13 mai 1430. Le chroniqueur nous précise même qu'elle y entra par une porte de la façade Est des murailles, porte qui ouvrait sur la route de Pierrefonds : elle est reçue avec tous les honneurs dus à sa réputation par les échevins de la ville, puis elle passe aux choses sérieuses, entendez par là aux choses de la guerre.

En réunissant ses 400 Piémontais et les troupes qui étaient déjà dans la ville, Jeanne constate qu'elle dispose maintenant de près de 2 000 hommes et elle décide de faire une attaque surprise contre les Anglais, qui assiègent Choisy-sur-Oise (aujourd'hui Choisy-au-Bac), à quelques kilomètres au Nord de Compiègne. L'opération a lieu le 15 mai, au petit matin, et, l'effet de surprise aidant, elle obtient un premier succès non négligeable, mais les Anglais se reprennent et la Pucelle et ses Piémontais doivent se replier derrière les murailles de la ville.

La Pucelle ne s'en décourage pas pour autant. Les forces anglo-bourguignonnes, réunies, sont très supérieures aux siennes en nombre, elle le sait, mais, elles sont dispersées : Jeanne va donc tenter de les attaquer séparément, en improvisant une sorte de guerre de mouvement. Pour cela, la Pucelle doit s'assurer de pouvoir traverser quand elle le veut les deux fleuves qui compartimentent le vaste champ de bataille picard, à savoir l'Oise et l'Aisne. Pour l'Oise, qui traverse Compiègne, elle n'a pas de crainte à avoir, mais le pont de pierre qui franchit l'Aisne est gardé par Soissons dont le gouverneur, Guichard Bourel, a pactisé secrètement avec Jean de Luxembourg, le principal lieutenant du duc de Bourgogne (après la venue de Jeanne, il lui livrera même les clés de la ville pour 4 000 pièces d'or).

Dépitée et furieuse, Jeanne retourne à Crépy-en-Valois, avec l'espoir d'y trouver les renforts qu'elle a demandés au roi et, une fois de plus, elle est déçue : le roi n'a pas répondu à son appel. Pendant son absence, le duc de Bourgogne fait jeter un pont de fortune par-dessus l'Oise, sur lequel il fait passer une partie de son armée, qui va se placer au Nord de Compiègne, tandis que l'autre partie se déploie au Sud de la ville, face à ses murailles. Il y a là tous ses capitaines : Jean de Luxembourg, le sire de Créqui et huit ou dix autres gentilshommes bourguignons, avec environ trois ou quatre mille hommes de guerre. Dans une bataille rangée, l'armée de Bourgogne l'emportera aisément, face aux 2 000 combattants que représentent la garnison de Compiègne et la bande de la Pucelle ; toutefois, Jean de Luxembourg opte pour un siège en règle, sans se rendre compte qu'il a perdu d'avance, car les murailles de Compiègne sont imprenables : dix fois déjà, en quinze ans, elles ont repoussé les troupes du duc de Bourgogne, et elles les repousseront une onzième fois, tandis que, bien abrités derrière leurs quinze cents créneaux, les arbalétriers du sire de Flavy vont tirer les soldats bourguignons comme des lapins.

*
* *

Alertée par ses messagers, qui vont et viennent en permanence entre Crépy-en-Valois et Compiègne, la Pucelle décide de rejoindre la cité assiégée, pour organiser la résistance au siège. Elle se met en marche dans la nuit du 22 au 23 mai 1430, et traverse avec ses mercenaires la forêt de Compiègne sous l'éclairage blanchâtre du croissant de lune picard. Elle rage intérieurement contre son roi, qui s'entête à trouver une solution pacifique au conflit et elle se souvient des paroles qu'elle avait elle-même prononcées à Catherine de La Rochelle, cette diseuse de bonne aventure : *« Vous n'en auriez rien que par la lance »*, lui avait-elle dit. Elle peste aussi contre le sire de Flavy, qui a capitulé à Choisy, et qui, lui a-t-on dit, est plus à son aise dans un lit, avec deux ou trois jouvencelles, que sur un champ de bataille.

Enfin, dans la lumière indécise du petit matin, se profile la silhouette des murailles de Compiègne et, devant elles, les fumées et les tentes de l'armée bourguignonne. Jeanne les contourne et se dirige vers la façade orientale de la ville ; elle avance sur la contrescarpe, le long de la palissade, jusqu'à la porte qui s'ouvre vers la route de Pierrefonds. Les gardes la lui ouvrent, et, suivie de sa troupe, elle franchit le pont-levis qui surplombe le large fossé rempli d'eau entourant la ville : elle est maintenant devant la lourde porte fermant la muraille à laquelle accède le pont-levis, on la lui ouvre, et, en quelques minutes, la voici avec ses combattants à l'intérieur de la ville. On est le 23 mai, il est 4 ou 5 heures du matin.

Dehors, dans le camp bourguignon, on s'agite. On sait que la Pucelle est arrivée et l'on connaît ses habitudes, nous dit Perceval de Cagny : son arrivée sera immanquablement suivie d'une sortie brillante, d'une « escarmouche » comme elle avait coutume d'appeler ces coups d'audace, et Bourguignons et Anglais accourent en masse devant la ville, pour l'attirer dans la plaine, où il leur sera aisé de les écraser, elle et ses soldats, sous leur nombre.

L'escarmouche eut bien lieu, dans la matinée du 23 mai, mais elle n'eut aucune conséquence ; c'est dans l'après-midi de ce même jour que Jeanne livra sa dernière bataille les armes à la main. Avant de citer les récits des chroniqueurs, écoutons les paroles de Jeanne interrogée sur cette journée, lors de son procès, par maître Jean de La Fontaine (audience du samedi 10 mars, dans la prison) : elles ne nous renseignent guère sur les circonstances et les conditions de sa capture, mais elles nous éclairent sur son état d'esprit et sur sa sincérité. Emprisonnée depuis dix mois, promise à un châtiment qu'elle devine, puisqu'elle est accusée d'être une hérétique ce qui était à ses yeux et pour ce qu'on pourrait appeler la conscience théologico-morale du temps, plus grave que d'être accusé, de nos jours, d'avoir commis des crimes contre l'humanité, elle affirme, sereine et presque radieuse, qu'elle a fait ce qu'elle a fait parce qu'elle devait le faire.

> « Interrogée si elle fut longtemps dans Compiègne [*après y être arrivée*] avant de faire une sortie ou une "saillie" :
>
> Elle répondit qu'elle vint le matin à heure secrète et entra dans la ville sans que ses ennemis le sussent guère, à ce qu'elle pense, et, de même jour, sur le soir, elle fit la sortie, "la saillie" [*le mot est en français dans la minute originale latine*], où elle fut prise.
>
> Interrogée si, quand elle sortit, on sonna les cloches :
>
> Elle répondit que, si on les sonna, ce ne fut pas sur son commandement [*et pour cause : la sortie étant une attaque surprise, elle ne risquait pas de l'annoncer en faisant sonner les cloches*] ni qu'elle l'ait su ; et elle n'y pensait pas ; et aussi elle ne se rappelle pas si elle avait dit qu'on les sonnât.
>
> Interrogée si elle fit cette sortie du commandement de sa voix :
>
> Elle répondit que, dans la semaine de Pâques dernièrement passée, alors qu'elle se trouvait sur les fossés de Melun, il lui fut dit par les voix des saintes Catherine et Marguerite qu'elle serait

prise avant la Saint-Jean, et qu'il fallait qu'il en fût ainsi ; et qu'elle n'en fût point frappée de stupeur, mais qu'elle le prît en gré, et que Dieu l'aiderait.

Interrogée si, depuis ce lieu de Melun, il ne lui fut point dit par les voix susdites qu'elle serait prise :

Elle répondit que oui, de nombreuses fois et presque tous les jours. Et elle demandait à ses voix que, lorsqu'elle serait prise, tantôt elle mourût, sans long tourment en prison. Et ses voix lui dirent qu'elle prît tout en gré et qu'il fallait qu'il fût ainsi fait ; mais elles ne lui dirent pas l'heure. Et si elle avait su l'heure, elle n'y serait pas allée. Elle avait demandé plusieurs fois à ses voix l'heure de sa capture, mais elles ne le lui dirent pas.

Interrogée si ses voix lui avaient ordonné de sortir de Compiègne, en lui signifiant qu'elle serait prise, est-ce qu'elle y serait allée ?

Elle répondit que, si elle avait su l'heure et qu'elle dût être prise, elle n'y serait point allée volontiers ; toutefois elle aurait fait le commandement des voix, quoi qu'il dût advenir.

Interrogée si, quand elle sortit de Compiègne, elle avait eu voix ou révélation de partir et faire cette sortie :

Elle répondit qu'elle ne sut pas sa capture ce jour-là et qu'elle n'eut pas d'autre commandement de sortir ; mais il lui avait toujours été dit qu'il fallait qu'elle fût prisonnière. » (*Condamn.*, II, p. 104, *sq.*)

Monstrelet[1], qui était présent ce jour-là, dans le camp des Bourguignons, nous raconte l'événement en ses moindres détails. Vers cinq heures de l'après-midi, la Pucelle sortit de Compiègne par la *« porte du Pont »* (la principale porte de la ville, qui donnait sur le pont-levis surplombant le fossé rempli d'eau entourant les murailles et qui s'ouvrait sur la route de la Picardie), montée sur un *« demi-coursier[2] de belle apparence »*, c'est-à-dire sur un cheval entre le cheval de course et le cheval de trait, suivie par environ 600 hommes, fantassins et cavaliers réunis. Elle s'avança sur le pont, traversa la palissade en passant par la porte de sortie du pont, qui donnait sur la contrescarpe (boulevard périphérique surélevé) et partit au galop dans la direction de Margny (au Nord de Compiègne). Elle portait par-dessus son armure, nous dit le chroniqueur, une tunique de soie, couleur de pourpre, brodée d'or et d'argent, et elle avait à la main son épée de combat ; elle

1. Enguerrand de Monstrelet (v. 1390-v. 1453), chroniqueur d'origine picarde, pro-bourguignon, qui fut un temps au service de Jean de Luxembourg.
2. Cheval tenant le milieu entre le cheval de monte des chevaliers et le cheval de trait.

était accompagnée de son frère Jean et de son chambellan Jean d'Aulon. Les chefs de guerre armagnacs, comme Poton de Xaintrailles ou le gouverneur Guillaume de Flavy, étaient restés dans Compiègne, ainsi que d'autres capitaines et tous les habitants en âge de porter les armes, auxquels avait été confié le rôle de défenseurs de la ville, précise Monstrelet (pour les excuser ?).

Six cents guerriers qui sortent d'une ville l'épée à la main, nous sommes loin du « torrent de Français qui débouchent dans la campagne » comme l'écrit un thuriféraire bien connu de la Pucelle que, par courtoisie, nous nous abstiendrons de nommer, et ce n'est pas pour effrayer une armée de deux ou trois mille hommes supérieurement entraînés. Le combat s'engage donc, rageur et meurtrier... et très bref, contrairement aux récits épiques trop répandus dans les ouvrages de vulgarisation. Les érudits (Quicherat, Champion, Tisset, Duparc *et. al.*) sont formels : Jeanne sortit à 5 heures du soir (17 heures, comme disent les chefs de gare) de Compiègne et fut prise à 6 heures (18 heures). Il fallut environ dix ou quinze minutes aux 600 combattants que dirigeait la Pucelle pour franchir le pont-levis et se trouver à pied d'œuvre dans la prairie, et une dizaine de minutes pour qu'ils s'enfuient au galop se réfugier dans Compiègne : il resta en tout et pour tout, à Jeanne et à ses guerriers, une demi-heure pour se battre, le temps d'un combat de boxe en douze rounds !

Nous connaissons l'heure approximative du début et de la fin de la bataille, mais nous ignorons à quelle heure fut donné l'ordre de la retraite. Il fallut environ dix minutes à tous les guerriers que commandait Jeanne, qui étaient poursuivis par les Bourguignons (et par les Anglais, cantonnés dans le village voisin de Venette, qui étaient venus à la rescousse), pour se retrouver les uns sur le boulevard périphérique auquel aboutissait le pont qu'ils avaient franchi en sortant de Compiègne, et les autres dans l'Oise pour regagner la ville à la nage.

Le drame se joua alors en quelques minutes. Le fameux pont, qui franchissait l'Oise et le fossé défensif, mesurait 150 mètres de longueur et il était, on l'a dit, fermé par deux portes, l'une côté murailles, l'autre côté palissade (la palissade qui garnissait le boulevard), vers le champ de bataille (la plaine picarde). Dans la cohue qui suivit la débandade, tout le monde se précipita vers le pont, poursuivis et poursuivants. En gouverneur consciencieux selon certains auteurs, en traître selon d'autres, Flavy ordonna que fût fermée la porte *côté palissade* (la porte côté murailles restant ouverte pour accueillir les fugitifs qui avaient pu atteindre le pont).

Jeanne, en bon chef de guerre, géra tant bien que mal la retraite désordonnée de ses troupes et se présenta après tout le monde devant la porte qui donnait accès au pont. Las ! la porte avait été refermée, sur ordre du gouverneur Guillaume de Flavy, c'est le chroniqueur pro-armagnac Perceval de Cagny qui nous le dit : *« Lorsque le gouverneur vit les Anglais et les Bourguignons près d'entrer sur le pont, par la crainte qu'il avait de la perte de sa place, il fit lever le pont et fermer la porte. »* La Pucelle continua de se battre, tenta de s'enfuir dans les champs, mais un archer picard (c'est Monstrelet, Picard lui-même, qui l'affirme), ou un cavalier bourguignon (c'est le chroniqueur bourguignon Chastellain[1] qui l'assure) la saisit par sa huque d'or, la fait tomber de cheval et Jeanne reste *« toute plate à terre »* dit notre chroniqueur. On lui crie alors de partout :

« Rendez-vous ! Donnez votre foi !

– Ma foi ! Je l'ai donnée à d'autres que vous et je la leur conserverai. »

On la désarme et un écuyer de Jean de Luxembourg, le bâtard de Vendôme (ou Wandomme), l'emmène, de vive force. L'histoire de la Pucelle a pris ainsi fin devant une porte close sur l'ordre de Guillaume de Flavy. Dans son *Journal*, le Bourgeois de Paris, après avoir noté qu'au mois de mai toutes les vignes ont gelé, que la livre de beurre salé valait 3 sols parisis et la pinte d'huile de noix 6 sols parisis, note l'événement, sans commentaire :

> « Item, le 23ᵉ jour de mai, fut prise devant Compiègne dame Jeanne, la Pucelle des Armagnacs, par messire Jean de Luxembourg et ses gens, et par bien mille Anglais qui venaient de Paris, et furent bien quatre cents des hommes de la Pucelle tant tués que noyés. » (*Journal d'un Bourgeois de Paris*, p. 536.)

Quant à la Pucelle elle-même, à la demande de ses juges, elle contera très simplement l'escarmouche du 23 mai, lors de son procès (audience du 10 mars 1431, dans la prison) :

> « Interrogée si, quand elle fit cette sortie [*celle de l'après-midi*], elle passa par le pont de Compiègne :

1. Georges Chastellain (1415-1475), chroniqueur au service d'abord de Charles VII, puis de Philippe le Bon et de Charles le Téméraire.

Elle répondit qu'elle passa par le pont et par le boulevard [*la contrescarpe palissadée*] et alla, en compagnie des gens de son parti, sur les gens de monseigneur Jean de Luxembourg et les repoussa par deux fois jusqu'au camp ou logis des Bourguignons et, à la troisième fois, jusqu'à mi-chemin. Alors les Anglais qui étaient là coupèrent le chemin à Jeanne et à ses gens ; et elle, en se retirant, fut prise dans les champs de ce côté qui est vers la Picardie [*vers le Nord par rapport à Compiègne*], près dudit boulevard ; et entre le lieu où elle fut prise et Compiègne, il y avait la rivière [*l'Oise*] au milieu et le boulevard avec son fossé ; et il n'y avait rien d'autre au milieu. » (*Condamn.*, II, p. 105.)

10

D'UNE PRISON L'AUTRE
(24 mai 1430-22 février 1431)

Si le Bourgeois de Paris, dans son *Journal,* consacre le même nombre de lignes à trois événements aussi différents que le gel inopiné des vignes, l'augmentation du prix du beurre salé à Paris et la capture de la Pucelle à Compiègne, avant de se replonger dans ses chères études, il n'en a pas été de même dans les milieux politiques « européens » (ceux d'une Europe encore très petite, qui s'arrête aux Pyrénées, au Tibre, aux Alpes et au Rhin). Et Monstrelet, le chroniqueur en quelque sorte officiel du duc de Bourgogne, écrit dans ses *Chroniques* :

> « Les Français rentrèrent de Compiègne dolents et courroucés de leur parti et en particulier eurent moult grande déplaisance pour la prise de ladite Pucelle. Et, à l'opposé, ceux du parti de Bourgogne et les Anglais en furent moult joyeux, bien plus que s'ils avaient fait cinq cents prisonniers, car ils ne craignaient et redoutaient aucun autre capitaine, aucun autre chef de guerre autant qu'ils avaient craint, jusques à ce jour, cette Pucelle. »

Il est de fait qu'en ces temps obscurs, où, dans le peuple, la foi le disputait à la superstition, la présence inattendue, incompréhensible même, sur les routes et sur les champs de bataille de cette jeune femme en armes, porteuse d'un étendard sur lequel était figuré non pas l'emblème d'un prince ou d'une Maison, mais celui de Dieu (« JHESUS MARIA »), pouvait paralyser d'effroi les gens simples que Jeanne combattait (soit parce qu'ils la croyaient réellement envoyée par Dieu, soit parce qu'ils la considéraient comme une sorcière) et, inversement, exalter les fidèles qui la suivaient. Quant aux autres, les clercs et ceux qu'on appelait « les grands », leur siège était fait, mais ils devaient tenir compte de l'effet indiscutable que faisait sur leurs guerriers cette « arme psychologique » qu'avaient en quelque sorte inventée les Français du parti armagnac pour combattre les Français du parti bourguignon et les Anglais.

La « prise » de Jeanne d'Arc était donc inestimable et les lois de la guerre de l'époque permettaient de la monnayer : il était considéré comme *normal* et conforme aux règles féodales de réclamer une rançon pour un prisonnier, et inversement, il était honteux et méprisable pour un prisonnier, surtout lorsqu'il portait un grand nom, de s'enfuir sans qu'elle ait été payée. Les exemples illustres de Jean le Bon et de Charles d'Orléans sont là pour le rappeler.

L'homme qui avait capturé Jeanne d'Arc – le bâtard de Vendôme (Lionel de Wamdonne) – n'était pas le premier venu. Il appartenait à la suite de Jean de Luxembourg[1], vassal du duc de Bourgogne. Sept ans avant la prise de Jeanne, il s'était distingué dans un tournoi en se battant à la hache avec un chevalier français, et, l'année suivante, il avait été grièvement blessé d'un coup de lance qui l'avait laissé estropié d'un bras. Qualifié d'écuyer, il recevait du trésorier des guerres de la Maison de Bourgogne 277 livres tournois pour ses gages et avait sous ses ordres 6 hommes d'armes et 62 arbalétriers[2].

Après avoir fait relever la Pucelle, empêtrée dans sa lourde armure qui pesait une vingtaine de kilos, le bâtard de Vendôme l'emmena aussitôt à Margny, où se trouvait le quartier général des Bourguignons, et la mit sous bonne garde, tandis qu'un messager bondissait sur un cheval, et partait au galop apporter la nouvelle au duc de Bourgogne, qui se tenait à Coudun (à 7 ou 8 kilomètres au Nord de Compiègne, au-delà de Margny). Il était alors 7 ou 8 heures du soir, le duc n'avait pas encore dîné, mais il tint à rencontrer sans attendre la Pucelle, rapporte le chroniqueur Chastellain, qui fut témoin de l'événement :

> « Le duc était logé à Coudun, près de Compiègne. Là s'assemblèrent ledit duc, les Anglais et ceux des autres logis en très

1. Jean de Luxembourg (v. 1391-1441), comte de Ligny, homme de guerre français, attaché à la Maison de Bourgogne ; gouverneur d'Arras en 1414, gouverneur de Paris (nommé par Henry V) de 1415 à 1417 ; chef de guerre réputé pour sa cruauté, fidèle au duc de Bourgogne, il exerça ses talents principalement en Picardie, dans le Beauvaisis et dans le Laonnais.
2. *Cf.* Pierre Champion, *Guillaume de Flavy, capitaine de Compiègne*, Paris, 1906, p. 169.

> grand nombre, faisant l'un avec l'autre grands cris et grands rebondissements pour la prise de ladite Pucelle, que le duc alla voir au logis où elle était [*chez Jean de Luxembourg, à Margny*] et à laquelle il dit quelques mots dont je ne me souviens plus, bien que je fusse présent à l'entretien, et après lesquels le duc et tous ses gens se retirèrent dans leurs logis respectifs pour la nuit, et la Pucelle demeura en la garde et gouvernement de messire Jean de Luxembourg à qui l'archer picard, ou plutôt le bâtard de Vendôme l'avait vendue. Anglais et Bourguignons sautaient de joie ; le nombre des ennemis tués ou noyés était pour peu de chose dans leur joie. Leur triomphe n'était point là : c'est la France qu'ils avaient vaincue. »

La première chose que fit le duc de Bourgogne, lorsqu'il se fut « retiré dans son logis », comme l'écrit Chastellain, ce fut d'écrire le soir même *« à ses bons bourgeois de Saint-Quentin »*, la principale ville bourguignonne de la région, afin de leur annoncer la grande nouvelle *« qui va se répandre »*, leur promet-il, de la capture de Jeanne, et pour leur recommander d'en remercier Dieu. Puis il s'endormit du sommeil de l'injuste qui croit être juste.

Deux jours plus tard, le 25 mai au matin, les autorités civiles et religieuses de Paris apprirent que Jeanne avait été prise devant Compiègne. Une autre aventure, qui devait durer sept longs mois, allait conduire la Pucelle de place en place, depuis le logement de Jean de Luxembourg, à Margny, où elle avait été mise sous bonne garde le 25 mai au soir, après avoir été montrée à Philippe le Bon, jusqu'au château de Bouvreuil, à Rouen, où elle restera incarcérée pendant toute la durée de son procès et d'où elle partira pour un dernier voyage qui devait se terminer sur la place du Vieux Marché, à Rouen, où eut lieu son supplice, le 30 mai 1431, un an et huit jours après qu'elle eut été prise sur le boulevard de la ville de Compiègne, devant le pont que le sire de Flavy avait ordonné qu'on levât.

Disons d'emblée – et nous tenterons de le démontrer dans la suite de ce livre – que nous tenons pour responsables du procès de Condamnation (*« ce monument d'iniquité »*, écrit Pierre Champion[1]) et du supplice de la Pucelle : au premier rang l'Université de Paris, qui l'a réclamée au duc de Bourgogne, après sa capture,

1. Pierre Champion (1880-1942) a été, après Quicherat, le premier traducteur moderne du *Procès de Condamnation de Jeanne d'Arc* (Paris, Bibliothèque du XVe siècle, 1921 ; réimpr. par Slatkine Reprints, Genève, 1976) ; nous le citons d'après la réimpression de 1976.

pour la faire comparaître devant le tribunal de l'Inquisition, cette juridiction spécialisée, indépendante de la justice royale et de celle des évêques, administrée sous la haute direction du Grand Inquisiteur (nommé par le pape et indépendant de tout pouvoir laïc) ou de son représentant en France, le vicaire de l'Inquisition, appelé aussi Grand Inquisiteur du royaume de France (qui avait lui-même des vicaires pour le représenter dans toutes les provinces ecclésiastiques de France) ; au deuxième rang, l'Église, en tant que garante de l'Inquisition ; au troisième rang les juges – les « sires inquisiteurs » – qui siégèrent à Rouen, en tant qu'instruments du Saint Tribunal ; au quatrième rang seulement les pouvoirs laïcs – français ou anglais – qui auraient exercé ou pu exercer des pressions sur ce tribunal ; au cinquième rang enfin le parti armagnac et le roi Charles VII, qui utilisèrent pour un temps Jeanne d'Arc et qui ne firent absolument rien pour tenter de la sauver ; en dernier rang seulement le duc de Bourgogne et son vassal, Jean de Luxembourg, ainsi que les Anglais dont la responsabilité sera étudiée plus loin. Nous absolvons le bourreau, qui n'a fait que son métier de brûleur d'hérétiques, ce qu'il croyait être son devoir de bon chrétien, du fait de son endoctrinement.

L'UNIVERSITÉ DE PARIS

Remontons au Déluge, c'est-à-dire, pour ce qui nous occupe, au troisième concile du Latran, en 1179. Il y a été décidé que toute église cathédrale devait entretenir un maître, chargé d'instruire les clercs de l'Église et le quatrième concile du Latran imposa à chaque évêché d'entretenir en sus un maître en théologie. Ainsi fut créée la première école épiscopale parisienne, où brillèrent non pas un mais plusieurs maîtres dont l'enseignement attira dans l'île de la Cité, où se donnaient les cours, de nombreux écoliers, venus des provinces ou de l'étranger. Rapidement, les écoles se multiplièrent, les maîtres aussi, et, dès qu'elles furent trop nombreuses, elles sortirent de l'île et s'étendirent sur la rive gauche de la Seine. Au début du XIIIe siècle, écoles, maîtres et écoliers échappèrent à la tutelle de l'archevêque de Paris et constituèrent une corporation ecclésiastique, l'*Université de Paris,* en vertu d'une charte de Philippe Auguste (1200), puis d'une bulle papale (1215) ; cette corporation possédait le droit exclusif de conférer les grades de bachelier, de licencié et de docteur dans les quatre disciplines fondamentales de la culture médiévale : arts libéraux, droit canon, médecine, théologie.

Les collèges universitaires pullulent alors sur la montagne Sainte-Geneviève. Le plus célèbre d'entre eux avait été créé par Robert Sorbon, on l'appela « Sorbonne ». Là était enseignée l'analyse des textes sacrés, mais aussi celle des bulles papales : c'est la faculté de théologie, dont les maîtres sont tous des ecclésiastiques. Non loin de la Sorbonne, rue Saint-Jean-de-Beauvais, les écoliers peuvent écouter des cours fort savants sur les décrets et décrétales, apprendre à administrer paroisses et diocèses, ainsi qu'à commenter les lois et règles de la religion catholique et romaine. Un peu plus loin, au pied de la Montagne Sainte-Geneviève, dans d'autres collèges, on enseigne la médecine et les art libéraux : la philosophie, les mathématiques, l'astronomie. Mais gare aux maîtres dont les doctrines ne conviennent pas aux théologiens sacrés : la prison ou le bûcher les attend.

L'Université de Paris est alors une puissance religieuse et politique. Quand il le faut – par exemple quand une loi ou une coutume lui déplaît – elle réprimande et elle punit ; elle résiste au roi, prône une réforme des institutions lorsqu'elle en sent le besoin et, si nécessaire, elle s'insurge avec le peuple. C'est elle qui excommunie, qui s'oppose au pape quand il s'agit de défendre les droits de l'église gallicane, qui est habilitée à reconnaître les hérésies, à censurer les écrits qui ne respectent pas les dogmes et les doctrines de l'Église, à combattre la sorcellerie, les thaumaturges, ceux qui font profession de prédire l'avenir et autres charlatans.

Cette noble institution avait donc suivi d'un œil sévère l'aventure de Jeanne d'Arc, non seulement parce que celle-ci elle était du parti armagnac, ce qui la rendait *a priori* suspecte, mais surtout parce qu'elle bafouait son autorité : cette fille qui portait impudiquement des habits d'homme, qui affichait son pucelage comme un drapeau, qui prétendait que Dieu lui parlait par l'intermédiaire des voix de deux saintes, qui prédisait que la ville d'Orléans serait délivrée, que le dauphin serait sacré roi à Reims, que les Anglais seraient expulsés de France et que Paris serait repris par le roi et par les Armagnacs, sentait le soufre et lui semblait être une dangereuse hérétique. Qu'on parle d'elle à travers tout le pays, qu'elle vienne narguer les Parisiens sous leurs murailles, qu'elle soutienne si ouvertement les Armagnacs, qui passaient leur temps à ravager et à piller la région parisienne, tout cela lui semblait scandaleux et malheur à celui par qui le scandale arrive.

Enfin, politiquement parlant, à cette époque, l'Université a d'abord soutenu le parti armagnac, puis le parti bourguignon, et elle a approuvé solennellement le traité de Troyes (1420) exhérédant le dauphin Charles de ses droits à la couronne au profit du futur héritier du roi Henry V d'Angleterre. Pour les maîtres en théologie de la Montagne Sainte-Geneviève, cette Jeanne d'Arc qui affiche ses préférences pour les Armagnacs, est une hérétique, pire : une hérétique exhibitionniste. Si elle vivait à Paris, à Lisieux ou à Rouen, il y aurait belle lurette qu'on l'aurait traduite devant le tribunal papal chargé de réprimer les hérésies, devant l'Inquisition.

Aussi, lorsque le 25 mai au matin, la nouvelle arriva à Paris que Dieu avait enfin permis que la Pucelle, ce suppôt de Satan, fût prise devant Compiègne, les maîtres de théologie de l'Université de Paris se sentirent *sincèrement* soulagés d'un grand poids, et nous allons comprendre pourquoi.

Ce n'est pas parce qu'ils étaient anti-armagnacs et pro-bourguignons ou pro-Anglais que les théologiens professionnels de Paris ont été heureux de savoir que la Pucelle avait été prise : c'est parce qu'ils la considéraient – du moins la plupart d'entre eux – comme une pécheresse qui constituait un danger pour l'unité de l'Église par l'exemple qu'elle représentait et, surtout, par sa réussite. Il n'y avait qu'un seul être humain, dont ils admettaient totalement qu'il se fût dressé contre l'ordre social et matériel établi, c'était Jésus : son divin martyre – qui les faisait pleurer – n'était pas un échec, puisque leur conviction théologique était que par ce martyre, Jésus avait obtenu la Rédemption des péchés des hommes et que c'était donc une miraculeuse réussite. Que Jeanne prétende jouer le rôle d'un nouveau messie qui redonnerait son lustre à la Maison des Armagnacs leur semblait une hérésie diabolique.

Telles étaient les raisons théoriques qui animaient les docteurs de l'Église, et ils en tiraient la conclusion suivante, qui leur paraissait évidente : pour éviter que l'aventure de la Pucelle ne suscite des vocations, il leur fallait démontrer, à toute la chrétienté dont ils avaient la charge, que Jeanne était une dangereuse hérétique, une sorcière, à laquelle on devait infliger le terrible châtiment du bûcher ; et cette démonstration devait se faire dans les règles, avec la plus grande publicité possible.

Mais ce n'étaient pas là les seuls mobiles de ces théologiens qui prenaient leur rôle de défenseurs de la foi très au sérieux. La fermeté presque obsessionnelle de leur attitude (toutes questions de sincérité mises à part) s'explique aussi par les circonstances du temps, à savoir par les deux crises qui perturbèrent l'Église à cette période de son histoire : le Grand Schisme d'Occident et le développement de l'hérésie hussite.

La première s'ouvrit en 1378, à la mort du pape Grégoire XI : les cardinaux non italiens s'opposèrent à l'élection du pape romain Urbain VI (1378-1389) par les cardinaux italiens, et élurent un pape français, Clément VII (1378-1394) qui s'installa en Avignon. Il y eut donc deux papes en même temps ; la situation s'aggrava en 1409, avec l'élection d'un troisième pape (à Pise) ; au concile de Constance (1414-1418), les trois papes furent déposés et le Schisme d'Occident prit fin en 1417 avec l'élection de Martin V (pape de 1417 à 1431), qui eut à connaître « l'affaire Jeanne d'Arc ».

La deuxième crise est liée à la prédication du réformateur tchèque Jan Hus (1369-1415), qui, s'inspirant des idées du réformateur anglais Wycliff[1], se livra à une critique sévère des mœurs et des abus du clergé de son temps. Cité devant le concile de Constance, Jan Hus fut arrêté par les autorités ecclésiastiques, accusé d'hérésie et brûlé vif le 6 juillet 1415 ; ses cendres furent jetées dans le Rhin. Toutefois, l'hérésie hussite se propagea en Bohême, sous deux formes : 1° celle des Hussites modérés (les *Calixtins*[2]) qui formulaient quatre revendications (le droit de prêcher l'Évangile en langue tchèque, le droit pour les laïcs de communier sous les deux espèces du pain et du vin, la réforme des abus du Clergé et l'interdiction pour les clercs de posséder des biens séculiers ou des charges juridiques) ; 2° celle des Hussites radicaux, ou *Taborites* (leur quartier général était la ville de Mont-Tabor) qui exigeaient la pratique de la pénitence, le droit pour les laïcs, hommes ou femmes, de prêcher l'Évangile, et, en

1. John Wycliff (v. 1320-1384), auteur de plusieurs traités dans lesquels il attaqua divers principes catholiques (la confession obligatoire, les indulgences, les pénitences, le système papal), et il s'efforça de faire paraître une traduction anglaise de la Bible. Sa doctrine fut condamnée par un tribunal ecclésiastique en 1382, mais il fut enterré chrétiennement. Le concile de Constance (1415) ordonna que son cadavre fût exhumé et brûlé ; la sentence fut exécutée en 1428.
2. Du latin *calix*, « calice » ; ils demandaient à ce que le calice fût offert aux laïcs en même temps que l'hostie.

outre, la suppression de la doctrine du Purgatoire et l'interdiction du culte des saints, des images et des reliques. Les Calixtins furent entendus, mais les Taborites firent l'objet d'une croisade sauvage et furent exterminés en 1434.

En bref, il y avait de l'hérésie dans l'air chez les chrétiens d'Occident, et l'Université de Paris se devait de veiller au grain. L'échec de Jeanne d'Arc les soulageait : c'était la preuve que Dieu n'était pas avec elle et qu'elle avait ou bien menti, ou bien péché par orgueil. Il convenait donc de faire un exemple, en la livrant à la justice de l'Église, c'est-à-dire à l'Inquisition. Cette décision des maîtres de l'Université de Paris convenait à la fois au désir sincère qu'ils avaient de défendre la religion chrétienne, à leur moralisme étriqué et à leurs opinions politiques (pro-bourguignonnes) : que demander de mieux ?

C'est pourquoi, le 26 mai 1430, le lendemain même de la capture de Jeanne, sommation fut faite au duc de Bourgogne, au nom et sous le sceau de l'Inquisiteur[1] de France, d'envoyer et d'amener la Pucelle, prisonnière, afin de comparaître devant le procureur de la Sainte Inquisition. Voici le texte de cet acte, qui fut signé par deux notaires de l'Université, Vincent Le Fourbeur, de Meaux, et Michel Hébert ; c'est par cette pièce que s'est ouvert le procès de Condamnation de la Pucelle.

> « A très haut et très puissant prince Philippe, duc de Bourgogne [...], frère Martin, maître en théologie et vicaire général de l'Inquisiteur de la foi au royaume de France, salut en Jésus-Christ, notre vrai sauveur :
>
> Tous les loyaux princes chrétiens et tous autres vrais catholiques sont tenus d'extirper toutes les erreurs contre la foi et les scandales qui s'ensuivent pour le simple peuple chrétien ; or présentement il est voix et commune renommée que par une certaine femme nommée Jeanne que les adversaires de ce royaume appellent la Pucelle, et à l'occasion d'elle, en plusieurs cités, bonnes villes et autres lieux de ce royaume, plusieurs et diverses

1. L'Inquisition était une institution dont le siège était à Rome et qui était dirigée par un *Grand Inquisiteur de la Foi* ; c'était aussi le nom donné aux tribunaux ecclésiastiques qui existaient à Rome et dans certains pays (comme la France, l'Espagne et le Portugal, par exemple), présidés par un *Inquisiteur* ou un *vicaire de l'Inquisition* ; les différents juges qui siégeaient dans un tel tribunal étaient les *seigneurs Inquisiteurs*, c'étaient en général des dominicains. Les tribunaux ecclésiastiques dits *Ordinaires*, présidés par des évêques, interviennent sur accusation d'un tiers ; les tribunaux de l'Inquisition interviennent d'eux-mêmes et leur procédure ne respecte pas les mêmes formes que celle des Ordinaires : ce sont des tribunaux d'exception.

erreurs ont été semées, dogmatisées, publiées, et le sont encore présentement, dont s'en sont suivis et s'ensuivent plusieurs grandes offenses et scandales contre l'honneur divin et notre sainte foi, pour la perte des âmes de plusieurs simples chrétiens; toutes choses qui ne peuvent ni ne doivent être dissimulées ni passer sans une bonne et convenable réparation; et puisqu'il en est ainsi que, grâce à Dieu, ladite Jeanne est présentement en votre pouvoir et sujétion ou en celles de vos nobles et loyaux vassaux [*au moment où cette lettre est écrite, Jeanne est entre les mains de Jean de Luxembourg, auquel le bâtard de Vendôme l'a vendue*].

Pour ces causes, nous vous supplions de bonne affection, très puissant prince, et nous prions vos nobles vassaux que, par vous ou par eux, ladite Jeanne nous soit envoyée par-deçà sûrement et dans peu de temps, et nous espérons que vous agirez ainsi comme de vrais protecteurs de la foi [...].

Usant des droits de notre office, de l'autorité à nous commise par le Saint-Siège de Rome, nous requérons instamment et enjoignons, en faveur de la foi catholique et sous les peines de droit, aux personnes susdites et à toutes autres catholiques, de quelque état, condition, prééminence et autorité qu'elles soient, que le plus tôt que cela pourra se faire sûrement et convenablement, elles et chacune d'elles envoient et amènent toute prisonnière par-devers nous, ladite Jeanne soupçonnée véhémentement de plusieurs crimes sentant l'hérésie, pour ester à droit par-devers nous contre le procureur de la Sainte Inquisition, répondre et procéder comme il sera de raison selon les bon conseil, faveur et aide des bons docteurs et maîtres de l'Université de Paris et d'autres notables conseillers étant par-deçà.

Donné à Paris sous notre sceau de l'office de la Sainte Inquisition l'an 1430, le 26 mai.

Ainsi signée : LEFOURBEUR. HÉBERT. » (*Condamn.*, II, p. 9, *sq.*)

*
* *

Ainsi donc, pour l'Université de Paris, donc pour l'Église, la cause est entendue : l'Inquisition réclame Jeanne pour la juger comme hérétique et il n'y a, derrière cette demande, aucun sous-entendu politique, comme nous le dirions aujourd'hui. Ce n'est pas pour son alliance avec les Armagnacs que les théologiens de la Montagne Sainte-Geneviève veulent la juger, mais en tant que membre pourri de l'Église dont il faut se débarrasser. C'est en son âme et conscience que frère Martin – entendez le dominicain Martin Billorin – qui a été régent de l'Université de Paris en 1427 demande au très puissant duc de Bourgogne qu'il lui envoie « *ladite Jeanne* ». Il n'est ni l'homme des Anglais, ni celui des

Bourguignons : il est simplement le second de Jean Graverent, l'Inquisiteur en chef, dominicain lui aussi, comme la plupart des inquisiteurs.

Celui-ci, en revanche, est « marqué » politiquement. On le sait favorable au parti bourguignon et, en 1429, il a prêté serment au gouvernement anglais devant le Parlement de Paris. Au mois d'août 1431, le jour de la Saint-Martin le Bouillant (la Saint-Martin de l'été, qui tombe le 9 août), alors que le procès de Jeanne n'est pas encore commencé, il prononcera un sermon très violent contre elle et contre trois autres femmes qui se disaient prophétesses ou visionnaires : en ce qui concerne Jeanne, donc, son siège est fait. Et il l'attend avec impatience, pour la condamner au bûcher, la peine prévue par la loi de l'Église pour les hérétiques qui refusent d'abjurer leur hérésie.

Cependant, chose curieuse, le duc de Bourgogne ne semble pas pressé de faire convoyer Jeanne à Paris, comme l'exige assez sèchement la requête de frère Martin Billorin et il ne répond pas au vicaire de la foi. Jugez un peu. Voici une lettre de rappel qui lui est adressée par l'Université de Paris, non datée, qui s'étonne de ne pas avoir reçu de réponse à sa sommation :

> « Très haut et très puissant prince et notre très redouté et honoré seigneur [...].
>
> Quoique, autrefois, notre très redouté et honoré seigneur, nous ayons écrit à Votre Altesse et l'ayons suppliée très humblement que cette femme dite la Pucelle, étant, Dieu merci, en votre sujétion, fût mise aux mains de la justice d'Église pour lui faire dûment son procès sur ses idolâtries et autres matières touchant notre sainte foi, pour réparer les scandales survenus par son fait en ce royaume, ainsi que les dommages et inconvénients innombrables qui s'en sont ensuivis, toutefois nous n'avons eu aucune réponse [...]. » (*Condamn.*, II, p. 6)

Et voici une troisième lettre, en provenance de l'Université, du 14 juillet 1430, qui lui demande, en y mettant les formes, de ne pas contribuer, par sa négligence, à ce que le scandale créé par la Pucelle se perpétue, et il fait appel à son honneur de chevalier qui doit faire passer l'honneur de Dieu avant la raison d'État :

> « Très noble, honoré et puissant seigneur [...].
>
> Votre noble prudence connaît et sait bien que tous les bons chevaliers catholiques doivent employer leur force et puissance

premièrement au service de Dieu et ensuite au profit de la chose publique. Spécialement le premier serment de l'ordre de la chevalerie est de garder et défendre l'honneur de Dieu, la foi catholique et sa sainte Église. De ce serment il vous est bien souvenu quand vous vous êtes employé [...] à appréhender cette femme qui se dit la Pucelle par laquelle l'honneur de Dieu a été offensé sans mesure, la foi excessivement blessée et l'Église trop fort déshonorée [...]. Mais ce serait peu de chose que d'avoir fait une telle prise, s'il ne s'ensuivait pas ce qui convient pour satisfaire à l'offense perpétrée par cette femme contre notre doux Créateur et sa foi et sa sainte Église, ainsi que par ses autres méfaits innombrables, à ce que l'on dit. Et il y aurait plus grand inconvénient que jamais et l'erreur demeurerait parmi le peuple plus grande qu'auparavant [...] si cette affaire demeurait en ce point ou s'il advenait que cette femme fût délivrée ou nous échappât [...]. Mais, afin qu'un tel scandale cesse le plus tôt [...] nous vous supplions très humblement [...] que vous veuillez mettre cette femme en justice et l'envoyer [...] à l'inquisiteur de la foi qui l'a demandée [...]. » (*Condamn.*, II, p. 7.)

C'est alors l'évêque Cauchon, destiné à présider le tribunal qui jugera Jeanne (voir ci-dessous, p. 282), qui revient à la charge ce même 14 juillet 1430. Cette fois-ci, il offre une prime substantielle à qui lui livrera la Pucelle, et il adresse conjointement la sommation suivante au duc de Bourgogne, à Jean de Luxembourg et au bâtard de Vendôme :

« C'est ce que requiert l'évêque de Beauvais à monseigneur le duc de Bourgogne et à monseigneur Jean de Luxembourg, au bâtard de Vendonne [*sic*], de par le roi [*Henry VI, roi de France et d'Angleterre, encore un enfant*] notre sire, et de par lui comme évêque de Beauvais.

Que cette femme, que l'on nomme communément Jeanne *la Pucelle*, soit envoyée au roi pour être livrée à l'Église, pour lui faire son procès, parce qu'elle est soupçonnée et diffamée [*accusée*] d'avoir commis plusieurs crimes, tels que sortilèges, idolâtries, invocations de démons et plusieurs autres cas touchant notre foi, et contre elle. Et bien qu'elle ne doive pas être estimée prise de guerre, comme il semble, considéré ce qui est dit, néanmoins pour dédommager ceux qui l'ont prise et retenue, le roi [*Henry VI d'Angleterre, qui est aussi roi de France en vertu du traité de Troyes*] veut libéralement leur bailler jusqu'à la somme de 6 000 francs [*la somme est considérable ; à l'époque, le traitement annuel du chancelier de France était de 4 000 livres par an*], et audit bâtard, qui l'a prise, lui donner et assigner une rente pour tenir son état, jusqu'à 200 ou 300 livres.

Item, ledit évêque [*Mgr Cauchon*] requiert en son nom, puisque cette femme a été prise dans son diocèse et sous sa juridiction spirituelle [*Compiègne était sur le territoire du diocèse de Beauvais, dont Cauchon était l'évêque*] qu'elle lui soit rendue pour lui faire son procès, comme il appartient. Il est prêt à entendre la cause avec l'assistance de l'inquisiteur de la foi, s'il en est besoin, avec l'assistance de docteurs en théologie et en décrets et d'autres notables personnes expertes en fait de judicature, ainsi que la matière le requiert, afin d'agir mûrement et sainement, comme il se doit, pour l'exaltation de la foi et l'instruction de plusieurs qui ont été en cette matière trompés et abusés à cause de cette femme.

Item. Et enfin il se pourrait que les personnes susvisées ou certaines d'entre elles ne voulussent point se tenir pour contentes de la manière ci-dessus indiquée ni obtempérer à ce qui a été dit. Certes la prise de cette femme n'est en rien pareille à celle d'un roi, de princes ou autres personnes de grand état ; lorsqu'en effet une personne de tel état, que ce soit le roi, le dauphin ou d'autres princes, est prise, le roi la pourrait avoir, s'il le voulait, en donnant à celui qui les a capturés, dix mille francs, selon les droits, usages et coutume de France ? Malgré ce, l'évêque somme et requiert les personnes susdites, au nom des autorités indiquées ci-dessus, de lui livrer cette Pucelle moyennant qu'il lui baille sûreté de cette somme de dix mille francs en tout et pour tout. Et l'évêque, de par lui, selon les formes et sous les peines de droit, requiert qu'elle lui soit remise et livrée comme ci-dessus.

L'an du Seigneur 1430 et le 14 juillet [*suit la formule de sommation et la signature du notaire qui l'a délivrée*]. » (*Condamn.*, II, p. 11, *sqq.*)

Mais aucun des princes ne daigne lui répondre ! Est-ce par bonne politique ? ou bien parce que c'est maintenant le temps de la chasse à la bécasse ? Le 21 novembre, l'évêque Cauchon, qui ne parvient toujours pas à se faire rendre la Pucelle, se fait tancer vertement par son supérieur hiérarchique, le recteur de l'Université de Paris :

« Au révérend père en Christ et seigneur monseigneur l'évêque et comte de Beauvais [*Mgr Cauchon*].

Nous nous étonnons particulièrement, révérend père et seigneur, que l'affaire de cette femme que le vulgaire appelle la Pucelle, soit retardée d'une si longue attente, en offense à la foi et à la juridiction ecclésiastique, alors surtout que, à ce que l'on rapporte, cette femme se trouve déjà entre les mains du roi notre seigneur [*en fait elle est entre les mains de Jean de Luxembourg, vassal du duc de Bourgogne, allié au roi Henry VI*]. » (*Condamn.*, II, p. 13.)

Et le recteur termine sa lettre à l'évêque Cauchon par ces mots :

> « [...] Veuillez tâcher de la faire promptement conduire dans cette ville de Paris où le nombre des savants et des érudits est considérable, afin que sa cause puisse être examinée plus diligemment et jugée plus sûrement pour la saine édification du peuple chrétien et l'honneur de Dieu, qui daigne vous diriger, révérend père, en toutes choses par un spécial secours.
>
> Écrit à Paris, dans notre assemblée générale solennellement tenue à Saint-Mathurin, le 21 novembre de l'an du Seigneur 1430. Le recteur [*Thomas de Courcelles : c'est lui qui mettra en latin la minute française du procès de Condamnation, voir p. 000*] et l'Université de Paris qui sont vôtres.
>
> Ainsi signé : HÉBERT. » (*Condamn.* II, p. 14.)

Et les lettres s'accumulent : le 3 janvier 1431, voici le « roi de France et d'Angleterre », Henry VI – autrement dit Bedford, car ce monarque n'a alors que 10 ans – qui réclame Jeanne : c'est même la première fois que la Cour d'Angleterre se manifeste (elle a été rappelée à l'ordre par une respectueuse lettre de l'Université de Paris, voir ci-dessous, p. 272) ; et puis voilà que le Grand Inquisiteur de France (Graverent) lui-même manque à tous ses devoirs, et l'évêque Cauchon, qui a la responsabilité de l'affaire, lui écrit, le 22 février 1431, alors que le procès s'est ouvert la veille :

> « Si vos occupations, ou quelque autre excuse raisonnable devaient causer quelque retard dans cette affaire, veuillez du moins confier votre pouvoir à frère Jean Le Maistre, votre vicaire dans cette ville et diocèse de Rouen, ou à tout autre commissaire, de telle sorte que le fâcheux retard causé par votre absence, après une enquête si fondée, ne puisse vous être imputé, au préjudice de la foi et pour le scandale du peuple chrétien [...]. » (*Condamn.*, II, p. 31.)

Finalement, ce n'est que le 21 février 1431 que le procès s'ouvrira, par une séance publique, au château de Bouvreuil, à Rouen : cela faisait neuf mois que Jeanne avait été prise.

Que s'était-il donc passé pendant ces neuf mois ?

LES HÉSITATIONS DU POUVOIR

Il est bien évident que ceux qui sont au sommet de la hiérarchie politique, à ce moment, c'est-à-dire aussi bien Bedford et Philippe le Bon que Charles VII et ses ministres, hésitent. Les Bourguignons détiennent Jeanne et ne semblent pas pressés de la donner en pâture à l'Inquisition : ils craignent les réactions de l'opinion publique et Philippe le Bon ne perd pas de vue la grande paix franco-bourguignonne qu'il concocte en secret avec Charles VII, son complice en la matière. Le roi de France est curieusement muet et les responsables du tribunal de l'Inquisition sont bien hésitants, alors que, d'ordinaire, ce genre d'affaire ne traîne pas. La preuve : ils ont fait brûler en deux temps trois mouvements une Bretonne nommée Piéronne, qui prêchait publiquement en faveur de Jeanne : arrêtée pour cette raison à Corbeil, au début du mois de février 1431, avec une compagne, elle avait été jugée le dimanche 3 septembre, condamnée à mort et brûlée le jour même (sa compagne fut acquittée) ; l'affaire est évoquée par le Bourgeois de Paris dans son *Journal* :

> « Le troisième jour de septembre, un dimanche, furent jugées en public, sur le parvis de Notre-Dame, deux femmes qui environ six mois auparavant avaient été prises à Corbeil et amenées à Paris ; la plus aînée, Piéronne, était de Bretagne bretonnante [*la Bretagne celtique, où l'on parlait breton, par opposition à la Bretagne dite "gallo" où l'on parlait un dialecte de langue d'oïl*] ; elle disait que cette Jeanne, qui s'armait avec les Armagnacs, disait vrai, était bonne et que ce qu'elle faisait était bien fait sur l'inspiration de Dieu. [...] Elle même affirmait et jurait que Dieu lui apparaissait souvent sous forme humaine, et parlait à elle comme un ami le fait avec un autre [...]. Elle fut condamnée à être brûlée et mourut pour ce propos cedit jour de dimanche, et l'autre fut acquittée et libérée sur l'heure. » (*Journal d'un Bourgeois de Paris,* pp. 546-548.)

La justice inquisitoriale savait être rapide, quand il le fallait ; dans le cas de Jeanne, le dossier fut longtemps retenu en haut lieu et l'exécution de la Pucelle, jugée coupable d'hérésie, eut lieu un an après sa capture devant Compiègne. Nous ne connaîtrons jamais les raisons politiques des hésitations du parti bourguignon à livrer Jeanne à l'Inquisition, ni le dossier secret de la Pucelle, que détient encore de nos jours le Vatican.

Et Jeanne, dans tout cela ? Le bâtard de Vendôme, on l'a dit plus haut, l'a vendue à Jean de Luxembourg, qui la garda un temps à Margny, où la rejoignirent son valet de chambre et servant, Poton de Xaintrailles et son fidèle intendant, Jean d'Aulon ; puis, constatant que le siège de Compiègne risquait de se prolonger, il mit sa prisonnière à l'abri en son château de Beaulieu (près de Noyon, à une vingtaine de kilomètres de Compiègne). Le duc de Bourgogne lui écrit alors une lettre qui sera largement diffusée par la suite : *« On va maintenant reconnaître l'erreur et la folie de ceux* [allusion à Charles VII, évidemment] *qui ont pu croire à cette femme et couvrir ses actes de leur patronage. »* Toutefois, on vient de le voir, Philippe le Bon ne se presse pas de répondre aux demandes pressantes de l'Université de Paris et de l'Inquisition.

Jean de Luxembourg temporise, lui aussi. Le 10 juillet 1430, il transfère Jeanne dans un autre de ses domaines, au château de Beaurevoir, en Picardie, au Sud de Cambrai, plus éloigné des champs de bataille que le château de Beaulieu. Là, Jeanne va passer quatre mois, sous la sauvegarde compatissante de la femme et de la sœur de Jean de Luxembourg, les « dames de Beaurevoir ». Au mois de juillet, lorsqu'elle sut que sa tête avait été mise à prix par l'évêque Cauchon, agissant au nom de l'Université de Paris et de l'Inquisition, la Pucelle tenta le tout pour le tout : elle sauta du haut de la tour de Beaurevoir où elle était enfermée, dans le but de s'évader et on la ramassa inanimée, mais intacte, au pied de ce donjon de 20 mètres de hauteur.

Et le temps passe. L'Inquisition, Cauchon et l'Université de Paris ne cessent de réclamer Jeanne, qui se remet lentement de sa chute à Beaurevoir. Le duc de Bourgogne persiste à faire la sourde oreille aux propositions de Paris : que lui chaut à lui, le plus riche de tous les princes français, cette rançon de 10 000 francs ! Les Anglais sont muets. L'Inquisiteur général de la foi pour le royaume de France, Jean Graverent, est parti pour Rome et Cauchon a bien du mal à réunir les 10 000 francs promis pour la récupération de la Pucelle et qu'il demande à Bedford ; celui-ci ne veut pas faire supporter ces frais au Trésor d'Angleterre et il lui vient une excellente idée : pourquoi ne pas faire payer la rançon par les contribuables des territoires occupés par l'Angleterre ? Le plus riche est la province de Normandie, la plus ancienne province anglaise de France : il la taxe d'une contribution exceptionnelle de 80 000 francs, dont 10 000 iront dans la poche de Jean de Luxembourg, à titre de rançon. La collecte de ce que l'on pourrait appeler « l'impôt-Pucelle » va demander quatre mois, tandis que l'Université de Paris, on l'a vu plus haut, s'impatiente chaque jour davantage.

En définitive tout s'arrange, si l'on peut dire. Jean de Luxembourg a touché ses trente deniers, et il est disposé à livrer sa prisonnière. Mgr Cauchon a bien travaillé et le Trésor anglais rémunère ses services (chichement) : il reçoit la somme de 756 livres, *« pour avoir vaqué 153 jours au service du roi »* et avoir fait *« plusieurs voyages vers Mgr le duc de Bourgogne ou vers messire Jean de Luxembourg, en Flandre, à Compiègne et à Beaurevoir »*.

Les officiers du roi d'Angleterre sont allés à Beaurevoir, prendre livraison de la Pucelle, et en sont repartis avec leur précieuse prisonnière au début du mois de novembre 1430. Mais ils ne sont pas pressés de la remettre entre les mains de l'Inquisition, de sorte que, le 21 novembre 1430, l'Université de Paris écrit au roi d'Angleterre (à l'intention du régent) :

> « Très excellent prince, notre très redouté souverain seigneur et père [*le « père » en question, Henry VI, a 10 ans, l'auteur de la lettre en a 50*], nous avons entendu dire nouvellement que la femme dite *la Pucelle* est à présent rendue entre votre puissance ; ce dont nous sommes très joyeux, confiant dans votre bonne ordonnance pour mettre cette femme en justice, réparer les grands maléfices et les scandales survenus notoirement en ce royaume à son occasion, au grand préjudice de l'honneur divin, de notre sainte foi et de tout votre peuple [...]. Écrit à Paris, dans notre assemblée générale solennellement tenue à Saint-Mathurin [1] le 21e jour de novembre, l'an 1430. Votre très humble et dévote fille, l'Université de Paris.
>
> Ainsi signée : HÉBERT. » (*Condamn.*, II, p. 14, *sqq.*)

La Cour d'Angleterre ne répond pas – cela paraît être une habitude chez ces « grands » – mais les officiers du roi Henry VI conduisent Jeanne jusqu'à Rouen, où Bedford préfèrerait qu'elle fût jugée par l'Inquisition, plutôt qu'à Paris. Partie de Beaurevoir, au début de novembre 1430, elle est à Arras le 9 de ce mois, puis on la mène au Crotoy, où elle réside, sous bonne garde anglaise, jusqu'au mercredi 20 décembre ; ce jour-là, les Anglais lui font traverser la baie de la Somme, entre Le Crotoy et Saint-Valéry-en-Caux, et, pour la première et la dernière fois de sa vie, la Pucelle voit la mer. Enfin, le 23 décembre 1430, convoyée par les officiers du roi d'Angleterre, Jeanne arrive à Rouen, la capitale de la France anglaise. Sa « cavale », comme on dit vulgairement, est terminée : elle a été voulue et orchestrée – malgré les Anglais – par le duc de Bourgogne, dont le désir et l'intérêt étaient de parfaire

1. Le couvent des Mathurins se trouvait à l'angle des actuelles rue Saint-Jacques et rue du Sommerard, à proximité du collège de Sorbon (devenu l'actuelle Sorbonne) ; la chapelle de ce couvent était le siège des assises du recteur de l'Université de Paris.

ses négociations secrètes avec Charles VII et qui ne tenait pas à ce qu'elles fussent ternies par un procès inopportun.

Le notaire-secrétaire du petit roi, Jean de Rinel, peut alors répondre à la lettre-sommation que lui avait adressée Cauchon, le 21 novembre. Sous la dictée de Bedford, il lui écrit :

> « Henri, par la grâce de Dieu roi de France et d'Angleterre, à tous ceux qui ces présentes lettres verront, salut. [*Suit le rappel des « méfaits » de la Pucelle*].
>
> Aussi bien, nous qui pour la révérence et l'honneur du nom de Dieu, la défense et l'exaltation de la sainte Église et de la foi catholique, voulons dévotement obtempérer [...] aux exhortations des docteurs et maîtres de notre fille l'Université de Paris [*soulignons une fois de plus que le gouvernement anglais obtempère après huit mois d'exhortations, ce qui doit suffire à prouver que le procès est voulu par l'Université de Paris*], nous ordonnons et consentons que [...] Jeanne lui soit remise et livrée réellement et effectivement par nos gens et officiers qui l'ont en garde, pour que ledit révérend père en Dieu [*Cauchon, l'évêque de Beauvais, qui réclame la Pucelle au nom de l'Université de Paris*], l'interroge, l'examine et fasse son procès, selon Dieu, la raison et les droits divins et les saints canons [...].
>
> [...] Donné à Rouen, le 3 janvier de l'an de grâce 1431, et de notre règne le 9e.
>
> Ainsi signée : Par le roi, au rapport de son grand Conseil, J. DE RINEL. » (*Condamn.*, II, p. 17.)

Enfin ! Les Anglais ont obéi : le vicaire de l'Inquisition pour la France, le dominicain Jean Graverent va pouvoir pavoiser et féliciter l'évêque Cauchon, dont la ténacité a vaincu les roueries et les tergiversations des princes laïques. Quant au vrai roi de France, celui qui a été sacré à Reims, il n'a pas dit un mot : voilà un monarque qui sait obéir à l'Église ; mais quel dommage qu'il ait été le jouet de cette sorcière de Jeanne, de cette hérétique, qui doit subir le même sort que Jan Hus (brûlé en 1415) et son disciple Jérôme de Prague (brûlé en 1416). Jamais deux sans trois : au bûcher, l'hérétique, au bûcher ! Pour la plus grande gloire de l'Église, qui, par ailleurs, vient de surmonter le Grand Schisme d'Occident ! Et les maîtres théologiens de l'Université de Paris vont pouvoir se pousser du col : ce sont eux qui vont avoir la vedette, maintenant, quand ils siègeront autour du valeureux évêque Cauchon qui a su imposer aux princes l'autorité de l'Église pour juger l'hérétique.

Dès son arrivée à Rouen, le 23 décembre, Jeanne avait été conduite dans la grosse tour du château que Philippe Auguste avait fait construire, en 1205, sur la colline de Bouvreuil après qu'il eut vaincu Jean sans Terre et remis la Normandie sous la domination des rois de France. On l'enferma dans une chambre-prison, à laquelle on accédait, de la cour du château, par un petit escalier à huit degrés, éclairée par une fenêtre donnant sur la campagne environnante. Dès la première séance publique de son procès, elle fut informée qu'elle était désormais privée de liberté :

> « Nous, évêque susdit [*Mgr Pierre Cauchon*], avons interdit à cette même Jeanne de quitter sans notre permission les prisons à elle assignées dans le château de Rouen, sous peine d'être convaincue du crime d'hérésie.
>
> Mais elle répondit qu'elle n'acceptait pas cette défense, ajoutant que, si elle s'évadait, personne ne pourrait la blâmer pour avoir enfreint ou violé sa foi, parce qu'elle n'avait jamais donné sa foi à quiconque. Elle se plaignit ensuite d'être détenue enchaînée et en des entraves de fer.
>
> Nous lui dîmes alors qu'en d'autres prisons elle avait tenté de s'évader à plusieurs reprises et que c'était pour cela, afin qu'elle fût plus sûrement et efficacement gardée, qu'on avait ordonné de l'entraver avec des liens de fer.
>
> A quoi elle répondit : "Il est vrai qu'ailleurs j'ai voulu et que je voudrais m'évader, comme il est licite à toute personne incarcérée et prisonnière" ;
>
> Nous avons ensuite commis à la sûre garde de cette Jeanne noble homme John Grey, écuyer de notre seigneur le roi [*d'Angleterre : il ne faut pas oublier que la Normandie est redevenue terre anglaise au cours de la guerre de Cent ans*], et, avec lui, John Berwoit et William Talbot, leur enjoignant de bien et fidèlement garder cette Jeanne, ne permettant à personne de parler avec elle, sans notre permission ; ce qu'ils jurèrent solennellement, touchant les saints Évangiles. » (*Condamn.* II, p. 42.)

Certains des témoins au procès en Nullité, qui avaient pu voir Jeanne dans sa prison, ont fourni quelques précisions supplémentaires sur les conditions de sa détention. Ainsi messire Guillaume Colles, dit Boisguillaume (témoin n° 121), notaire, qui a assisté aux interrogatoires de Jeanne dans sa prison, en mars 1431 :

> « Jeanne était dans une prison forte, avec des entraves de fer ; elle avait cependant un lit. Elle avait aussi des gardiens anglais, dont elle se plaignit souvent en disant qu'ils la tracassaient beaucoup et la maltraitaient. » (*Null.* IV, p. 117.)

Pierre Daron (témoin n° 135), lieutenant du bailli de Rouen, dépose ainsi :

> « J'étais alors procureur de la ville de Rouen ; j'avais une grande curiosité de voir Jeanne et je cherchais un moment favorable pour la voir. Je rencontrai Pierre Manuel, un avoué du roi d'Angleterre, qui désirait également beaucoup la voir, et nous partîmes ensemble pour cela ; nous la trouvâmes au château, dans une tour, enchaînée, dans les entraves, avec une grosse pièce de bois par les pieds ; et elle avait plusieurs gardes anglais. Ce Manuel s'entretint avec Jeanne en ma présence, en lui disant, par plaisanterie, qu'elle ne serait pas venue là si elle n'y avait été amenée ; et il lui demanda si elle savait bien, avant sa capture, qu'elle allait être prise. Elle répondit qu'elle s'en doutait bien. Et comme on lui demandait ensuite pourquoi, si elle prévoyait sa capture, elle ne se tenait pas sur ses gardes le jour où elle fut prise, elle répondit qu'elle ne connaissait ni le jour, ni l'heure, ni quand cela arriverait. » (*Null.*, IV, p. 147, *sq.*)

Jeanne était donc enchaînée : la corrida pouvait commencer. Elle fut assignée, sur-le-champ, à comparaître le lendemain, jeudi 22 février 1431 à huit heures du matin, dans la chambre de parement[1] du château de Bouvreuil.

1. Chambre d'apparat, qui était située près de la chambre royale dans le château de Bouvreuil.

11

LE PROCÈS DE JEANNE D'ARC

PREMIÈRE PARTIE : LE PROCÈS D'OFFICE
(mardi 9 janvier-dimanche 25 mars)

Le procès de Jeanne d'Arc, dite la Pucelle, devant le tribunal de la Sainte Inquisition, s'est ouvert à Rouen le mardi 9 janvier 1431, il s'est terminé le mercredi 30 mai, sur la place du Vieux Marché de Rouen où, vers neuf heures du matin, fut lue la sentence définitive qui condamnait l'héroïne à mourir par le feu.

Les débats se déroulèrent en français et nous avons expliqué par ailleurs qu'il en fut établi un compte-rendu journalier, minutieux, par les notaires-greffiers assermentés nommés à cet effet : Guillaume Manchon, Nicolas Taquel (ou Taquet) et Guillaume Colles, dit Boisguillaume, tous trois ecclésiastiques, comme l'étaient aussi tous les membres de ce tribunal de l'Église. Nous expliquons plus loin (annexe n° 1) comment ce compte rendu a été traduit ensuite en latin (par le conseiller Thomas de Courcelles aidé de Guillaume Manchon), et conservé par qui de droit. Il nous reste trois exemplaires de cette minute latine, qui contient aussi divers procès-verbaux et lettres patentes en rapport avec la cause : l'ensemble constitue le *Procès de Condamnation de Jeanne d'Arc*.

Ce texte est un des monuments juridico-théologiques les plus imposants et les plus célèbres du temps, une sombre « cathédrale de logique et de théologie », écrit Pierre Champion qui, après Quicherat, en a exploré et forcé les mystérieux arcanes qu'une tradition historique française, fortement nationaliste, a toujours considérés comme élaborés par un perfide et impitoyable Docteur Mabuse anglais (Bedford), relayé par un évêque himmlérien (Cauchon), au nom de l'adage *is fecit cui prodest*, et dont nous pensons qu'ils sont, en fait, un pur produit des deux plus puissantes institutions de l'Église militante : l'Université de Paris (dont le recteur pour 1430 et 1431 était Thomas de Courcelles) et la Sainte Inquisition (dont le Grand Inquisiteur de France était Jean Graverent, et dont tous les membres appartenaient à l'ordre des bénédictins, communément appelés « frères prêcheurs »).

Conformément à la procédure canonique en matière de foi, le procès de Jeanne d'Arc va se décomposer en deux temps : 1° le *procès « d'office »* (dit aussi *« préparatoire »*), mené selon la procédure de la justice épiscopale (38 séances, du 9 janvier au 25 mars 1431), correspondant à l'*instruction* de la cause et aboutissant à l'établissement d'un *Réquisitoire* énumérant les chefs d'accusation (*articles*) reprochés au prévenu ; 2° le *procès ordinaire*, c'est-à-dire selon *l'ordo (la procédure)* inquisitorial (18 séances, du 26 mars au 30 mai 1431, y compris les trois séances de la cause de relaps), qui consiste à interroger l'accusé sur les différents articles du Réquisitoire. Au cours de ces deux phases judiciaires, nous allons voir entrer en scène les divers

9 janvier : ouverture du procès.	21 février : 1re séance publique.	26 mars : début du procès dit « ordinaire ».	24 mai : 1re sentence après que Jeanne eut abjuré.	30 mai : sentence définitive après que Jeanne eut été déclarée relapse.
Séances n° 1 à 11 : préliminaires de procédure.	Séances n° 12 à 38 : séances publiques consacrées aux interrogatoires de Jeanne.	Séances n° 39 à 54 : séances généralement publiques consacrées aux interrogatoires et commentaires.	Séances n° 53 à 55 : cause de relapse	
Procès préparatoire dit « d'office ».			Procès ordinaire	

Les étapes du procès de Jeanne d'Arc.

Les séances des deux procès (d'office et ordinaire) ont été répertoriées dans l'Annexe n° 6, où nous les avons numérotées de 1 à 56 ; par « séance » il faut entendre non seulement les audiences où Jeanne fut interrogée par Cauchon ou par un assesseur, mais aussi les séances consacrées aux délibérations.

magistrats et clercs qui vont assister Pierre Cauchon (ce sont, en principe, tous des ecclésiastiques) : ils seront plus d'une centaine à siéger (mais jamais tous en même temps : voir leur liste à l'annexe n° 7), écouter, délibérer, questionner ou même se taire – comme Jean Le Maistre, le représentant du Grand Inquisiteur de France – dans ce *« très insigne procès »* comme le qualifiera la chancellerie du petit roi Henry VI le 28 juin 1431, dans une sorte de lettre circulaire *« à l'empereur d'Allemagne, aux rois, ducs et autres princes de toute la chrétienté »* que nous rapportent les chroniqueurs pro-bourguignons Monstrelet et Chastellain.

LES DIFFICULTÉS PRÉLIMINAIRES

Le procès de la Pucelle a comporté 55 séances, qui se sont tenues en un peu moins de cinq mois, les unes publiques, les autres à huis clos, comme on dit aujourd'hui, y compris les séances de délibération et de procédure. Les audiences publiques se déroulèrent au château de Bouvreuil ou dans ses dépendances ; les audiences à huis clos eurent lieu les unes dans la pièce où Jeanne était incarcérée et que la minute latine appelle *carcer* (« prison »), les autres dans la maison d'habitation de l'évêque Cauchon ou, plus rarement, en d'autres lieux (par exemple au cimetière de l'abbaye de Saint-Ouen de Rouen ; voir l'annexe n° 6, sur les séances du procès). Il a été conduit avec un acharnement exemplaire et méticuleux par un prélat qui n'était pas de mauvaise foi, mais dont la foi était mauvaise, l'évêque de Beauvais Pierre Cauchon ; nous verrons plus loin pourquoi cette tâche lui incomba.

Étant donnée l'importance de la cause, on aurait pu penser que l'Inquisition serait représentée à Rouen par le Grand Inquisiteur de France, le dominicain[1] Jean Graverent, maître en théologie à Paris, où il avait succédé dans ce poste à Jacques Suzay, en 1425. Or, il n'en fut rien : l'œil de Rome, au procès de Jeanne, ce fut un petit juge de province, le dominicain Jean Le Maistre, vicaire de l'Inquisition pour le diocèse de Rouen, qui était à peine bachelier en théologie : un obscur, un sans grade. Graverent, prétextant être retenu à Coutances par une autre affaire, lui a ordonné de s'adjoindre au procès de la Pucelle, avec apparemment une seule

1. La dénomination officielle de cet ordre est *ordre des Frères prêcheurs*.

consigne, celle de se taire. Pendant les trois mois que dura la première phase du procès, correspondant à ce qu'on appellerait de nos jours « l'instruction » de la cause, celle où les juges devaient s'efforcer, en interrogeant la prévenue ou des témoins, de découvrir, de mettre en évidence les fautes qu'elle avait pu commettre contre Dieu et contre l'Église, il n'a pas ouvert la bouche, le frère Jean Le Maistre, vicaire de monseigneur l'Inquisiteur du royaume. Il n'a pas posé une seule question à l'accusée, il n'a pas fait la moindre remarque à l'évêque, sinon à l'issue de la dernière audience de l'information préparatoire[1], comme nous le verrons bientôt (ci-après, p. 289).

Ce fut le premier « couac » du procès. L'Inquisition sera présente à Rouen, mais elle laissera la sale besogne, le vilain rôle du flic qui devra trouver « les moyens de la faire parler », cette envoyée du Démon déguisée en homme. Et, s'il faut décider de torturer pour lui faire avouer ses forfaits et son infamie, c'est l'évêque qui devra salir ses mains blanches de prélat.

Comment expliquer cette dérobade de l'Inquisition ? Le frère Le Maistre invoqua un scrupule de conscience : mais a-t-on le droit d'avoir des scrupules humains de conscience lorsqu'on représente le Grand Inquisiteur qui est le bras de Dieu ? On obéit, sans chercher à comprendre : les voies de la Providence sont impénétrables. Et pourquoi le Grand Inquisiteur, qui était pro-bourguignon, s'est-il esquivé à Coutances ?

Il y a bien une explication possible, mais elle n'engage que l'auteur de ces lignes. La position de Jean Graverent ne pouvait être, à notre avis, que l'écho de la position papale : si en instruisant ce procès on peut démontrer que Jeanne est une hérétique, il faudra la condamner à mort et la brûler (c'était la peine prévue par la loi), et, par voie de conséquence, excommunier Charles VII, son complice apparent. Voilà le hic : la papauté, réunifiée par Martin V, a d'autres chats à fouetter, en 1431, que de prendre parti dans l'inextricable conflit franco-anglo-bourguignon et il est fort possible que Rome ait conseillé à Jean Graverent de ne pas trop se mêler de ce qui, pour l'instant, ne regardait pas l'Église, tout en

1. Cette enquête préparatoire – *informatio preparatoria* – était une procédure classique, qui pouvait être demandée par le juge chargé d'une cause avant que les débats ne commencent ; elle se déroulait dans le « cabinet » du juge. Il y eut ainsi onze séances d'informations préparatoires, qui eurent lieu au domicile de Pierre Cauchon, entre le 9 janvier et le 20 février 1431 (voir l'Annexe n° 6).

approuvant, par une présence muette, le principe du procès (d'autant que Cauchon a été le principal instigateur de l'abandon, par Henry VI, des trois quarts des bénéfices ecclésiastiques vaquant en France au pape Martin V ; c'est un bon ami du pape, il ne faut pas le vexer) : on verra bien quelle figure prendra l'instruction de la cause.

Il y aura donc deux juges à Rouen, comme le prévoit la procédure ecclésiastique, mais dont un provisoirement muet : Mgr Cauchon sera, avec Jeanne, la seule vedette du prétoire rouennais. Quel personnage complexe que ce prélat originaire de Reims (où il est né, vers 1371), qui a 60 ans au moment du procès et, derrière lui, une vie bien remplie de curé baroudeur : d'abord étudiant en théologie à l'Université de Paris, licencié en science des décrets à 27 ans, recteur de l'Université de Paris, où il enseignait la théologie, en 1403, et, en tant que tel, membre de la grande ambassade qui se rendit en Italie, en 1406, sommer l'antipape Benoît XIII, l'artisan du Grand Schisme d'Occident, de se retirer ; en 1413, on le voit conduire à Paris les émeutes des cabochiens, ce qui a pour conséquence de le faire bannir de la capitale par le Conseil de régence. Archidiacre de Reims, chapelain des ducs de Bourgogne à Dijon, élu évêque de Beauvais en 1420, conseiller référendaire du pape Martin V (qui a mis fin au Schisme qui déchirait l'Église), pair ecclésiastique du royaume par décision de Philippe le Bon, Pierre Cauchon se rangea d'abord dans les rangs du parti anglo-bourguignon. Lorsque, au mois d'août 1429, peu après le sacre de Reims, les habitants de Beauvais chassèrent les Anglais de leur ville, l'évêque Cauchon dut s'enfuir avec eux et perdit son évêché ; il se réfugia à Rouen, où, évêque sans diocèse, il continua de servir l'Église et l'Angleterre.

On a beaucoup glosé sur ce prélat, au nom d'un nationalisme – voire d'un patriotisme – totalement anachronique. Dans l'Europe d'alors, les deux valeurs suprêmes étaient, par ordre d'importance, la foi catholique, qui était la même pour tous, et la foi féodale, qui faisait de chaque homme le *sujet* de tel ou tel prince, de tel ou tel seigneur. L'évêque de Beauvais, avant même que d'être évêque, avait lutté pour l'unité de l'Église, puis il avait donné sa foi au duc de Bourgogne, et il ne varia jamais dans ses convictions ; en particulier, il considérait Charles VII comme l'assassin de Jean sans Peur (ce qui était parfaitement exact) et les Armagnacs comme des parjures dont il fallait débarrasser le royaume de France.

C'est pourquoi, il voyait dans cette ribaude de Jeanne une ennemie de la Sainte Église, qui ne pouvait pas plus tolérer les visionnaires, quelle que fût leur foi, que les antipapes qu'il avait contribué à combattre. Et il envoya au bûcher cette Pucelle qui menaçait, ainsi que tous les hérétiques, l'unité de la chrétienté, l'Église *unam sanctam*[1], comme plus tard les révolutionnaires de 1792 enverront à la guillotine ceux qu'ils croyaient être les ennemis mortels de l'Église républicaine, une, elle aussi, et indivisible. N'importe quel autre évêque aurait procédé de la sorte. Cauchon n'a pas fait mourir Jeanne parce qu'il était l'homme des Anglais (nous verrons, d'ailleurs, qu'ils ne sont pas intervenus réellement dans le procès) : il l'a livrée au bourreau parce qu'il était le représentant d'une institution orgueilleuse et dominatrice, l'*Église militante*, celle des papes et des évêques, à laquelle Jeanne ne croyait pas, elle qui plaçait au-dessus de tout l'*Église triomphante* de Dieu et des saints. Ce ne sont pas Bedford et les siens, qui ont brûlé Jeanne d'Arc, c'est cette même Église qui avait organisé les croisades contre les Sarrasins, contre les Albigeois ou, au temps de Jeanne d'Arc, contre les Hussites... en attendant la Saint-Barthélemy et, pourquoi pas, toutes les Terreurs et toutes les Nuits des longs couteaux de l'histoire.

*
* *

Nous avons vu plus haut (p. 264) que, lorsque Jeanne fut prise, le 25 mai 1430, l'Université de Paris fut la première à réagir et à réclamer au duc de Bourgogne, dès le lendemain même, qu'on lui livrât la prisonnière. Nous savons que le duc ne daigna point lui répondre. Le 17 juillet suivant, Philippe le Bon et Jean de Luxembourg reçoivent, l'un et l'autre, une sommation contenant la même requête, mais de la part de l'évêque de Beauvais, Mgr Pierre Cauchon. Celui-ci expose que le territoire sur lequel a été capturée la Pucelle (Compiègne) fait partie du diocèse de Beauvais dont, aux yeux de Rome, il est toujours l'évêque, bien qu'il en ait été jadis chassé, et qu'en conséquence c'est à lui que revient le rôle d'instruire la cause de la Pucelle, dont le procès se déroulera donc à Rouen, en terre anglaise, et non pas, comme

1. L'Église apostolique, catholique et romaine est « unique » (*una* en latin) et « sainte » (*sancta*).

on aurait pu s'y attendre, à Paris, où le parti bourguignon tenait le haut du pavé.

Pourquoi ce choix ? Bedford a-t-il fait pression sur l'Université pour qu'elle lui laisse sa proie ? On voit mal cette vénérable Dame se laisser manipuler de la sorte. Les autorités bourguignonnes craignaient-elles qu'un procès à Paris ne déclenchassent des troubles qui mettraient en péril l'équilibre politique de la capitale ? C'est douteux : l'opinion publique parisienne est fortement anti-armagnac, il n'est que de lire le *Journal d'un Bourgeois de Paris* (lequel bourgeois est lui-même un sorbonnard) pour s'en convaincre, et les Parisiens n'ont pas réagi au supplice de la visionnaire bretonne Piéronne, le 3 septembre 1430 (voir ci-dessus, p. 270). Pourquoi donc l'Université de Paris, qui avait été la première à réclamer Jeanne à Philippe le Bon pour la juger, a-t-elle fait marche arrière et s'est-elle résolue à ce que le procès se déroule à Rouen ?

Pour les mêmes raisons qui ont déterminé le silence du représentant de l'Inquisition au procès : la réconciliation entre Armagnacs et Bourguignons est en marche, et les Bourguignons, pas plus que le Grand Inquisiteur du royaume, ne souhaitent pas se salir les mains, d'une manière indélébile, dans cette affaire : que l'Église locale, en l'occurrence l'évêque diocésain qui a compétence en matière de crime contre l'Église à Compiègne, prenne ses responsabilités. Et, nous le savons, Compiègne relève du diocèse de Beauvais. C'est donc le pugnace Mgr Cauchon qui jugera la Pucelle, et, si le lecteur nous permet cette expression peu académique, c'est lui qui portera le chapeau... ou la mitre, avec les Anglais, bien entendu, l'ennemi héréditaire indispensable à toute propagande nationaliste bien comprise. Et l'Église militante gardera les mains aussi propres que l'Église triomphante[1].

Au cours des neuf mois qui ont séparé la capture de la Pucelle devant Compiègne du début de son procès, Cauchon, par le moyen de lettres officielles, de recours, d'interventions variées dont nous n'avons pas trace mais qui sont probables, a donc obtenu que le procès de Jeanne se déroulât à Rouen, où il vit, entretenu matériellement par les Anglais, auxquels il rend divers services, depuis qu'il a perdu les bénéfices de son évêché,

1. Pour cette distinction importante, qui fut énoncée à cinq reprises dans le courant du procès de Condamnation, voir ci-après, p. 308.

après le retour de Beauvais aux Armagnacs deux ans auparavant, en 1429 (voir ci-dessus, p. 281).

1. *14 juillet 1430.* Sommation faite par Pierre Cauchon, évêque de Beauvais, au duc de Bourgogne et à Jean de Luxembourg de lui livrer la Pucelle (voir ci-dessus, p. 267).

2. *21 novembre 1430.* Lettre du recteur de l'Université de Paris à l'évêque Cauchon (p. 268 ci-dessus), appelé officiellement « évêque et comte de Beauvais », le chargeant de faire conduire Jeanne à Paris pour y être jugée : à ce stade des tractations, l'Université veut faire un procès exemplaire, conduit par des juristes et des théologiens de haut vol. Elle renoncera à cette exigence par la suite (peut-être sous la pression du duc de Bourgogne, qui tient à préserver le processus de paix qu'il a engagé avec Charles VII). L'Inquisition, on l'a vu, restera muette.

3. *Du même jour.* Lettre du recteur de l'Université de Paris à Henry VI, « roi de France et d'Angleterre » pour qu'il donne ordre d'arrêter Jeanne et de la conduire à l'évêque Cauchon afin d'être jugée.

4. *28 décembre 1430.* Lettre du chapitre de l'église de Rouen concédant à l'évêque Cauchon la compétence territoriale exceptionnelle dans tout le diocèse de Rouen (voir ci-après).

5. *3 janvier 1431.* Lettre de Jean de Rinel (au nom du petit roi Henry VI) à ceux qui détiennent la Jeanne et « à toux ceux qui verront ces présentes lettres », leur mandant de conduire la Pucelle à l'évêque Cauchon.

En vertu de ces lettres et sommations, tout est prêt, à Rouen, pour accueillir judiciairement la Pucelle. On soulignera, à ce sujet, la lettre n° 4 ci-dessus, qui montre combien les organisateurs du procès – les maîtres de l'Université de Paris – sont soucieux de respecter les formes de la justice ecclésiastique : ils veulent mettre le procès qui va commencer à l'abri d'un vice de forme qui pourrait entraîner la cassation du jugement qu'ils attendent. Ce vice concerne la compétence territoriale de l'évêque de Beauvais : Rouen est un archevêché, c'est donc à son archevêque que revient le droit et le devoir de conduire le procès.

Or, conséquence des désordres du temps, le siège archiépiscopal de Rouen est vacant : le pape n'y a nommé aucun archevêque. Dans de telles circonstances, pour qu'un évêque (en l'occurrence Cauchon, dont le diocèse est toujours celui de Beauvais, bien qu'il en ait été chassé en 1429 en même temps que les Anglais) puisse y diriger un procès ecclésiastique, il faut que le chapitre de l'archevêché (le corps des chanoines de la cathédrale de Rouen) lui en donne l'autorisation. Pierre Cauchon s'est employé à y parvenir, par la lettre n° 4 citée ci-dessus, et qui dit :

> « A tous ceux qui verront les présentes lettres, le chapitre de l'église [*au sens de la communauté des fidèles*] de Rouen, ayant pendant la vacance du siège archiépiscopal l'administration de toute juridiction spirituelle, salut dans le Seigneur.
>
> De la part du révérend père en Christ et seigneur, notre seigneur Pierre, par la miséricorde divine évêque de Beauvais, il nous a été exposé que tant en vertu de son autorité ordinaire qu'autrement, comme juridiquement il lui est loisible et il lui incombe, il se proposait d'enquêter contre une certaine femme appelée communément la Pucelle qui vivait dans le désordre, au mépris de l'état et du sexe féminin, abandonnant toute pudeur et se comportant honteusement... [*suit l'exposé des difficultés rencontrées par l'évêque Cauchon : Jeanne a été arrêtée dans un diocèse qui est le sien mais où il ne peut exercer ses pouvoirs*]... C'est dans cette cité de Rouen que [*l'évêque Cauchon*] s'est proposé d'interroger ladite femme ainsi suspecte et, si besoin est, de la détenir en prison et d'accomplir tous autres actes qui touchent une cause d'inquisition [...]. Nous lui donnons et concédons ces autorités et faculté, si besoin est et en tant que de besoins et du mieux que nous pouvons devant Dieu, les droits et dignité du diocèse archiépiscopal de Rouen étant toujours saufs dans les autres choses.
>
> Donné sous le grand sceau de la cour de Rouen, [...].
> L'an du Seigneur 1430, le 28 décembre.
> Ainsi signée : R. GUÉROULD [1]. »

LE PROCÈS D'OFFICE : PHASE ADMINISTRATIVE (9 JANVIER-20 FÉVRIER 1431)

Cette première phase du procès d'office correspond aux actes de procédure préliminaire (nomination des officiers administratifs – notaires, huissiers, etc. – chargés de suivre le bon déroulement du procès, d'assigner, de convoquer les témoins, etc.), et à la préparation du dossier. Elle doit aboutir à la préparation d'un *Acte d'accusation*, dressé par le procureur général du procès, qui porte le titre de *promoteur*.

1. Robert Guérould, qui signe d'ordinaire les lettres de l'évêque, est mentionné comme notaire dans les Archives de la Seine-Maritime (P. Champion).

L'évêque Pierre Cauchon n'avait point attendu qu'on arrêtât Jeanne et qu'on l'amenât à Rouen pour prendre ses dispositions. Depuis qu'il avait été désigné par l'Université de Paris comme le juge en quelque sorte unique de cette cause dans les conditions précédemment décrites, il avait soigneusement mis au point la procédure qu'il envisageait de suivre et il ouvrit le procès, le mardi 9 janvier 1431, par une conférence (annexe n° 6, séance n° 1) qu'on pourrait qualifier de consultative, dans un local aménagé à proximité du château de Bouvreuil pour les officiers du bailliage de Rouen, qu'on appelait la maison du Conseil royal. Sept personnalités ecclésiastiques éminentes furent convoquées : deux docteurs en théologie, un docteur en droit canonique, deux docteurs en l'un et l'autre droit (droit canonique et droit romain), un licencié en droit canonique, un licencié en l'un et l'autre droit, un bachelier en théologie et un maître ès arts.

Au cours de cette conférence, il fut établi comment devait se faire l'instruction du procès, quelles informations il fallait d'abord recueillir et rendez-vous fut pris pour préciser la procédure à suivre. Ensuite, *« sur le conseil et la délibération des personnes alors présentes »*, il fut décidé de choisir comme *promoteur* de la cause, c'est-à-dire comme procureur, l'ancien promoteur général du diocèse de Beauvais, qui avait longtemps travaillé de concert avec Pierre Cauchon : Jean d'Estivet, diplômé en droit de l'Université de Paris, ami de longue date de l'ancien évêque de Beauvais et très dévoué aux Anglais. Il fut chargé de dresser l'acte d'accusation contre Jeanne (le *libelle*) ; cet acte comportait 70 chefs d'accusation (les « LXX articles »), qui furent lus au début du procès (voir plus loin, p. 307). Jean d'Estivet était, dit-on, un méchant homme, qui s'acharna sur Jeanne, allant jusqu'à la persécuter dans sa prison, et la traiter de paillarde, de ribaude, de putain et d'ordure. Il mourut dans des conditions mystérieuses : on retrouva son cadavre, le 20 octobre 1438, dans un égout, en-dehors de la porte de Rouen.

Lors de cette première réunion furent aussi choisis par Cauchon un certain nombre de « techniciens », indispensables à la bonne marche du procès :

– comme commissaire conseiller, l'évêque nomma maître Jean de La Fontaine, originaire de Bayeux, maître ès arts, qui fut chargé de procéder à l'examen de Jeanne dans sa prison ; au contraire du promoteur, La Fontaine eut des égards pour l'accusée, ce qui lui valut les foudres de Cauchon, parce qu'il donnait des conseils à

Jeanne. Il ne réapparaît plus dans le procès après le 27 mars 1431, ce qui laisse à penser qu'il aurait pu être révoqué purement et simplement par Cauchon, ou même incarcéré ;

– aux offices de notaires furent députés : Guillaume Colles (né vers 1390, en Normandie), alias Boisguillaume, et Guillaume Manchon (né vers 1396, chanoine de Rouen et d'Évreux) ; il rédigea, avec Thomas de Courcelles, la minute latine du procès de Condamnation, comme on l'a dit ; ses dépositions au procès en Nullité sont très précieuses ;

– à la fonction d'huissier du procès fut nommé messire Jean Massieu (né en 1400), curé doyen de la Chrétienté de Rouen, qui sera poursuivi pour mauvaises mœurs en 1438-39.

Ces nominations furent confirmées le 9 janvier suivant par des lettres patentes dictées par Pierre Cauchon à son collaborateur (ou secrétaire ?) E. de Rosières, *« faites et données dans la maison d'habitation de maître Jean Rubé, chanoine de l'église de Rouen »*, où il demeura pendant toute la durée du procès.

Ainsi qu'on peut le constater, l'équipe de Cauchon prend corps et les « spécialistes » (procureur, conseiller, notaires, huissier) sont déjà en poste et au travail. Il s'agit maintenant de réunir sur la conduite « hérétique » de la Pucelle un maximum d'informations, afin que le promoteur puisse établir un acte d'accusation solide et inattaquable. Certes, Cauchon a certainement déjà réuni quelques éléments de dossier, mais il en faut évidemment davantage.

C'est de cela qu'il va être question lors de la deuxième réunion de ce procès préparatoire, le samedi 13 janvier (annexe n° 6, séance n° 2), au domicile de l'évêque, qui a convoqué chez lui six ecclésiastiques et notamment, parmi eux, Nicolas (Aucunis) Loiseleur, chanoine de l'église de Rouen. Mgr Cauchon leur expose ce qui a été fait lors de la séance précédente et leur demande conseil sur la suite des opérations. Il a en effet reçu des informations recueillies *« dans le pays d'origine de ladite femme, et ailleurs, ainsi que certains mémoires composés tant sur le contenu de ces informations que sur d'autres points que la voix publique rapportait*[1] *»*. Nous ignorons de quelles informations il s'agissait, mais elles seront suffisantes pour permettre au promoteur, Jean d'Estivet, de commencer à réfléchir à son acte d'accusation :

1. *Condamn.*, II, p. 25.

Jeanne porte toujours des habits d'homme (c'est alors un péché presque aussi grave que celui de Gomorrhe), elle jure, elle fait des prophéties, à Domrémy elle était toujours fourrée auprès d'un certain « arbre aux fées » tout ce qu'il y a de plus suspect, elle est partie de chez elle sans prévenir ses parents, elle a servi chez une hôtelière de Neufchâteau dont l'établissement était fréquenté par des femmes de mauvaise vie (lisez : dans une maison de passe), elle prétend avoir ressuscité un enfant mort-né, tout cela sent le soufre ! Et la deuxième séance de l'instruction du procès se termine sur cette conclusion : que ces *« notables personnes fort érudites en droit divin et humain »* réfléchissent à ce qu'on pourrait mettre dans les articles de l'acte d'accusation. Rendez-vous est pris pour une nouvelle conférence préparatoire (annexe n° 6, séance n° 3), qui aura lieu le mardi 23 janvier, toujours chez Cauchon qui ne quitte plus sa maison, transformée en cabinet de juge d'instruction. Les notables personnes – ce sont des chanoines de la région – *« obtempérant avec diligence à notre ordre*, dicte Cauchon aux notaires, *procédèrent les jours immédiatement suivants, c'est-à-dire les dimanche, lundi et mardi à la composition desdits articles*[1] ». Le mardi 23 janvier, les chanoines et les juristes apportent leur travail à l'évêque : on lit les articles du futur acte d'accusation, on les discute, on les corrige et l'on décide de poursuivre l'instruction dans cet esprit.

Le mardi 13 février, quatrième conférence (annexe n° 6, séance n° 4). L'évêque de Beauvais a fait venir, aux frais du roi d'Angleterre, cinq docteurs et un bachelier en théologie formés à Paris, comme on fait venir d'éminents spécialistes au chevet d'un grand malade : il n'est pas inquisiteur de formation, lui, et il veut faire un beau procès, en partie pour l'honneur de Dieu, car il est convaincu que cette Jeanne est une hérétique qui a abusé de son monde, en partie pour l'honneur du duc de Bourgogne, dont il est le féal, et en partie pour celui du roi d'Angleterre duquel maintenant dépend sa carrière à venir. Vont donc prendre place parmi les assesseurs : Thomas de Courcelles (recteur actuel de l'Université de Paris), Jean Beaupère (ancien recteur de l'Université de Paris), Gérard Feuillet, frère mineur (maître en théologie à l'Université de Paris), Pierre Maurice (reçu premier à la

1. *Ibid.*

licence puis à la maîtrise de théologie à l'Université de Paris en 1429), Nicolas Midi (licencié en théologie), Jacques de Touraine (frère mineur). Ils sont bien une vingtaine de personnes, ce jour-là, assis autour d'une grande table, et l'on procède à la prestation de serment par les officiers du procès (les trois notaires, l'huissier, et le commissaire-conseiller).

Puis, durant les trois jours et sans doute, à la chandelle, pendant les trois nuits qui suivent, les deux notaires (Manchon et Boisguillaume ; n'oublions pas ces noms) et le raffiné commissaire conseiller, Jean de La Fontaine, complètent l'information préparatoire demandée.

Le lundi 19 février (annexe n° 6, séance n° 9), à 8 heures du matin, au domicile de l'évêque, entouré de 12 juristes et/ou théologiens, on lit une série d'articles dans lesquels sont rapportés les faits et dires de Jeanne qui ont été recueillis au cours de l'instruction préalable et, dans son rapport, Cauchon écrit :

> « Sur le conseil de ces savantes personnes nous avons conclu que monseigneur l'Inquisiteur de la perversion hérétique dans le royaume de France serait appelé et que nous le requerrions [...] de se joindre à nous dans le procès. Et, parce que monseigneur l'Inquisiteur était alors absent de cette cité de Rouen, nous avons ordonné d'appeler et de sommer son vicaire présent à Rouen [*il s'agit de frère Jean Le Maistre, l'inquisiteur qui devait rester muet pendant tout le procès d'office*]. » (*Condamn.*, II, p. 28.)

Après cela, tout le monde partit déjeuner. Cauchon était de bonne humeur : les docteurs parisiens avaient bien travaillé, et, avec l'aide de frère Le Maistre, le vicaire de l'Inquisition délégué, de Paris, par le Grand Inquisiteur Jean Graverent, l'affaire ne pouvait que bien tourner.

*
* *

Ce même lundi 19 février, à 4 heures de l'après-midi, Cauchon recevait donc chez lui le frère prêcheur (dénomination officielle des dominicains) Jean Le Maistre, bachelier en théologie, vicaire de l'Inquisition pour le diocèse de Rouen. Il lui présente la cause, les documents relatifs aux travaux déjà exécutés avec les assesseurs et les officiers du tribunal qu'il préside... et c'est le coup de théâtre, que l'évêque décrit ainsi dans le rapport qui figure au procès :

> «Ledit vicaire répondit qu'il était prêt à nous montrer la commission ou les lettres de vicariat qui lui avaient été remises par monseigneur l'Inquisiteur; qu'il ferait volontiers dans l'affaire ce qu'il devrait, selon leur teneur, pour l'office de la Sainte Inquisition. Mais puisqu'il avait été spécialement commis pour les diocèse et cité de Rouen et que nous-même, quoique territoire nous ait été prêté dans cette cité, nous ayons entrepris le présent procès à raison de notre juridiction sur Beauvais, ledit vicaire doutait que sa commission pût s'étendre à la conduite de ce procès. Nous lui répondîmes qu'il revînt le lendemain et que d'ici là nous tiendrions conseil sur ce point.» (*Condamn.*, II, p. 28, *sq.*)

Il y avait de quoi s'étrangler de rage: depuis six semaines, Cauchon travaillait jour et nuit à mettre sur pied un acte d'accusation pur et dur, il faisait appel au vicaire de l'Inquisition à Rouen en le faisant convoquer par le Grand Inquisiteur lui-même, et ce freluquet de frère prêcheur discutaillait sur un problème de compétence territoriale qui avait été réglé par ailleurs !

Le lendemain mardi 20 février, sans plus attendre, l'évêque réunit à son domicile les maîtres parisiens (Beaupère, de Touraine, Nicolas Midi, Gérard Feuillet, Pierre Maurice, Thomas de Courcelles) ainsi que Nicolas de Venderez, licencié en droit canon et rouennais, ainsi qu'un frère de l'ordre des Frères prêcheurs, Martin Lavenu, sur lequel il compte pour amadouer le vicaire récalcitrant et il leur expose le problème. Frère Le Maistre parle à son tour et s'explique. Voici ce que dit le compte-rendu, dicté par l'évêque, de la réunion du 20 février (annexe n° 6, séance n° 11) qui devait être la dernière de cette phase d'information préparatoire :

> «Comparurent devant nous, évêque susdit, dans notre maison d'habitation lesdits fr. Jean Le Maistre, vicaire de monseigneur l'Inquisiteur, maître Jean Beaupère [*etc. ; en tout, dix personnes*].
>
> Devant eux nous avons rapporté que nous avions vu les lettres de commission ou de vicariat qui avaient été remises par monseigneur l'Inquisiteur et que nous pensions, sur conseil d'experts à qui nous les avions montrées, que le susdit vicaire, en vertu de cette commission, pouvait se joindre à nous et mener le présent procès de pair avec nous dans cette cité, ainsi qu'à tout le diocèse de Rouen, sa commission s'étendait [...].
>
> A cet exposé fait par nous, évêque susdit, le fr. Jean Le Maistre répondit que, tant pour la sérénité de sa conscience que pour une plus sûre conduite du procès, il ne voulait se

> mêler de cette présente affaire que s'il avait pouvoir pour cela et dans la mesure de ce pouvoir. Mais, autant qu'il le pouvait et qu'il lui était licite, il lui plaisait que nous, évêque susdit, procédions plus avant dans cette affaire, tandis qu'il aurait plus ample conseil sur son pouvoir d'assumer, en vertu de sadite commission, la conduite de ce procès [...]. »

Ce furent les derniers mots de frère Le Maistre, qui assista, muet, à tout le procès et même au supplice, en service commandé, comme le lui avait ordonné son supérieur hiérarchique, le Grand Inquisiteur ; on ne saura jamais si celui-ci lui avait aussi imposé de se taire ou s'il le décida de sa propre initiative. Quoi qu'il en fût, la première phase du procès préparatoire ou d'office était terminée, on pouvait passer à la seconde, consacrée aux interrogatoires de la prévenue : aux laborieuses délibérations relatives au lourd appareil procédurier du procès allait succéder, pendant un peu plus d'un mois, un extraordinaire et émouvant dialogue entre Jeanne et ses juges – pratiquement avec le seul Cauchon – qui n'a pas d'équivalent dans l'histoire mondiale sinon, dans un autre registre, celui que nous propose Platon dans l'*Apologie de Socrate*.

PROCÈS D'OFFICE : LES INTERROGATOIRES (21 FÉVRIER-25 MARS)

Mercredi 21 février, 8 heures du matin, dans la chapelle royale qui se trouve au milieu de la cour du château de Rouen ; les lieux ont été aménagés pour permettre au tribunal de siéger. La première audience publique du procès de Jeanne d'Arc (annexe n° 6, séance n° 12) va s'ouvrir. Pierre Cauchon, évêque de Beauvais, fait une entrée solennelle, suivi de 39 assesseurs (leur nombre variera presque tous les jours), tous membres du Clergé, avec, parmi eux, les théologiens parisiens qu'il a convoqués spécialement. En leur présence sont lues par l'évêque les lettres du roi d'Angleterre sur la capture de Jeanne et son envoi à Rouen, ainsi que celles du chapitre de Rouen accordant territoire à l'évêque de Beauvais pour la durée du procès. Après cette lecture, le promoteur, Jean d'Estivet, rapporte qu'il a fait régulièrement citer Jeanne par l'huissier du tribunal, afin qu'elle réponde aux questions qui lui seront posées.

Le promoteur ordonne ensuite de faire entrer l'accusée, et Mgr Cauchon va affronter le premier incident du procès : Jeanne a demandé d'entendre la messe, avant que l'audience ne commence (dans sa prison sans doute), mais cela lui a été refusé *« vu les crimes dont elle était accusée, et notamment l'inconvenance de son habillement »* (elle avait gardé ses vêtements d'homme [1]). Ce fut le premier incident du procès.

Jeanne est enfin introduite dans la chapelle. L'évêque lui intime l'ordre que tout juge intime à un prévenu : *« Vous jurez de dire la vérité sur ce que l'on vous demandera concernant la matière de foi que vous saurez* [2]*. »*

Et c'est alors qu'a lieu le deuxième incident : Jeanne accepterait volontiers de jurer si on l'interroge sur son père, sa mère, ce qu'elle a fait en France depuis qu'elle est partie de Vaucouleurs, mais elle ajoute que :

> « [...] Pour les révélations qui lui ont été faites de par Dieu, elle ne les avait jamais dites ni révélées à personne, si ce n'est au seul Charles qu'elle dit être son roi, et qu'elle ne les révélerait pas même si on devait lui couper la tête, car elle tenait de ses visions ou de son conseil qu'elle ne les révélât jamais à personne. » (*Condamn.*, II, p. 37.)

L'incident fut résolu par un compromis : Jeanne prêta le serment de dire toute la vérité *sauf* sur les révélations divines qui lui avaient été faites, et elle jura devant Dieu à genoux, les deux mains posées sur un missel. Elle se soumit ensuite de bonne grâce à l'interrogatoire d'identité que nous avons rapporté au premier chapitre de ce livre et, après avoir été assignée à comparaître le lendemain, à 8 heures du matin pour la seconde audience de son procès, Jeanne fut reconduite dans sa prison [3], après qu'on lui eut précisé qu'elle ne devait rien faire pour tenter de s'évader (voir ci-dessus, p. 274).

Ainsi se termina cette première audience publique du procès de Jeanne d'Arc : Jeanne, petite jeune fille de 19 ans qui ressemblait à un garçonnet, avec ses chausses, ses cheveux coupés en rond à la mode des pages et son poing droit sur la hanche, y avait paru sûre d'elle, ferme dans ses déclarations et nullement

1. Il y a encore peu de temps, il était interdit aux femmes d'écouter la messe en cheveux (sans chapeau ou sans foulard), en pantalons ou dans toute autre tenue inconvenante, de même qu'il est encore interdit d'entrer dans une mosquée avec des chaussures aux pieds ou dans une synagogue sans chapeau.
2. *Condamn.*, II, p. 37.
3. On y accédait par la cour du château.

impressionnée ni par la pompe des lieux, ni par l'autorité de l'évêque, ni par le parterre de théologiens à la mine sévère qui avaient les yeux fixés sur elle, ce qui sera interprété par le promoteur et par les juges comme de l'insolence et de l'orgueil.

La deuxième audience publique (annexe n° 6, séance n° 13) a lieu le lendemain, jeudi 22 février, à 8 heures du matin, dans un salon d'apparat du château appelé *chambre de parement*, au bout de la grande cour du château. Le nombre d'assesseurs a augmenté, il est passé de 39 à 48 ; toutefois, il y a un absent de marque : le vicaire de l'Inquisition, Jean Le Maistre, qui était présent la veille, lors de la séance d'ouverture, n'est pas venu. L'évêque Cauchon l'annonce au début de l'audience : le vicaire, très pointilleux sur les formes, viendra lorsque le problème de la compétence territoriale de l'évêque aura été tranché, afin de ne pas vicier le procès. On passe à l'interrogatoire de l'accusée, questionnée aujourd'hui par Jean Beaupère, à qui, morceau par morceau, elle va raconter sa vie : à quoi elle passait son temps quand elle était petite fille, qu'elle se confessait deux ou trois fois par an et qu'elle communiait à Pâques, qu'elle *« avait eu une voix venant de Dieu pour l'aider à se gouverner »* pour la première fois à l'âge de 13 ans (voir ci-dessus, p. 96), Vaucouleurs, Baudricourt, le duc de Lorraine, les habits d'homme, Chinon, le roi qu'elle reconnut parmi ses courtisans, Saint-Denis, l'escarmouche devant Paris. Elle parla ainsi pendant des heures, puis l'évêque trouva que cela suffisait pour un jour, et renvoya la suite des interrogatoires au samedi 24 février, à 8 heures du matin.

Il y eut foule, à cette troisième audience publique (annexe n° 6, séance n° 14) : 68 ecclésiastiques étaient venus écouter Jeanne, y compris frère Jean Le Maistre. L'incident du serment se renouvelle. Cauchon veut, à tout prix, que Jeanne jure de dire la vérité au sujet de toutes les questions qu'on lui poserait, sans restriction aucune, mais Jeanne tient bon et elle va même jusqu'à narguer l'évêque :

> « Par ma foi, vous pourriez me demander telles choses que je ne vous dirais pas. [...] Il se peut que sur beaucoup de choses que vous pourriez me demander, je ne vous dise pas la vérité, sur ce qui touche les révélations ; parce que, d'aventure, vous pourriez me contraindre à vous dire telle chose que j'ai juré de ne pas dire, et ainsi je serais parjure, ce que vous ne devriez pas vouloir. [...] Je vous le dis : prenez bien garde à ce que vous vous

dites mon juge, parce que vous assumez une lourde charge et me chargez trop. » (*Condamn.*, II, p. 59.)

Cauchon a dû en rester bouche bée, d'entendre cette gamine de 19 ans, nullement intimidée, lui faire la leçon, à lui, l'évêque sexagénaire chargé de gloire. Six fois de suite, il lui demande de jurer de dire toute la vérité, quelles que soient les questions qu'il lui posera, elle lui répond : *« Je suis venue de par Dieu, et je n'ai que faire ici ; qu'on me renvoie à Dieu ! »* Pour qui se prend-elle, cette péronnelle ? Requise une nouvelle fois et admonestée de jurer, sous peine d'être reconnue coupable, elle a le toupet de lui dire : *« Passez outre »*, une expression qu'elle utilisera tout au long du procès lorsqu'elle en aura assez de ses questions.

Déconcerté, agacé ou irrité – on ne sait – Cauchon passe la parole à Jean Beaupère, qui cherche à la faire parler de ses « voix ». C'est un théologien nourri d'aristotélisme qui entame avec Jeanne un dialogue de sourds. On comprend, d'après les questions qu'il lui pose, patiemment, gentiment même, qu'il tente d'obtenir un indice lui permettant de démontrer soit que la Pucelle ment, et qu'elle n'a jamais rien entendu, soit qu'elle est naïvement victime de son imagination : il se heurte à un mur. Dans les dépositions de certains témoins au procès en Nullité, on trouve de nombreuses remarques relatives aux questions de Beaupère : elles ne sont ni haineuses, ni même sceptiques *a priori*, c'est un homme intelligent, qui cherche à comprendre... et qui ne comprend pas. Voici quelques exemples, que nous commentons entre crochets :

« [*Beaupère*] d'abord lui demanda à quelle heure elle avait mangé ou bu pour la dernière fois [*noter le modernisme de l'approche de Beaupère : il admet le fait que Jeanne ait entendu des voix, et il en cherche l'origine, la* cause *au sens aristotélicien du terme, que Jeanne croit être surnaturelle et qui, pour le bon scientiste qu'il est, doit être tout bêtement physiologique*].

Elle répondit que depuis hier après-midi elle n'avait ni mangé ni bu.

Item interrogée à quelle heure, hier, elle avait entendu la voix [*ne serait-ce pas dans un demi-sommeil, au cours d'une sorte de rêve éveillé ?*] ?

Elle répondit : "Je l'ai entendue hier et aujourd'hui" [*Jeanne esquive la question et répond par un faux-fuyant*].

Item interrogée à quelle heure, hier, elle avait entendu la voix :

Elle répondit qu'elle l'avait entendue trois fois dans la journée, une fois le matin, une fois à vêpres et la troisième fois lorsqu'on sonnait pour l'*Ave Maria* du soir ; et bien souvent elle l'a entendue de plus nombreuses fois qu'elle ne dit.

Interrogée sur ce qu'elle faisait hier matin, lorsque la voix vint à elle :

Elle répondit qu'elle dormait et la voix la réveilla [*Beaupère n'est pas mécontent de la réponse, car il connaît les doctrines d'Aristote sur les états de conscience flous, il va essayer, subtilement, de montrer que la "voix" entendue par Jeanne est une illusion des sens ou une hallucination*].

Interrogée si la voix la réveilla en lui touchant les bras :

Elle répondit que la voix l'éveilla sans la toucher.

Interrogée si la voix était dans sa chambre :

Elle répondit que non, qu'elle sache, mais elle était dans le château [*Beaupère a gagné : Jeanne, endormie, a interprété des paroles prononcées dans le château, en dehors de sa chambre : sa "voix" est une erreur de ses sens abusés ; mais, en disputeur prudent, il ne triomphe pas et il fournira l'argument au promoteur*]. Etc. » (*Condamn.*, II, p. 59, *sqq.*)

La suite de l'interrogatoire, toujours mené par Beaupère, a pour objet l'« *arbre des dames* » et le *Bois chesnu* de Domrémy. L'audience du 24 février est, à notre avis, la plus intéressante à étudier car elle nous apporte diverses informations sur la jeunesse de Jeanne à Domrémy et elle nous permet d'envisager quelques hypothèses relatives aux dires de Jeanne (voir ci-après, p. 000) ; elle se termina certainement très tard, avec une question sur son habit d'homme à laquelle elle répondit avec humour :

« Interrogée si elle voulait avoir un habit de femme ;

Elle répondit : "Donnez m'en un ; je le prendrai et partirai ; autrement je ne le prendrai pas. Et je suis contente de celui-ci puisqu'il plaît à Dieu que je le porte." » (*Condamn.*, II, p. 68.)

La quatrième audience publique (annexe n° 6, séance n° 15) se tint le mardi 27 février, toujours dans la chambre du parement, devant 49 assesseurs ; l'interrogatoire, toujours conduit par Beaupère, porta encore sur les voix (en particulier sur sainte Catherine, sainte Marguerite et saint Michel) mais, si elle nous fournit de nouvelles informations sur la vie et la personnalité de Jeanne, elle ne fit pas davantage avancer la cause.

L'évêque Cauchon reprit l'initiative des interrogatoires lors de la cinquième audience publique (annexe n° 6, séance n° 16, du jeudi 1er mars, dans la chambre du parement, avec 57 assesseurs) et de la sixième (annexe n° 6, séance n° 17, du samedi 3 mars, au même endroit, avec 40 assesseurs), qui portèrent sur des détails de la vie de la Pucelle, en rapport avec quelques événements plus ou moins obscurs de sa courte aventure (son séjour au château de Beaurevoir, les enfants qu'elle aurait fait baptiser à Troyes, à Reims et à Saint-Denis, l'affaire du nourrisson mort-né qu'elle aurait ressuscité le temps d'un baptême, Catherine de La Rochelle, son échec à La Charité-sur-Loire).

Il est bon de souligner le caractère public de ces séances (le public étant représenté par les assesseurs et quelques personnalités) qui avaient pour but, principalement, d'effacer l'image héroïque et supra-humaine de la Pucelle non pas dans l'esprit desdits assesseurs, qui avaient la tête froide, mais dans celui de l'opinion publique populaire qu'ils pouvaient influencer par l'intermédiaire des prêtres paroissiaux dont les sermons dominicaux et l'action locale constituaient alors un remarquable réseau de communication, plus puissant, peut-être, que nos moyens modernes en la matière (la presse écrite et audiovisuelle) car il ne diffusait qu'une seule parole, une seule doctrine, sans aucun commentaire et sans aucune critique : la pensée de l'Église catholique, apostolique et romaine était une « pensée unique » qu'aucun régime totalitaire contemporain n'a jamais connue.

*
* *

Après cette ultime audience publique du procès d'office, Jeanne fut ramenée dans sa prison et l'évêque Cauchon décida que, tandis que la procédure suivrait son cours, les notes prises par les notaires au cours des audiences qui venaient de se tenir seraient collationnées par divers docteurs et experts, que les réponses de Jeanne seraient consignées par écrit et que, sur les points qui méritaient d'être approfondis, Jeanne serait interrogée par certaines personnes désignées par lui-même, afin de ne pas « importuner » la multitude des assesseurs. De plus, il fut interdit à ces derniers et aux différentes personnes ayant participé jusqu'alors au déroulement du procès de quitter Rouen avant la fin des débats sans la permission de l'évêque.

Dès le dimanche 4 mars, lendemain de la dernière audience publique, divers spécialistes et assesseurs furent convoqués au domicile de Mgr Cauchon, pour recueillir toutes les réponses de Jeanne aux interrogatoires depuis le début de l'instance et en extraire celles qui paraissaient insuffisantes et qui exigeaient un interrogatoire plus approfondi. D'autre part, l'évêque désirant surveiller lui-même la collation des notes prises pendant les débats, il désigna pour procéder aux interrogatoires supplémentaires (qui eurent lieu dans la prison de Jeanne) Jean de La Fontaine, originaire du diocèse de Bayeux, qui avait été nommé, le 9 janvier précédent, conseiller commissaire et examinateur de témoins.

Il y eut 9 séances d'interrogatoire dans la prison (du 10 au 17 mars 1431), dirigées par La Fontaine ; le vicaire du Grand Inquisiteur, le frère Jean Le Maistre, fut présent aux quatre dernières d'entre elles. En voici un bref résumé.

1. *Samedi 10 mars.* Jeanne est interrogée sur la manière dont elle fut prise à Compiègne : a-t-elle fait la sortie manquée au cours de laquelle elle fut prise sur le commandement de sa voix ? Où fut-elle capturée exactement ? Quel sens cela avait-il de peindre sur son étendard Dieu tenant le monde avec deux anges à ses côtés ? Avait-elle un écu et des armes ? un trésor ? et surtout quel signe donna-t-elle au roi à Chinon (question à laquelle la Pucelle répondit de façon évasive) ?

2. *Lundi 12 mars* (au matin). Jeanne est interrogée : sur le signe qu'elle donna au roi en arrivant à Chinon (nous avons dit plus haut, p. 140, que ce « signe » qui devait établir la fiabilité de Jeanne était en fait la « délivrance » d'Orléans ; mais Jeanne a toujours prétendu que c'était une image mystique visible d'elle seule et du roi) ; sur le vœu qu'elle fit de garder sa virginité ; sur ses voix ; sur le fait qu'elle soit partie de chez ses parents sans leur permission.

3. *Lundi 12 mars* (l'après-midi). Jeanne est interrogée : sur les songes qu'eut son père quand elle quitta sa maison ; sur son habit d'homme (à la requête de qui le prit-elle ?) ; sur les moyens qu'elle comptait employer pour délivrer le duc Charles d'Orléans, prisonnier des Anglais ; et à nouveau sur le signe.

4. *Mardi 13 mars* (en présence de frère Jean Le Maistre, vicaire de l'Inquisition). On la questionne abondamment sur le signe qu'elle donna à son roi en arrivant à Chinon (Jeanne répond alors d'une façon détaillée), sur ses échecs à Paris et à La Charité-sur-Loire.

5. *Mercredi 14 mars* (au matin ; en présence de frère Jean Le Maistre). Jeanne est interrogée : sur les raisons qui l'ont poussée à sauter du haut de la tour de Beaurevoir (tentative de suicide ?) ; sur sainte Catherine ; si elle est assurée d'aller au Paradis.

6. *Mercredi 14 mars* (l'après-midi ; en présence de frère Jean Le Maistre). Jeanne est interrogée : sur la certitude qu'elle a d'être sauvée après sa mort ; si elle veut se confesser ; sur l'homme qu'elle a fait condamner à mort à Arras (Franquet d'Arras, voir ci-dessus, p. 247) ; sur l'attaque de Paris un jour de fête religieuse ; à nouveau sur le saut qu'elle fit de la tour de Beaurevoir.

7. *Jeudi 15 mars* (en présence de frère Jean Le Maistre). Jeanne demande à ouïr la messe, mais refuse finalement de prendre un habit de femme pour ce faire ; elle est interrogée sur les saintes, les anges, le diable.

8. *Samedi 17 mars* (au matin ; en présence de frère Jean Le Maistre). Jeanne est interrogée : sur saint Michel ; sur la distinction entre Église militante et Église triomphante ; sur sainte Catherine et sur sainte Marguerite ; sur la question de savoir si Dieu est du parti des Anglais ou de celui des Français ; sur ses armes et sur son étendard.

9. *Samedi 17 mars* (l'après-midi ; en présence de l'évêque Cauchon et de frère Jean Le Maistre). Jeanne est interrogée : sur son étendard ; sur ses anneaux ; sur ses saintes ; sur la raison pour laquelle son étendard fut plus porté que ceux des autres capitaines dans l'église de Reims (c'est à ce moment qu'elle fit la réponse fameuse : *« Il avait été à la peine, c'était bien raison qu'il fût à l'honneur. »*).

Toutes ces questions qui furent posées et reposées à Jeanne dans sa prison avaient déjà été abordées dans les audiences publiques, et cet interrogatoire harcelant devenait, de jour en jour, d'heure en heure, un véritable supplice moral. Que voulaient-ils savoir de plus, ces hommes noirs et impassibles qui venaient, sévères, chaque matin envahir sa geôle ? Il est possible que le vicaire du Grand Inquisiteur de France, ce frère Jean Le Maistre, toujours muet, ait tenu à se faire préciser par Jeanne certains points de détail en rapport avec le concept juridique d'hérésie, du point de vue de l'Inquisition. Parmi les réponses que fit Jeanne aux questions que rabâchaient le doux Jean de La Fontaine et l'impassible vicaire du Grand Inquisiteur, nous retiendrons – pour leur caractère typiquement visionnaire – celles qui concernent le « signe » qu'elle donna au roi comme preuve de sa mission (voir aussi ci-dessus, p. 297).

Le 10 mars, elle s'exprime ainsi :

« Il [*le signe*] est bon et honorable et bien croyable et bon et le plus riche qui soit au monde.

Interrogée : pourquoi ne veut-elle dire et montrer ce signe aussi bien qu'elle voulut voir le signe de Catherine de La Rochelle.

Elle répondit que si le signe de Catherine lui avait été aussi bien montré, devant de notables gens d'Église et autres, archevêques et évêques, à savoir devant l'archevêque de Reims et d'autres dont elle ne sait que les noms, comme le fut son signe à elle, Jeanne, où était Charles de Bourbon, monseigneur de La Trémoille, le duc d'Alençon et plusieurs autres chevaliers qui virent et entendirent aussi bien qu'elle, Jeanne, voit les hommes qui lui parlent et qui sont devant elle, alors elle n'aurait pas demandé à savoir le signe de ladite Catherine. Et toutefois elle savait auparavant par les saintes Catherine et Marguerite que du fait de ladite Catherine de La Rochelle, c'était entièrement néant [*voir aussi ci-dessus, p. 235*].

Interrogée si le signe susdit de Jeanne dure encore :

Elle répondit que c'est bon à savoir et qu'il durera jusqu'à mille ans et plus. Item dit que ledit signe est dans le trésor de son roi [*Jeanne prétend que le "signe" qu'elle possédait quand elle arriva à Chinon était une chose, mais une chose visible seulement de quelques élus, dont le roi*].

Interrogée si c'est de l'or, de l'argent, une pierre précieuse ou une couronne :

Elle répondit : "Je ne vous dirai autre chose et un homme ne saurait décrire une chose aussi riche qu'est le signe ; et toutefois le signe qu'il vous faut, c'est que Dieu me délivre de vos mains et c'est le plus certain qu'il sache vous envoyer." Item elle dit que, quand elle dut partir pour aller à son roi, il lui fut dit par ses voix : "Va hardiment ; quand tu seras devant le roi, il aura bon signe de te recevoir et te croire."

[...] Item elle dit qu'un ange, de par Dieu et non par un autre, donna le signe à son roi et de cela elle remercia Dieu nombre de fois.

[...] Lorsque le roi et ceux qui étaient avec lui virent le signe susdit et l'ange lui-même qui le donna, elle demanda à son roi s'il était content ; et il répondit que oui. Et alors elle partit et alla dans une chapelle assez près et elle entendit alors qu'après son départ plus de trois cents personnes virent le signe susdit. » (*Condamn.*, II, p. 109.)

Le 13 mars, Jeanne est plus diserte encore sur ce prétendu signe, et la description de sa vision devient délirante : serait-ce l'angoisse qui l'étreignait à l'approche du verdict, sur lequel elle ne se faisait aucune illusion, qui la rend pathologiquement visionnaire, ou, croyant effrayer ces hommes de noir vêtus qui veulent sa mort, joue-t-elle une comédie désespérée ? Elle dit que le signe était une couronne, qui fut remise à l'archevêque de Reims, qui la remit lui-même au roi, qui la fit déposer dans le trésor royal. Évoque-t-elle symboliquement le sacre de Reims, ou bien délire-t-elle ? Écoutons-la :

> « Il est bon à savoir qu'elle [*la couronne*] était d'or fin ; c'était une couronne riche, ou opulente qu'elle ne saurait dénombrer et apprécier les richesses qui se trouvent en elle ; et cette couronne signifiait que son roi tiendrait le royaume de France.
>
> [...]
>
> Interrogée si l'ange qui apporta la couronne venait de haut ou s'il venait par terre :
>
> Elle répondit que, quand l'ange vint devant son roi, il lui fit la révérence en s'inclinant devant lui et prononçant les paroles qu'elle-même, Jeanne, a dites plus haut sur ce signe. Et avec cela l'ange rappelait à la mémoire de ce même roi la belle patience dont il témoignait dans les grandes tribulations qui lui étaient venues. Et, depuis la porte, l'ange marchait et allait sur la terre en venant à sondit roi [*etc.*]. » (*Condamn.*, II, pp. 120-123 ; *nous n'avons cité qu'une partie de ce long passage.*)

Autre question – pénible celle-là – sur sa tentative de suicide, à Beaurevoir, qui a intrigué les juges ; les réponses à ce sujet sont incertaines. A la question : « Pourquoi avez-vous sauté du haut de cette tour ? », elle répond d'abord ceci :

> « Elle répondit qu'elle avait entendu dire que tous ceux de Compiègne [*qui venait de tomber entre les mains des Anglo-Bourguignons*] jusqu'à ceux qui atteignaient l'âge de sept ans, devaient être mis à feu et à sang, et qu'elle aimait mieux mourir que vivre après une telle destruction de bonnes gens, et ce fut l'une des raisons de son saut. L'autre fut qu'elle savait avoir été vendue aux Anglais et elle aurait mieux aimé mourir que d'être en la main des Anglais, ses adversaires. » (*Condamn.*, II, p. 126.)

Puis, presque aussitôt, comme La Fontaine lui demande si, quand elle sauta, elle croyait se tuer :

> « Elle répondit que non ; mais en sautant elle se recommanda à Dieu. Et elle croyait, par le moyen de ce saut, échapper à ce qu'elle fût livrée aux Anglais. » (*Condamn*, II, p. 127.)

Alors ? A-t-elle voulu se tuer comme elle le dit d'abord, ou bien a-t-elle voulu s'enfuir comme elle le dira cinq minutes plus tard ? Il y a sans doute une explication à cette grossière contradiction : au moment de cet ultime interrogatoire, Jeanne, qui a dû faire face journellement à Cauchon et à ses assesseurs pendant un mois, qui voit venir l'échéance inéluctable de son procès, ne se contrôle plus. Oui, elle a voulu mourir, dit-elle spontanément ; mais elle sait que le suicide est le plus grave des péchés mortels, et elle corrige, deux minutes plus tard, cet aveu désespéré : je n'ai pas voulu me tuer, j'ai risqué la mort pour m'enfuir.

Malgré sa foi, qui est peut-être la foi du charbonnier, mais qui est grande, intense même, elle perd pied face à la mort qui s'approche : elle n'est pas Socrate à la veille de boire la ciguë.

12

LE PROCÈS DE JEANNE D'ARC

DEUXIÈME PARTIE : LE PROCÈS ORDINAIRE, LA RELAPSE ET LE BÛCHER

(26 mars-30 mai 1431)

Il est de tradition, notamment chez les écrivains nationalistes ou hypernationalistes français, de proclamer que le procès de Rouen a été voulu, commandité et dirigé par les Anglais, qui tenaient à éliminer physiquement un personnage dont le charisme enflammait les Armagnacs et se révélait de ce fait comme capable de faire basculer l'équilibre des forces sur le champ de bataille français, ce qui risquait d'entraîner la défaite des Bourguignons et, à plus ou moins brève échéance, celle des Lancastres et la perte de leurs fiefs en France. Ce serait donc les Anglais, auxquels l'évêque Cauchon devait tout, qui auraient monté le procès de Rouen, qui l'auraient truqué et même financé, et Villon aurait vu juste en évoquant, dans sa fameuse ballade[1], la *« bonne Lorraine »* que les Anglais avaient brûlée à Rouen.

Cette tradition est fausse et les sources montrent, d'une façon indiscutable, que le procès a été non pas l'œuvre d'un évêque haineux, au nom prédestiné et à la solde de l'occupant anglais, mais le produit de la démarche silencieuse, patiente et méticuleuse de l'Université de Paris, la plus grande puissance culturelle de

1. La *Ballade des dames du temps jadis* fut sans doute composée entre 1452 et 1456, à l'époque où la justice royale recueillait, à Paris, à Rouen, à Orléans et à Domrémy, les témoignages qui constituent l'armature du procès de réhabilitation de Jeanne d'Arc (voir ci-après, p. 342 *sqq.*)

l'époque, guidée depuis la Sorbone par le Grand Inquisiteur du royaume de France, Jean Graverent, qui en était un des représentants les plus éminents. Cet homme, tout-puissant en matière de foi dans le royaume de France, ne dépendait ni de Londres, ni du régent Bedford, ni du duc de Bourgogne (même si, politiquement, il était plus bourguignon qu'armagnac), ni de quiconque, sinon du souverain pontife, Martin V: il n'avait de compte à rendre qu'à Rome. Une fois terminée l'instruction de la cause dont Jeanne était l'objet (le procès dit « d'office »), son délégué à Rouen, frère Jean Le Maistre, va sortir de l'ombre et du silence : c'est lui qui conduira jusqu'à son terme le procès « ordinaire » qui mènera Jeanne au bûcher, pour la plus grande gloire de l'Église militante dont il était l'impassible et inexorable chevalier.

LE DÉBUT DU PROCES ORDINAIRE (26 MARS-12 MAI 1431)

Voici venir le temps des oiseaux de proie. Pendant un mois, au cours du *procès d'office*, l'histoire, les actes, les paroles et les conduites de Jeanne ont été analysés, disséqués, l'évêque Cauchon et ses assesseurs en ont débattu, et les notes prises par les notaires, jointes aux pièces annexes (lettres patentes, assignations et autres pièces de procédure), forment déjà un imposant dossier qui va servir à l'établissement de l'*Acte d'accusation* par le promoteur du procès, Jean d'Estivet[1], document de départ de la deuxième phase du procès de Jeanne, le *procès ordinaire* (voir ci-dessus, p. 278). Il comportera, on va le voir, l'énoncé de 70 chefs d'accusation ou « articles » résultant de l'instruction préalable (c'est-à-dire du procès d'office que nous venons de résumer), et sa lecture occupera deux séances entières du procès ordinaire (les mardi 27 et mercredi 28 mars).

Pour bien comprendre la lourde procédure inquisitoriale que nous allons résumer, il ne faut pas perdre de vue les trois points suivants.

Tout d'abord, les membres de cet imposant tribunal (ils sont au total plus de cent) sont habités par une foi religieuse indis-

1. Ancien étudiant de l'Université de Paris, intimement lié avec l'évêque Cauchon qui, du temps où il était à Beauvais, l'avait fait nommer chanoine de Bayeux et de Beauvais et promoteur général de son diocèse ; il avait suivi Cauchon à Rouen, où il avait la réputation d'un fort méchant homme : le notaire Boisguillaume l'a sévèrement chargé dans sa déposition au procès en Nullité.

cutable, même s'ils n'en respectent pas scrupuleusement les commandements dans leur vie quotidienne. En un certain sens, et sans insulter aucunement Jeanne, qui n'est pas en cause ici, ils ont simplement à son égard l'attitude qu'avaient les juges staliniens des procès de Moscou, dans un registre différent, vis-à-vis des déviationnistes. La question qui se pose à eux n'est pas de trouver des circonstances atténuantes ou aggravantes à la conduite de Jeanne, ou de la comprendre, mais de savoir si, oui ou non, c'est une conduite d'hérétique, c'est-à-dire contraire aux doctrines de l'Église.

En second lieu, concernant le promoteur, Jean d'Estivet, son rôle n'est ni celui d'un homme compréhensif, ni celui d'un homme intraitable, et, à la limite, la personnalité de l'accusée ne le concerne pas ; son devoir, c'est d'extraire de l'instruction qui a été faite les éléments qui relèvent d'une conduite hérétique : il est là pour défendre l'Église militante et non pour se pencher sur les intentions de la pécheresse, ou pour faire plaisir au roi d'Angleterre.

En troisième lieu enfin, pour que la condamnation d'un accusé au bûcher ne soit pas susceptible d'être considérée comme un crime politique (ce que seront précisément les procès de Moscou), il est nécessaire que le formalisme procédurier de l'Inquisition soit rigoureusement respecté : c'est pourquoi la phase appelée « procès ordinaire » nous semble bien plus complexe que celle qui l'a précédée, et l'évêque Cauchon ne sera plus seul juge : tous les docteurs, les maîtres et les avocats du diocèse et des diocèses voisins, sans compter ceux de l'Université de Paris, présente parmi les juges en la personne de son recteur, Thomas de Courcelles, auront leur mot à dire, lors de la délibération ultime. Aussi les juges n'auront-ils rien à se reprocher, au jour du Jugement dernier.

Tout cela peut se résumer en une formule triviale, mais qui nous semble la clé de tous les procès d'hérésie : un non-hérétique mort est moins grave, pour une Église, qu'un hérétique vivant, qui aurait échappé au bûcher par erreur ou par pitié.

Les juges de Rouen ont condamné Jeanne d'Arc au supplice final, aveuglés qu'ils étaient par l'orgueilleuse foi médiévale beaucoup plus que poussés par les autorités anglaises. Celles-ci, d'ailleurs, ne se sont guère manifestées dans ce procès, contrairement à ce qu'ont prétendu la plupart des historiens français (à commencer par Michelet), et bien entendu l'inénarrable Napoléon

Bonaparte (quand il se prend pour un historien), qui écrira sans rire, à propos de la promulgation du décret instituant le 8 mai comme fête nationale et pour qui tout ce qui était anglais était diabolique : *« L'illustre Jeanne d'Arc a prouvé qu'il n'est pas de miracle que le génie français ne puisse opérer lorsque l'indépendance est menacée. »*

*
* *

Le procès ordinaire va se dérouler selon l'*ordo* inquisitorial (d'où son qualificatif d'« ordinaire »), selon le calendrier suivant.

1. *Lundi 26 mars.* Première audience du procès ordinaire (annexe n° 6, séance n° 39), au domicile de l'évêque Cauchon, qui co-préside avec le frère Jean Le Maistre, vicaire du Grand Inquisiteur, et en présence de 12 assesseurs : au vu des éléments recueillis lors du procès préparatoire, il est décidé de procéder contre Jeanne à un *procès ordinaire*, dont l'acte d'accusation, établi par le promoteur Jean d'Estivet, sera proposé à Jeanne, qui devra y répondre, article (chef d'accusation) par article.

2. *Mardi 27 mars.* Deuxième audience (annexe n° 6, séance n° 40, dans la grande Chambre du parement, au château de Rouen ; co-présidée par Cauchon et Le Maistre, en présence du promoteur et de 38 assesseurs) : lecture par le promoteur d'une *supplique* annonçant à Jeanne qu'elle aura à répondre à chaque article de l'Acte d'accusation qu'il a préparé uniquement par « je crois *(credo)* » si elle admet le chef d'accusation correspondant, ou par « je ne crois pas *(non credo)* » si elle ne l'admet pas ; pour répondre, elle pourra se faire assister par un ou plusieurs conseils de son choix, pris parmi les assesseurs ; si elle ne sait qui choisir, il lui en sera désigné un d'office. Ce à quoi Jeanne répondit :

> « Premièrement pour ce que vous m'admonestez au sujet de mon bien et de notre foi, je vous remercie et toute la compagnie aussi. Quant au conseil que vous m'offrez, aussi je vous remercie ; mais je n'ai point l'intention de me départir du conseil de Dieu. Quant au serment que vous voulez que je fasse, je suis prête à jurer de dire la vérité pour tout ce qui touche votre procès. » (*Condamn.*, II, p. 157.)

3. *Mercredi 28 mars.* Troisième audience (annexe n° 6, séance n° 41 ; même lieu, en présence de 34 assesseurs, devant Pierre

Cauchon et frère Jean Le Maistre) : lecture par le promoteur Jean d'Estivet d'un *préambule* résumant les conclusions de l'accusation et posant que l'évêque est compétent en tant que *juge ordinaire* et frère Jean Le Maistre en tant qu'*inquisiteur* ; Jeanne y est accusée d'être :

> « ... sorcière ou lectrice de sorts, devineresse, fausse prophétesse, invocatrice et conjuratrice de malins esprits, superstitieuse, impliquée et appliquée aux arts magiques, mal pensante et, au sujet de la foi catholique, schismatique, doutant et égarée quant à l'article du *Credo* "Je crois en la Sainte Église catholique et apostolique" et sur divers articles de foi, apostate à la foi, maldisante, malfaisante, blasphématrice envers Dieu et ses saints, scandaleuse, séditieuse, troublant et empêchant la paix, excitant aux guerres, cruellement altérée de sang humain, ayant abandonné sans honte la décence et la réserve de son sexe, prenant sans pudeur l'habit infâme et l'état des hommes d'armes, pour cela et d'autres motifs encore abominables à Dieu et aux hommes, prévaricatrice des lois divines et naturelles et de la discipline ecclésiastique, séductrice des princes et des simples ; en permettant et consentant, à l'injure et au mépris de Dieu, qu'elle soit vénérée et adorée en donnant ses mains et ses vêtements à baiser, usurpatrice des hommages et du culte divin, hérétique ou du moins véhémentement suspecte d'hérésie [...]. » *(Condamn.*, II, p. 159.)

Puis le promoteur procède à la lecture des articles (chefs d'accusation). Il y en a LXX, et Jeanne est interrogée sur chacun d'entre eux ; elle les commente, donne des précisions, réfute, bref se défend bec et ongles, comme lors des audiences du procès d'office. Ces LXX articles n'apportent, en fait, rien de nouveau à la cause, mais ils fourmillent de détails, vrais ou faux, qui nous permettront de préciser le portrait de la Pucelle, qui ne se départit jamais, au cours de cette très lourde journée, de sa vivacité ni de sa combativité.

4. *Samedi 31 mars.* Quatrième audience (annexe n° 6, séance n° 42 ; dans la prison de Jeanne, sous la présidence de Cauchon et de Le Maistre, désignés par la formule *« Nous, juges susdits »*, en présence de 7 assesseurs, et de deux témoins : un certain Guillaume Mouton, et John Grey, le gardien de Jeanne) : complément d'information ; subsidiairement, Jeanne est interrogée sur ses voix.

5. *Lundi 2 avril.* Cinquième audience (annexe n° 6, séance n° 43, au domicile de l'évêque, *« avec quelques seigneurs et maîtres »* dit le compte-rendu officiel) : condensation des LXX articles, des interrogatoires et des réponses de Jeanne en XII articles par «*Nous, juges susdits*» (Cauchon et Le Maistre) assistés par l'assesseur Nicolas Midi. Ils sont transmis aux docteurs et autres experts pour délibération.

6. *Jeudi 5 avril.* Sixième audience, chez l'évêque (annexe n° 6, séance n° 44) : transmission aux mêmes docteurs et spécialistes, en sus des XII articles, une cédule réquisitoire fondée sur ces XII articles de Nicolas Midi, incriminant les points suivants : 1° les *visions* de Jeanne, apparues dès qu'elle avait 13 ans, et sa mission (les saintes Catherine et Marguerite, saint Michel) ; 2° le *signe* qu'elle dit avoir donné au roi, confirmant cette mission ; 3° qu'elle prétend être visitée aussi par saint Michel ; 4° qu'elle est certaine, du fait de ses révélations, de certains événements qui doivent survenir ; 5° elle prétend avoir pris des vêtements d'homme «du commandement de Dieu et de son bon plaisir» ; 6° le fait qu'elle fit écrire de nombreuses lettres avec, comme en-tête, JÉSUS MARIE ; 7° son départ de la maison paternelle à 17 ans ; 8° la tentative de suicide à Beaurevoir ; 9° que sainte Catherine et sainte Marguerite lui ont promis qu'elle irait au Paradis si elle gardait sa virginité ; 10° que Dieu aime certaines personnes déterminées de par le monde et qu'il n'aime pas les Bourguignons ; 11° le fait qu'elle prétend avoir fait plusieurs fois la révérence aux saintes et à saint Gabriel et elle croit que leurs voix viennent de Dieu par Son ordre ; 12° le fait que Jeanne confesse que, si l'Église (militante) lui ordonnait de faire quelque chose de contraire aux commandements qu'elle dit tenir de Dieu, elle refuserait de lui obéir. Voici le texte de cette cédule réquisitoire :

> «Nous, Pierre, par la miséricorde divine évêque de Beauvais, et Jean Le Maistre, vicaire de l'Inquisiteur, nous vous prions et requérons, vous, untel, etc. [*nom de la personne – expert ou docteur – à qui est transmise la cédule réquisitoire*] de nous donner en faveur de la foi, par écrit et sous votre sceau, avant mardi prochain, un salutaire conseil sur les assertions notées ci-dessous, à savoir si, après que vous les aurez toutes vues, considérées et même comparées l'une avec l'autre, elles, ou certaines d'entre elles, sont contre la foi orthodoxe, ou suspectes à cet égard, contre la Sainte Écriture, contre la détermination de la sacro-sainte Église romaine, contre la détermination des docteurs approuvés par l'Église romaine, contre la détermination des docteurs approuvés par l'Église et les lois canoniques, scandaleuses, téméraires, perturbatrices de la chose publique, injurieuses, génératrices de crimes, contre les bonnes mœurs ou

offensantes par quelque manière – ou ce qui doit être dit en procès de foi.

Écrit le jeudi 5 avril, après Pâques, l'an du Seigneur 1431. » (*Condamn.*, p. 244.)

A cette cédule réquisitoire sont jointes 22 lettres destinées à des maîtres et docteurs et 16 lettres destinées à 16 avocats de l'Official de Rouen (tribunal épiscopal du diocèse).

7. *12 avril et jours suivants* (septième audience, étalée sur plusieurs jours) : réception par « *Nous, juges susdits* » (Cauchon et Le Maistre) des délibérations écrites par les personnes auxquelles les éléments du dossier ont été envoyés (16 docteurs, 6 licenciés et bacheliers de théologie, 11 avocats et divers, le Vénérable Chapitre de Rouen, l'évêque de Coutances, l'évêque de Lisieux, divers abbés).

8. *Mercredi 18 avril.* Huitième audience du procès ordinaire (annexe n° 6, séance n° 45, dans la prison de Jeanne : Cauchon et Le Maistre, avec 7 assesseurs) : admonition charitable à Jeanne (qui est alors malade) ; on lui propose des conseillers qui pourront la remettre dans le droit chemin de l'Église militante, et on lui promet l'absolution et la communion si elle accepte de s'y soumettre.

9. *Mercredi 2 mai.* Neuvième audience (annexe n° 6, séance n° 46 ; dans la Chambre du parement, en présence de 63 assesseurs et personnalités) : admonition publique par l'évêque Cauchon. Jeanne persiste à dire qu'elle respecte l'Église militante (celle du pape), mais que son seul juge est l'Église triomphante (celle de Dieu) en ce qui concerne tous ses comportements et affirmations (les habits d'homme, le signe qu'elle a donné au roi, etc.). Elle est menacée d'être abandonnée par l'Église si elle refuse de se soumettre.

10. *Mercredi 9 mai.* Dixième audience (annexe n° 6, séance n° 47 ; dans la grosse tour du château, Cauchon et Le Maistre présidents en présence de 9 assesseurs et hommes d'Église) : Jeanne est requise de répondre la vérité sur divers points qu'elle a autrefois niés, sous peine d'être soumise à la torture ; on lui montre les instruments de torture et les officiers qui sont prêts à lui appliquer ce traitement. Réponse de Jeanne[1] : « *Si vous deviez me faire arracher les membres et faire partir l'âme du corps, je ne vous dirais pas autre chose ; et si je vous en disais quelque chose, après, je dirais toujours que vous me l'auriez fait dire par force.* »

1. *Condamn.*, II, p. 302.

11. *Samedi 12 mai*. Onzième audience (annexe n° 6, séance n° 48, au domicile de l'évêque, toujours co-président avec Le Maistre, en présence de 12 assesseurs) : les assesseurs donnent leur opinion sur l'application de la torture à Jeanne, deux d'entre eux y sont favorables (Thomas de Courcelles et Nicolas Loiseleur), un troisième (Robert Le Barbier) souhaite qu'on admoneste Jeanne une dernière fois avant de l'y mettre ; les neuf autres pensent que c'est inutile, en raison de la position prise par Jeanne, qui se croit protégée par Dieu, et de sa fermeté.

Le 12 mai au soir, à Rouen, la porte de sa cellule s'est refermée sur Jeanne ; l'évêque Cauchon s'est retiré en son domicile, et le vicaire de l'Inquisition, dont le siège est vraisemblablement fait, a regagné le sien. La plupart des 125 juges et assesseurs qui ont participé à ce procès, qui dure depuis cinq mois, les clercs de Rouen, certes, mais aussi ceux de toute la Normandie, et les docteurs et les maîtres qui sont venus représenter l'Université de Paris, vont délibérer, dans l'ombre et le silence des chapelles et des cabinets, se consulter et rédiger leurs conclusions. Il y a fort à penser que, dans les jours et les nuits qui suivirent, les cavaliers qui assuraient le transport du courrier entre le domicile de l'évêque Cauchon, à Rouen, et les locaux de l'Université de Paris n'ont pas dû chômer. A Rouen, à Lisieux, à Coutances, à Reims, à Beauvais, dans les abbayes normandes, à Dijon, à Tours et à Londres on ne dormit guère non plus, pendant une semaine : c'était maintenant l'Université de Paris qui tenait entre ses mains le destin de Jeanne. Rien n'avait transpiré des délibérations en cours, mais à considérer l'agitation ambiante, on s'attendait à voir se terminer bientôt le procès ordinaire.

PRISE EN MAIN DU PROCÈS ORDINAIRE PAR L'UNIVERSITÉ DE PARIS

Pendant toute la durée de l'instruction (le procès préparatoire, dit « d'office »), conduite avec zèle par l'évêque Cauchon, nous avons souligné le fait que la toute-puissante institution qu'était l'Inquisition était restée en retrait des débats. Le Grand Inquisiteur de France ne s'était pas déplacé lui-même et s'y était fait représenté par un vicaire, le frère Le Maistre, qui avait déclaré à l'évêque, dès le début du procès, que *« pour la sérénité de sa conscience »* il ne voulait pas se mêler de l'affaire (voir ci-dessus, p. 290).

Cette attitude paradoxale, compte tenu du fait que c'était l'Inquisition elle-même qui, de concert avec l'Université de Paris dont elle était l'âme en matière de défense de la foi, avait fait comparaître Jeanne devant sa justice, change du tout au tout dès que s'ouvre le *procès ordinaire*, c'est-à-dire le procès inquisitorial proprement dit. L'assesseur effacé va supplanter Cauchon et devenir le « patron » du tribunal, tout en restant respectueux de l'évêque dont il est le co-président.

On s'aperçoit de ce changement en lisant l'intitulé du compte-rendu officiel de la première réunion de cette nouvelle série d'audiences (annexe n° 6, séance n° 39), qui eut lieu le 26 mars :

> « Item le lundi immédiatement suivant après les Rameaux qui fut le 26 mars, dans notre maison d'habitation à Rouen [*la demeure de l'évêque Cauchon*].
>
> Devant nous, évêque susdit, <u>et ledit frère Jean Le Maistre, vicaire de Monseigneur l'Inquisiteur</u>, comparurent etc. [*suivent les noms des douze assesseurs présents ce jour-là*]. » (*Condamn.*, II, p. 151.)

Frère Jean Le Maistre, l'assesseur silencieux du procès d'office, qui tenait frileusement à la sérénité de sa conscience, est maintenant en première ligne. Depuis le 26 mars, il a cessé d'être un figurant, dans la cause de la Pucelle : il copréside avec Cauchon toutes les séances du procès ordinaire. Le mercredi 28 mars, lorsque le promoteur, Jean d'Estivet, donnera lecture des LXX articles de son *Acte d'accusation*, il s'adressera à l'évêque et au vicaire de l'Inquisition en les mettant tous deux sur le même plan :

> « Devant vous, révérend père en Christ et seigneur, monseigneur Pierre [*Cauchon*], par la miséricorde divine évêque de Beauvais, en tant qu'ordinaire ayant territoire dans ces cités du diocèse de Rouen, et <u>religieuse personne, maître Jean le Maistre, de l'ordre des Frères Prêcheurs, bachelier en théologie, vicaire dans ces cités et diocèse et pour la présente cause spécialement commis par religieuse et très circonspecte personne, maître Jean Graverent, éminent docteur en théologie sacrée</u> [*le grade le plus élevé de l'Université de Paris*], du même ordre [*c'est-à-dire dominicain comme lui ; l'appellation officielle est "frère prêcheur"*], députa par l'autorité apostolique [*c'est l'autorité pontificale*] dans le royaume de France comme inquisiteur de la perversion hérétique, <u>juges compétents dans cette partie</u> [*du procès ; noter le pluriel, qui met l'évêque et le dominicain sur le même plan*] à cette fin qu'une femme, Jeanne, communément appelée la Pucelle [...] soit par vous, juges susdits [*Cauchon et Le Maistre*], prononcée et déclarée sorcière, [*etc.*]. » (*Condamn.*, p. 158.)

Ce sire inquisiteur silencieux ne fait pas dans le sentiment : lorsque, le 12 mai, les assesseurs voteront pour savoir s'il faut appliquer la torture à Jeanne (annexe n° 6, séance n° 48), le frère Le Maistre sera un des trois juges à voter « oui » (avec Aubert Morel et Thomas de Courcelles, le recteur de l'Université de Paris, qu'on avait très peu entendu lors du procès d'office) et sa présence, discrète jusque-là, s'affirme chaque jour davantage : le procès ordinaire échappe à Cauchon, l'Université de Paris s'en est emparé et c'est elle, et non pas l'évêque ou le roi d'Angleterre – le souverain légal dans les territoires non bourguignons situés au Nord de la Loire selon les clauses du traité de Troyes – qui va juger.

Reprenons donc le calendrier du procès ordinaire au point où nous l'avons laissé au soir du 12 mai (ci-dessus, p. 310), après que le projet d'infliger la torture à Jeanne eut été repoussé par neuf voix contre trois. L'évêque Cauchon avait reçu de nombreuses lettres de la part de théologiens notables, formulant leurs opinions et leurs délibérations sur la cause de la Pucelle. Il les avait transmises à l'Université de Paris, principalement à la Faculté de théologie et à la Faculté des décrets et décrétales, sous la forme simplifiée d'un document en XII articles, et avait demandé aux vénérables docteurs et maîtres[1] de ces deux Facultés comment ils qualifiaient les actes et les paroles de Jeanne ainsi établis et ce qu'ils pensaient de ses assertions. Leurs réponses parvinrent à l'évêque aux environs du 14 mai, et elles furent communiquées aux assesseurs à l'audience du 23 mai (annexe n° 6, séance n° 50) du procès ordinaire, dont nous allons maintenant terminer le récit, que nous avons interrompu à la fin de sa onzième audience (ci-dessus, p. 000).

12. *Samedi 19 mai.* Douzième audience du procès ordinaire (annexe n° 6, séance n° 49), dans la chapelle de l'archevêché de Rouen, co-présidée par Cauchon et Le Maistre, en présence de 51 assesseurs (38 maîtres et docteurs et 13 avocats) : lecture des réponses écrites de l'Université de Paris quant au sort à réserver à Jeanne, compte tenu des douze chefs d'accusations énumérés dans les XII articles. Leur teneur constitue la *délibération finale de l'Université* et peut être résumée de la sorte : si après avoir été admonestée publiquement, Jeanne ne se rétracte pas sur tous les points qu'on lui reproche dans les XII articles, elle sera considé-

1. Universitaire titulaire d'une maîtrise, grade intermédiaire entre la licence et le doctorat.

rée comme une hérétique et devra être punie en tant que telle. L'Université n'a pas à préciser en quoi doit consister la peine, car, en cas d'hérésie, celle-ci est automatique : c'est la remise de la coupable à « l'autorité séculière », c'est-à-dire, en termes clairs, au bailli de Rouen, qui la confiera au bourreau pour être brûlée (et non pas pendue ou décapitée, comme un criminel de droit commun : le choix du supplice ne dépend pas des juges).

Les 38 docteurs et les 13 avocats se trouvant alors à Rouen ont délibéré à leur tour et ont donné, l'un après l'autre, leur verdict au cours de cette audience :

– 18 docteurs ont adopté la délibération de l'Université de Paris ;

– 7 docteurs et, unanimement, les 13 avocats, ont délibéré que Jeanne devait être admonestée charitablement une fois encore et que, si elle ne voulait pas obéir à l'admonition, il fallait procéder plus avant, conformément à la délibération de l'Université de Paris ;

– 3 docteurs ont délibéré que Jeanne devait être admonestée charitablement une fois encore et que, si, une fois admonestée, elle ne voulait pas obéir à l'admonition, il fallait la tenir pour hérétique (et alors seulement l'abandonner à la justice séculière) ;

– Mgr Gilles de Duremort, docteur en théologie sacrée, abbé de la Sainte-Trinité de Fécamp, délibéra que le promoteur du procès (Jean d'Estivet) devait être entendu encore une fois, s'il avait quelque chose à dire, et que Jeanne pourra alors être admonestée. Cela fait et si elle ne veut pas se rétracter, elle devra être tenue pour hérétique, on portera la sentence et on l'abandonnera à la justice séculière ;

– 1 seul docteur, maître Nicolas de Venderez, archidiacre d'Eu et chanoine de l'église de Rouen, opta qu'on pouvait conclure sans aller plus avant et qu'il fallait, le jour même, donner la sentence et abandonner Jeanne à la justice séculière.

13. *Mercredi 23 mai.* Treizième audience (annexe n° 6, séance n° 50), dans une chambre du château de Rouen, près de la prison de Jeanne, co-présidée par Cauchon et Le Maistre « siégeant sur le tribunal », en présence de 9 assesseurs : lecture d'une cédule[1] résumant à Jeanne la délibération de l'Université de Paris et l'admonestant afin qu'elle abjure ses erreurs et se soumette au

1. Engagement écrit, destiné à être signé par celui qui s'engage.

jugement de « notre sainte mère l'Église ». La cédule comporte douze articles, résumés dans l'annexe n° 8 ; elle lui a été exposée (en français, souligne le compte-rendu officiel), avec une certaine tristesse, par maître Pierre Maurice, chanoine de l'église de Rouen, docteur en théologie sacrée.

Les dernières phrases de l'admonition finale de Pierre Maurice sont en effet poignantes. Comme beaucoup, il a compris que Jeanne ne peut se résigner à abjurer sa conduite, et, à la fin de son exposé, il tente, une ultime fois, de la raisonner :

> « Si, du temps que vous combattiez pour celui que vous considériez comme votre roi, il avait surgi un chevalier ou un individu quelconque, né dans son royaume, qui aurait dit : "Je n'obéirai pas au roi, je ne me soumettrai ni à lui, ni à ses officiers", n'auriez-vous pas dit que ce chevalier ou cet individu devait être condamné ? Que diriez-vous donc de vous, vous qui avez été engendrée dans la foi du Christ par le sacrement du baptême qui vous a faite fille de l'Église et épouse du Christ, si vous n'obéissez pas aux officiers du Christ, c'est-à-dire aux prélats de l'Église ? Quel jugement porterez-vous sur vous-même ? [...]
>
> Ne soyez pas retenue par l'amour-propre et une honte vaine qui peut-être vous retient encore, maintenant, alors que vous avez déjà connu de si grands honneurs. Il vous faut préférer l'honneur de Dieu et votre salut, tant celui de votre corps que celui de votre âme, car tout cela périra si vous ne faites pas ce que je vous dis, car, en vous comportant ainsi, vous vous séparez de l'Église et de la foi que vous avez promise au saint baptême. En refusant d'obéir à l'Église, vous refusez d'obéir à Dieu, puisqu'elle est menée, régie et gouvernée par Dieu. Il a même dit aux prélats de l'Église : "Celui qui vous écoute m'écoute, et celui qui vous rejette me rejette ; et celui qui me rejette, rejette Celui qui m'a envoyé [1] [...]."
>
> Considérant cela, je vous avertis donc, vous prie et vous exhorte, [...], par cette piété que vous portez à la passion de votre Créateur et l'amour que vous avez pour le salut de votre âme et de votre corps, que vous corrigiez et amendiez tout ce qui a été dit et reveniez à la voie de la vérité, en obéissant à l'Église, en vous soumettant à son jugement et à sa détermination quant à ce qui a été déjà dit. En agissant ainsi vous sauverez votre âme, vous rachèterez, comme je le pense, votre corps de la mort ; mais si vous ne le faites pas et que vous vous obstiniez, sachez que votre âme s'engloutira dans la damnation ; quant à la destruction de votre corps, je la crains. De quoi Jésus-Christ daigne vous préserver. » (*Condamn.*, II, p. 334.)

1. Évangile selon saint Luc, X, 16.

Jeanne resta insensible à l'admonition de maître Jean Maurice : même si je voyais le feu allumé, lui dit-elle, les morceaux de bois préparés et le bourreau prêt à y mettre le feu, même si j'étais moi-même dans le feu, je maintiendrai et soutiendrai ce que j'ai toujours dit.

Sur ce, les deux juges – Cauchon et Le Maistre – déclarèrent la cause terminée et assignèrent Jeanne pour le lendemain jeudi 24 mai, au cimetière de l'abbaye de Saint-Ouen de Rouen, pour qu'y soit prononcée la sentence du tribunal de la Sainte Inquisition.

14. *Jeudi 24 mai.* Le matin, quatorzième et avant-dernière audience du *procès ordinaire* (annexe n° 6, séance n° 51), dans le cimetière de l'abbaye de Saint-Ouen de Rouen ; co-présidée par Cauchon et Le Maistre, en présence de 40 assesseurs. La séance débute avec une prédication par maître Guillaume Érard, docteur en théologie sacrée, et se poursuit par l'admonition publique de Jeanne. Celle-ci prononce à haute voix la cédule d'abjuration qu'elle signe de sa propre main (voir cette cédule p. 000). Après l'abjuration, la sentence est prononcée. L'après-midi, dans sa prison, où a lieu la quinzième et dernière audience du procès ordinaire (annexe n° 6, séance n° 52) Jeanne revêt peut-être des habits de femme. Le procès ordinaire semble terminé. Mais, depuis le 12 mai, il avait échappé à l'évêque : l'Université de Paris s'en était emparé.

*
* *

C'est donc au matin du jeudi 24 mai 1431 (cette année-là, premier jeudi après le dimanche de Pentecôte), que se termina le procès ordinaire de la Pucelle, dans le petit cimetière de l'abbaye de Saint-Ouen[1] de Rouen, fermé par une clôture et au milieu duquel se dressait une grande croix ; on y avait installé un *ambon* (une estrade) sur lequel Jeanne se tenait debout devant ses deux juges, l'évêque Cauchon et le frère Jean Le Maistre. L'admonition devant être publique, on avait admis dans le cimetière une *« nombreuse multitude »* nous dit le compte-rendu officiel du procès. Outre les deux juges susdits étaient aussi présents (cités par ordre hiérarchique) : Henry Beaufort, cardinal

1. Ouen (*Audoneus* en latin, v. 609-683), originaire du Soissonnais, mort à Clichy-la-Garenne, a vécu au temps du roi Dagobert Ier.

d'Angleterre[1], 3 évêques, 10 abbés (de Thérouanne, de Noyon, de Norwich, de Fécamp, de Jumièges, du Bec-Hellouin, de Sormeilles, de Saint-Michel, de Mortemer, de Préaux), 2 prieurs, 51 docteurs, maîtres, licenciés et bacheliers de l'Université de Paris, et des clercs en grand nombre.

La cérémonie débuta par une prédication solennelle, faite par Guillaume Érard, maître en théologie sacrée de l'Université de Paris, sur cette parole des Évangiles :

> «Je suis le vrai cep, et mon Père est le vigneron. Tout sarment qui est en moi et qui ne porte pas de fruit, il le retranche ; et tout sarment qui porte du fruit, il l'émonde, afin qu'il porte encore plus de fruits. Déjà vous êtes purs, à cause de la parole que je vous ai annoncée. Demeurez en moi. Comme le sarment ne peut de lui-même porter du fruit, s'il ne demeure attaché au cep, ainsi vous ne le pouvez non plus, si vous ne demeurez en moi.» (XV, 4.)

Guillaume Érard, qui enseignait à la Sorbonne, n'avait pas suivi le procès : il n'avait assisté qu'à un seul interrogatoire, celui du 9 mai, dans la grosse tour du château ; il ignore même, sans doute, ce qu'on reproche exactement à Jeanne, puisqu'il l'admoneste en lui disant : *« En vos dits et faits il y en avait de nombreux qui, à ce qu'il semblait aux clercs* [pas à lui, souligne-t-il, aux clercs qui avaient suivi le procès de bout en bout], *étaient mal dits et erronés.»* Mais, pour Érard, officier convaincu de l'Église militante, cette Pucelle est l'envoyée du Diable par qui le scandale arrive et ses crimes menacent l'unité de cette vigne que le Christ a planté de sa main (quel bel effet de manches, mon cher Maître !), notre sainte mère l'Église. Alors il l'admoneste de bon cœur, cette déviationniste sacrilège, et il en profite pour exhorter tout le peuple chrétien à adhérer aux salutaires doctrines de Rome : c'est un procureur stalinien des années trente qui se dresse devant Jeanne, et que celle-ci traitera publiquement de faux prêcheur.

Jeanne, interrogée après cette prédication si les faits et les propos qu'on lui reproche, elle veut bien les révoquer, répondit simplement :

1. Cardinal depuis 1426, Beaufort était aussi chancelier d'Angleterre et le grand-oncle de Henry VI, le petit roi de France et d'Angleterre.

> « De toutes les œuvres que j'ai dites ou faites, qu'elles soient envoyées à Rome, à notre seigneur le Souverain Pontife, à qui et à Dieu d'abord je me rapporte. Et quant à mes paroles et mes actes, je les ai faits de par Dieu. » (*Condamn.*, II, p. 337.)

Il lui fut dit que cela ne suffisait pas, qu'il était impossible d'aller à Rome chercher le pape, et elle fut ensuite admonestée (elle reçut trois avertissements solennels, ou *monitions*) par l'évêque Cauchon qui commença à lire, dans un silence impressionnant, la terrible sentence définitive qu'il avait rédigée (cette sentence figure à l'annexe n° 9), qui déclarait Jeanne *« excommuniée de plein droit et hérétique comme opiniâtre et obstinée dans ses délits, fautes et erreurs »* ; en conséquence, disait la sentence :

> « Nous jugeons que, comme un membre de Satan retranché de l'Église, infecté de la lèpre de l'hérésie, afin que tu n'infectes pas également les autres membres du Christ, il faut t'abandonner à la justice séculière, et nous t'abandonnons, en priant cette même puissance qu'elle veuille modérer son jugement en deçà de la mort et de la mutilation des membres. Et si en toi de véritables signes de repentir apparaissaient, que l'on t'administre le sacrement de pénitence. » (*Condamn.*, II, p. 360.)

Comme l'évêque avait déjà lu en grande partie cette sentence, Jeanne l'interrompit tout à coup pour dire qu'elle était prête à observer tout ce que l'Église lui commanderait et à obéir en tout à l'ordonnance de l'évêque. Et elle répéta à plusieurs reprises que, puisque les gens d'Église disaient que les apparitions et les révélations qu'elle croyait avoir eues, cela ne pouvait se soutenir, elle ne voulait plus les soutenir.

Alors, dit le compte-rendu officiel de cette séance dramatique :

> « En présence des susnommés [*les autorités ecclésiastiques qui étaient sans doute sur l'estrade*] et à la vue d'une nombreuse foule de clergé et de peuple, elle fit et publia sa révocation et abjuration, selon le contenu d'une cédule qui alors lui fut lue, rédigée en français, qu'elle-même prononça, et elle signa la cédule de sa propre main [...]. » (*Condamn.*, II, p. 337.)

Une fois la cédule d'abjuration écrite et lue à haute voix par Jeanne et signée de sa propre main, l'évêque Cauchon, sans perdre une minute, prononça une autre sentence définitive, annulant la première, énoncée quelques dizaines de minutes plus tôt (la cédule d'abjuration et la sentence après l'abjuration figurent à l'annexe n° 10) : l'excommunication prononcée était annulée – Jeanne aurait droit à la vie éternelle après sa mort – mais, parce qu'elle avait témérairement péché contre Dieu et la sainte Église, elle était condamnée à la prison perpétuelle, « *au pain de douleur et à l'eau de tristesse, afin que tu y pleures ce que tu as commis et que tu ne commettes plus par la suite rien qu'il faille pleurer, notre grâce et notre pouvoir de modération étant toujours saufs*[1] ».

La Pucelle fut reconduite à sa prison et le même jour, dans l'après-midi, frère Jean Le Maistre, qui avait été tout à la fois l'homme de l'Inquisition et l'homme de l'Université de Paris au procès de Rouen, celui qui avait géré, dans l'ombre, tout le procès ordinaire, vint l'y visiter. Et avec lui, ses principaux auxiliaires : Nicolas Midi (l'assesseur qui avait été le plus assidu au procès et qui avait fait la première rédaction de XII articles), Nicolas Loiseleur (lui aussi très assidu et très rigoureux[2]), Thomas de Courcelles (recteur de l'Université de Paris, qui avait aussi voté pour la torture) et frère Isambard de la Pierre (un dominicain comme lui qui, cité comme témoin, en 1456, lors du procès en Nullité, n'y comparaîtra pas). Frère Le Maistre exposa à la prisonnière que, ce jour-là, Dieu et l'Église lui avaient fait une très grande grâce et qu'elle devait, pour cette raison, obéir humblement à la sentence de ses juges. En particulier, il était urgent qu'elle quittât ses habits d'homme et prît des habits de femme, comme cela lui avait été ordonné.

Jeanne obtempéra sans mot dire, revêtit sur-le-champ des habits de femme qu'on lui avait apportés[3] et accepta que ses cheveux, qu'elle portait « à la garçonne » lui fussent rasés. Adieu, la trépidante Pucelle : elle était devenue une misérable prisonnière qui ne possédait plus que des souvenirs enivrants et une foi à toute épreuve. Et dans l'ombre de sa geôle, elle remerciait Dieu.

1. *Condamn.*, II, p. 342.
2. Le 12 mai, dans la prison de Jeanne, lorsqu'il avait été envisagé par le vicaire inquisitorial de soumettre Jeanne à la torture, il avait dit que cela serait bon « pour le salut de son âme », mais qu'il s'en rapportait à l'opinion des autres assesseurs, qui s'y étaient opposés.
3. Voir le témoignage de frère Jean de Lénizeul, alors servant de maître Érard, témoin n° 111 dans le procès en Nullité et ci-dessous, p. 322.

LA RELAPSE [1]

Le lundi suivant 28 mai, lendemain de la fête de la Sainte-Trinité (fête célébrée le premier dimanche après la Pentecôte), les co-présidents Cauchon et Le Maistre, suivis de sept assesseurs (l'Anglais Guillaume Haiton, Thomas de Courcelles, Nicolas de Venderez, frère Isambard de la Pierre, Jacques Camus, Nicolas Bertin, Julien Flosquet) et du geôlier-écuyer de Jeanne, John Grey, se rendent à la chambre-prison de la Pucelle, *«pour voir son état et arrangement»*, est-il écrit hypocritement dans le compte-rendu officiel du procès (annexe n° 6, séance n° 53).

Et là, scandale ! Elle est revêtue d'un habit d'homme :

> «Jeanne était revêtue d'un habit d'homme, à savoir tunique, chaperon et pourpoint, avec autres vêtements à l'usage des hommes et que toutefois elle avait naguère [*le 24 mai*] sur notre ordre abandonné [...] ce pourquoi nous l'avons interrogée : quand et pour quelle cause avait-elle pris à nouveau cet habit d'homme ?» (*Condamn.*, II, p. 344.)

Cette histoire vestimentaire n'est pas anodine et il ne faut pas s'en moquer. De nos jours, un jeune homme qui se présenterait dans un collège habillé en femme serait immédiatement expulsé de son établissement. Et faut-il parler des foulards islamiques ? Et des beaux lycées de notre République, d'où, il y a un demi-siècle à peine, les jeunes lycéennes étaient renvoyées quand elles portaient des pantalons ? Ce n'était pas aux temps ténébreux du Moyen Age et de l'Église militante, c'était hier, au Quartier latin, à Paris, il y a cinquante ans à peine !

Donc les neuf curés voyeurs constatent avec horreur que Jeanne a désobéi. Avec horreur, ou avec satisfaction ? La question mérite d'être posée, car la survie de Jeanne, même dans une prison perpétuelle, en habits d'homme ou en habits de femme, ne faisaient pas les affaires de l'Église, ni, en conséquence, celles de l'Université de Paris (alors qu'elle convenait parfaitement aux autorités anglaises, auxquelles il suffisait que Jeanne fût mise hors d'état de nuire). Cette vénérable institution, à l'époque, n'était pas un lieu destiné à former des philosophes, des philologues, des

1. Du latin médiéval : *relapsus* (fém. *relapsa*), «qui est retombé dans l'hérésie», participe passé du verbe *relabi*, «retomber en arrière» ; apparaît dans la langue française en 1384 selon le *TLF*.

savants, des historiens, etc., mais une sorte d'école militaire théologique qui avait la charge de défendre l'Église et la foi chrétienne contre les attaques qu'elles pouvaient subir. Elle luttait non pas contre l'ignorance, mais contre l'incroyance ou les mauvaises croyances. L'Université de Paris entrait d'ailleurs dans une période de son histoire où elle commençait à être contestée : sans parler du danger islamique, qui avait été écarté par les croisades, elle voyait monter les périls des schismes et des hérésies, dont certains se sont déjà manifestés (les antipapes, les Albigeois, les Hussites par exemple, pour ne citer que les plus connus), et l'explosion de la Réforme, au siècle suivant, confirmera ses craintes.

Si l'on nous permet d'employer le vocabulaire contemporain, nous dirons que l'Université craint, à juste titre, la médiatisation extrême de Jeanne d'Arc, comme les Anglais, d'ailleurs, engagés dans une guerre contre les Armagnacs (plus que contre les Français) dont Jeanne est la mascotte. Et l'acte de repentir de la Pucelle, dans le cimetière de l'abbaye de Saint-Ouen de Rouen, a plus déçu l'Inquisition et l'Université qu'il ne les a satisfaites : brûler Jeanne la « Lorraine » aurait été une bien plus grande victoire, pour l'Église guettée par les hérésies et les schismes, que brûler Piéronne la Bretonne.

L'Église a besoin, politiquement, de récupérer la proie, qui lui a échappée. Comme elle connaît les faiblesses des êtres humains, elle se doute bien que Jeanne rechutera, et elle la surveille. Ce n'est pas par hasard, à notre avis, que Le Maistre a « fait une descente », comme l'écrivent les auteurs de romans policiers, dans la prison de Jeanne quatre jours après lui avoir fait la grâce de la laisser en vie, et une question – insoluble – mérite d'être posée que nul historien, à notre connaissance, n'a évoquée : d'où viennent ces habits d'homme que Jeanne a pu revêtir dans sa prison que l'Inquisition, qui ne laissait rien au hasard, avait certainement fouillée de fond en comble ?

Il n'y a qu'une réponse possible à cette question : quelqu'un les lui a apportés (au plus tôt le vendredi). Mais est-ce une réponse plausible ? Peut-on imaginer un seul instant que l'Inquisition après avoir fait « une montagne » (justifiée de son point de vue) de cette affaire de chausses, de tunique et de pourpoint aurait laissé réintroduire ces vêtements dans la chambre de la prisonnière ? Par mégarde ? certainement pas : l'appareil inquisitorial, sur ce plan, n'avait rien à envier à nos modernes « CIA » et autres « Services spéciaux ». Pour tenter Jeanne, pour la mettre à l'épreuve, pour la pousser au péché ? cela n'est pas impossible, et c'est bien dans la manière des polices totalitaires (c'est aussi une méthode banale employée de nos jours pour lutter contre certains formes du crime organisé comme le trafic de drogues, par exemple).

Il y a cependant un point qui nous intrigue : ce n'était pas dans les habitudes de Jean Le Maistre, qui s'est affirmé, on l'a vu, depuis l'ouverture du procès ordinaire comme le véritable « patron » du tribunal de Rouen, d'aller s'enquérir de la santé de sa prisonnière : il avait des officiers, pour cela. D'ailleurs la formulation du compte-rendu officiel n'est pas habituelle : *« Nous, juges susdits, nous sommes rendus au lieu de la prison de ladite Jeanne afin de voir son état et son arrangement. »* Ajoutons qu'il a eu du flair, Le Maistre : il a surpris Jeanne en flagrant délit de parjure (la cédule d'abjuration avait valeur de serment) juste au moment où elle vient de s'habiller de nouveau en homme ; elle le déclare elle-même au vicaire de l'Inquisition qui lui demande quand et pourquoi elle avait pris à nouveau cet habit d'homme :

> « Elle répondit qu'elle avait pris cet habit d'homme depuis peu et laissé l'habit de femme.
>
> Interrogée pourquoi elle avait pris cet habit d'homme et qui l'avait amenée à le prendre ?
>
> Elle répondit qu'elle l'avait pris de sa propre volonté sans que personne l'y contraigne, et qu'elle aimait mieux cet habit que l'habit de femme.
>
> [...]
>
> Derechef interrogée : pour quelle cause l'avait-elle pris ?
>
> Elle répondit qu'elle l'avait fait parce qu'il lui était plus licite ou convenable d'avoir un habit d'homme quand elle était parmi les hommes, que d'avoir un habit de femme.
>
> Item elle a dit qu'elle l'avait repris parce qu'on n'avait point observé ce qu'on lui avait promis [*quand elle avait abjuré*], à savoir qu'elle irait à la messe, recevrait le corps du Christ et qu'on la mettrait hors des entraves de fer. » (*Condamn.*, II, p. 344, *sq.*)

Le témoignage du notaire Guillaume Manchon (témoin n° 119 dans le procès en Nullité) précise sur ce même sujet (25 ans plus tard) :

> « On demanda à Jeanne pourquoi elle avait repris cet habit d'homme. Elle répondit qu'elle l'avait fait pour protéger sa chasteté, car elle n'était pas en sécurité dans ses habits de femme avec ses gardiens qui attentaient à sa pudeur ; elle s'en était plainte

plusieurs fois à l'évêque [*Cauchon*] et au comte [*Warwick*], et les juges lui avaient promis qu'elle serait aux mains et dans les prisons de l'Église [*lorsqu'elle purgerait sa peine de prison perpétuelle prévue par la sentence*] et qu'elle aurait une femme avec elle ; elle avait ajouté que s'il plaisait aux seigneurs juges de la mettre en lieu sûr, où elle n'aurait rien à craindre, alors elle était prête à prendre un habit féminin [...]. » (*Null.*, IV, p. 107.)

Tentons de comprendre comment les choses ont pu se passer. Jeudi 24 mai au soir, Jeanne a été reconduite dans sa cellule avec des vêtements de femme. De cela, nous avons un témoin, frère Jean de Lénizeul, le servant de maître Guillaume Érard, qui a déposé dans le procès en Nullité, 25 ans après les événements (c'est le témoin n° 111 de ce procès) ; écoutons sa déposition :

« A l'époque où Jeanne était détenue à Rouen, lui était le serviteur de feu maître Guillaume Érard. Il vint de Bourgogne avec son maître jusqu'à la ville de Rouen, et lorsqu'ils y arrivèrent, le témoin entendit parler de ce procès [*notation intéressante : on ne parlait donc pas du procès de Jeanne en Bourgogne ?*] ; mais ce qui fut fait au cours de ce procès, il n'en sait rien, car il quitta la ville de Rouen et alla à Caen, où il resta jusqu'à la fête de Pentecôte environ ; à cette fête (vers le dimanche 20 mai), il revint à Rouen et trouva son maître qui lui déclara avoir la charge de faire une prédication au sujet de cette Jeanne ; cela lui déplaisait beaucoup, et il dit aussi au témoin qu'il voudrait être en Flandre [*où il n'y avait pas d'imbroglio politique*] et que l'affaire ne lui plaisait pas du tout. [...] Il se souvient de la rumeur populaire à la fin du sermon ; elle était que Jeanne s'était rétractée, qu'elle avait été ramenée dans le droit chemin, de quoi beaucoup se réjouissaient ; mais ce qu'elle avait rétracté, il l'ignore. [...] Il dit aussi qu'après cette rétractation, des vêtements de femme lui furent remis, par maîtres Pierre Maurice [1] et Nicolas Loiseleur (assesseur, ami de Cauchon), puis elle fut ramenée en prison. » (*Null.*, IV, p. 80.)

Voilà donc un point d'acquis : Jeanne est rentrée dans sa prison habillée en femme le jeudi soir. Par ailleurs, elle confie à ses juges, quand ils l'interrogent le lundi 28 mai, qu'elle a remis ses habits d'homme « depuis peu » : on peut penser que ce changement s'est fait samedi soir au moment du coucher (dans la journée, répétons-le, elle était entravée, elle ne pouvait changer de vêtements sans demander qu'on la désentrave). Conclusion : le frère Le Maistre est arrivé au bon moment, et, s'il était venu véri-

1. Auteur de l'admonition à Jeanne le 23 mai, sous forme d'une cédule (voir p. 314).

fier l'état de sa prisonnière dès après la journée du 24 mai, il n'aurait pas pu constater le parjure. Il a donc ou bien été prévenu (par John Grey), ou bien il a créé les conditions du parjure (par exemple renvoyant les vêtements d'homme dans la chambre-prison de Jeanne, pour la tenter ; dans le vocabulaire policier moderne, cela s'appelle une manœuvre de provocation.

Autrement dit, l'Inquisition (Le Maistre) et sa « mère », l'Université (dont le recteur, Thomas de Courcelles, qui ne s'est presque jamais dérangé de Paris pendant cinq mois, est présent à la prison le lundi 26 mai), avaient besoin d'un bûcher. En signant la cédule d'abjuration, Jeanne les en avait privés, en organisant la mise en scène provocatrice qui vient d'être évoquée, Cauchon et Le Maistre se retrouvaient en droit de réclamer une nouvelle condamnation à mort. L'ont-ils fait ? Ce n'est pas certain, mais ce n'est pas non plus tout à fait impossible. Et, de plus, nous avons un témoin : c'est toujours frère Jean de Lénizeul qui nous fournit (presque) la clef de l'énigme dans sa déposition :

> « Il a cependant ouï dire généralement que ses vêtements d'homme lui avaient été renvoyés en prison, et qu'elle les avaient repris ; mais pour quelle raison, ou qui l'y a poussée, il l'ignore. Il sait aussi qu'après la reprise de ces vêtements les juges se réunirent, pour savoir ce qu'il fallait faire ; mais il ignore ce qu'ils décidèrent ; cependant il a entendu dire généralement qu'elle avait été jugée relapse, parce qu'elle disait que ses voix lui étaient réapparues. » (*Null.*, IV, p. 80.)

De toute façon, avec ou sans provocation, l'Université de Paris et l'Inquisition avaient atteint leur but : cette jeune hérétique – de cela, l'Université était certaine – et de surplus impudique, ce qui, au fond était accessoire, sera excommuniée et brûlée. Quel exemple flamboyant ! Brûler la Pucelle, cela devait avoir, sur les chrétiens de France, qu'ils soient Armagnacs ou Bourguignons, un autre impact que l'autodafé d'une quelconque Piéronne ou d'une diseuse de bonne aventure de village comme cette Catherine de La Rochelle.

*
* *

Cette fois-ci, Jeanne était définitivement perdue. L'interrogatoire qui avait eu lieu dans sa prison avait établi qu'elle n'avait pas respecté son serment de ne point reprendre l'habit d'homme, qu'elle s'était parjurée, ce qui était un péché mortel pour le code pénal des théologiens. Et la Pucelle, qui avait d'ordinaire tant de vigueur et d'à-propos dans ses réponses, n'a su que répondre aux questions de frère Jean Le Maistre, se contredisait, se perdait dans ses explications. En signant la cédule d'abjuration, dit-elle, *« jamais elle ne comprit qu'elle eût fait serment de ne pas reprendre cet habit d'homme »*, puis, interrogée si elle avait auparavant promis de ne jamais reprendre l'habit d'homme, elle répond qu'elle aimerait mieux mourir que d'être dans des entraves de fer, réponse qui n'a aucun rapport avec la question qu'on lui a posée, et elle ajoute : *« Donnez-moi une prison gracieuse et je ferai tout ce que l'Église voudra. »*

De toute évidence, Jeanne est à bout de nerfs et à bout de force. Les juges la harcèlent au sujet de ses « voix », qui, pour eux, spécialistes des choses de la foi, sont la meilleure preuve de ce qu'elle est une hérétique. Lorsque l'évêque Cauchon l'interrogeait à leur sujet, elle se débarrassait de la question en lui répondant, sûre d'elle, *« Passez outre ! »* ; Le Maistre va essayer à son tour, rusé et patelin et il va obtenir les aveux que n'avait jamais pu vraiment obtenir son confrère :

> « Parce que nous, juges, avions entendu dire par quelques personnes qu'elle était encore attachée aux illusions de ses prétendues révélations auxquelles elle avait auparavant renoncé, nous l'avons interrogée si, depuis jeudi, elle avait entendu les voix de saintes Catherine et Marguerite :
>
> Elle répondit que oui.
>
> Interrogée sur ce qu'elles lui dirent :
>
> Elle répondit que Dieu lui manda par saintes Catherine et Marguerite la grande pitié de cette insigne trahison à laquelle elle, Jeanne, avait consenti en faisant l'abjuration et rétractation pour sauver sa vie, et qu'elle se damnait pour sauver sa vie. Item elle a dit qu'avant jeudi [*le jour de la prédication publique au cimetière de Saint-Ouen*], ses voix lui avaient dit ce qu'elle ferait ce jour-là et qu'elle fit alors. Elle dit en outre que ses voix lui dirent, quand elle était sur l'ambon [*l'estrade qu'on avait montée pour la circonstance*] qu'elle répondît hardiment à ce prêcheur qui prêchait alors [*Érard*]. Et Jeanne disait que c'était un faux prêcheur et qu'il avait dit qu'elle avait fait plusieurs choses qu'elle n'avait pas faites. Item elle a dit que, si elle disait que Dieu ne l'avait pas envoyée, elle se damnerait et qu'en vérité Dieu l'a envoyée. Item elle a dit que ses voix lui ont dit, depuis jeudi, qu'elle avait fait un grand crime en confessant qu'elle n'avait pas bien fait ce qu'elle avait fait. Item elle a dit que, quoi

> qu'elle ait dit et révoqué ce jour-là elle l'a fait et dit seulement par peur du feu. » (*Condamn.*, II, p. 345.)

Et Jeanne, soulagée d'avoir pu se reprendre ainsi, clame qu'à Saint-Ouen, elle n'avait nulle intention de rien révoquer, de rien abjurer. Et elle dit encore, désespérée, qu'elle aime mieux faire sa pénitence en une seule fois, c'est-à-dire en mourant par le feu, que d'être condamnée à la prison perpétuelle.

Elle en avait tant avoué en si peu de temps, que les juges étaient maintenant en possession de tous les éléments pour la dire hérétique et la condamner comme telle. Ils se réunirent le mardi 29 mai (annexe n° 6, séance n° 54), dans la chapelle de l'archevêché de Rouen (38 assesseurs, sous la co-présidence de l'évêque Cauchon et de frère Jean Le Maistre). Le débat fut bref, et, à l'unanimité des 38 théologiens présents, plus quatre autres qui se joignirent à eux, plus l'évêque Pierre Cauchon et le frère Le Maistre, ils s'accordèrent sur la délibération exprimée par l'un d'entre eux, messire Gilles de Duremort, bénédictin, abbé du monastère de la Sainte-Trinité de Fécamp, docteur en théologie sacrée :

> « Monseigneur Gilles [...] délibère que ladite Jeanne est relapse. Il est bon toutefois que la cédule qui a été lue naguère [*il s'agit de la cédule du 28 mai exposant les crimes de Jeanne et lue par Pierre Maurice : voir l'annexe n° 8*] soit lue à nouveau devant elle et lui soit expliquée, en lui proposant la parole de Dieu. Et cela fait, nous, juges, avons à la déclarer hérétique et à l'abandonner à la justice séculière, priant celle-ci d'agir doucement avec ladite Jeanne. » (*Condamn.*, II, p. 351.)

La dernière séance du procès de Jeanne d'Arc se tint au petit matin du mercredi 30 mai dans la chapelle de la maison archiépiscopale de Rouen (annexe n° 6, séance n° 55). L'évêque Pierre Cauchon et le vicaire de l'Inquisition frère Jean Le Maistre avaient dicté, le 28 mai, aux notaires du procès, Manchon et Boisguillaume, une lettre adressée *« à tous les prêtres publics établis comme recteurs des églises de Rouen et où que ce soit dans le diocèse »*, leur commandant de citer Jeanne la Pucelle à comparaître le mercredi 30 mai à 8 heures du matin, sur le Vieux-Marché à Rouen. En fait, c'était plutôt ce que de nos jours nous appellerions un « communiqué » qu'une citation proprement dite : les meilleurs diffuseurs de ce genre d'informations étaient les prêtres recteurs, qui informaient ainsi les populations de leurs paroisses par la voie de leurs sermons. Voici la teneur de cette lettre[1], qui ne nous apprend rien, sinon l'importance qu'attachaient l'Église et l'Inquisition à la publicité ainsi donnée à la condamnation effective d'une hérétique. Nous sommes accoutumés, de nos jours, à ce genre de manœuvre : il n'est que de voir la publicité qui est faite, depuis un demi-siècle, aux grands procès politiques : les procès de Nuremberg, les procès de Collaboration en France, les procès contre les grandes organisations terroristes en sont un exemple.

> « Pierre, par la miséricorde divine évêque de Beauvais, et Jean Le Maistre, vicaire de l'insigne docteur maître Jean Graverent, député pour le Saint-Siège apostolique dans le royaume de France comme inquisiteur de la foi et de la perversion hérétique, à tous les prêtres publics [*etc.*], salut dans le Seigneur.
>
> Pour certaines causes et raisons à exprimer plus amplement [*il s'agit d'une information à diffuser et non pas d'un dossier à défendre*], une femme, Jeanne, communément appelée la Pucelle [*que ce soit par la vertu de la propagande des Armagnacs, ou par sa personnalité inattendue à l'époque, Jeanne était très populaire, à la manière du « mystérieux » général de Gaulle sous l'Occupation*], retombée[2] en diverses erreurs contre la foi orthodoxe, avait abjuré publiquement à la face de l'Église ses erreurs [*les procédures publiques – pénitences, abjurations, admonestations, etc. – ont une valeur supérieure aux procédures privées dans le droit inquisitorial pénal*] ; en celles-ci elle est retombée comme il a été et il est dûment établi, tant par ses aveux et assertions qu'autrement ; il s'ensuit qu'à vous [*tous les prêtres publics*] et à chacun de vous [...] nous mandons et recommandons rigoureusement que, l'un de vous n'attendant point du tout l'autre, l'un ne s'excusant point sur l'autre, vous citiez ladite Jeanne à comparaître en personne devant nous demain, à huit heures du matin, sur le Vieux Marché à Rouen, pour se voir par nous déclarée relapse, excommuniée et hérétique, avec intimation à elle faite comme il est accoutumé en de tels cas.
>
> Donné dans la chapelle de la maison archiépiscopale de Rouen, le mardi 29 mai, l'an du Seigneur 1431, après la fête de la Trinité du Seigneur.
>
> Ainsi signée : G. Manchon, G. Boisguillaume. » (*Condamn.* II, p. 354.)

---

1. C'est une citation à comparaître signée des notaires auxquels elle a été dictée, et non de ceux qui l'ont dictée.
2. Dans la traduction du procès de Condamnation de Jeanne d'Arc, Pierre Tisset trouve ce mot « impropre ». Nous ne partageons pas cette opinion : ce n'est pas comme hérétique qu'elle est condamnée à mort, c'est d'avoir été *relapse*, c'est-à-dire d'être « retombée » dans les erreurs qu'elle avait abjurées.

La citation, rédigée en bonne et due forme, a été délivrée et exécutée par l'huissier du tribunal, Jean Massieu, prêtre, doyen de la chrétienté de Rouen. Jeanne fut amenée sur la place du Vieux Marché ce même mercredi 30 mai, où était rassemblée une immense foule et où se trouvaient les principaux ecclésiastiques de la région, les membres du tribunal. Elle fut placée sur un ambon (tribune, estrade) d'où une prédication solennelle fut faite par maître Nicolas Midi (l'auteur des XII articles), sur un thème extrait de la première épître aux Corinthiens : « *Dieu a disposé le corps de manière* [...] *qu'il n'y ait pas de division dans le corps. Et si un membre souffre, tous les membres souffrent avec lui* » (*Corinthiens*, I, 12, 6). Puis fut lue par Cauchon la sentence définitive (dont le texte figure à l'annexe n° 11).

Jeanne d'Arc, fille de Jacques d'Arc et d'Isabelle Romée, la petite fille modèle de Domrémy, la tendre adolescente qui croyait entendre les voix de sainte Catherine, sainte Marguerite et saint Michel lui transmettre les ordres de Dieu, de délivrer Orléans, de conduire le dauphin à Reims pour qu'il soit sacré roi de France, de bouter les Anglais hors de France, Jeanne la Pucelle allait mourir. Elle venait d'avoir 19 ans.

*
* *

Ce mercredi 30 mai 1431, Rouen s'est éveillée doucement. C'est une ville autant anglaise que française, dont la population, tôt levée, se porte en masse vers la place du Vieux Marché, qui a été aménagée en conséquence. On y avait dressé trois échafauds, solidement maçonnés de chaux et de plâtre : l'un pour les juges, un deuxième pour les prélats, parmi lesquels Henri Beaufort, évêque de Winchester et cardinal d'Angleterre, qui avait prêché la croisade contre les Hussites, en Bohème, le troisième pour le bûcher. Ce dernier détail doit être souligné, car la procédure de l'Inquisition prévoyait que le bûcher ne devait être dressé qu'une fois la sentence rendue, et que celle-ci devait être prononcée après la prédication traditionnelle[1], dont avait été chargé maître Nicolas Midi, chanoine de Rouen, auteur de la première rédaction de XII articles (voir ci-dessus, p. 308).

1. *Cf.* le cérémonial qui s'était déroulé au cimetière de Saint-Ouen de Rouen, où le sermon avait été prononcé par Guillaume Érard.

Dans sa prison, Jeanne ignore encore son sort, mais elle ne se fait guère d'illusions. La personne qui fut la plus proche d'elle, ce jour-là, fut un bénédictin – un frère prêcheur comme Le Maistre – du nom de Martin Ladvenu (témoin n° 5 et n° 122 au procès en Nullité). Au petit matin, il l'entendit en confession et envoya l'huissier du tribunal, Jean Massieu (témoin n° 9 et n° 120), à l'évêque Cauchon, pour lui faire savoir comment elle s'était confessée et qu'elle souhaitait recevoir le sacrement de l'eucharistie ; l'évêque en délibéra rapidement avec quelques personnes puis dit à frère Martin Ladvenu de porter la communion à Jeanne. Les deux hommes, auxquels s'adjoignit, avec l'autorisation de Le Maistre, un autre bénédictin, frère Isambard de La Pierre (témoin n° 14 dans le procès en Nullité) retournent au château, et frère Martin, dans son témoignage, déclare que :

> « Avec l'autorisation des juges et sur leur ordre, il donna le corps du Christ à Jeanne. Dit en outre qu'elle fut abandonnée comme relapse [*par la sentence qui sera prononcée ensuite, sur la place du Vieux Marché*] à la justice séculière [*c'est-à-dire au lieutenant du bailli de Rouen, Pierre Daron, et à l'avocat Laurent Guesdon*]. [...] Après son abandon par l'Église, elle fut saisie par des soldats anglais présents là en grand nombre, sans aucune sentence du juge séculier, et malgré la présence du bailli de Rouen et du conseil de la cour séculière ; il le sait, car il resta toujours avec Jeanne depuis le château jusqu'à la fin ; et il lui administra, lui le témoin qui parle, sur l'ordre des juges, les sacrements de pénitence et d'eucharistie. » (*Null.*, III, p 222.)

Cela fait, Jeanne fut amenée en habits de femme sur la place du Vieux Marché, faisant en chemin, nous dit Jean Massieu dans son témoignage, de *« pieuses lamentations »*, recommandant son âme à Dieu et aux saints. Le bailli de Rouen et son lieutenant, Laurent Guesdon, prirent place sur l'estrade où étaient assis les juges ecclésiastiques, devant lesquels on fit monter Jeanne, et, dans un silence pesant, messire Nicolas Midi fit sa prédication sur le thème de la *Première Épître aux Corinthiens*, concernant l'unité fondamentale de l'Église et la solidarité de tous ses membres (voir ci-dessus, p. 000), tandis que frère Martin Ladvenu, qui était resté auprès de la Pucelle, l'exhortait à prier pour le salut de son âme. Et messire Nicolas Midi termina sa prédication par la formule classique : *« Jeanne, va en paix ! L'Église ne peut plus te défendre et te laisse en la main séculière*[1]. » A ces paroles, rapporte le témoin Jean Massieu au procès de Nullité, Jeanne, à genoux, se mit à prier et lui demanda, à lui, le témoin, de lui donner une croix : un Anglais qui se trouvait sur les lieux en fit une avec un bâton, qu'elle baisa et posa sur sa poitrine « *avec la plus grande dévotion* » (*Null.*, IV, p. 115).

C'est maintenant au tour de l'évêque de jouer son rôle. Il se lève, frère Jean Le Maistre aussi, et Cauchon lit à Jeanne la sentence définitive qui la condamne, comme hérétique et relapse, à être rejetée de l'Église et abandonnée à la justice séculière (voir le texte de cette sentence à l'annexe n° 11).

Deux sergents s'approchent alors de Jeanne, la font descendre de l'échafaud où sont les juges ; les soldats anglais qui assurent la police de la cérémonie s'emparent de la Pucelle et l'entraînent au bûcher. Elle y monte, on l'attache au poteau et son courage l'abandonne. Jeanne fond en larmes et laisse échapper cette plainte : « *Hélas ! Dois-je ainsi mourir ?* »

Le bourreau a mis le feu au bas du bûcher et tandis que les premières fumées s'élèvent, Jeanne demande à frère Martin Ladvenu de se placer au pied de l'échafaud et de tenir la croix du Sauveur élevée devant ses yeux, afin qu'elle puisse la voir jusqu'au moment de sa mort. L'évêque Pierre Cauchon s'avance dans la fumée et Jeanne lui crie l'anathème qu'elle lui avait déjà crié la veille : « *Évêque, je meurs par vous !* »

Les flammes maintenant s'élèvent, mais avec une grande lenteur ; la fumée est épaisse, la Pucelle suffoque, tousse, étouffe, elle demande de l'eau, invoque saint Michel, mais les flammes ne l'atteignent pas encore et Jeanne, penchant sa tête sur sa poitrine, doucement trépasse, asphyxiée, en murmurant, plus qu'en criant, le nom de Jésus.

Elle est morte asphyxiée, la Jeanne d'antan, et ce sacripant de François Villon s'est trompé sur presque tout : elle n'était pas lorraine, elle n'est pas morte brûlée, et ce ne sont pas les Anglais qui l'ont tuée, c'est l'Université de Paris et avec l'aide de la Sainte Inquisition. Bedford s'est contenté de payer la facture d'un procès qui convenait bien à sa stratégie politique, mais qu'il n'avait pas commandé.

1. Témoignage de maître Jean Massieu (témoin n° 120 au procès en Nullité), *Null.*, IV, p. 114.

Le Bourgeois de Paris consacrera, quelques jours plus tard, un article nécrologique à la Pucelle et décrira ainsi le supplice auquel il n'avait pas assisté (traduction en français moderne) :

> « Elle fut liée à un pieu qui était sur l'échafaud qui était de plâtre, et le feu sur lui, et là elle fut bientôt asphyxiée et sa robe toute brûlée. Et puis les flammes furent poussées en arrière, et elle fut vue de tout le peuple toute nue et tous les secrets qui peuvent être ou doivent être en un corps de femme, cela pour ôter les doutes du peuple [*certains avaient des doutes sur son sexe*]. Et quand ils l'eurent tous assez vue et à leur gré, morte et liée au poteau, le bourreau mit le feu à son pauvre cadavre, qui fut bientôt entièrement brûlé, et ses os et chairs mis en cendres. Il y en avait qui disaient que c'était une martyre qui était morte pour son vrai seigneur [*pour Dieu et pour son roi*], et d'autres qu'elle avait mal agi et fait beaucoup de mal à ceux qui l'avaient tant gardée prisonnière [*les Bourguignons et les Anglais*]. Ainsi disait le peuple. Mais quelque mal ou quelque bien qu'elle ait fait, elle n'en fut pas moins brûlée ce jour-là. » (*Journal d'un Bourgeois de Paris*, p. 578.)

13

QUI ÉTAIT LA PUCELLE ?

Comme tous les êtres humains Jeanne fut d'abord une *personne physique*, c'est-à-dire un organisme biologique, manifestation – « phénomène » disent les philosophes – d'une *personne morale* capable de « pensée », au sens cartésien du terme [1], dotée d'un caractère qui lui était propre, d'une *personnalité* qui va nous intéresser maintenant.

Pour la découvrir et la comprendre nous disposons des paroles qu'elle a prononcées à Rouen, devant ses juges et qui nous ont été conservées, traduites en latin par les notaires du procès, de quelques lettres qu'elle a dictées, et des dépositions des témoins au procès en Nullité. Ces éléments sont peu de choses et ne nous permettent pas de décrire avec certitude la personnalité de Jeanne, sur laquelle on ne peut que formuler des hypothèses plus ou moins valables.

JEANNE ET SES JUGES

Arrêtons-nous un instant sur la personne de Jeanne. C'est un être de chair et de sang qui est bien dans le siècle : elle chevauche avec passion, elle se bat comme une lionne, trinque avec Dunois, plaisante avec ses compagnons, aime les belles étoffes, les belles armes, participe à des banquets : elle n'est ni saint François d'Assise, ni mère Teresa. Physiquement, ceux qui l'ont

1. « Je suis une chose qui pense », c'est-à-dire capable de sentir, d'imaginer, de douter, de concevoir, d'affirmer, de nier, de vouloir, de ne pas vouloir, de distinguer le vrai du faux, le bien du mal, de se déterminer par des motifs ou des raisons.

approchée et qui ont déposé comme témoins dans le procès en Nullité nous ont rapporté quelques indices sur son apparence. Le dominicain Jean Bréhal, juge et inquisiteur, nous apprend[1] qu'elle avait une tache rouge derrière l'oreille droite (une envie ?), qu'elle parlait d'une voix douce et retenue et qu'elle avait le cou bref, c'est-à-dire la tête dans les épaules. Le duc d'Alençon (témoin n° 109) nous en dit un peu plus :

> « Parfois en campagne, il [*le duc*] coucha avec Jeanne et les hommes d'armes à la paillade [*sur la paille*] ; il vit parfois Jeanne s'habiller, et parfois il voyait ses seins, qui étaient beaux [...]. Jeanne, hors le fait de guerre, était d'un comportement simple et jeune ; mais pour la guerre elle était très habile, tant pour porter la lance, que pour rassembler l'armée, ordonner le combat et préparer l'artillerie. Tous étaient pleins d'admiration de ce qu'elle pût se comporter si habilement et prudemment dans les actions militaires, comme si elle avait été un capitaine guerroyant depuis vingt ou trente ans, et surtout à propos de la préparation de l'artillerie, en quoi elle excellait. »

Jean d'Aulon, l'intendant que lui avait donné le dauphin, à Chinon, et qui suivit la Pucelle jusqu'à Rouen, avait eu, lui aussi, l'occasion de voir Jeanne dévêtue (quand on l'armait ou quand on la soignait) ; il nous la décrit comme une *« belle jeune fille, bien formée »* (*Null.*, I, p. 486). Il nous rapporte avoir entendu dire :

> « ... sous le sceau du secret, de plusieurs femmes qui ont vue plusieurs fois nue ladite Pucelle, que jamais elle n'avait eu la secrète maladie des femmes [*les règles*] et que jamais nul n'en put rien connaître ni apercevoir par son habillement ou autrement. » (*Null.*, I, p. 486.)

Il est intéressant de suivre le comportement de Jeanne tout au long de son procès ; il révèle les principaux aspects de ce qu'on pourrait appeler sa personnalité apparente, la seule dont nous puissions nous faire une idée : nous allons nous trouver en face d'une jeune fille de 19 ans, qui ne sait ni lire ni écrire, qui croit de tout son cœur, très sincèrement, en Dieu et en ses saintes, intelligente et subtile, volontaire jusqu'à l'entêtement, difficile à intimider et dont les réponses à l'évêque Cauchon frôlent parfois l'insolence, retorse et en même temps naïve, sensible mais sachant prendre sur soi, et surtout dotée d'un caractère *entier* : cohérente avec elle-même, au point de perdre, parfois, le sens du réel.

1. *Null.*, II, p. 474.

La voici qui comparait pour la première fois devant ses juges assemblés, le 21 février 1431, dans la chapelle royale du château de Rouen, transformée pour la circonstance en salle d'audience. Depuis que les Anglais, à qui elle a été vendue deux mois auparavant (le 23 décembre 1430) par Jean de Luxembourg, ont enfin accepté de la livrer au tribunal de l'Inquisition, Jeanne n'a pas quitté son habillement d'homme, ce que souligne le promoteur Jean d'Estivet avant qu'elle n'ait été amenée devant ses juges par l'huissier du procès (le curé doyen Jean Massieu) : « *Vu les crimes dont ladite femme était accusée, dit-il, et la honte de l'habit dont elle persévérait à se revêtir*[1]. »

Jeanne n'est pas impressionnée par la pompe qui l'environne et la première réplique de cette jeune fille à l'évêque sexagénaire qui la requiert de prêter serment en la forme usuelle est d'une rare impertinence : « *Je ne sais sur quoi vous voulez m'interroger. Peut-être pourrez-vous me demander telles choses que je ne vous dirai pas*[2] », lui répond-elle sans sourciller. En fait, cette impertinence masque un calcul, dès les premières minutes de son procès. Il est des choses qu'elle ne se sent pas le droit de révéler (ce que lui disent ses voix), et, si elle jurait de dire la vérité, toute la vérité, elle serait confrontée à un dilemme : ou les taire, et elle serait parjure à l'égard de la justice des hommes, ou les dire, et elle serait parjure à l'égard de Dieu. En ne prêtant pas serment, comme le lui demande l'évêque, elle évacue par avance le problème.

Nous apercevons ici une des caractéristiques de l'intelligence de Jeanne : elle raisonne rapidement, presque d'instinct, comme un joueur d'échec avant de pousser ses pièces. Les amateurs de merveilleux mettent ce type de réactions sur le compte de la Providence qui l'inspire : en fait, ce n'est guère plus « surnaturel » que les réactions d'un jeune prodige face à un échiquier. On peut citer plusieurs exemples de ce genre de conduite chez Jeanne : lorsqu'elle refuse de dire son *Pater* à l'évêque, à moins d'être entendue auparavant en confession, c'est elle qui tend un piège à Mgr Cauchon (le *Notre Père* dit après confession aurait alors valeur de pénitence et entraînerait d'emblée son absolution : Cauchon, qui est aussi malin qu'elle, lui refuse donc la confession).

1. *Condamn.*, II, p. 36 ; la comparution de Jeanne devant ses juges en habit d'homme était aussi scandaleuse que le serait, de nos jours, la comparution devant un tribunal musulman, dans un pays intégriste, d'une femme en pantalons, les cheveux au vent et sans voile.
2. *Ibid.*

La Pucelle possède aussi l'intelligence rouée d'un plaideur de profession ou d'une paysanne méfiante. Lorsque, au début du procès ordinaire, le 27 mars (annexe n° 6, audience n° 40) le promoteur lui propose de choisir un conseiller pour se défendre parmi les personnes qui assistent au procès (c'est-à-dire parmi les assesseurs), elle répond, ironique : « *Quant au conseil que vous m'offrez, je vous en remercie aussi ; mais je n'ai point intention de me départir du conseil de Dieu*[1]. »

Sa vivacité intellectuelle naïve confine même à l'effronterie, et nous ne voyons guère que le terme « culot » pour désigner l'aplomb avec lequel Jeanne répond, le 2 mai 1431, à Jean de Châtillon, qui l'admoneste solennellement dans la Chambre du parement (annexe n° 6, audience n° 46 ; voir aussi ci-dessus, p. 309) :

> « Interrogée si le sacré Concile général comme notre seigneur le pape, les cardinaux et autres prélats de l'Église étaient ici, est-ce qu'elle ne voudrait pas se rapporter et se soumettre audit Concile général ?
>
> Elle répondit : "Vous ne tirerez pas autre chose de moi."
>
> Interrogée si elle voulait se soumettre à notre seigneur le pape :
>
> Elle répondit : "Menez-moi à lui et je lui répondrai." Et elle n'a pas voulu autrement répondre. » (*Condamn.*, II, p. 298.)

Intelligente, calculatrice, tenace jusqu'à l'opiniâtreté – elle l'a montré à Vaucouleurs – et sûre d'elle, dans ses propos et dans ses actions, Jeanne, avec ses chausses, ses cheveux courts coupés en rond, a dû en agacer plus d'un, de ces assesseurs défenseurs de la foi et de la morale de l'Église ; mais ce n'était pas tellement la « garçonne » effrontée à laquelle ils reprochaient sa jactance et son orgueil qui les inquiétait et les irritait, car en matière de mœurs, les grands n'étaient pas très honorables non plus : c'était le rôle de prophétesse inspirée par Dieu que s'était attribué Jeanne. Cela, l'Église ne pouvait pas l'admettre et le procès que l'Inquisition fit à la Pucelle, au nom de la foi et du *Credo* de Nicée, ressemble, sur ce point, à la guerre contre les dictateurs de tous bords qu'ont entrepris – avec une toute autre motivation – les grands États modernes, au nom du *Credo* des Droits de l'homme. Les perspectives politiques sous-jacentes, dans un cas comme dans l'autre, sont à considérer comme secondaires.

1. *Condamn.*, II, p. 157.

LE PROBLÈME DES « VOIX »

Parmi les LXX chefs d'accusation répertoriés par le promoteur, il en est une quinzaine qui concernent uniquement les « voix » qui, disaient-elles, guidaient ses actions, au nom de Dieu lui-même. Elle l'a confessé dès sa première comparution devant le tribunal, le 22 février (annexe n° 6, audience n° 13 ; voir ci-dessus, p. 293) : *« Si vous étiez bien informés sur moi,* dit-elle à ses juges ce jour-là, *vous devriez vouloir que je sois hors de vos mains. Je n'ai rien fait que par révélation. »* (*Condamn.*, II, p. 44.) Et, durant tout le procès, elle revient constamment sur ce sujet : *« Il est au pouvoir de Notre Seigneur de faire des révélations à qui lui plaît »*, répond-elle au promoteur qui vient de lui lire l'article XXXIII de l'Acte d'accusation (*Condamn.*, II, p. 193) ; en réponse à l'article XXVI, qui l'accuse de se vanter, chaque jour, de reconnaître une voix qu'elle appelait *« sa voix »* et qui venait à elle, et que d'autres hommes en ont été témoins : *« Elle dit que son roi et plusieurs autres entendirent et virent les voix qui venaient à elle »*. (*Condamn*, II, p. 199.)

Ce qui a irrité le plus l'Église, l'Université de Paris et l'Inquisition, c'est l'insistance de Jeanne à faire intervenir l'inspiration divine à chaque instant de sa vie : dans sa jeunesse, à Domrémy, *« après qu'elle comprit que les voix étaient pour le roi de France, elle n'aima pas les Bourguignons »* (*Condamn.*, II, p. 201) ; lors du siège de Paris, en septembre 1429 (voir ci-dessus, p. 212), c'est encore sa « voix » qui lui a dit de demeurer à Saint-Denis, mais qu'elle y a été emmenée contre son gré par les seigneurs et c'est ainsi qu'elle fut blessée dans les fossés de Paris (voir ci-dessus, p. 222), pour ne pas avoir écouté sa « voix » (*Condamn.*, II, p. 199).

Toutefois, Jeanne se méfie des assauts du promoteur ; tant qu'elle évoque ses « voix », ce qu'elles lui commandent, etc., elle ne risque pas grand-chose : ce ne sont pas là des péchés mortels ; mais voici une accusation perfide, l'article n° XXXIX :

> « XXXIX. Item, « bien que le juste succombe soixante-dix fois par jour », etc., Jeanne a cependant dit et publié [*rendu public*] n'avoir jamais fait, ou du moins qu'elle croyait n'avoir pas fait œuvre de péché mortel, bien que cependant tous les actes que les gens de guerre ont accoutumé de faire, et de plus graves, elle les ait accomplis en fait [...]. » (*Condamn.*, II, p. 201.)

Cette affirmation de Jeanne est sans doute, au vu de l'Église, un très grave péché mortel : seul Dieu peut décider si une créature est ou n'est pas en état de grâce. Jeanne a perçu le danger, et elle répond alors par cette réplique célèbre : *« Si je n'y suis, Dieu veuille m'y mettre, et si j'y suis Dieu m'y veuille tenir. »* (*Condamn.*, II, p. 201). De même, toutes les affirmations de Jeanne concernant les voix de sainte Catherine d'Alexandrie, protectrice des vierges, et de sainte Marguerite, protectrice des femmes en couches et des paysans, gênent l'Église, qui voit dans tous ces cultes une renaissance des superstitions païennes. L'Église romaine, qui sort du Grand Schisme d'Occident, qui est en concurrence avec l'Église orientale en Grèce et en Asie Mineure, qui combat en Bohème l'hérésie hussite et qui voit poindre le temps des hérésies en Occident (en Italie, c'est déjà la Renaissance qui s'épanouit) ne peut admettre les élucubrations – il faut bien les nommer ainsi – de la Pucelle.

D'autant que celle-ci est populaire en France, le pays le plus peuplé d'Europe, qui a enfin un roi consacré (Charles VI est mort en 1422, et le sacre de Charles VII n'a eu lieu qu'en juillet 1429) ; d'autant aussi que le rapprochement franco-bourguignon est en marche – cela, l'Université de Paris ne peut pas l'ignorer – et qu'il n'est pas souhaitable que la légitimité de Charles VII soit ternie par le passage de cette fille sincère et passionnée, certes, mais un peu trop « bruyante » au goût de tout le monde. De plus, la papauté a besoin des soldats de Winchester pour combattre l'hérésie hussite, autrement plus grave que l'activité prophétique illicite de Jeanne et le fait qu'elle se dise guidée par ses saintes.

Pour toutes ces raisons de haute politique internationale, Jeanne doit être condamnée, et elle le sera. Mais ces considérations ne constituent pas une réponse aux deux questions suivantes que nous devons maintenant élucider : 1° d'où provenaient les affirmations de la Pucelle relatives à son inspiration divine et à ses voix ? 2° pourquoi une fille aussi intelligente et aussi positive que l'était Jeanne s'est-elle entêtée dans cette histoire de voix au moment de son procès (ce qui lui vaudra d'être condamnée comme hérétique) ?

Examinons d'abord la première question. Nous avons écarté d'emblée, au début de ce livre, la réponse fidéiste qui consiste à dire que « sainte Catherine » et « sainte Marguerite » seraient venues donner régulièrement des instructions à Jeanne, de la part de Dieu, pour partir délivrer Orléans et conduire le dauphin à Reims, afin qu'il soit consacré roi de France. Il ne reste plus alors que deux réponses possibles : ou bien, de 1425 (date de la première entrée en scène des « voix ») à 1431, Jeanne a été victime d'hallucinations auditives régulières, cohérentes et adaptées aux événements qu'elle vivait, ou bien les « voix » qu'elle évoque sont des inventions pures et simples de la Pucelle.

Si nous admettons l'hypothèse des hallucinations continues et systématiques, cela signifie que Jeanne était une malade mentale grave, atteinte de paranoïa délirante, ce qui est totalement exclu, compte tenu de son remarquable état psychique et intellectuel. Reste donc seule valable l'hypothèse d'une histoire inventée de bout en bout par l'héroïne, pour la bonne cause, évidemment, car son intégrité morale n'est évidemment pas à mettre en question : les affirmations de Jeanne au sujet de ces prétendues « voix » furent vraisemblablement le résultat d'un processus de *fabulation*, tel que le définit, par exemple, le psychologue français Henri Piéron[1] :

> « **Fabulation**. Présentation d'un récit imaginaire, souvent vraisemblable, comme étant réel, sans intention délibérée de tromper. Fréquente et normale chez le tout jeune enfant, elle se rencontre à l'état pathologique chez les *mythomanes* et dans certains troubles de la mémoire. »

Jeanne n'était pas mythomane, n'a jamais présenté de troubles de la mémoire et, à 13 ans, sur bien des points, elle était peut-être plus une enfant qu'une adolescente. Voici alors comment, selon nous, les choses auraient pu se passer.

En 1425, Jeanne, petite campagnarde illettrée (ce n'est pas péjoratif à l'époque), âgée de 13 ans, obsédée par le danger bourguignon comme nous l'avons expliqué plus haut (voir p. 100), *imagine*, naïvement, que, pour écarter ce danger, il suffit d'aller trouver le roi à Chinon (elle ignore encore qu'il n'est que dauphin), de le prévenir, de lui proposer son aide, etc. Cela aurait très bien pu être sa première – et irréaliste – impulsion, et, comme elle contemplait tous les jours, sur un vitrail de l'église de Domrémy, les images de sainte Catherine et de sainte Marguerite chassant le dragon avec une croix en guise de poignard, c'est à ces saintes qu'elle adressait ses prières et qu'elle s'identifiait.

Mais, qu'a-t-il pu se passer dans l'âme de cette héroïne en herbe, entre cette rêverie naïve et généreuse de 1425 et le voyage de Vaucouleurs à Chinon en 1429 ? L'impulsion est devenue sans

1. *Vocabulaire de psychologie*, Paris, PUF, 1963.

doute préoccupation, puis obsession, d'autant plus génératrice de tensions qu'elle était plus secrète, plus refoulée même. C'était son secret, dont elle ne parlait à personne : elle craignait vraisemblablement qu'on se moquât d'elle ou les gronderies de ses parents ; mais il devenait si pesant qu'il lui fallait le confier à quelqu'un, et lorsqu'elle se trouvera, sans ses parents, chez son cousin Durand Laxart, en mai 1428, à Burey-le-Petit, elle s'ouvrira à lui.

Jeanne, qui a maintenant 16 ans, se doute bien que son grand cousin va sourire, et, pour conférer plus de puissance à son fantasme, elle n'« imagine » plus, elle *invente* la fable des deux saintes qui vont la guider dans la mission qu'elles lui ont confiée de la part de Dieu, fable à laquelle, d'ailleurs, personne ne croira, et quand elle tentera d'en parler à Baudricourt pour la première fois, le 13 mai 1428, elle se fera vertement rabrouer (voir ci-dessus, p. 107).

De retour à Domrémy, Jeanne ne pense plus qu'à partir pour Chinon : l'obsession s'installe en elle, puissante, permanente, mais elle n'en parle à personne, bien évidemment. Entre temps, à Vaucouleurs, le bruit s'est répandu qu'une petite paysanne de Domrémy voulait voler au secours du dauphin de France, et vraisemblablement l'on en rit. Baudricourt en a *peut-être* devisé avec le duc de Bar, et celui-ci l'a *peut-être* conté dans une lettre adressée à sa mère, Yolande d'Aragon, la belle-mère du dauphin, et celle-ci va interroger le duc de Lorraine, à Nancy ; ou bien, autre circuit possible, il a transmis la nouvelle au duc de Lorraine, qui en a informé Yolande d'Aragon. Dans tous les cas, quelle que fût la manière dont circula l'information, elle aboutit à la décision (certainement prise à Chinon) d'envoyer Jeanne auprès du dauphin. Nous avons expliqué plus haut (p. 113) ce qui a poussé le parti armagnac et Yolande d'Aragon à faire cette expérience (qui aurait pu tout aussi bien échouer).

Et c'est ainsi que, *comme par hasard*, la petite Jeanne rencontra Bertrand de Poulengy, puis Jean de Nouillompont dans les rues de Vaucouleurs, et que, *comme par hasard* une fois de plus, Robert de Baudricourt fit son entrée chez la femme Le Royer où, toujours *comme par hasard*, Jeanne se trouvait. Et l'héroïque aventure de Jeanne allait commencer, le 13 février 1429 à Vaucouleurs (voir ci-dessus p. 120), quatre ans après que ses « voix » lui eurent parlé pour la première fois.

Toutefois, depuis cette première expérience, Jeanne a perdu sa personnalité infantile et elle ne fabule plus pour deux raisons :

d'une part, elle s'est adultisée (le processus de fabulation est, rappelons-le, typiquement infantile, et il ne persiste que dans les cas pathologiques), et, depuis le 22 février ses rêveries d'enfance sont devenues réalités. Par ailleurs, elle a conservé sa foi religieuse, qui envahit maintenant tout son être (ce qui n'a rien de pathologique et qui est parfaitement normal, surtout à cette époque) ; elle va donc continuer de prier, comme tous ceux qui ont la foi, elle mettra sincèrement ses succès sur le compte de ses prières, tout en entretenant le moral de ses partisans et en tentant d'entamer celui de ses adversaires par une propagande fondée sur les fabulations de son enfance.

Ainsi faisaient, d'ailleurs, tous les chefs militaires du Moyen Age qui demandaient à Dieu de leur accorder la victoire sur leurs ennemis, qui priaient le même Dieu de la même façon, espérant en fin de compte que « Dieu reconnaîtra les siens ».

L'Église avait depuis longtemps compris que ces croyances – typiquement superstitieuses – portaient atteinte à son crédit, et elle les combattait du mieux qu'elle le pouvait... au besoin par le bûcher.

14

DU BÛCHER A LA LÉGENDE

La brève et tragique aventure de Jeanne d'Arc fut un épisode spectaculaire, mais sans lendemain, de la longue querelle entre les Maisons de France et d'Angleterre qui fut appelée la « guerre de Cent ans » par les historiens du XIXe siècle. Spectaculaire, en raison de la personnalité de l'héroïne, mais sans lendemain car elle ne modifia à peu près en rien le cours de ce conflit.

Nous pensons en effet que la fin de la « guerre de Cent ans », qui impliquait l'abandon par la Maison d'Angleterre des fiefs qu'elle possédait en France (en particulier de la Guyenne), des territoires qu'elle y avait conquis ou reconquis par les armes et de ses prétentions à la couronne de France, passait *obligatoirement* par la fin de la guerre civile qui avait éclaté, en 1407 (année de l'assassinat, rue Vieille-du-Temple, à Paris, du duc d'Orléans ; voir ci-dessus, p. 97), entre le parti des Armagnacs, partisans des Valois et du dauphin Charles, et celui des Bourguignons, partisans du duc de Bourgogne. Cette guerre fratricide, dont profitèrent les Anglais, prit fin en 1435 seulement (quatre ans après le supplice de la Pucelle), par la conclusion du traité d'Arras entre Charles VII et Philippe le Bon. Cet accord fut l'aboutissement d'une longue série de tractations secrètes, commencées en août 1429 (voir ci-dessus, p. 207), à l'initiative de La Trémoille, et il ne dut *absolument rien* aux petites actions militaires auxquelles participa la Pucelle pendant six semaines, entre le 1er mai et le 18 juin 1429 (l'affaire d'Orléans et ce qu'on appelle avec grandiloquence la « campagne de la Loire »).

Toutefois, le difficile rapprochement franco-bourguignon, fondement de la future unité du royaume de France, imposait qu'on oubliât pour un temps – le « temps du silence[1] » – l'exaltation anti-bourguignonne de la Pucelle, ce qui explique partiellement que le roi Charles VII ait attendu vingt ans avant de prendre la décision de faire réviser le procès de Rouen en vue de la réhabilitation de Jeanne, « peut-être le seul mouvement de reconnaissance à mettre à l'actif de Charles VII » envers l'héroïne, écrivent Régine Pernoud et M.-V. Clin (*Jeanne d'Arc,* Paris, 1986). Quant à la transformation de sa modeste histoire en légende, puis en mythe, elle ne commencera qu'au XIXe siècle, à l'époque de la Restauration.

LA RÉHABILITATION DE LA PUCELLE : LE PROCÈS EN NULLITÉ

Bien qu'il n'ait rien pu faire pour sauver Jeanne (pour cela, il lui aurait fallu reconquérir militairement la Normandie, ce qui n'était absolument pas dans ses moyens), Charles VII fut certainement affecté par la mort de la Pucelle, et il continua de manifester sa gratitude à l'égard de ses proches après son supplice : Jean d'Arc, l'oncle de Jeanne, fut nommé arpenteur du roi pour la Champagne en 1436, et Jean de Nouillompont (Jean de Metz) fut anobli en 1441. Certains ont reproché au roi de ne pas avoir fait appel du jugement qui avait condamné Jeanne comme hérétique en cour de Rome ; mais la chose était alors pratiquement impossible, en vertu de trois raisons : 1° parce que, pour pouvoir contester la sentence et le déroulement du procès de Condamnation, il fallait en posséder la minute originale, ou du moins une copie authentique de cette minute, et les dossiers et lettres patentes attenants : or toutes ces pièces étaient conservées dans les archives de Rouen (donc entre les mains des Anglais) ou dans celles de l'Université de Paris, ville qui était entre les mains des Bourguignons ; 2° parce que Bedford avait fait savoir à l'évêque Cauchon, au nom du roi d'Angleterre, par une lettre patente du 12 juin 1431 (il n'avait pas perdu de temps !) que si le « faux roi de Bourges » interjetait appel devant le pape du jugement du 30 mai, ledit roi d'Angleterre et « vrai roi de France » (Henry VI, en vertu du traité de Troyes) agira par le moyen de ses ambassadeurs et messagers en cours de Rome et au Concile[2]

1. L'expression est de Pierre Duparc, le traducteur moderne du procès en Nullité (*Null.*, V, 3).
2. Ce très important Concile (mai 1431-1449) avait au programme la lutte contre les hérésies et la proclamation de la suprématie des Conciles sur les décisions de la papauté.

de Bâle qui s'était ouvert avant la condamnation de Jeanne, en mai 1431 ; 3° un nouveau pape, Eugène IV (1431-1447), a succédé à Martin V, et il est bien plus préoccupé des affaires du Concile que du différend entre les rois de France et d'Angleterre [1].

Or c'est seulement en 1449, soit dix-huit ans après le procès de Jeanne d'Arc, à l'occasion de la reconquête de la Normandie par Charles VII, que Dunois mettra le siège devant Rouen, défendu par Talbot; la population rouennaise, qui avait pris les armes contre les Anglais (pour des raisons sans rapport avec le procès de Jeanne), lui livra la ville, dans laquelle le roi de France fit une entrée triomphale le 10 novembre 1449. Une fois maître de Rouen, le premier geste de Charles VII fut de délivrer à l'un de ses conseillers, maître Guillaume Bouillé, des lettres de commission le chargeant de diligenter une enquête sur le procès qui avait été fait à la Pucelle dans cette cité dix-neuf ans plus tôt (15 février 1550).

Le procès en Nullité de la condamnation de Jeanne d'Arc était lancé, il devait se terminer par la sentence d'annulation du 7 juillet 1456, dont la conclusion a dû réchauffer le cœur de la Romée, la mère de Jeanne, qui était encore en vie, ainsi que celui de tous ses amis, et rassurer le roi sur la validité de son sacre : celle qui l'y avait conduit n'était pas une hérétique ni une sorcière :

> « Vu [... *suivent cinq pages d'attendus*]. Nous disons et prononçons, décidons que lesdits procès et les sentences [*de 1431*], contenant dol, calomnie, contradiction, et erreur manifeste de droit et de fait, ainsi que la susdite abjuration, l'exécution et toutes les suites, furent et sont nuls, invalides, sans effet et sans valeur.
>
> Et néanmoins, s'il est besoin, et comme la raison l'exige, nous les cassons, supprimons et annulons, en leur ôtant toute force ; nous déclarons que ladite Jeanne et les demandeurs ses parents n'ont subi ou encouru aucune marque ou tache d'infamie en raison de ce qui a été dit, qu'elle a été innocente et qu'elle est justifiée de tout cela et, s'il est besoin, nous l'en justifions entièrement. » (*Null.*, IV, p. 229.)

Qui était ce Bouillé, que le roi chargeait d'une tache si considérable ? C'était un homme d'Église et un théologien de haut rang : doyen de Noyon, ancien recteur de l'Université de Paris, qui était

1. Il sera déposé par les membres du Concile en 1439, mais il refusera de quitter le Saint-Siège ; les cardinaux nommeront un antipape, Amédée de Savoie, qui sera pape sous le nom de Félix V de 1439 à 1449 (il persécuta les hérétiques vaudois) et qui établira définitivement la suprématie de la papauté sur les cardinaux, ce qu'on appelle la « monarchie pontificale ».

retournée, avec Paris, sous l'autorité des Valois depuis la conclusion du traité d'Arras avec les Bourguignons, en 1435 (voir ci-dessus, p. 341). Il avait donc toutes les qualités pour exécuter la commission d'enquête extrajudiciaire du 15 février 1450 dont l'avait chargé le roi ; mais il manquait de moyens et sans doute d'autorité.

Jugez un peu. En vertu de cette commission d'enquête, Bouillé recueillit devant notaire sept dépositions seulement, datées du 4 et du 5 mars 1450, mais il ne put ni récupérer les pièces du procès de Condamnation (la minute française, les cinq minutes latines, les diverses lettres patentes et pièces de procédure, les constats et autres pièces d'huissiers), ni en faire exécuter des copies pour les communiquer aux témoins qu'il devait interroger et à diverses personnalités : ce n'était pas les sept dépositions, enregistrées à la va-vite, du notaire greffier Manchon, de l'huissier Massieu, des frères Isambard, Martin Ladvenu et Toutmouillé qui risquaient d'éclairer les grands juristes théologiens de Rome sur l'énorme dossier qu'avait constitué l'Inquisition à propos de l'affaire Jeanne d'Arc.

Ajoutons, pour ne pas trop accabler ce pauvre conseiller Bouillé, que le 5 mars, alors qu'il venait à peine d'interroger ses premiers témoins – des « lampistes » écrit Guillemin avec sa verve coutumière –, il rencontre (de sa propre initiative) Jean Beaupère, maître en théologie, ancien recteur de l'Université de Paris, l'un des assesseurs les plus assidus lors du procès de Condamnation, qui revient du Concile de Bâle. Bouillé en profite pour l'interroger et Beaupère lui recommande d'engager le roi à renoncer à la demande d'annulation qu'il veut adresser à Rome : les décisions de l'Inquisition sont réputées infaillibles, comment les annuler ? Seul le pape est compétent, en la matière, et il a d'autres problèmes importants à régler : il vaut mieux étouffer l'affaire, car le roi risque d'y perdre son temps et son crédit.

Bouillé va donc devoir convaincre le roi de renoncer, pour l'heure, à une procédure d'annulation d'un jugement de la Sainte Inquisition. Et Bouillé offre au roi sa démission. Le procès en Nullité commence mal.

*
* *

L'enquête de 1450, dont nous n'avons pas les pièces, avait cependant mis en évidence un nombre suffisant d'irrégularités pour que Charles VII pût envisager de réclamer une révision du procès de Condamnation. Mais, comme il s'agissait d'un procès d'hérésie, la cause n'était pas de la compétence des tribunaux (laïcs) : elle devait être jugée par un tribunal ecclésiastique, et l'enquête avortée de Bouillon devait être reprise selon la lourde procédure du droit canonique : seul le pape, où un de ses représentants dûment accrédité, avait le pouvoir de poursuivre l'affaire.

Pour comprendre toutes ces hésitations et tous ces retards, il nous faut dire quelques mots de la crise que traverse la papauté à cette époque (voir ci-dessus, p. 343). Il y a alors deux papes (Nicolas V, élu en 1447, à la mort d'Eugène IV) et un antipape (Félix V, élu en 1438) qui se disputent le Saint-Siège (voir ci-dessus, p. 263, le Grand Schisme d'Occident). L'antipape Félix V avait accepté, en 1438, l'édit promulgué cette année-là par Charles VII, appelé *Pragmatique sanction*, qui affirmait la supériorité des évêques, réunis en concile, sur le pape. En 1452, Nicolas V est désireux de voir l'Église de France retrouver son ancien statut (antérieur à la Pragmatique sanction, dont il souhaite l'abolition[1]). Il envoie donc un légat à Charles VII pour régler cette question, le cardinal Guillaume d'Estouville, un Normand, qui a combattu les Anglais dans sa jeunesse avant d'être cardinal, qui est resté 20 ans prisonnier à Londres, et qui est tout acquis à la cause de Jeanne.

Disons tout de suite que la Pragmatique sanction ne fut abolie qu'en 1461, par Louis XI, mais que l'*information canonique* en vue de la révision du procès de Jeanne débuta dès le mois de mai 1452, grâce aux efforts conjugués du roi et du cardinal d'Estouville, qui se rencontrèrent en février 1452 : le cardinal, agissant au nom du pape, ouvrit sur le champ l'enquête sur le procès de 1431, assisté par l'Inquisiteur de la foi, le dominicain Jean Bréhal, qui avait succédé à ce poste à Jean Graverent.

Le cardinal et l'Inquisiteur se nommèrent co-juges (comme l'avaient fait l'évêque Cauchon et le vicaire de l'Inquisiteur, Jean Le Maistre, dans le procès ordinaire, voir ci-dessus, p. 281), établirent une liste de XXVII articles sur lesquels ils avaient décidé

1. Ce n'était pas là de l'autoritarisme pontifical. Nicolas V était inquiet des guerres entre les Maisons princières d'Europe, et il désirait pouvoir les arrêter, en intervenant par diverses encycliques ; mais, dans la mesure où les évêques nationaux, réunis en concile, pouvaient s'y opposer du fait de la Pragmatique sanction, son intervention n'était plus possible. Or, en cas de croisade contre les musulmans d'Orient (c'est-à-dire contre les Turcs, qui devenaient menaçants), il était nécessaire que les guerres cessassent entre les princes chrétiens : d'où les efforts de Nicolas V pour rétablir, en France notamment, l'ancien statut de l'Église.

d'enquêter (17 sur la procédure et 10 sur Jeanne elle-même), et l'*information canonique* (et non plus laïque, comme celle du conseiller Bouillé) se déroula entre le 2 et le 9 mai 1452, à Rouen, où 22 témoignages furent recueillis (les 7 dépositions qu'avait obtenues Bouillé et celles de 15 autres témoins).

Les articles de cette information canonique préalable tournent tous autour d'une même thèse (qui permettra à l'Église de se disculper publiquement et officiellement dans cette affaire), à savoir que le procès s'est déroulé sous la menace des Anglais, qui étaient alors en guerre contre le roi de France et qui en ont perturbé le cours. Ces Anglais ont menacé les juges et les assesseurs, ont fait constamment pression sur eux, et Jeanne, jeune fille ignorante, n'a eu ni avocat, ni conseiller pour défendre sa cause, en raison de la terreur que faisaient régner les Anglais à Rouen ; les questions posées à l'accusée par les juges étaient obscures, tendancieuses, et conduisaient l'accusée à se contredire malgré elle, alors qu'elle ne cessait de proclamer qu'elle se soumettait à l'Église et au pape. De cela, d'Estouville et Jean Bréhal concluaient qu'on avait fait à la Pucelle un faux procès, avec des juges corrompus et partiaux, à la solde des Anglais, ennemis du roi de France, et que le jugement et la sentence ne méritaient pas le nom de jugement et de sentence ; ils soulignaient enfin que Jeanne s'était continuellement comportée en catholique fervente et que les Anglais, qui la poursuivaient d'une haine mortelle, étaient les seuls responsables de sa condamnation et de sa mort (nous avons reproduit le texte des XXVII articles de l'information canonique à l'annexe n° 12).

Admirable hypocrisie de l'Église, représentée par le cardinal d'Estouville, et du tribunal de l'Inquisition, représenté par Jean Bréhal, qui s'absolvaient ainsi du crime qui avait été commis et imputaient la responsabilité de la condamnation et du supplice de Jeanne aux Anglais.

Il est certain que les Anglais voulaient traduire Jeanne en justice et sans doute la condamner eux-mêmes à mort, mais dans le cadre d'une procédure laïque et pour des raisons de politique internationale, et non pas pour des motifs religieux dont ils n'ont que faire. L'indiscutable popularité de la Pucelle, tant dans les territoires qu'ils occupaient que dans les pays de Loire qu'ils espéraient conquérir, constituait ce qu'on nommerait aujourd'hui une « arme psychologique » puissante entre les mains des Armagnacs, qui voulaient faire annuler le traité de Troyes. Ils tenaient donc à la juger eux-mêmes, rapidement, éventuellement à la pendre ou à la décapiter, et à en profiter pour faire avaliser le traité de Troyes par une haute juridiction. C'est pourquoi ils tarderont à livrer la Pucelle à l'Université de Paris qui la leur réclamait instamment au nom de l'Église (voir ci-dessus, p. 271).

Mais cette Église – que représentaient le pape (Eugène IV, en 1431), l'Université de Paris et l'Inquisition – avait alors besoin, de son côté, d'un grand procès d'hérésie. Elle était fermement décidée à condamner spectaculairement, aux yeux de tous les chrétiens d'Occident parmi lesquels commençaient à souffler le vent du déviationnisme doctrinal, cette Pucelle qui proclamait, *urbi et orbi*, n'obéir qu'à l'Église triomphante, c'est-à-dire à Dieu seul, et qui récusait tous les jugements de l'Église militante, ceux du pape et des évêques. Et c'est ce qu'avaient fait l'Inquisition et l'Université de Paris, en 1431, en montant de toutes pièces le procès de Jeanne, qui avait été excommuniée et livrée ignominieusement au bras séculier des Anglais.

Au terme de l'information canonique, le pompeux cardinal et le sévère Inquisiteur proféreront donc gravement, en substance, ce mensonge qu'on rabâche à tous les enfants de France depuis la *Ballade des Dames du temps jadis* (écrite par Villon entre 1456 et 1463, *après* le procès en Nullité) : que ce sont les Anglais qui ont brûlé à Rouen Jeanne, la bonne Lorraine, et non pas l'Église.

*
* *

Cette enquête préliminaire terminée, il restait à ouvrir et à mener à bonne fin le procès qui devait aboutir à l'annulation de la sentence prononcée contre Jeanne en 1431, à savoir un procès inquisitoire[1] classique.

L'ouverture de n'importe quelle instance judiciaire, laïque ou religieuse, implique d'abord une demande motivée des parties intéressées (les *demandeurs*), le placement de la cause devant un tribunal déterminé et les démarches de procédure nécessaires à l'organisation du procès (citation en justice des parties adverses

1. Dans un procès inquisitoire, les juges sont des religieux, qui ne dépendent que de l'évêque et, en dernier recours, que du pape ; dans un procès judiciaire, les juges sont des laïcs et dépendent, en dernier recours, du roi. Dans les deux cas, les procédures sont différentes.

– les *défendeurs* – nomination des juges, etc.). Dans le cas d'un procès inquisitoire, cette procédure se faisait en deux temps : 1° la partie demanderesse (en l'occurrence la famille de Jeanne) devait adresser une *supplique* au pape (c'était alors Calixte III, qui avait été élu le 8 avril 1455) ; 2° le pape y répondait par un acte appelé *rescrit*, dans lequel, s'il accueillait la demande, il désignait et citait devant le tribunal les parties adverses et nommait les juges, procureurs et notaires-greffiers qu'il chargeait de la cause ; ce rescrit pouvait être une simple lettre (un *bref*) dictée par le pape, ou une *bulle* (lettre portant le sceau pontifical – *bulla* en latin – de forme arrondie, plus solennelle qu'un bref).

La supplique demandant la révision du procès de Condamnation de Jeanne d'Arc fut adressée au pape Calixte III par la mère de la Pucelle, Isabelle d'Arc, et par ses frères, Jean et Pierre. Elle dut parvenir au Vatican entre avril et novembre de la même année[1], et le pape y répondit par un rescrit scellé de la bulle papale, en date du 11 juin 1455, désignant, pour juger cette affaire, l'archevêque de Reims, Jean Juvénal des Ursins[2], Guillaume Chartier, évêque de Paris, et Richard Olivier, évêque de Coutances, en tant qu'inquisiteur. Voici comment les notaires Ferrebouc et Lecomte décrivent la première séance du procès en Nullité, qui eut lieu à Notre-Dame de Paris, le 7 novembre 1455 (séance informelle : car aucun notaire désigné n'était présent, et elle fut rapportée par les notaires, qui étaient présents mais non encore désignés alors, Ferrebouc et Lecomte) :

> « Au nom du Christ, amen.
>
> [...], l'an du Seigneur 1455, le 7e jour de novembre, dans la vénérable église de Paris, le matin, devant le révérendissime seigneur Jean [*Juvénal des Ursins*], archevêque de Reims, et honorable maître Jean Bréhal, Inquisiteur de la foi, se présenta humblement et se prosterna à leurs pieds avec de grands gémissements et soupirs honnête femme Isabelle d'Arc, mère de

1. Elle ne figure pas dans les registres de suppliques conservés aux Archives du Vatican ; mais le registre correspondant à la période avril – novembre est manquant : on en déduit que la supplique devait s'y trouver (selon P. Doncœur et Y. Lanhers, t. V, p. 9 ; voir *Bibliographie*).
2. Juvénal (ou Jouvenel) des Ursins (1388-1473), l'un des principaux conseillers de Charles VII, principal artisan du traité d'Arras de 1435, mettant fin à la guerre civile entre Armagnacs et Bourguignons et auteur d'une précieuse compilation intitulée *Chronique du roi Charles VI* ; on lui doit aussi un opuscule écrit en 1433, dans lequel il s'exprime, avec une grande liberté, sur les malheurs du temps, sur les excès des gens de guerre et sur le redressement inespéré de la cause royale à partir du sacre de Reims, dans lequel il ne cite même pas le nom de Jeanne d'Arc, ce qui mérite réflexion.

défunte Jeanne, communément appelée "la Pucelle" ; elle offrit et présenta un mandat et rescrit du Saint-Siège apostolique, avec son fils Pierre d'Arc, frère de ladite Jeanne, et avec l'assistance d'hommes honorables, clercs et laïcs, et de beaucoup d'honnêtes femmes, en exposant tant en son nom qu'au nom de ses enfants et de ses parents, d'une manière pitoyable et d'un ton lamentable, et en faisant exposer par certaines personnes présentes [*celles qui lui servaient de premiers avocats dans l'affaire : Isabelle était incapable, culturellement, de prononcer le discours qui va suivre*] les faits suivants.

[*Suit le résumé de l'histoire de Jeanne, de Domrémy au bûcher.*] Aussi les entrailles de ladite mère s'émurent pour sa fille ; tous ses parents furent remplis de douleur, aussi que beaucoup d'autres [...]. Alors apparut avec évidence et devint public ce qui avait été longtemps caché, à savoir que ce procès était entaché de dol, de violence, d'iniquité également ; et la nullité, l'injustice, la violence furent découvertes de plusieurs façons, tant par l'examen du procès que par la renommée publique et les rapports des gens dignes de foi [*au cours de l'information canonique dont on a parlé plus haut*]. Constatant cela [*supplique fut adressée au pape qui a produit le rescrit nommant les juges, etc.*]. » (*Null.*, III, pp. 7-14.)

Le débat fut alors interrompu et les juges assignèrent les plaignants au 17 novembre suivant, devant la Cour épiscopale de Paris, pour la présentation officielle du rescrit papal, citations à faire et autres actes préliminaires.

Ce jour-là, dans la grande salle de l'évêché de Paris, eut alors lieu la première séance véritablement officielle du procès. Un avocat fut donné à la famille d'Arc, Pierre Maugier, ancien recteur de l'Université de Paris, qui procéda à la lecture intégrale du rescrit, et deux procureurs furent nommés, Guillaume Prévosteau et Jacques Fouques, chanoine de Rouen ; Jean Bréhal, Grand Inquisiteur de la foi, qui avait participé à la rédaction des XXVII articles, fut adjoint comme juge au tribunal et les citations aux témoins destinés à être interrogés leur furent adressées selon le lourd formalisme de la procédure inquisitoriale.

Le procès proprement dit s'ouvrit le 12 décembre 1455 à Rouen, par une audience de procédure. Curieux procès : les principaux responsables de la sentence de 1431 étaient morts ou avaient disparu (en particulier, Cauchon, principal accusé, était mort en 1442 ; Jean Le Maistre, vicaire de l'Inquisition, avait disparu, ainsi sans doute que Jean Graverent, Grand Inquisiteur de France) ; d'autres, qui avaient été cités, ne s'étaient pas dérangés au point que l'un des procureurs des demandeurs, Jacques Fouques, chanoine de Rouen, demanda qu'on les jugeât par contumace. Toutefois, les juges, qui étaient désireux de procéder calmement, se contentèrent de prolonger l'assignation à comparaître jusqu'au 15 décembre.

Le 15 décembre, le procès put enfin commencer. Pierre Maugier fit un rapide historique du procès de Condamnation et exposa les 12 raisons pour lesquelles il avait été contraire à la justice (incompétence du tribunal présidé par l'évêque Cauchon, minorité de l'accusée, refus d'un avocat, etc.). Puis on procéda officiellement à l'institution des deux notaires du procès (François Ferrebouc et Denis Lecomte), et d'un promoteur pour soutenir les demandeurs (Simon Chapitault). Enfin, on produisit les témoignages recueillis lors de l'enquête préparatoire (dépositions des témoins n° 1 à 22, voir annexe n° 3).

Le 18 décembre, le promoteur de la cause, Guillaume Prévosteau, remet aux juges et aux notaires la demande écrite des demandeurs, ou *libelle*, précisant notamment les faits allégués par eux (voir leur énumération à l'annexe n° 12) et exposant les sept causes de nullité qui en découlaient. La procédure inquisitoriale prévoyait que les accusés devaient se défendre des accusations portées contre eux par le libelle ; mais « les » accusés se réduisaient au seul évêque Cauchon, mort depuis sept ans. Les héritiers de l'évêque produisirent simplement un document écrit dans lequel ils déclaraient qu'ils ne voulaient pas participer au procès, ni comme défenseurs (de la mémoire de l'évêque) ni avec tout autre rôle. Le procès en Nullité eut donc lieu à sens unique... comme le procès de Condamnation.

Cette phase procédurière avait été relativement courte : sept semaines à peine s'était écoulées entre la présentation du rescrit du pape à Notre-Dame, le 7 novembre 1455, et l'audience du 20 décembre où le promoteur Simon Chapitault remit sa requête écrite, dans laquelle il avait regroupé, en 101 articles, les griefs des demandeurs concernant non seulement les irrégularités de procédure, mais aussi le fond du procès, c'est-à-dire les fautes que ses accusateurs avaient reprochées à Jeanne (d'être une prophétesse, une sorcière, une hérétique, etc.). L'instruction de la cause pouvait commencer.

Plaignants	Isabelle d'Arc, Pierre et Jean d'Arc
Accusés	Guillaume de Hellande, évêque de Beauvais (en tant que successeur de Pierre Cauchon) ; le vicaire de l'inquisition pour le diocèse de Beauvais
Juges	Jean Juvénal des Ursins (archevêque de Reims), Jean Bréhal (Inquisiteur), Guillaume Chartier (évêque de Paris), Richard Olivier (évêque de Coutances)
Promoteur de la cause	Simon Chapitault
Procureur des plaignants	Jacques Fouques, chanoine de Rouen, Guillaume Prévosteau, Jean Mérat
Avocat des plaignants	Pierre Maugier
Notaires du procès	François Ferrebouc, clerc à Paris, Denis Lecomte, prêtre du diocèse de Coutances

Les acteurs du procès en Nullité.

*
* *

Cette phase procédurière achevée, des commissaires enquêteurs reçurent diverses délégations, afin d'aller interroger divers témoins sur le comportement, la conduite et les activités de Jeanne (certaines de ces enquêtes furent faites par les juges eux-mêmes, notamment à Orléans). Les dépositions des témoins furent dûment enregistrées, jointes aux 22 dépositions fournies par les personnes interrogées à Rouen, en mai 1452, lors de l'enquête préparatoire (voir ci-dessus, p. 346) et leur ensemble constitue le cœur du procès en Nullité. Précisons qu'il y a eu en tout 137 dépositions, émanant de 133 témoins, deux d'entre eux (frère Pierre Miget et frère Martin Ladvenu) ayant déposé deux fois et le notaire Guillaume Manchon ayant déposé trois fois : la liste de ces témoins est décrite dans l'annexe n° 3.

Il y a eu au total cinq enquêtes : 1° l'information préalable diligentée à Rouen en mai 1452 (22 témoins interrogés), dont nous avons déjà parlé (ci-dessus, p. 346) ; 2° une enquête à Domrémy-Greux et dans la région, à Vaucouleurs, à Neufchâteau et à Toul, en janvier-février 1456 (34 témoins interrogés) ; 3° une importante enquête à Orléans, en février-mars 1456 (41 témoins interrogés) ;

4° une enquête à Paris, en avril-mai 1456 (20 témoins interrogés) ; 5° une deuxième enquête à Rouen, en mai 1456 (19 témoins interrogés) ; 6° une enquête spéciale à Lyon, auprès de Jean d'Aulon, qui avait été l'intendant de la Pucelle (il a fait une déposition écrite datée du 28 mai 1456). Si l'on excepte l'enquête préalable (22 témoins), 115 témoins furent ainsi entendus entre le 28 janvier et le 14 mai 1456, soit en trois mois et demi : on ne peut qu'admirer le zèle de ces évêques transformés, par les besoins de la cause, en juges d'instruction.

Les dépositions ont été recueillies selon des règles très strictes. Des listes de témoins à interroger ont été dressées en partie par les juges, en partie par les demandeurs, en partie par le promoteur. Chaque témoin cité devait jurer sur les Évangiles de dire la vérité, toute la vérité, et de déposer *« sans passion, ni haine, sans être sollicité, ni payé, sans partialité ni crainte »* (*Null.*, V, p. 40). La dernière déposition, si l'on excepte la longue déposition écrite de Jean d'Aulon, fut celle de frère Seguin de Seguin, un bénédictin, professeur de théologie sacrée à Poitiers, qui avait jadis interrogé Jeanne sur ses « voix ». Elle a été reçue à Rouen le 14 mai 1456 par les deux juges principaux de la cause, l'évêque de Paris et l'Inquisiteur de la foi.

Le 10 juin, la famille d'Arc demandait *« qu'il fût conclu en la cause »* et les parties furent régulièrement assignées à cet effet. Le 1er juillet, l'archevêque de Rouen, les évêques de Paris et de Coutances, l'Inquisiteur Jean Bréhal, siégeant à Rouen, constataient une fois de plus le défaut des défenseurs (les héritiers de l'évêque Cauchon) et renvoyaient l'affaire au lendemain 2 juillet, après avoir précisé aux demandeurs (la famille d'Arc) de produire des conclusions écrites.

Le 2 juillet, le tribunal constatait à nouveau le défaut des défendeurs, les déclarait alors contumaces et proclamèrent admises les conclusions des demandeurs, qui dénonçaient en particulier : la partialité *a priori* des premiers juges, les irrégularités de la procédure (la prison, l'absence d'avocat pour Jeanne), l'absence d'aveu, le rejet de l'appel au pape qu'avait demandé Jeanne (et qui était suspensif), l'incompétence des juges en matière d'apparitions ; les parties furent citées à comparaître le 7 juillet 1456 pour entendre la sentence dont nous avons cité les derniers termes plus haut (p. 343) : Jeanne était lavée de toutes les accusations dont elle avait fait l'objet en 1431.

Charles VII pouvait se frotter les mains. En vertu de la sentence qui clôturait ce procès sur mesure, ni les Lancastres, ni la Maison de Bourgogne ne pourraient jamais prétendre, jamais plaider qu'il avait été conduit à l'autel de Reims par une hérétique, sorcière et devineresse de surcroît. La dynastie des Valois sortait indemne de cette pénible affaire, et il n'avait plus de souci à se faire pour l'âme de Jeanne : après la mort de son corps, l'Église triomphante l'avait certainement accueillie au paradis, et maintenant l'Église militante, qui l'avait excommuniée 25 ans plus tôt, la recevait à nouveau dans son sein, *post mortem corporis*[1].

Que demander de plus ?

LA LÉGENDE

Le passage de Jeanne d'Arc dans l'histoire de France n'a guère été, lorsqu'on y regarde de près, qu'un fait divers indiscutablement étonnant, mais fugitif. La Pucelle y fait son entrée en scène au mois de janvier 1429, lors de sa troisième entrevue avec Baudricourt (fortuite ?) chez Catherine Le Royer, et elle en sort le 23 mai 1430, lorsqu'elle est prise devant Compiègne.

Pendant ces dix-sept mois, quel rôle a-t-elle joué dans notre histoire ? Sur le plan militaire, elle a accompagné un convoi de ravitaillement de Blois à Orléans, ce qui lui a pris une semaine, tandis que, de son côté, Dunois conduisait l'armée royale (en deux temps) sur le même itinéraire ; puis, une fois Dunois à pied d'œuvre avec son armée au grand complet (au maximum 4 000 hommes selon Ferdinand Lot[2]), elle a participé aux combats qui ont délogé les Anglais de leurs bastides devant Orléans (qui n'était pas vraiment assiégée), le 6 mai 1429 (ce jour-là, elle a pris une initiative décisive, voir ci-dessus, p. 168). La campagne de la Loire, qui se termine par la victoire de Patay, n'est pas son œuvre : elle est due au connétable de Richemont, Jeanne n'y a été qu'un combattant parmi d'autres. Quant à l'assaut contre Paris, en septembre 1429, il est vrai que ce fut une initiative de la Pucelle, mais elle faillit tourner au désastre et le roi se sépara alors de ses services.

1. « Après la mort de son corps » ; le sort de son âme, immortelle, ne dépendait plus que de Dieu.
2. *L'Art militaire et les Armées du Moyen Age*, t. II, pp. 54-59, Paris, 1946 ; devant ses juges elle prétendra que *« le roi lui donna 10 ou 12 000 hommes »*, ce qui a toutes les chances d'être faux.

Le rôle militaire de la Pucelle a donc été surestimé, et même surfait : ce n'est pas elle qui fut à l'origine du redressement français sur ce plan. En revanche, sur le plan politique, son action a été indiscutablement efficace, mais non pas déterminante. Elle a joué à Chinon le rôle de catalyseur qu'espérait Yolande d'Aragon : elle a mobilisé les énergies et elle a réveillé le dauphin de son assoupissement politique.

Ce qui a sauvé les Valois, en effet, ce ne sont pas les moulinets que faisait la Pucelle, dit-on, avec son épée ou avec son étendard, c'est le fait qu'elle ait été, fortuitement peut-être, une des personnes qui sont parvenues à donner confiance au dauphin et à le persuader de sa légitimité (une parmi d'autres : Yolande d'Aragon, la reine Marie d'Anjou, les conseillers du roi – La Trémoille en tête, qui fut l'artisan du rapprochement franco-bourguignon, Regault de Chartres – ont été aussi de la partie). Par quels moyens ? on l'ignore, mais elle y est véritablement parvenue. Et il en résultera la consécration de Reims, contre laquelle les Lancastres ne pourront plus rien. La Pucelle n'a pas été une guerrière inspirée par Dieu (sur ce plan, ses interventions ont été négligeables et parfois néfastes), elle a été l'arme psychologique dont Yolande d'Aragon a su se servir pour mobiliser le dauphin qui s'est révélé par la suite un monarque avisé et le véritable artisan du rétablissement français, qui se résume en six dates : 1435, traité d'Arras avec les Bourguignons ; 1436, reprise de Paris par Richemont (qui a réussi là où Jeanne, imprudente et inexpérimentée, ne pouvait qu'échouer) ; 1444, trêve de Tours avec les Anglais ; 1449/50, reconquête de la Normandie ; 1451, reconquête de la Guyenne, achevée par la victoire de Castillon en 1453.

C'est alors que, progressivement, se développa chez les chroniqueurs du XVIe siècle un premier modèle légendaire de Jeanne d'Arc : celui de la Pucelle considérée comme un miracle divin conçu pour sauver le royaume de France et la dynastie des Valois. Cette thèse est particulièrement développée par Étienne Pasquier (1529-1615), qui est à l'origine du patriotisme monarchique et qui écrit, dans ses *Recherches sur la France*, que la Pucelle a été envoyée par Dieu pour sauver la France (la France, et non pas les Valois). Même son de cloche chez François de Mézeray (1610-1683) dans sa monumentale *Histoire de France depuis Pharamond (1643-1651)*, et chez de nombreux autres écrivains dont le plus connu est Chapelain (1595-1674), auteur d'un très ennuyeux poème épique en 24 chants, *La Pucelle ou la*

France délivrée, dans laquelle Jeanne est présentée comme une martyre de la foi. On comprend dès lors les sarcasmes des Lumières, et en particulier ceux de Voltaire.

Puis vint la grandiloquente Révolution française, pure et dure, qui bannit la Pucelle du panthéon républicain, comme suppôt du féodalisme monarchique. Un incident municipal, survenu à Orléans en août 1792 et rapporté par Quicherat[1], est particulièrement significatif.

La France vivait les derniers jours de la monarchie (abolie par décret dès la première séance publique de la Convention, le 21 septembre 1792), les guerres de la Révolution (en l'occurrence celles de la Première coalition) avaient commencé le 20 avril précédent, et, partout, dans les villes de la République naissante, on fondait les statues en bronze qui décoraient places et palais pour en faire des canons (pratique qui perdura jusqu'à la Seconde Guerre mondiale). Il fut alors proposé au conseil municipal d'Orléans de fondre le monument élevé en 1771 dans cette cité, à l'entrée du Pont-Royal[2], en l'honneur du roi Charles VII : il représentait Jeanne agenouillée au pied d'un Christ en croix, de l'autre côté duquel se tenait le roi, face à la Pucelle. Les élus municipaux s'opposèrent à cette proposition, arguant que ce monument n'était pas un hommage au féodalisme du passé, mais qu'il glorifiait le vaillant peuple d'Orléans qui avait su se libérer par lui-même de la tyrannie du roi d'Angleterre. Néanmoins, l'administration départementale passa outre, considérant que l'action de la Pucelle s'était exercée dans le cadre d'une guerre purement féodale, et non pas nationale ou populaire, et le monument « royaliste » fut fondu. L'année suivante, la grande fête municipale qui commémorait la « libération » d'Orléans, en 1429, fut supprimée. Pour les Conventionnels purs et durs, Jeanne, vraie ou fausse héroïne d'une guerre féodale, et qui, de surplus, se disait inspirée par Dieu, ne méritait pas d'être à l'honneur dans la République laïque et démocratique en train de se construire.

Il faut attendre la Restauration pour voir renaître l'intérêt pour l'histoire de la Pucelle. Il se manifeste d'abord par l'érection d'un monument en l'honneur de Jeanne à Domrémy (en 1820), en

1. *Procès de condamnation et de réhabilitation de Jeanne d'Arc dite la Pucelle*, Paris, 1841-1849, t. V, p. 243.

2. Pont construit en 1771 à la place du pont des Tournelles décrit plus haut (p. 157).

rapport avec l'utilisation du patriotisme monarchiste comme moyen de propagande politique. C'est dans cette perspective que se place aussi Michelet à partir de 1833, qui voit en Jeanne l'incarnation du peuple de France. L'image qu'il nous donne de la Pucelle, en tant que représentante du patriotisme populaire, a hanté tous les historiens du XIXe siècle et du début du XXe siècle, jusqu'à Barrès ; dans son *Histoire de la Révolution française* (1847-1853), il écrit ces lignes qui feraient sourire, si elle n'était pas du grand Michelet :

> « A des siècles de distance, les Parisiens qui assaillent la Bastille retrouvent la témérité des soldats de la Pucelle [*la Pucelle n'a jamais eu de soldats à elle, sauf quand elle devint chef de bande*]. Une idée se leva sur Paris avec le jour et tous virent la même lumière. Une lumière dans les esprits et dans chaque cœur une voix : Va, et tu prendras la Bastille. »

Nous ne sommes pas certains que les sans-culottes et les Conventionnels de 1792-1793 auraient applaudi à cette belle envolée oratoire, qui, d'ailleurs, constitue une belle erreur historique [1], eux pour qui Jeanne d'Arc était le plus parfait symbole du féodalisme qu'ils étaient en train d'abattre, comme on vient de le dire. Les formules de Michelet sont belles et entraînantes, comme les paroles de *la Marseillaise*, mais elles sonnent faux. Quand il écrit, par exemple : *« Au moment où* [...] *l'Anglais se fait roi, alors la France se sent France* [2] *»*, il oublie le peuple dont le Bourgeois de Paris est l'expression la plus concrète, qui s'accommode parfaitement du roi anglais. D'autant qu'à cette époque, il ne s'agit pas de se sentir « français », mais armagnac ou bourguignon.

*
* *

A partir de la seconde Restauration (la monarchie constitutionnelle de Louis-Philippe), deux forces culturelles antagonistes se sont manifestées en France ; elles expliquent une grande partie de son histoire politique, sociologique, littéraire et même internationale, mais aussi l'évolution des thèses sur la Pucelle dans deux directions opposées. Ce sont le renouveau du catho-

1. Lire ce qu'écrit Georges Lefebvre sur la « révolution populaire » dans *La Révolution française*, Paris, PUF, 1963 (1re éd. 1930), p. 135, *sqq*.
2. Cité par l'historien allemand Gerd Krumreich, dans *Jeanne d'Arc à travers l'histoire*, Paris, Albin Michel, 1993 (éd. allemande, 1989), p. 81.

licisme, que la Révolution et l'Empire avaient tenté de balayer, et le développement du nationalisme, forme pensée et politique de la passion patriotique forgée par la Révolution et cultivée par la propagande napoléonienne.

Le jour où l'armée anglaise, renonçant au combat, avait fait demi-tour devant les murs d'Orléans, les habitants organisèrent spontanément une procession pour remercier Dieu et les saints patrons de la ville de l'avoir épargnée ; depuis, chaque année, le 8 mai, les Orléanais commémorent cet événement (qui, nous l'avons vu ci-dessus au chapitre 5, n'a pas été le résultat d'une grande bataille, mais a constitué en quelques escarmouches entreprises par Dunois et ses hommes de guerre, dans le cadre d'une stratégie discutée dans un conseil dont Jeanne avait été écartée). Au fur et à mesure des années, cette procession est devenue une véritable parade ; elle n'a été interrompu que pendant dix ans, entre 1793 et 1803.

Puis le Premier consul rétablit la fête d'Orléans, et, peu à peu, de cérémonie purement religieuse qu'elle était, elle devient, sous Louis-Philippe, une sorte de fête nationale, avec défilé militaire, drapeau tricolore, présence des autorités civiles et militaires du lieu, discours et remises de décorations. Les tentatives ne manquent pas, chez les politiciens d'alors, pour interpréter l'aventure de Jeanne comme une aventure de la nation française, et non plus comme une intervention divine. Une guerre feutrée éclate alors (en 1849) entre l'évêque d'Orléans, Mgr Dupanloup, et les anticléricaux du moment, issus de la révolution de 1848. C'est l'époque où la France se divise en deux camps, avec d'un côté les républicains socialistes et les ouvriers, de l'autre les bourgeois et les paysans, ultra-catholiques, réactionnaires et nationalistes à outrance.

C'est dans cette ambiance que se constitue l'historiographie catholique de Jeanne d'Arc, sous la plume d'Henri Wallon (1812-1904), l'auteur du fameux amendement voté en janvier 1875 (à une voix de majorité), qui baptisait « République » le régime institué en France après la chute de Napoléon III. Wallon est catholique et républicain, comme le seront plus tard les démocrates-chrétiens ; il s'agit, pour lui, non pas de présenter Jeanne comme la jeune Pucelle qui sauve la France, mais de la peindre comme une sainte, comme une martyre, trahie par le roi qui l'a abandonnée aux Anglais, de la même façon que le Sauveur a été trahi par les siens. Ce qui fait sa valeur, à ses yeux, c'est sa piété et sa ferveur, qui mérite qu'on la canonise, et non pas ce qu'elle a pu faire pour la France.

Nous sommes bien loin, alors, de la Jeanne historique qui, à la même époque, semblait se dégager de l'énorme travail de Quicherat (1841-1849), ces cinq énormes volumes qu'aucun de ces politiques et de ces religieux, de ces beaux parleurs n'ont le courage de compiler, afin d'en dégager l'image historique de la Pucelle. A cet égard, le panégyrique que Dupanloup prononça, lors de la fête de Jeanne d'Arc le 8 mai 1855, à Orléans, n'a plus aucun rapport avec l'histoire et fonde l'interprétation mythique du personnage, qui obsède encore certains. Votre évêque, dit Dupanloup dans son sermon, *« n'a pu se refuser à vous raconter ce que Dieu a fait de si grand pour vous »*, et cet ecclésiastique illuminé qui s'enivre de ses oraisons, d'affirmer du haut de sa chaire, sous les voûtes de sa cathédrale, avec un art consommé de la prédication – et de la comédie – qui s'inspire des raccourcis de Bossuet sans avoir le génie de l'Aigle de Meaux : *« Domrémy, Orléans, Rouen, voilà les trois théâtres choisis par Dieu*[1]. » Nous ne sommes plus dans la légende, nous sommes dans le mythe, asséné par Dupanloup et ses semblables, bateleurs sans talent du « Jeanne d'Arc *Circus* », repris en chœur, la larme à l'œil et d'une voix feutrée, par leurs ouailles émues, le mythe de la malheureuse Pucelle choisie par Dieu non seulement pour délivrer Orléans, en 1429, mais pour manifester Son amour à l'humanité tout entière et remettre à sa place – la première, évidemment – la France, fille aînée de l'Église, et, grâce à la Pucelle, reine des peuples de la chrétienté. Dans quarante ans, les émules de ces chantres se métamorphoseront en procureurs, et, avec la même pseudo-éloquence, après avoir remercié Dieu d'avoir donné cette Lorraine à la France, demanderont au Diable de débarrasser le sol sacré de la France d'un capitaine alsacien.

Bien évidemment, quand l'orgueilleuse exaltation du prédicateur atteint ces niveaux, il ne faut pas lui démontrer que ce qu'il affirme est faux, quand il s'écrie que Jeanne a sauvé ses aïeux orléanais, qui, on l'a vu plus haut, n'étaient guère menacés. Dupanloup est aveuglé par son délire épiscopal et il commet, sans s'en rendre compte, le péché d'orgueil : il se voit, lui l'évêque d'Orléans, devenir l'évêque d'une sainte !

1. Cité par G. Krumeich, *op. cit.*, p. 162.

Dans les années qui suivent, on va voir se multiplier les sermons de quelques ecclésiastiques, moins délirants et plus « professionnels » si l'on peut dire, émettre, prudemment, l'idée d'une canonisation de Jeanne (prudemment non pas eu égard au gouvernement de Napoléon III, bien que la politique italienne de ce dernier exigerait peut-être que les évêques français ne fussent pas trop remuants, mais vis-à-vis du Vatican, qui a les mêmes soucis que Napoléon III).

Car la canonisation n'est pas une sorte de « grade » que l'Église accorde à l'âme éternelle de certains fidèles ; elle s'obtient à l'issue d'un long et lent procès canonique ouvert après réception d'une demande de canonisation, émise en bonne et due forme. Wallon s'en explique dans une lettre au fougueux Dupanloup, qu'il encourage à faire une démarche en ce sens auprès du pape : il y a, dit-il, dans le procès en Nullité, suffisamment de témoignages pour ouvrir un procès de canonisation à Rome (sa piété légendaire, ses prophéties réalisées, l'enfant ressuscité de Lagny, par exemple). Il fait ressortir aussi les avantages qui en résulteraient pour l'Église de France et pour la politique intérieure du pays.

La guerre franco-allemande de 1870, la défaite française, la perte de l'Alsace-Lorraine, la naissance de la IIIe République, l'arrivée au pouvoir de politiciens laïcs, tout cela mit un terme au délire quasi mystique et orléanais de Dupanloup, qui fut remplacé, dans les sermons, les gazettes, les discours politiques, la littérature et les travaux des historiens par une autre obsession, nationale celle-là, et qui mobilisa les poètes : la « revanche ».

*
* *

Je ne saurais trop conseiller aux lecteurs de ces lignes de faire le voyage de Domrémy et d'obtenir l'autorisation de consulter le livre d'or de ce village, qui, de nos jours, est lorrain, et non plus barrois. Michelet le visita, en août 1872, et il écrivit dans le livre d'or la phrase suivante : *« Prussiens qui visitez cet humble asile, tremblez ! Car l'esprit de Dieu y plane encore »* (il est bien connu que, de même qu'en 1430, Dieu n'aimait pas les Anglais, de même, en 1872, il n'aimait pas davantage les Prussiens : Dieu est xénophobe). Nos lecteurs ont compris : l'image de la sainte, chère à Dupanloup, va céder le pas à l'image de la patriote, ébauchée par Wallon et Michelet. Ce ne sont plus les évêques qui vont la chanter, ce sont, provisoirement, les poètes déroulèdiens, qui vont célébrer Jeanne, *« la patronne des envahis »* (Paul Déroulède).

Cependant, à partir de 1876, lorsque les républicains – de tous partis – sont définitivement en possession de la République dont ils rêvaient depuis le 18 Brumaire, le débat politique intérieur est centré sur le cléricalisme. La position de Jules Ferry, qui fut le principal leader politique de la République naissante, était claire : défendre les droits de l'État contre le catholicisme politique et accorder respect et protection au catholicisme religieux. Elle débouchait tout naturellement sur les fameuses lois scolaires, la laïcité, et, plus tard (en 1905, avec Aristide Briand), sur la séparation de l'Église et de l'État.

Quant au procès de canonisation, commencé informellement avant la guerre de 1870 (avec le sermon de Dupanloup en 1869, suivi, en 1870, d'une *Adresse* au pape, signée par 12 évêques), il était théoriquement ouvert. Ce genre de procès se déroule encore maintenant selon la même procédure que le procès en Nullité dont nous avons analysé le mécanisme au chapitre précédent : il est orchestré par un *promoteur de la foi*, qui diligente des enquêtes (dans le cas de la Pucelle, on se servit des témoignages du procès en Nullité). Comme, à la même époque, le gouvernement français se préoccupait de commémorer le centenaire de la mort de Voltaire (mort en 1778), les deux projets se télescopèrent. Les grands quotidiens républicains, comme *Le Temps* et *Le Siècle*, organisèrent une longue campagne de presse pro-voltairienne, à laquelle la droite traditionaliste répondit, par la voix de Dupanloup, que Voltaire était l'insulteur du peuple, le plus grand ennemi des Évangiles et de la civilisation, et tous les éléments antirépublicains s'unirent contre Voltaire sous la bannière de Jeanne d'Arc. Victor Hugo se mit de la partie et démontra dans un grand discours que la IIIe République était fille de la Révolution, et la Révolution fille des Lumières, dont Voltaire était la plus étincelante. Tout ce que le grand poète disait de Voltaire était aussi faux ou excessif que les sermons exaltés de Dupanloup sur Jeanne d'Arc, le combat s'étendit au monde politique, et Gambetta, en bon spécialiste des futures motions nègres blancs chères aux radicaux-socialistes de la IIIe République, proclama, à l'occasion d'un discours électoral, qu'il se sentait *« l'esprit assez libre pour être le dévot de Jeanne la Lorraine et l'admirateur et le disciple de Voltaire »*.

En 1878, l'évêque Dupanloup mourut et, subitement, le conflit entre les catholiques intégristes qui voyaient en Jeanne une sainte, et les républicains laïques qui se disaient fils des Lumières et de Voltaire s'apaisa. En 1883, le député socialiste Jules Fabre proposa d'instaurer une journée commémorative en l'honneur de Jeanne d'Arc, en tant qu'héroïne civique : elle fut, disait-il, une « sainte de la France » (une sainte laïque, bien entendu). Fabre retournait ainsi aux premières interprétations de Michelet : la Pucelle comme incarnation du patriotisme populaire.

En 1894, voici des nouvelles de Rome : le procès de canonisation est en route. Le décret pontifical fut signé par le pape Léon XIII, qui inscrivit de sa main, à côté de sa signature, les mots : *Johanna nostra est* (« Jeanne est nôtre ») ; elle fut alors déclarée « vénérable [1] » et, la même année, Dreyfus était condamné à la déportation à vie. Cette appropriation de l'héroïne que Fabre voulait républicaniser relance le conflit entre les deux partis qui tentent, tous les deux, de faire de Jeanne une héroïne nationale, mais cléricale pour la droite conservatrice, laïque et populaire pour les républicains. C'est à partir de ce moment que l'on va voir apparaître, sous la plume d'historiens catholiques, la doctrine déjà évoquée dans le procès en Nullité, que ce sont les Anglais qui ont obligé les juges de Rouen à condamner Jeanne au bûcher. Ainsi, Gabriel Hanotaux, illustre académicien, écrit-il, à la page 38 de sa *Jeanne d'Arc*, en 1911 :

> « Réclamée par Cauchon, âme damnée du duc de Bourgogne et des Anglais, comme ayant été prise sur le territoire du diocèse de Beauvais, elle fut livrée à la justice ecclésiastique [...]. »

Grande nouvelle, qui arrange tout le monde : la condamnation de Jeanne d'Arc, c'est la faute aux Anglais, qui avaient acheté Cauchon ! Cette affirmation est totalement fausse : capturée le 23 mai 1430 au soir devant Compiègne, Jeanne fut réclamée par l'Université de Paris le 26 mai (voir ci-dessus, p. 264), et, quelques jours après, par le frère Billorin, vicaire de l'Inquisition (voir ci-dessus, p. 266) ; Cauchon ne sera chargé du procès que plus tard, et la première lettre dans laquelle il réclame au duc de

1. La hiérarchie canonique comporte trois degrés : *Vénérable*, *Bienheureux* et *Saint* ; la béatification est un acte pontifical qui proclame un Vénérable « *beatus* » – bienheureux – en raison de la sainteté de sa vie, la *canonisation* est un acte pontifical qui inscrit un Bienheureux sur la liste des saints de l'Église.

Bourgogne qu'il lui livre la Pucelle que l'Église lui a demandé de juger, est du 14 juillet 1430.

Il n'en reste pas moins que tous les manuels d'histoire répètent à loisir que Jeanne fut brûlée par les Anglais à Rouen, en se fondant sur une équivoque : le procès a été voulu et dirigé par l'Église, en dépit des Anglais qui auraient voulu le diriger eux-mêmes et qui ne l'ont pas pu (ils en ont assumé les frais, le service d'ordre et la rémunération du bourreau et de ses aides) ; en revanche, il est bien évident qu'ils se sont félicités de la sentence, qui jetait un certain discrédit sur le sacre de Charles VII à Reims.

Tandis qu'au Vatican le dossier *Johanna nostra* progressait (la cérémonie de la béatification de Jeanne d'Arc eut lieu le 18 avril à Saint-Pierre de Rome et celle de sa canonisation le 30 mai 1920), le projet Fabre, modifié, fut proposé aux députés qui constituaient ce qu'on a appelé la « Chambre bleu horizon » dont la majorité était composée de républicains modérés (les « Poincaristes ») et des députés de la droite nationaliste, élus en 1920, après l'euphorie de la victoire. Le nouveau projet, dit « projet Gaborit », issu d'une proposition de loi due à Maurice Barrès datant de 1914, proposait de faire de Jeanne d'Arc le symbole du patriotisme français et Jeanne d'Arc devint à la fois la « sainte » que vénéraient avec ferveur les catholiques, et « l'héroïne nationale » que célébraient, la larme à l'œil et la main dans la main, les instituteurs anticléricaux de la IIIe République, les partisans de Charles Maurras, les descendants spirituels de Mgr Dupanloup et ceux de Maurice Barrès, que vinrent rejoindre, vingt ans après, les partisans du régime de Vichy ! On peut voir, au Centre Jeanne d'Arc d'Orléans, quelques-uns des documents de la propagande pétainiste en zone dite libre et de la propagande hitlérienne en zone occupée, dans lesquels les thuriféraires de l'ordre nouveau ont utilisé l'image de la Pucelle, agrémentée de slogans tels que : *« Pour que la France vive, il faut comme Jeanne d'Arc bouter les Anglais hors d'Europe. »*

Quel ordre nouveau ? Celui qui se bâtit par la torture, les camps de concentration, les fours crématoires, les chambres à gaz et autres ignobles bûchers ?

ANNNEXES

ANNEXE N° 1

LES MANUSCRITS DES DEUX PROCÈS DE JEANNE D'ARC

Procès de Condamnation

Le procès à l'issue duquel la Pucelle fut condamnée à être brûlée vive a débuté le mardi 9 janvier 1431 et s'est terminé par son supplice sur la place du Vieux Marché, à Rouen, le mercredi 30 mai suivant. Voici l'histoire schématique des minutes de ce procès.

1. *La minute française originale.*

Le procès s'est déroulé en français. Deux notaires avaient été institués par le juge Cauchon, afin de prendre en note les interrogatoires et les réponses de Jeanne : Guillaume Manchon et Guillaume Colles (dit aussi Boisguillaume), auxquels fut adjoint Nicolas Taquel (ou, mieux, Nicolas Taquet), curé de Bacqueville, comme greffier du procès. Bien entendu, tous trois avaient été requis de prêter le serment d'accomplir fidèlement leur tâche. Les notes qu'ils prenaient étaient évidemment dans la langue du procès, c'est-à-dire en français *(notulæ in gallico).*

Les audiences avaient lieu en général le matin et chaque jour, après déjeuner, les trois notaires comparaient et collationnaient leurs notes. Ils se devaient de faire cette collation avec le plus grand soin, car Jeanne demandait souvent qu'on lise ses déclarations antérieures. Lorsque le procès fut terminé, il résulta de ces collations un manuscrit écrit sur papier, dans son entier, de la main de Guillaume Manchon, qui est ce qu'on appelle la *minute française originale* du procès de condamnation : elle fut produite devant les juges du procès en Nullité, instruit en 1456, vingt-cinq ans après le supplice de Jeanne. Cette minute française originale, qui fut présentée aux juges du procès en Nullité, a disparu ; il n'en subsiste qu'un fragment (ou, plus exactement, une copie fragmentaire faite à l'époque du procès), qu'on appelle le « manuscrit d'Urfé ».

2. *Le manuscrit d'Urfé.*

Claude Urfé (1502-1558), qui fut ambassadeur de France au concile de Trente, était un grand seigneur du Forez dont le nom est surtout connu par son petit-fils, le romancier Honoré d'Urfé (1567-1625), auteur de *L'Astrée*. Il constitua, dans son château de La Bâtie, proche de Montbrison, une très riche bibliothèque, dans laquelle figurait, sans doute en entier, cette fameuse minute, ou plus précisément, comme l'a démontré l'érudit français Quicherat, une rédaction d'essai, complète, destinée aux juges du procès en Nullité.

Le « manuscrit d'Urfé » est un recueil relié (50 × 30 cm) de 294 feuilles, que l'on peut consulter à la Bibliothèque nationale sous la cote ms. lat. 8838 : il contient, entre autres documents manuscrits, des fragments de cette rédaction du procès de Jeanne en français, commençant à l'audience du 3 mars 1431 (folios 17 à 34), dont l'écriture – une petite gothique – était celle en usage au temps de Charles VII.

3. *Les minutes latines originales.*

La minute française originale fut traduite en latin par Guillaume Manchon, assisté de l'un des conseillers du tribunal, Thomas de Courcelles (1393-1469, professeur de théologie, recteur de l'université de Paris et doyen du chapitre de Notre-Dame). Il en fut réalisé cinq copies, munies du sceau des juges ; il n'en subsiste que cinq exemplaires, qui sont les *minutes latines originales* du procès de Condamnation de la Pucelle :

– l'un est à la Bibliothèque de la Chambre des députés, sous la cote ms. 1119 (on pense qu'il s'agit de l'exemplaire que possédait Cauchon lui-même) ;

– les deux autres sont à la Bibliothèque nationale, sous les cotes ms. lat. 5965 et ms. lat. 5966.

Tous les autres manuscrits du procès de Condamnation sont des copies de ces trois minutes latines originales. Le schéma suivant résume l'histoire de ces manuscrits.

Notes *(notulae in gallico)*
prises au cours des audiences par les notaires
Guillaume Manchon, Guillaume Colles (alias Boisguillaume) et Pierre Taquel

collationnées

minute française originale
de la main de G. Manchon
(disparue)

traduction en latin par
G. Manchon et Thomas de Courcelles

minute latine originale
dont il fut fait cinq copies
dont trois ont subsisté

Bibliothèque de la Chambre des députés *ms. 1119*

Bibliothèque nationale *ms. lat. 5965 et ms. lat. 5966*

4. *Les traductions modernes de la minute latine.*

Les premiers travaux quelque peu sérieux sur le procès de Condamnation ont été entrepris à la veille de la Révolution de 1789 par le juriste Charles-François de l'Averdy (1723-1793), dans ses travaux sur les manuscrits de la Bibliothèque du roi (*Notices et extraits des manuscrits de la Bibliothèque du roi,* 1790) ; mais l'histoire scientifique de cet épisode important de notre histoire que fut la brève aventure de la Pucelle n'aurait jamais pu être faite sans l'immense travail de l'érudit français Jules Quicherat (1814-1882), à qui l'on doit l'édition méticuleuse et la traduction des deux procès et de divers documents concernant Jeanne d'Arc (*Procès de condamnation et de réhabilitation de Jeanne d'Arc dite la Pucelle,* 5 vol., Paris, 1841-1849). Dès lors, l'histoire de la Pucelle écrite par ses juges, par ses réponses auxdits juges, par les témoignages scrupuleusement retranscrits dans les actes du procès en Nullité par les notaires Manchon et Boisguillaume, va pouvoir enfin se faire. Comme l'écrit Régine Pernoud, la grande spécialiste de cette histoire, dorénavant : « On doit distinguer dans l'historiographie johannique deux périodes : avant et après Quicherat. »

Car il y a eu, évidemment, un après-Quicherat : Pierre Champion a publié, traduit et commenté le *Procès de condamnation de Jeanne d'Arc* en 1920, en l'agrémentant de notes et de commentaires extrêmement précieux ; Pierre Tissey (avec la collaboration d'Yvonne Lanhers) a publié et traduit le *Procès de condamnation de Jeanne d'Arc* (Paris, Klincksieck, 1960-1970, 3 vol.) ; Pierre Duparc a publié, traduit et largement commenté le *Procès en Nullité de la condamnation de Jeanne d'Arc* (Paris, Klincksieck, 5 vol., 1977-1988).

Procès en Nullité

Le procès en nullité du procès de condamnation de Jeanne d'Arc, appelé parfois « procès de réhabilitation », nous est parvenu par de nombreux manuscrits latins. Dans sa célèbre *Notices et extraits*... déjà citée, L'Averdy en décrit neuf ; Quicherat nous en fait connaître treize et Pierre Lanéry d'Arc neuf. Soit, en tout, 31 manuscrits : parmi eux, lequel choisir comme original ?

Quicherat, puis Pierre Champion ont tenu compte d'une note marginale figurant dans l'un d'eux, qui appartenait à Guillaume Chartier, évêque de Paris ; à la mort de celui-ci, en 1472, il fut déposé à la bibliothèque du chapitre de Notre-Dame et fut acquis ensuite, en 1756, par la Bibliothèque du roi, aujourd'hui Bibliothèque nationale, où il figure sous la cote ms. latin 17013. C'est un petit in-folio de 180 folios de vélin, portant à chaque page la signature de deux notaires : Denis Le Comte et François Ferrebouc. Cette note (en latin, au folio 3) précise que le manuscrit en question ne contient pas les mémoires judiciaires qui figurent « dans les deux grands exemplaires du procès, à cause de leur trop grande prolixité » ; cela signifie que le manuscrit Notre-Dame est un version authentifiée, mais abrégée, et qu'il existe existe deux autres versions authentiques.

Ces deux versions sont : 1° le manuscrit latin 5970 de la Bibliothèque nationale (grand in-folio de 207 folios de vélin, signés par les deux notaires en question), décrit par L'Averdy comme « le manuscrit du roi », authentifié, lui aussi, par les deux notaires cités ; 2° le manuscrit 84 du fond Stowe, qui se trouve au British Museum, authentifié par les signatures des deux notaires en cause.

Conclusion de Pierre Champion (en 1930) : le ms. latin 5970 doit être pris pour base ; le manuscrit Stowe 84 peut servir à en corriger les versions douteuses et à le compléter ; le ms. latin 17013 de la Bibliothèque nationale servira pour ses variantes.

Pierre Duparc s'est quelque peu écarté de cette conclusion. Il a pris pour base le manuscrit Stowe 84, resté jusque-là inutilisé, bien qu'il soit très proche du ms. latin 5970 de la Bibliothèque nationale et qu'il n'utilise le ms. latin 17013 qu'exceptionnellement.

ANNEXE N° 2

CHRONOLOGIE DÉTAILLÉE DE JEANNE D'ARC

En ce qui concerne la période fin 1428/début 1429, décisive pour la carrière de Jeanne, nous suivons la chronologie de Pierre Duparc, dont les arguments sont rigoureux, et non pas celle de Régine Pernoud. En particulier, nous avons adopté comme date de départ de Vaucouleurs pour Chinon « vers le 13 février 1429 », date indiquée par deux témoins lors du procès en Nullité, et non pas le 23 février ; nous donnons nos arguments sur ce point de la chronologie johannique p. 120. Nous avons plus particulièrement analysé, dans cette chronologie, les moments personnels de la vie de la Pucelle, en nous référant principalement à ses déclarations lors du procès de Condamnation et aux dépositions des témoins lors du procès en Nullité. Les moments de sa vie « publique » (batailles, chevauchées, etc.) ne sont que cités.

DATES	ÉVÉNEMENTS
1411 ou **1412**	Naissance de Jeanne d'Arc à Domrémy. Baptême à Domrémy par Messire Jean Minet.
I. LA GUERRE CONTRE LES ANGLO-BOURGUIGNONS	
1410	Début de la guerre civile entre les Armagnacs et les Bourguignons.
1413	Les Armagnacs, après avoir traité avec les Anglais l'année précédente, chassent les Bourguignons de Paris. Début du règne de Henry V.
1414	Henry V réclame l'héritage des Plantagenêts à la France.
1415	Défaite française à Azincourt (25 octobre). Paix d'Arras entre Armagnacs et Bourguignons.
1417	La mort de son frère aîné Jean fait de Charles (né en 1403) le dauphin de France (il règnera sous le nom de Charles VII).

1418	Les Parisiens chassent les Armagnacs de Paris et ouvrent la ville aux Bourguignons (Jean sans Peur). Le dauphin est proclamé régent.
1419	Henry V se rend maître de la Normandie (et de Rouen). A Paris : meurtre de Jean sans Peur ; son fils Philippe le Bon devient duc de Bourgogne. Reprise de la guerre civile entre Armagnacs et Bourguignons.
1420	Philippe le Bon signe avec Henry V le traité de Troyes (21 mai), dépossédant le dauphin Charles de ses droits à la couronne à la mort de Charles VI, au profit du roi d'Angleterre.
1422	Mort de Henry V (31 août), Henry VI (âgé de 16 mois) lui succède. Bedford régent d'Angleterre. Mort de Charles VI (21 octobre) : la querelle de succession est alors ouverte entre la France et l'Angleterre, au nom du traité de Troyes.
1424 17 août	Bataille de Verneuil-sur-Avre : lourde défaite française face à Bedford.
Été	Dans le jardin de son père, vers midi, Jeanne, pour la première fois, entend une voix venant du côté droit de l'église de Domrémy, qui est proche de ce jardin, accompagnée d'une grande clarté.
Septembre	La région de Domrémy envahie par des forces anglo-picardes ; Vaucouleurs reste fidèle aux Armagnacs, mais le village de Maxey (voisin de Domrémy) reste Bourguignon.
1427	Nouvelle alliance entre le duc de Bourgogne, Philippe le Bon, et Bedford qui marche vers la Loire et qui vise le Berry, dont la « clef » est Orléans.

II. LA MISSION DE JEANNE, RÉVÉLÉE ET ACCOMPLIE
(mai 1428/23 mai 1430)

1428 Mai	A Domrémy, Jeanne, inspirée par ses Voix (celles de saint Michel, de sainte Catherine et de sainte Marguerite, croit-elle), décide de quitter sa famille et de se rendre à Vaucouleurs, pour demander une escorte à Robert de Baudricourt, capitaine de cette place, afin de partir pour la France et de porter aide et assistance au dauphin, le futur Charles VII.
Début mai	Jeanne se rend d'abord à Burey-le-Petit (à 15 kilomètres de Domrémy) chez Durand Laxart, son cousin par alliance (c'est le mari de sa cousine germaine Jeanne Le Vausel), qu'elle appelle son oncle (il a une quinzaine d'années de plus que Jeanne). Elle reste environ 8 jours à Burey.
13 mai	Durand Laxart conduit Jeanne à Vaucouleurs, où elle a une brève entrevue avec Baudricourt « vers l'Ascension » (1re entrevue). A Vaucouleurs, elle loge chez Henri Le Royer.

Début juin	Jeanne est rentrée à Domrémy, où sa présence est attestée le 23 juin.
Juin/juillet	Bedford organise la conquête du Maine, tandis que les Bourguignons rallument la guerre dans la région.
Juin	Les Bourguignons assiègent Ugny, à quelques kilomètres au Nord de Vaucouleurs.
Juillet	Expédition contre Vaucouleurs dirigée par le maréchal de Vergy pour le compte de Bedford (le roi d'Angleterre, Henry VI, n'a alors que 7 ans). Les habitants de Domrémy sont obligés de se réfugier à Neufchâteau, avec leurs troupeaux. Jeanne y reste avec sa famille pendant une quinzaine de jours, chez une aubergiste surnommée La Rousse. Le village de Domrémy fut incendié.
Septembre	Retour à Domrémy, après l'accord passé entre Baudricourt et Vergy.
12 octobre	Après avoir conquis le Maine, les Anglais (Thomas de Montacute, comte de Salisbury et Thomas, sire de Sales) mettent le siège devant Orléans : 3 500 Anglais bloquent la place, où Dunois s'est retranché avec quelques centaines d'hommes.
Mi-octobre	Durand Laxart vient chercher Jeanne à Domrémy et la conduit chez lui, à Burey, où elle va rester six semaines. Elle aide sa cousine, l'épouse de Laxart, au moment de ses couches et de ses relevailles. C'est à la fin de ce séjour (donc vers le 1er décembre) que Laxart conduira Jeanne à Vaucouleurs, où aura lieu sa deuxième entrevue avec Baudricourt.
3 novembre	William de la Pole, comte de Suffolk, remplace Montacute à Orléans, où la situation reste stationnaire.
Décembre	Arrivée de John Talbot devant Orléans ; importants travaux de siège de la ville, dont l'accès est défendu par trois bastides.
1er décembre	Laxart conduit Jeanne chez Baudricourt (2e entrevue) ; elle lui dit vouloir aller vers le dauphin pour le faire sacrer roi de France : Baudricourt déclare qu'il faut *gifler cette fille et la ramener* « chez ses parents ». Jeanne, revenue à Burey, veut partir pour Chinon même sans l'aide de Baudricourt. Laxart l'en dissuade et la reconduit à Vaucouleurs, où elle est hébergée chez les époux Le Royer ; elle y reste trois semaines et y fera de la couture avec Catherine Le Royer.
1429 Début janvier	Arrivée (inopinée ou calculée ?) du capitaine de Baudricourt chez les Le Royer, accompagné d'un prêtre exorciste, messire Jean Fournier ; 3e entrevue de Jeanne avec Baudricourt : elle réitère sa demande ; Baudricourt en parle sans doute au duc de Bar (René d'Anjou, frère de la reine, beau-frère de Charles VII et gendre du duc de Lorraine).

Fin janvier	Jeanne est introduite avec un sauf-conduit chez le duc de Lorraine qui l'écoute et lui donne quatre francs. Jeanne revient à Vaucouleurs, où les habitants lui font confectionner des vêtements d'homme pour qu'elle puisse chevaucher (ce furent les premiers qu'elle portât), l'équipent, et Jacques Alain, de Vaucouleurs, lui achète un cheval au prix de douze francs. Pour faire ce voyage, Jeanne fut conduite jusqu'à Toul par l'écuyer Jean de Nouillompont (Jean de Metz), et de Toul à Nancy par Laxart et Jacques Alain, qui l'accompagnèrent ensuite jusqu'à Saint-Nicolas-de-Port, faire un pèlerinage.
12 février	A Orléans, *Journée des harengs* : les Français, assiégés dans Orléans, attaquent un convoi de vivres destiné aux assiégeants (constitué surtout par des tonneaux de harengs) ; leurs boulets de canons ne défoncent que les tonneaux en question.
13 février	Départ de Vaucouleurs pour Chinon. Jeanne est accompagnée par Sire Jean de Nouillompont (Jean de Metz) avec Jean de Honnecourt, son serviteur ; Bertrand de Poulengy avec son serviteur Julien ; Colet de Vienne, messager royal, et un certain Richard l'Archier. Le voyage dure onze jours ; étapes : abbaye de Saint-Urbain, Auxerre, Gien (où elle franchit la Loire), Sainte-Catherine-de-Fierbois.
21 février	Halte de deux jours à Sainte-Catherine-de-Fierbois, d'où Jeanne dicte une lettre au dauphin (Charles VII) pour lui annoncer son arrivée.
23 février	Arrivée à Chinon vers midi (onze jours après le départ, le jour du départ – 13 février – étant inclus). Jeanne s'arrête dans une auberge, puis y déjeune et, dans l'après-midi, se rend auprès du dauphin ; elle le reconnaît parmi d'autres (1re entrevue avec le dauphin). Le duc d'Alençon, qui, ce jour-là était à la chasse aux cailles à Saint-Florent-lès-Saumur, apprend son arrivée et ses déclarations quant à sa mission de la bouche d'un de ses intendants.
24 février	Le duc d'Alençon se rend à Chinon et trouve Jeanne en conversation quant à sa mission. Promenade dans les prés : le dauphin, voyant comme elle se comporte en tenant une lance lui donne un cheval. Le dauphin fait interroger Jeanne par des gens d'Église et la fait examiner par deux femmes (la dame de Gaucourt et la dame de Trêves), qui constatent sa virginité (l'examen est certain, mais sa date n'est pas connue exactement).
7 au 28 mars	Séjour de Jeanne à Poitiers, où elle est soumise à une enquête très serrée sur sa personne, sa foi et sa mission. Elle est logée dans la maison de maître Rabateau, avocat du roi au Parlement et interrogée par des théologiens. Il fut reconnu qu'il n'y avait rien de mal chez elle, qu'elle était bonne chrétienne et qu'elle était vierge.

22 mars	De Poitiers, Jeanne dicte une lettre-ultimatum qu'elle adresse au roi Henry VI, au duc de Bedford, à William de la Pole, à John Talbot et aux soldats anglais, leur intimant de lui rendre à elle, qui est l'envoyée de Dieu, les clés de toutes les villes qu'ils ont prises et d'abandonner le siège d'Orléans.
28 mars (au plus tard)	Retour à Chinon.
2 avril	Un courrier à cheval part chercher l'épée qu'a demandée Jeanne et qui se trouve, selon ses indications, derrière l'autel de l'église de Sainte-Catherine-de-Fierbois ; elle porte cinq croix gravées.
5 avril	Jeanne quitte Chinon et se rend à Tours : confection de son armure et de son étendard.
21 avril	Jeanne part pour Blois où l'attend une armée royale de dix ou douze mille hommes (?) et un convoi de vivres (pour les assiégés) qui doit rejoindre Orléans par bateaux, en remontant la Loire.
29 avril	Arrivée de Jeanne devant Orléans (par la rive gauche de la Loire, après un long détour conseillé par Dunois pour éviter les Anglais). Dunois l'attend sur les collines du village de Chécy.
29 avril	Jeanne d'Arc traverse le pont sur la Loire avec Dunois et La Hire ; elle entre dans Orléans par la porte de Bourgogne, accueillie avec ferveur par la population. Elle loge dans la maison de Jacques Boucher, trésorier du duc d'Orléans.
1er au 4 mai	Dunois part chercher le reste de l'armée à Blois.
2 mai	Jeanne inspecte les trois bastides anglaises qui bloquent la ville.
4 mai	Arrivée de Dunois et de l'armée royale. Jeanne le rejoint : prise de la bastide anglaise de Saint-Loup, près de la porte de Bourgogne.
Jeudi 5 mai	Jeudi de l'Ascension : trêve générale.
6 mai	Les Français prennent la bastide des Augustins, à l'entrée du pont sur la Loire qui mène à Orléans.
7 mai	Prise de la bastide des Tournelles, qui double la précédente ; Jeanne est blessée d'une flèche qui l'atteint au cou.
8 mai	Les Anglais lèvent le siège et se retirent vers Meung-sur-Loire. Procession d'action de grâces à travers Orléans, que Jeanne quitte le lendemain.
13 mai	A Tours, Jeanne rencontre le dauphin.
23 et 24 mai	Jeanne à Loches où se trouve le dauphin.

29 mai	Jeanne à Selles-en-Berry.
7 juin	A Romorantin.
9 juin	A Orléans, où se regroupe l'armée des Français en vue d'une campagne de libération des diverses places occupées ou menacées par les Anglais dans la vallée de la Loire : Jargeau, Beaugency, Meung-sur-Loire, Patay. Pendant toute la durée de cette campagne, le dauphin restera à Sully-sur-Loire.
12 juin	Attaque de Jargeau ; Suffolk est fait prisonnier. Les Anglais se replient sur le château de Beaugency (la ville étant occupée par les Français).
15 juin	Prise de Meung-sur-Loire.
17 juin	Prise du château de Beaugency.
18 juin	Bataille de Patay en terrain découvert. Défaite des Anglais (4 000 morts chez les Anglais ?) ; Talbot est fait prisonnier.
19 juin	Retour à Orléans. Le soir même ou le lendemain, Jeanne va rendre compte de sa victoire au dauphin, à Sully-sur-Loire.
22 juin	Charles VII tient conseil, avec Jeanne et les chefs de guerre, à Châteauneuf-sur-Loire, où il est décidé d'aller sans plus tarder à Reims, pour le sacre. Le 24 juin, rassemblement de l'armée royale (12 000 hommes ?) à Gien, où le dauphin est arrivé le 23 juin.
25 juin	A Gien, Jeanne écrit une lettre aux habitants de Tournai et une autre au duc de Bourgogne les invitant à se rendre au sacre du « gentil roi » à Reims, qui, leur dit-elle, ne tardera pas.
27 juin	L'avant-garde de l'armée royale, commandée par Gilles de Rais, se met en marche vers Reims, avec Jeanne, La Hire et Poton le Bourguignon, frère de Jean d'Aulon, l'intendant de Jeanne.
29 juin	Le dauphin et le gros de son armée partent à leur tour.
1er au 4 juillet	L'armée se rassemble devant la ville bourguignonne d'Auxerre ; puis toutes les portes des cités s'ouvrent devant le dauphin et son armée. Itinéraire : Gien – Auxerre – Briennon – Saint-Florentin – Saint-Phal, d'où Jeanne écrit aux bourgeois de Troyes, pour les inviter à venir au-devant du dauphin Charles.
5 au 10 juillet	L'armée campe devant Troyes, occupée par une forte garnison anglo-bourguignonne et dont les bourgeois sont divisés. Devant les hésitations du dauphin, Jeanne active les préparatifs d'un siège dans la nuit du 9 au 10. Au matin du dimanche 10 juillet, Jeanne crie « à l'assaut » en faisant mine de placer des fagots dans les fossés entourant la ville, qui se rend immédiatement : le dauphin et Jeanne portant son étendard font leur entrée dans Troyes, accueillis par l'évêque

	Jean de Laiguisé et les notables. L'archevêque de Reims, Regnault de Chartres, réfugié auprès du dauphin, envoie une lettre aux bourgeois de Reims leur demandant de se soumettre au dauphin quand il arrivera.
12 au 14 juillet	Départ de Troyes. Le dauphin envoie son héraut Montjoie aux habitants de Châlons, leur demandant de le recevoir avec « pleinière obéissance ». Itinéraire : Troyes – Arcy-sur-Aube – Bussy-Lettrée – Châlons, où Jeanne rencontre des habitants de Domrémy venus l'embrasser, et en particulier Jean Morel, un de ses parrains.
15 juillet	Départ de Châlons pour Sept-Saulx, à 20 kilomètres de Reims ; le dauphin passe la nuit au château de Sept-Saulx qui appartient à l'archevêque de Reims.
16 juillet	Des notables de Reims viennent à Sept-Saulx remettre au dauphin les clés de leur ville, dans laquelle il fait une entrée triomphale.
Dimanche 17 juillet	Cérémonie du sacre, en présence de Jeanne tenant son étendard près de l'autel. Le jour même du sacre, Jeanne écrit une lettre au duc de Bourgogne pour l'exhorter à faire avec le roi une « bonne paix ferme qui dure longuement ».
21 juillet	Départ de Reims pour Corbeny, où le roi procède au *toucher des écrouelles.*
21 juillet au 15 août	De Reims à Paris par Corbeny (le 21), Soissons (le 23), Château-Thierry (le 27), Montmirail (le 1er août), Provins (du 2 au 5), Coulommiers (le 7), La Ferté-Milon (le 10), Crépy-en-Valois (le 11), Lagny (le 12), Dammartin (le 13) et Montepilloy (le 15). Le 6 août, Jeanne écrit une lettre aux Rémois, les assurant qu'elle ne les abandonnera pas (à la vindicte des Bourguignons, par exemple) tant qu'elle vivra.
31 juillet	Charles VII exonère les habitants de Domrémy et de Greux de toutes tailles, aides, et autres impôts « en faveur et à la requête de notre bien-aimée Jehanne la Pucelle ».
15 août	A Montepilloy (près de Senlis) : tentative de Bedford de s'opposer à l'avance de l'armée royale vers Paris ; elle échoue, et les Anglais se replient sur Paris.
17 août	Charles VII s'établit à Compiègne, où il restera jusqu'au 28 août.
23 août	Jeanne quitte Compiègne et marche sur Saint-Denis. Elle est rejointe par le duc d'Alençon.
7 septembre	Jeanne maîtresse de Saint-Denis, où le roi la rejoint. Les Parisiens se barricadent dans Paris.
8 septembre	Jeanne et ses troupes attaquent Paris par la porte Saint-Honoré et la porte Saint-Denis. Jeanne est blessée d'un trait d'arbalète à la cuisse. Le roi renonce à attaquer Paris et repart vers la Loire avec Jeanne.

21 septembre	A Gien. Charles VII dissout l'armée du sacre ; Jeanne écrit aux habitants de Troyes pour leur annoncer qu'elle a été blessée devant Paris.
Automne 1429	Période d'inaction et de rivalités dans l'entourage du roi. Jeanne chargée d'opérations secondaires contre les routiers du centre de la France, comme un certain Perrinet Grassart, qui détient Saint-Pierre-le-Moûtier et La Charité-sur-Loire.
Hiver 1429/1430	Jeanne le passe dans le Val-de-Loire. Elle rencontre à Jargeau Catherine de La Rochelle. En décembre, Charles VII concède des lettres d'anoblissement à Jeanne et à sa famille.
1430 Janvier	Jeanne à Bourges, puis à Orléans.
Février/mars	A Sully-sur-Loire, où le roi s'est installé. Les trêves conclues avec le duc de Bourgogne s'achèvent le 15 mars, et leur renouvellement pose quelques problèmes.
16 et 28 mars	Jeanne écrit deux lettres aux Rémois pour leur garantir son intervention si Philippe le Bon les attaquait.
Fin mars/avril	A Compiègne, la situation devient grave. Dès avril, Jeanne, à qui le roi n'envoie aucune armée, a quitté Sully-sur-Loire avec une petite troupe de routiers (200 Piémontais que commande un certain Barthélemy Baretta), son intendant, Jean d'Aulon, et Pierre, frère de Jeanne.
Mi-avril	Jeanne est à Melun. Ses Voix lui révèlent qu'elle sera prise avant la Saint-Jean, le 24 juin.
22 avril	Jeanne est à Lagny, avec sa petite bande ; elle ranime un nouveau-né de trois jours qu'on croyait mort.
6 mai	A Noyon, Philippe le Bon s'empare de la forteresse de Gournay-sur-Aronde qui protège Compiègne. Jeanne est à Compiègne. Elle espère que le roi lui enverra des renforts.
7 mai	Philippe le Bon met le siège devant Choisy-au-Bac, qui commande le franchissement de l'Aisne.
11-12 mai	Jeanne à Soissons.
17-21 mai	Jeanne à Crépy-en-Valois, elle attend toujours des renforts qui ne viennent pas.
22-23 mai	Jeanne apprend que les Bourguignons vont mettre le siège devant Compiègne. Elle part à minuit de Crépy et entre dans Compiègne par la porte de Pierrefonds, le 23 mai entre 4 et 5 heures du matin.
23 mai	Vers 6 heures du soir (18 heures), Jeanne fait une sortie en passant par le pont de Compiègne. Elle est attaquée par la compagnie d'avant-garde que commande Jean de Luxembourg, comte de Ligny. Jeanne est capturée par un des hommes de ce capitaine, le bâtard de Wandomme (ou

	Vendôme), qui la livre à son chef. La ville, bien défendue par son gouverneur, Guillaume de Flavy, ne sera pas prise.
III. LES PRISONS, LE PROCÈS ET LE SUPPLICE (23 mai 1430-30 mai 1431)	
1430 24 mai	Jeanne conduite par Lionel de Wandomme dans la forteresse de Clairois, avec son frère Pierre, son intendant Jean d'Aulon et le frère de ce dernier, Poton le Bourguignon.
26 mai	Départ de Clairois, Jeanne est conduite au château de Beaulieu-lès-Fontaines en Vermandois, une place proche de Compiègne, qui appartient à Jean de Luxembourg. Elle y restera jusqu'en juillet 1430.
Fin mai	L'Université de Paris réclame la prisonnière, afin de la juger pour hérésie.
10 juillet	Départ de Beaulieu, Jeanne est transportée au château de Beaurevoir, où sont la femme de Jean de Luxembourg (Jeanne de Béthune) et la tante de ce dernier, Jeanne, comtesse de Ligny et marraine de Charles VII. Elle y restera quatre mois (dans une tour) et y recevra notamment la visite de Marie d'Anjou, reine de France.
Fin octobre ou début novembre	Départ de Beaurevoir, Jeanne est transportée à Arras, où elle restera peu de temps (jusqu'au 21 novembre ?) et où se trouve Philippe le Bon.
21 novembre (?)	Jeanne est conduite au château du Crotoy (une forteresse du Ponthieu, près d'Abbeville).
6 décembre	Au Crotoy, Jeanne est livrée aux Anglais, contre paiement d'une rançon de 10 000 couronnes entre les mains de Jean de Luxembourg. Au nom de l'Université de Paris, Pierre Cauchon, évêque de Beauvais, réclame la prisonnière pour la juger.
9 décembre (?)	Départ du Crotoy.
20 décembre	Jeanne, prisonnière, traverse la baie de Somme entre Le Crotoy et Saint-Valéry-sur-Somme (par mer, à marée haute).
23 ou 24 décembre	Arrivée à Rouen. Jeanne est livrée aux autorités ecclésiastiques (qui la réclamaient depuis sa capture), emprisonnée sur l'ordre de Mgr Cauchon au château de Bouvreuil.
1431 mardi 9 janvier	Ouverture du procès de Jeanne d'Arc.
Du 9 janvier au 5 avril	Déroulement du procès (voir p. 278 *sqq.*).
18 avril	Exhortation charitable faite à Jeanne dans sa prison.

2 mai	1re admonition publique faite à Jeanne, à qui il est demandé de « s'aviser sur ces admonitions... et de penser d'une autre façon » ; Jeanne ne répond rien.
9 mai	Jeanne menacée de la torture si elle refuse de s'amender.
15 mai	Délibération des maîtres de l'Université de Paris et des docteurs et maîtres présents à Rouen.
23 mai	Au château de Bouvreuil, exposé des conclusions de l'accusation et admonition de Jeanne; qui répond : *« Je veux maintenir la manière que j'ai toujours dite et tenue au procès. »*
24 mai	Au cimetière de Saint-Ouen de Rouen, 2e admonition publique par maître Guillaume Érard, Jeanne fait publiquement révocation et abjuration selon le contenu d'une cédule, rédigée en français, qu'elle-même prononça et signa de sa propre main. L'évêque Cauchon lit la sentence définitive : Jeanne est condamnée à la prison perpétuelle. Jeanne est reconduite dans sa prison, où elle prend des habits de femme.
28 mai	Les juges se transportent à la prison de Jeanne et constatent qu'elle a revêtu des habits d'homme à nouveau. Interrogée, elle revient sur tout le contenu de la formule d'abjuration : elle est alors accusée d'être *relapse*.
29 mai	Délibération du tribunal sur la cause de relapse. Une deuxième sentence définitive est prononcée : Jeanne est jugée comme étant « un membre de Satan retranché de l'Église, infecté de la lèpre et de l'hérésie » ; elle est abandonnée à la justice séculière.
Mercredi 30 mai	Jeanne est brûlée vive sur la place du Vieux Marché de Rouen (elle est morte asphyxiée par la fumée du bûcher).

ANNEXE N° 3

LES TÉMOINS AU PROCÈS EN NULLITÉ

N°	NOM DU TÉMOIN	AGE	PROFESSION OU ÉTAT	ENTENDU A	DATE DE DÉPOSITION
1	Messire Guillaume Manchon (première déposition)	58 ans	Prêtre, notaire de la cour archiépiscopale de Rouen.	Rouen	2 mai 1452
2	Frère Pierre Miget (première déposition)	70 ans	Professeur de théologie sacrée, prieur de Longueville-Giffard.	Rouen	2 mai 1452
3	Frère Bardin de La Pierre	55 ans	De l'ordre des Frères prêcheurs.	Rouen	3 mai 1452
4	Pierre Cusquel	55 ans	Citoyen de Rouen.	Rouen	4 (?) mai 1452
5	Frère Martin Ladvenu (première déposition)	55 ans	De l'ordre des Frères prêcheurs.	Rouen	8 mai 1452
6	Messire Nicolas Taquel	55 ans	Prêtre, recteur ou curé de l'église de Basqueville, du diocèse de Rouen.	Rouen	8 mai 1452
7	Messire Pierre Bouchier	55 ans	Prêtre, curé de l'église de Bourgeauville, du diocèse de Lisieux.	Rouen	8 mai 1452
8	Messire Nicolas de Houpppeville	60 ans	Bachelier en théologie.	Rouen	8 mai 1452
9	Messire Jean Massieu	55 ans	Curé de l'église de Saint-Candé-le-Vieux, du diocèse de Rouen.	Rouen	8 mai 1452
10	Maître Nicolas Caval	60 ans	Prêtre, licencié ès lois, chanoine de Rouen	Rouen	8 mai 1452
11	Messire Guillaume Du Désert	52 ans	Chanoine de Rouen.	Rouen	8 mai 1452
12 = 1 bis	Messire Guillaume Manchon (deuxième déposition)	58 ans	Prêtre, curé de l'église de Saint-Nicolas-le-Painteur, du diocèse de Rouen.	Rouen	8 mai 1452

13	Pierre Cusquel (deuxième déposition)	50 ans	Laïc, habitant de Rouen.	Rouen	9 mai 1452
14	Frère Ysambart de La Pierre	60 ans	Prêtre, bachelier en théologie, de l'ordre des Frères prêcheurs.	Rouen	9 mai 1452
15	Maître André Margueric	76 ans	Archidiacre de Petit-Caux, du diocèse de Rouen.	Rouen	9 mai 1452
16	Messire Richard de Grouchet	60 ans	Prêtre, maître ès arts et bachelier de théologie, chanoine de l'église de Salcey.	Rouen	9 mai 1452
17 = 2 bis	Frère Pierre Miget (deuxième déposition)	70 ans	Voir témoin n° 2.	Rouen	9 mai 1452
18 = 5 bis	Frère Martin Ladvenu (deuxième déposition)	52 ans	Prêtre, de l'ordre des Frères prêcheurs, lecteur en théologie.	Rouen	9 mai 1452
19	Monseigneur Jean Le Fèvre	–	Évêque de Démétriade, de l'ordre de Saint-Augustin, professeur de théologie sacrée.	Rouen	9 mai 1452
20	Messire Thomas Marie	62 ans	Prêtre, bachelier en théologie, prieur au prieuré de Saint-Michel, près de Rouen, bénédictin.	Rouen	9 mai 1452
21	Messire Jean Riquier	40 ans	Prêtre, curé de l'église de Heudicourt.	Rouen	9 mai 1452
22	Messire Jean Fave	45 ans	Maître ès arts et licencié ès lois, maître de requête du roi Charles VII.	Rouen	9 mai 1452
23	Jean Morel, de Greux, près de Domrémy. Un des parrains de Jeanne.	70 ans	Laboureur.	Domrémy	28 janvier 1456
24	Messire Dominique Jacob	35 ans	Curé de l'église de Montiers-sur-Saulx, du diocèse de Toul.	Domrémy	29 janvier 1456
25	Béatrice, veuve d'Estellin, laboureur à Domrémy.	80 ans	Marraine de Jeanne.	Domrémy	29 janvier 1456
26	Jeannette, femme Thévenin, de Domrémy	70 ans	Une des marraines de Jeanne.	Domrémy	29 janvier 1456
27	Jean dit Moen, de Domrémy	56 ans	Charron, demeurant à Coussey (diocèse de Toul) ; voisin de la famille d'Arc.	Domrémy	29 janvier 1456

28	Messire Étienne de Syonne	54 ans	Curé de l'église de Rouceux, près de Neufchâteau.	Domrémy	29 janvier 1456
29	Jeannette, veuve de Thiesselin de Vittel, de Domrémy	60 ans	L'une des marraines de Jeanne ; son mari, Thiesselin de Vittel, était clerc à Domrémy de son vivant.	Domrémy	29 janvier 1456
30	Noble Louis de Martigny	56 ans	Écuyer.	Domrémy	29 janvier 1456
31	Thévenin Le Royer, de Chermisey, demeurant à Domrémy (ne pas confondre avec le témoin n° 49)	70 ans	Sa femme fut une des marraines de Jeanne.	Domrémy	29 janvier 1456
32	Jaquier de Saint-Amant, de Domrémy	60 ans	Laboureur.	Domrémy	29 janvier 1456
33	Bertrand Lacloppe, de Domrémy	90 ans	Couvreur de toits.	Domrémy	29 janvier 1456
34	Perrin Drappier, de Domrémy	60 ans	–	Domrémy	29 janvier 1456
35	Hauviette, femme de Gérard de Syonne, demeurant à Domrémy	45 ans	Gérard de Syonne était laboureur.	Domrémy	29 janvier 1456
36	Gérard Guillemette, de Greux	40 ans	Laboureur.	Domrémy	30 janvier 1456
37	Jean Waterin, de Domrémy, demeurant à Greux	45 ans	Laboureur.	Domrémy	30 janvier 1456
38	Gérardin d'Épinal, de Domrémy	60 ans	Laboureur.	Domrémy	30 janvier 1456
39	Simonin Musnier, de Domrémy	44 ans	Laboureur. Quand, enfant il avait été malade, Jeanne l'avait réconforté.	Domrémy	30 janvier 1456
40	Isabelle, femme de Gérardin d'Épinal, de Domrémy	50 ans	Femme de laboureur. A connu Jeanne et ses parents dans sa jeunesse.	Domrémy	30 janvier 1456
41	Mengette, femme de Jean Joyart	46 ans	La maison de son père était contigue à celle de Jeanne d'Arc. A fui à Neufchâteau avec Jeanne.	Domrémy	30 janvier 1456
42	Messire Jean Colin	66 ans	Curé de l'église de Domrémy, chanoine de Saint-Nicolas de Brixey (diocèse de Toul). A confessé Jeanne à Vaucouleurs et l'a vue partir en France.	Domrémy	30 janvier 1456

43	Colin, fils de Jean Colin de Greux	50 ans	Laboureur.	Domrémy	30 janvier 1456
44	Sire Jean de Nouillompont demeurant à Vaucouleurs, dit aussi Jean de Metz	57 ans	Noble. A vu Jeanne à Vaucouleurs et lui a promis qu'il la conduirait jusqu'au roi.	Vaucouleurs	31 janvier 1456
45	Michel Le Buin, de Domrémy, installé à Burey	44 ans	Cultivateur à Burey.	Vaucouleurs	31 janvier 1456
46	Sire Geoffroy de Foug	50 ans	Noble, écuyer à Vaucouleurs, a connu Jeanne quand elle vint à Maxey.	Vaucouleurs	31 janvier 1456
47	Durand Laxart, de Burey-le-Petit.	60 ans	Déclare que Jeanne était parente de sa propre épouse, Jeanne.	Vaucouleurs	31 janvier 1456
48	Catherine, femme d'Henri Le Royer, de Vaucouleurs	54 ans	Déclare que Durant Laxart a conduit Jeanne chez elle.	Vaucouleurs	31 janvier 1456
49	Henri Le Royer, natif de Vaucouleurs	64 ans	Jeanne logea chez lui quand elle vint à Vaucouleurs.	Vaucouleurs	31 janvier 1456
50	Messire Albert d'Ourches	60 ans	Chevalier, seigneur d'Ourches. A vu Jeanne à Vaucouleurs.	Toul	5 février 1456
51	Nicolas Bailly, d'Andelot	60 ans	Tabellion et substitut royal en la prévôté d'Andelot, diocèse de Langres.	Toul	6 février 1456
52	Guillot Jaquier, d'Andelot	36 ans	Sergent royal.	Toul	6 février 1456
53	Sire Bertrand de Poulengy	63 ans	Écuyer de la maison du roi. A vu Jeanne à Vaucouleurs, lorsqu'elle est venue voir Baudricourt.	Toul	6 février 1456
54	Messire Henri Arnolin, de Gendrecourt-le-Château.	64 ans	Prêtre. A vu plusieurs fois Jeanne à Domrémy.	Toul	6 février 1456
55	Messire Jean le Fumeux, de Vaucouleurs	39 ans	Prêtre, chanoine de l'église de Notre-Dame à Vaucouleurs et curé de l'église d'Ugny, du diocèse de Toul.	Toul	7 février 1456
56	Jean Jacquard, de Greux	47 ans	Laboureur. A vu souvent Jeanne à Domrémy et dans les champs.	Toul	11 février 1456

57	Sire comte de Dunois	51 ans	Longue déposition, notamment sur le rôle de la Pucelle à Orléans.	Orléans	22 février 1456
58	Sire Raoul de Gaucourt	85 ans	Chevalier, grand-maître de l'hôtel du roi, présent à Chinon quand la Pucelle y arriva.	Orléans	25 février 1456
59	Maître François Garivel	40 ans	Noble, conseiller général du roi Charles VII sur le fait de la justice des aides. Donne des précisions sur les examens subis par Jeanne à Poitiers, après son arrivée à Chinon.	Orléans	7 mars 1456
60	Messire Guillaume de Ricarville	60 ans	Noble, seigneur temporel de Ricarville, maître d'hôtel du roi. Était dans Orléans assiégée.	Orléans	8 mars 1456
61	Maître Regnault Thierry	64 ans	Doyen de l'église de Mehun-sur-Yèvre, chirugien du roi.	Orléans	8 mars 1456
62	Jean Luillier l'aîné	56 ans	Bourgeois d'Orléans, était à Orléans lorsque Jeanne y arriva. Donne des détails sur le siège.	Orléans	16 mars 1456
63	Jean Hilaire	66 ans	Bourgeois d'Orléans, dépose comme le précédent (4 lignes).	Orléans	s.d.
64	Gilles de Saint-Mesmin	76 ans	Bourgeois d'Orléans, dépose comme le précédent.	Orléans	s.d.
65	Jacques L'Esbahy	50 ans	Bourgeois d'Orléans, id. (3 lignes).	Orléans	s.d.
66	Guillaume Le Charron	59 ans	Bourgeois d'Orléans, id. et ajoute qu'un des deux hérauts envoyés à Talbot fut renvoyé à Orléans pour « dire des choses à la Pucelle ».	Orléans	s.d.
67	Come de Commy	64 ans	Bourgeois d'Orléans, id. et ajoute que maître Jean de Mâcon, « très fameux docteur » en droit (civil et sacré) a déclaré que la mission divine de Jeanne était indiscutable. Gilles de Saint-Mesmin a rapporté aussi ce propos.	Orléans	s.d.

68	Martin de Mauboudet	67 ans	Bourgeois d'Orléans, dépose comme le précédent.	Orléans	s.d.
69	Jean Volant	67 ans	Bourgeois d'Orléans, dépose en tous points comme le précédent.	Orléans	s.d.
70	Guillaume Postiau	44 ans	Bourgeois d'Orléans, dépose comme le précédent.	Orléans	s.d.
71	Jacques de Thou	50 ans	Bourgeois de Thou, dépose comme le précédent	Orléans	s.d.
72	Denis Roger	70 ans	Bourgeois d'Orléans, dépose comme le précédent.	Orléans	s.d.
73	Jean Carrelier	44 ans	Bourgeois d'Orléans, dépose comme le précédent.	Orléans	s.d.
74	Aignan de Saint-Mesmin	87 ans	Bourgeois d'Orléans, dépose comme le précédent.	Orléans	s.d.
75	Jean de Champeaux	50 ans	Bourgeois d'Orléans, dépose de même ; rapporte les propos de Jean de Mâcon ainsi que le départ des Anglais après la messe du dimanche demandée par Jeanne.	Orléans	s.d.
76	Pierre Jougant	50 ans	Bourgeois d'Orléans, dépose comme le précédent (deux lignes)	Orléans	s.d.
77	Pierre Hue	50 ans	Bourgeois d'Orléans, dépose comme le précédent (deux lignes)	Orléans	s.d.
78	Jean Aubert	52 ans	Bourgeois d'Orléans, id. (1 ligne)	Orléans	s.d.
79	Guillaume Rouillart	46 ans	Bourgeois d'Orléans, id. (2 lignes)	Orléans	s.d.
80	Gentien Cabu	59 ans	Bourgeois d'Orléans, id. (2 lignes)	Orléans	s.d.
81	Pierre Vaillant	60 ans	Bourgeois d'Orléans, id.	Orléans	s.d.
82	Jean Coulon	56 ans	Bourgeois d'Orléans, id.	Orléans	s.d.
83	Jean Beauharnais	50 ans	Bourgeois d'Orléans, id. (8 lignes)	Orléans	s.d.

84	Maître Robert de Sarciaux	78 ans	Prêtre, licencié ès lois, chanoine et sous-doyen de l'église de Saint-Aignan d'Orléans.	Orléans	s.d.
85	Maître Pierre Compaing	55 ans	Prêtre, licencié ès lois et chanoine de l'église Saint-Aignan d'Orléans, dépose comme les précédents, surtout sur sa piété.	Orléans	s.d.
86	Messire Pierre de La Censure	60 ans	Prêtre, chanoine et prévôt de l'église de Saint-Aignan à Orléans, dépose sur les mœurs, la vie et le comportement de Jeanne.	Orléans	s.d.
87	Messire Raoul Godard	55 ans	Prêtre, licencié en décrets, prieur de Saint-Samson à Orléans, chanoine de Saint-Aignan, id.	Orléans	s.d.
88	Hervé Bonart	60 ans	Prieur de Saint-Magloire, de l'ordre de Saint-Augustin, id.	Orléans	s.d.
89	Messire André Bordes	60 ans	Prêtre, chanoine de Saint-Aignan à Orléans, dépose de même, ajoute avoir vu Jeanne reprocher à certains hommes d'aimer leur vie dissolue et leurs jurons.	Orléans	s.d.
90	Jeanne, femme de Gilles de Saint-Mesmin	70 ans	Femme du témoin n° 64 ; dépose de même.	Orléans	s.d.
91	Jeanne, femme de Gui Boyleaue	60 ans	Dépose de même.	Orléans	s.d.
92	Guillemette, femme de Jean de Coulons (épouse du témoin n° 82 ?)	51 ans	Dépose de même.	Orléans	s.d.
93	Jeanne, veuve de Jean de Mouchy	54 ans	Dépose de même.	Orléans	s.d.
94	Charlotte, femme de Guillaume Havet (elle avait 11 ans lors du 1er procès)	36 ans	Femme de Guillaume Havet, bourgeois d'Orléans : dépose comme les autres ; ajoute que lorsqu'elle était enfant, elle dormait seule avec Jeanne.	Orléans	s.d.

95	Renaude, veuve de Jean Huré	50 ans	Dépose comme les précédents : rapporte une anecdote sur Jeanne réprimandant un seigneur qui avait blasphémé en pleine rue.	Orléans	s.d.
96	Pétronille, femme de Jean Beauharnais (épouse du témoin n° 83)	50 ans	Dépose comme les précédents.	Orléans	s.d.
97	Macée, femme de Henri Fagoue	50 ans	Dépose comme les précédents.	Orléans	s.d.
98	Maître Jean Tiphaine	60 ans	Prêtre, maître ès arts et en médecine, chanoine de la Sainte Chapelle royale. A été présent au procès de Rouen et a examiné Jeanne, malade, dans sa prison.	Paris	2 avril 1456
99	Maître Guillaume de la Chambre	48 ans	Maître ès arts et en médecine. A assisté au procès, avec d'autres docteurs ; a soigné Jeanne dans sa prison, avec d'autres médecins.	Paris	2 avril 1456
100	Mgr l'évêque de Noyon, Jean de Mailly	60 ans	A vu Jeanne à Rouen et ne se rappelle pas avoir assisté au procès.	Paris	2 avril 1456
101	Maître Thomas de Courcelles	56 ans	Professeur de théologie sacrée, pénitencier et chanoine de Paris ; dépose sur le déroulement du premier procès.	Paris	2 avril 1456
102	Maître Jean Monnet	50 ans	Professeur de théologie sacrée, chanoine de Paris. A assisté au premier procès et pris des notes ; parle de la cédule d'abjuration	Paris	3 avril 1456
103	Louis de Coutes	42 ans	Noble, écuyer, seigneur de Nouvion et de Rugles ; au service de Sire de Gaucourt (témoin n° 58) quand la Pucelle arriva à Chinon (il avait alors 14 ou 15 ans).	Paris	3 avril 1456
104	Gobert Thibault	50 ans	Écuyer de l'écurie du roi de France, élu de la ville de Blois (sur le poste des subsides). Était à Chinon quand Jeanne y arriva.	Paris	5 avril 1456

105	Simon Beaucroix	50 ans	Clerc marié, écuyer, demeurant à Paris. Était à Chinon quand Jeanne y arriva.	Paris	20 avril 1456
106	Maître Jean Barbin	50 ans	Docteur ès lois, avocat du roi au Parlement. Était à Poitiers quand Jeanne y arriva.	Paris	30 avril 1456
107	Dame Marguerite La Touroulde, veuve de maître René de Bouligny, en son vivant conseiller du roi	64 ans	Était à Bourges, avec la reine, lorsque Jeanne arriva à Chinon ; elle ne vit Jeanne qu'à l'époque où le roi revint de Reims ; Jeanne demeura 3 semaines chez elle à Bourges.	Paris	30 avril 1456
108	Jean Marcel	56 ans	Citoyen et bourgeois de Paris. Revit Jeanne pour la première fois le 24 mai, lors de la prédication prononcée au cimetière de l'abbaye de Saint-Ouen de Rouen, au cours de laquelle elle fut admonestée et elle abjura. Assista aussi à la seconde prédication et au supplice.	Paris	30 avril 1456
109	Seigneur duc d'Alençon	50 ans	N'était pas à Chinon quand Jeanne y arriva (il était à la chasse aux cailles), et il y alla le lendemain. Assista à l'entretien secret du roi avec Jeanne. N'était pas au siège d'Orléans. Nombreuses informations militaires – les seins de Jeanne.	Paris	3 mai 1456
110	Frère Jean Pasquerel	?	De l'ordre des frères ermites de Saint-Augustin au couvent de Bayeux. Était au Puy quand il apprit l'arrivée de Jeanne à Chinon, mais il la vit pour la première fois à Tours, la confessa, et la conduisit à Compiègne, où elle fut prise.	Paris	4 mai 1456
111	Frère Jean de Lénizeul	55 ans	Prêtre de l'ordre de Saint-Pierre-Célestin. N'a vu Jeanne qu'aux deux prédications qui furent faites à Rouen.	Paris	7 mai 1456

112	Sire Simon Charles	60 ans	Président de la Chambre des comptes du roi. Était en ambassade à Venise lorsque Jeanne vint trouver le roi et n'est revenu qu'au mois de mars ; informé par Jean de Metz.	Paris	4 mai 1456
113	Sire Thibauld d'Armagnac, ou de Termes	50 ans	Bailli de Chartres. A vu Jeanne pour la première fois à Orléans, où il était avec Dunois. Était présent à Beaugency et à Patay, puis à Troyes et à Reims.	Paris	7 mai 1456
114	Sire Aimon de Macy	56 ans	Chevalier. N'a connu Jeanne que dans sa prison de Beaurevoir, où il la vit plusieurs fois. Il essaya de lui toucher les seins. A assisté aussi à la première prédication.	Paris	7 mai 1456
115	Colette, femme de Pierre Milet	56 ans	Son mari : greffier de l'élection de Paris. A connu Jeanne à Orléans, dans la maison de Jacques Boucher.	Paris	11 mai 1456
116	Pierre Milet	72 ans	Clerc ou greffier de l'élection de Paris. A connu Jeanne à Orléans, dans la maison de Jacques Boucher.	Paris	11 mai 1456
117	Maître Aignan Viale	50 ans	Avocat au Parlement. A connu Jeanne au siège d'Orléans.	Paris	11 mai 1456
118	Frère Pierre Miget (déjà entendu le 2 mai 1452 : témoin n° 2)	70 ans	Professeur, etc. (voir témoin n° 2) Rapppelle qu'un certain Jean Loyselleur, feignant d'être prisonnier, s'introduisit dans sa prison pour persuader Jeanne de persister dans ses déclarations et de revenir sur son abjuration.	Rouen	12 mai 1456
119	Maître Guillaume Manchon (déjà entendu le 2 mai 1452)	60 ans	Prêtre, etc. (voir témoin n° 1). Donne des indications sur les Nota du premier procès et commente le procès (longue déposition).	Rouen	12 mai 1456

120	Maître Jean Massieu	50 ans	Prêtre, curé de l'église de Saint-Cande-le-Vieux, à Rouen. Il fut exécuteur des mandats portés contre Jeanne. Charge les Anglais. Décrit la cellule de Jeanne. Décrit ses derniers instants.	Rouen	12 mai 1456
121	Messire Guillaume Colles, dit Boisguillaume	66 ans	Prêtre, notaire public (un des notaires du procès). N'avait aucune connaissance de Jeanne avant son procès. Indications sur l'attitude de Jeanne pendant le procès. Confirme l'histoire du faux prisonnier, Loiseleur. Autre « mouton » : Estivet.	Rouen	12 mai 1456
122	Frère Martin Ladvenu (déjà entendu le 8 mai 1452 : témoin n° 5).	56 ans	Considérations et anecdotes sur le procès et sur Jeanne en prison.	Rouen	19 mai 1456
123	Maître Nicolas de Houppeville (déjà entendu le 8 mai 1452 : témoin n° 8)	65 ans	Maître ès arts, bachelier en théologie. N'a connu Jeanne qu'à son arrivée à Rouen pour son procès.	Rouen	13 mai 1456
124	Mgr Jean Le Fèvre (déjà entendu le 4 mai 1452 ; témoin n° 19)	70 ans	Professeur de théologie sacrée, évèque de Démétriade. Il ne put supporter la vue du supplice et quitta la place du Vieux Marché.	Rouen	12 mai 1456
125	Messire Jean Lemaire	45 ans	Curé de l'église Saint-Vincent de Rouen. Déclare n'avoir que peu connu Jeanne et n'être arrivé à Rouen que le 24 mai, jour de la prédication de maître Guillaume Évrard à Saint-Ouen.	Rouen	12 mai 1456
126	Maître Nicolas Caval	70 ans	Licencié ès lois, chanoine de Rouen. N'a connu Jeanne que lorsqu'elle fut amenée à Rouen ; assista à quelques séances du procès. N'était pas présent lors de la condamnation.	Rouen	12 mai 1456

127	Pierre Cusquel	53 ans	Bourgeois de Rouen. Ne connut Jeanne qu'à son arrivée à Rouen et la vit deux fois, secrètement dans sa prison. Ne voulut pas assister à son supplice.	Rouen	12 mai 1456
128	Maître André Marguerie	76 ans	Archiduc de Petit-Caux en l'église de Rouen, licencié en droit sacré et droit ordinaire. N'a connu Jeanne qu'au début de son procès.	Rouen	12 mai 1456
129	Maugier Leparmentier	56 ans	Clerc non marié, appariteur à la cour archiépiscopale de Rouen. N'a connu Jeanne qu'à son arrivée à Rouen et fut mandé avec son aide pour la mettre à la torture, mais se limita à lui poser des questions sans attenter à sa personne. Fut présent aux deux prédications après le procès et assista à son supplice.	Rouen	12 mai 1456
130	Laurent Guesdon	?	Bourgeois de Rouen, avocat, clerc marié. Ne connut Jeanne qu'à son arrivée à Rouen et ne la revit qu'à la prédication de Saint-Ouen (il était alors lieutenant et bailli). A assisté à son supplice.	Rouen	12 mai 1456
131	Messire Jean Riquier	47 ans	Prêtre, chapelain en l'église de Rouen et curé de l'église d'Heudicourt, du diocèse de Rouen.	Rouen	(?) mai 1456
132	Jean Moreau, natif de Viéville, près de Domrémy, sur les marches de Lorraine, mais installé à Rouen.	52 ans	Habitant de la ville de Rouen. Deux marchands de chaudrons ne lui apprirent que Jeanne était partie des marches de Lorraine que lorsqu'elle se trouvait auprès de Charles VII et lui contèrent son histoire. Il la vit uniquement lors des deux prédications (à Saint-Ouen et au Vieux Marché) et assista à son supplice.	Rouen	10 mai 1456

133	Messire Nicolas Taquel	58 ans	Prêtre, curé de l'église de Bacqueville-le-Martel, notaire impérial et notaire de la cour de Rouen. N'a connu Jeanne qu'au moment du procès dont il fut l'un des notaires quand le procès se déroula dans la prison (à partir du 14 mars 1431). Remarques sur le texte des minutes. N'assista pas au supplice.	Rouen	11 mai 1456
134	Husson Lemaistre, natif de Viéville (comme Jean Moreau)	58 ans	Laïc, chaudronnier, habitant de la ville de Rouen. A connu (dans sa jeunesse ?) le père et la mère de Jeanne, qu'il ne vit que lorsqu'elle vint à Reims, où il habitait au moment du sacre de Charles VII. Il se trouvait à Viéville lorsque Jeanne se rendit à Vaucouleurs.	Rouen	11 mai 1456
135	Pierre Daron	–	Lieutenant du bailli de Rouen. N'a connu Jeanne qu'à son arrivée à Rouen et la vit dans sa prison, avec Pierre Manuel, avoué du roi d'Angleterre. Présent aux deux prédications avant le supplice.	Rouen	13 mai 1456
136	Frère Seguin de Seguin	70 ans	Professeur de théologie sacrée, de l'ordre des Frères prêcheurs, doyen de la faculté de théologie de Poitiers, évêque de Meaux. A entendu parler de Jeanne avant sa capture et l'a vue pour la première fois à Poitiers ; l'a interrogée sur ses voix (à Poitiers).	Rouen	14 mai 1456
137	Sire Jean d'Aulon, entendu à Lyon par frère Jean des Prés, frère prêcheur de Lyon et vice-inquisiteur, auquel il s'est présenté avec le sénéchal de Beaucaire	–	Chevalier, conseiller et maître d'hôtel du roi Charles VII.	Lyon	Déposition écrite le 28 mai 1456 attestée sous serment devant 2 notaires.

ANNEXE N° 4

LA GUERRE CIVILE DES ARMAGNACS ET DES BOURGUIGNONS

La vacance du pouvoir, provoquée par la maladie mentale qui frappa Charles VI en 1392, a engendré en France un grave conflit politique. Pour le comprendre, il faut savoir que les lois du royaume de France ne prévoyaient pas l'instauration d'un Conseil de régence, en cas de maladie quelconque du roi ; le gouvernement du royaume était assuré par les *ordonnances* que votait le Conseil du roi, où figuraient de droit les proches du monarque et divers ministres. C'est donc au sein de cet organe de gouvernement que s'est d'abord manifesté le conflit en question, qui opposait le frère du roi, Louis duc d'Orléans (20 ans en 1392) à son oncle, le puissant duc de Bourgogne, Philippe le Hardi (50 ans en 1392). Ce conflit prendra un caractère violent à la mort de Philippe le Hardi, lorsque son fils, Jean sans Peur (19 ans en 1392), tentera un coup de force sur Paris en 1405 (qui échouera), puis un caractère sanglant et peu glorieux en 1407, lorsque Jean sans Peur fera assassiner le duc d'Orléans, son cousin germain, rue Vieille-du-Temple, à Paris. Ce meurtre ne fut ni puni par le Conseil du roi, ni vengé par la famille d'Orléans.

Dès lors, petit à petit, la guerre civile s'engagea entre les partisans de la Maison d'Orléans, qu'on nomme « les Armagnacs » à partir de 1409 ; elle va d'abord se dérouler à Paris et autour de Paris, bien entendu, puis elle se mêlera à la guerre anglaise et menacera non pas le pauvre roi Charles VI, qui avait définitivement sombré dans la démence, mais le dernier fils qui lui restait, le dauphin Charles de Valois, encore mineur (il était né en 1403 ; la majorité pour les rois de France avait été fixée à 14 ans par une ordonnance de Charles V, en 1374). Ainsi se développa ce que les chroniqueurs de l'époque (Enguerrand de Monstrelet, le Bourgeois de Paris) ont appelé une « maudite guerre », plus meurtrière et plus dévastatrice que la guerre anglaise.

DATES	ÉVÉNEMENTS
1392	Première crise de folie de Charles VI (suivie d'une rémission).
1393	Ordonnance de Charles VI, désignant son frère Louis d'Orléans comme régent si lui-même venait à mourir avant que son dauphin n'ait atteint l'âge de 14 ans (le dauphin est alors Louis de Guyenne, qui mourra en 1415).
Juin/ octobre 1401	Louis d'Orléans fait nommer quatre de ses partisans à de hautes charges du royaume (prévôt de Paris, grand maître de l'Hôtel du roi, deux conseillers des aides).
26 octobre 1401	Lettre de protestation (déguisée) de Philippe le Hardi au Parlement de Paris.
Décembre 1401	Philippe le Hardi fait une démonstration de force à Paris, pour intimider Louis d'Orléans, qui réunit une petite force armée autour de Paris. La reine Isabeau, les ducs de Berry et de Bourbon (oncles du roi) interviennent pour réconcilier les deux adversaires. Philippe repart en Bourgogne.
Début 1402	Le Conseil du roi institue Louis d'Orléans souverain gouverneur des aides (il a la haute main sur la fiscalité du royaume).
Mai 1402	Philippe le Hardi adresse une lettre au Parlement pour dénoncer la politique fiscale du duc d'Orléans ; il prône une politique antifiscale démagogique. Il assied sa popularité sur ce type de déclarations.
Été 1402	Réconciliation (apparente) des deux princes. Charles VI, qui a recouvré ses esprits, nomme Philippe le Hardi gouverneur des aides, aux côtés de Louis d'Orléans.
Avril 1403	Profitant de l'absence du duc d'Orléans, Philippe le Hardi fait élaborer une ordonnance supprimant la régence qui avait été attribuée à Louis d'Orléans en 1393 pour l'attribuer au Conseil du roi.
Mai 1403	Louis obtient de Charles VI, en période de rémission, une autre ordonnance confirmant celle de 1393. Quelques jours plus tard, Philippe Le Hardi fait élaborer une troisième ordonnance, annulant la précédente. Mais Charles VI, qui est encore sain d'esprit, conserve sa confiance à son frère.
27 avril 1404	Mort de Philippe le Hardi (de maladie), à Hal (près de Bruxelles). Son fils aîné, Jean sans Peur (33 ans), hérite du duché de Bourgogne et prête hommage au roi Charles VI.
Août 1405	Jean sans Peur part inopinément pour Paris, avec plusieurs centaines d'hommes en armes. Le duc d'Orléans s'enfuit avec Isabeau de Bavière et ordonne que le dauphin Louis de Guyenne (il a 9 ans et mourra en 1415) parte au plus vite après eux; Charles VI reste à Paris. Jean sans Peur arrive à Paris et part à la poursuite du dauphin qu'il rattrape à Juvisy et qu'il ramène à Paris, etc.

Septembre 1405	Manifeste de Louis d'Orléans, répliquant à l'action de Jean sans Peur; il se retranche dans Melun avec la reine. Les rassemblements de troupes continuent des deux côtés. L'armée du duc de Bourgogne atteint 3 000 hommes, puis 4 560.
16 octobre 1405	Louis d'Orléans et Jean sans Peur font la paix: le coup d'État a échoué.
Début décembre 1405	La tension remonte.
27 décembre 1405/1406	Période de rémission pour Charles VI. Il fait publier une ordonnance qui reprend les termes de celles d'avril 1403.
Janvier 1406	Décision (inattendue ?) de Charles VI : désormais, le gouvernement royal sera assuré par l'ensemble des princes de sang; fin de la prédominance absolue du duc d'Orléans sur le Conseil du roi où vont entrer aussi des hommes de Jean sans Peur, le duc de Bourgogne: sur 51 conseillers nommés, la moitié est composée de partisans de Louis d'Orléans et le quart de partisans du duc de Bourgogne.
Avril 1407	Louis d'Orléans modifie la composition du Conseil du roi, dont l'effectif passe à 26, avec 20 conseillers orléanais et seulement 2 conseillers bourguignons.
23 novembre 1407	Louis d'Orléans est assassiné vers 8 heures du soir, rue Vieille-du-Temple, alors qu'il sortait de la demeure de la reine Isabeau de Bavière. La Maison d'Orléans a désormais pour chef Charles d'Orléans.
25 novembre 1407	Jean sans Peur avoue au duc de Berry et au duc d'Anjou qu'il a fait commettre ce crime, dont l'exécuteur fut un homme à lui, Raoul de Tansonville.
9 mars 1409	« Paix fourrée » de Chartres, accordant le pardon royal pour son crime à Jean sans Peur.
Octobre 1409	Jean sans Peur se rapproche d'Isabeau de Bavière et fait condamner à mort Jean de Montaigu, qui a la haute main sur les finances au Conseil du roi. Cette condamnation marque la prise en main du Conseil et de l'administration des finances du royaume par Jean sans Peur, qui va évidemment les gérer en fonction de ses intérêts personnels. Tous ceux qui se sentent en voie d'être défavorisés ou même spoliés par cette politique rejoignent les rangs de l'opposition, c'est-à-dire des partisans de la Maison d'Orléans.
Fin 1409	Constitution de la *Ligue de Gien* (ville où s'est retiré le duc de Berry). Les uns après les autres, les opposants à Jean sans Peur considèrent qu'il va falloir lui faire la guerre. Tous les seigneurs mobilisent leurs petits vassaux. A la ligue de Gien adhèrent nombre de Maisons du Sud-Ouest, dont les chefs

	sont : le comte de Foix, le comte Bertrand d'Armagnac, septième du nom, le connétable Charles d'Albret, le duc de Bretagne, le comte d'Alençon, pour ne citer que les plus puissants. Tous ces seigneurs, accompagnés de leurs hommes d'armes, « montent » à Paris. Au début de l'automne, ils sont à Montlhéry, et les Parisiens les appellent « Armagnacs », parce que les plus nombreux et les plus dangereux sont les hommes du comte d'Armagnac. La guerre civile des princes se prépare, mais l'hiver qui approche leur permet de souffler.
Juillet/ septembre 1411	Les princes du parti orléanais publient un manifeste qui est une déclaration de guerre au duc de Bourgogne et à ses vassaux, en raison de l'horrible meurtre dont s'est rendu coupable Jean sans Peur, « lui qui se dit duc de Bourgogne ». Et, de fait, un peu partout en France, des armées se forment. Jean sans Peur lui-même a rassemblé une armée de 10 000 hommes avec laquelle il entend marcher sur Paris, où sont concentrés les partisans du duc d'Orléans assassiné. Et, dès le mois de septembre, la guerre et la violence se répandent dans la région parisienne, une guerre dont les cultivateurs et les petites gens sont bien entendu les victimes, car, à cette époque, qui dit armée dit pillage.
1412	Les princes armagnacs font secrètement appel aux Anglais, auxquels ils vont jusqu'à proposer la restitution de la Guyenne, le Périgord et l'Angoumois.
1413	Jean sans Peur s'allie avec les bouchers de Paris qui s'agitent aux aussi (les « Cabochiens ») ; du côté des émeutiers se trouve l'évêque de Beauvais, qui a perdu son évêché, Mgr Cauchon. Les émeutiers réclament des têtes et le duc de Bourgogne souhaiterait que ces têtes fussent les éléments qui s'opposent à lui au Conseil du roi. Mais les débordements des émeutiers inquiètent. En février, une commission de prélats et d'universitaires est chargée de préparer une ordonnance de réforme, concernant, notamment, l'administration des finances et la répartition des pouvoirs ; on pense aussi que, si le duc de Bourgogne acceptait de faire son *mea culpa* en ce qui concerne le meurtre du duc d'Orléans, la paix civile pourrait revenir.
1413	Avènement de Henry V de Lancastre en Angleterre.
26 mai 1413	Promulgation de la fameuse ordonnance, qualifiée de « cabochienne », qui ne satisfait personne et qui est surtout une ordonnance répressive : on a coupé une dizaine de têtes pendant l'été, dont celle Pierre des Essarts, le prévôt de Paris, accusé d'être pro-armagnac. Isabeau de Bavière se détache de Jean sans Peur, et se rallie au gouvernement armagnac mais le connétable Bertrand d'Armagnac ne l'aime pas. Elle se rapproche alors du duc Louis d'Anjou.

22 juillet 1413	Les ducs de Berry et de Bourgogne rencontrent les ambassadeurs des princes armagnacs à Pontoise ; un accord est conclu : les princes se jureront amitié, une amnistie générale sera proclamée, y compris pour les Cabochiens (qui tiennent à continuer la guerre).
Août 1413	Le parti de la paix (les bourgeois et les cultivateurs parisiens) triomphe (artisan : Jouvenel des Ursins). Jean sans Peur, obligé de quitter Paris, se fait le protecteur des Cabochiens.
1er septembre 1413	Charles d'Orléans, accompagné des princes de son parti (Louis d'Anjou, le duc d'Alençon, etc., fait son entrée dans Paris, où s'exerce la répression orléanaise.
Hiver 1413/14	La guerre reprend. Jean sans Peur revient devant Paris, où il plante ses tentes, mais où il ne peut entrer.
Printemps 1414	Les Armagnacs, dirigés par le dauphin (Louis, duc de Guyenne), portent la guerre dans les territoires bourguignons du Nord.
10 mai 1414	Les Armagnacs prennent Soissons.
Mai 1414	Projet d'alliance militaire de Jean sans Peur avec le nouveau roi d'Angleterre ; à la Conférence de Leicester, ils se partagent la France, où Henry V réclame l'héritage des Plantagenêts.
Juillet 1414	Une ambassade française est reçue à Winchester : elle informe le roi Henry V qu'il n'a aucun droit à la couronne de France, d'autant qu'il est lui-même le fils d'un usurpateur (Henry IV de Lancastre).
Août 1414	Débarquement des troupes anglaises (12 000 hommes) à l'embouchure de la Seine (à Chef-de-Caux, près de l'actuel port du Havre).
17 août 1414	Début du siège d'Harfleur par les Anglais. Le duc de Bourgogne convoque ses troupes, dans le but de rejoindre l'armée du roi de France ; mais les princes armagnacs ne souhaitent pas voir combattre à leurs côtés l'assassin de leur prince, le duc d'Orléans. Jean sans Peur garde autour de lui ses hommes de guerre et interdit à son fils, Philippe (le futur Philippe le Bon) de rejoindre l'armée du roi.
25 octobre 1415	Désastre français d'Azincourt. Charles d'Orléans prisonnier (il ne sera libéré qu'en 1440).
18 décembre 1415	Mort du dauphin de France, Louis de Guyenne : le parti d'Orléans n'a plus de chef (le nouveau dauphin, le futur Charles VII, n'a que 12 ans) ; il ne reste plus qu'un grand seigneur pour prendre la tête du parti d'Orléans : le comte Bertrand VII d'Armagnac. Dorénavant, les jeux sont faits : le duc de Bourgogne devient l'allié du roi d'Angleterre, et le restera jusqu'au traité d'Arras, en 1435.

Juillet 1414	L'armée royale pénètre en Artois et en Picardie.
Janvier 1415	Cérémonie à Notre-Dame de Paris, en présence de tous les princes armagnacs, à la mémoire de Louis d'Orléans.
7 février 1415	Ordonnance royale accordant un pardon général, à l'exclusion de 500 personnes, dont les noms seront publiés plus tard, et qui seront bannis du royaume.
Printemps 1417	Le connétable d'Armagnac exile Isabeau de Bavière à Tours, où le capitaine (bourguignon) Hector de Saveuse viendra la chercher pour la conduire à Jean sans Peur, qui l'emmène à Chartres.
Septembre 1417	Henry V termine la conquête méthodique de la Normandie (Caen, Lisieux, Bayeux, Argentan, Alençon, Coutances, Falaise sont repris).
Novembre 1417	A Chartres : la reine Isabeau et Jean sans Peur reconstituent un gouvernement royal (une ordonnance de 1403 l'avait confirmée « reine de France »). Mais, le 23 novembre, date anniversaire de l'assassinat du duc d'Orléans, l'évêque de Paris excommunie Jean sans Peur.
23 décembre 1417	Après une vaine tentative pour entrer dans Paris, Jean sans Peur et Isabeau de Bavière, avec la fille de celle-ci, Catherine de France (16 ans) gagnent Troyes, ville qui s'est ralliée au parti bourguignon au cours de l'été précédent. Troyes devient la « capitale » de la monarchie française, avec Isabeau comme reine de France en vertu de l'ordonnance de 1403, un Parlement et une Chambre des comptes ; les fonctionnaires de la reine sont fournis et appointés par le duc de Bourgogne, qui obtient les pleins pouvoirs pour gouverner son « Royaume », qui a maintenant bonne figure : les garnisons du duc de Bourgogne cernent Paris (où sont entrées les troupes gasconnes de Bertrand d'Armagnac), Tours et Mâcon ont rallié le parti bourguignon, qui vise maintenant Lyon.
Mars 1418	Ouverture de négociations entre les ambassadeurs du gouvernement armagnac (Regnault de Chartres, archevêque de Reims, et autres) et ceux de Jean sans Peur au sujet de Paris, où réside le nouveau dauphin Charles (Louis de Guyenne est mort en 1415 ; Charles, né en 1403, était le dernier fils de Charles VI). Charles, qui préside le Conseil du roi (il n'y a personne d'autre que lui qui puisse le faire), est favorable à l'adoption d'un protocole d'accord avec les Bourguignons (amnistie générale, restitution de tous les biens confisqués aux Bourguignons, qui pourront approcher le roi). Mais le chancelier Gérard de Montaigu, et le connétable d'Armagnac s'y refusent. Dans Paris, la nouvelle se répand que le dauphin est partisan de la paix et les Armagnacs partisans de la guerre, et l'on se prend à souhaiter l'arrivée des Bourguignons.

Nuit du 28 au 29 mai	Plusieurs bourgeois parisiens, conduits par Perrinet Leclerc, ouvrent la porte Saint-Germain, dont ils détiennent les clés, et les Bourguignons pénètrent dans Paris. Le prévôt de Paris, Tanguy du Châtel, se précipite à l'Hôtel où dort le dauphin, le réveille, l'enveloppe dans une sorte de robe de chambre et l'emmène à la Bastille, où se trouvent des gentilshommes armagnacs, puis il l'entraîne sur la route de Melun. Charles VI, inconscient, est placé sous bonne garde au Louvre.
Juin/juillet 1418	Pendant six semaines, les massacres, les règlements de compte, les exécutions ne cessent pas : les partisans des Armagnacs et leurs chefs sont passés par les armes. La tuerie fit sans doute plusieurs milliers de morts.
Janvier/été 1419	Après un blocus de six mois, Henry V s'empare de Rouen, qui capitule pratiquement sans conditions. Le Pays de Caux, Fécamp, Dieppe, etc., tombent entre ses mains ; les Anglais remontent la vallée de la Seine.
30 mai 1419	Entrevue de Jean sans Peur avec Henry V, auquel il propose un traité d'alliance, assorti d'un mariage de Henry V avec Catherine de France (fille de Charles VI).
10 septembre 1419	Jean sans Terre est assassiné sur le pont de Montereau, au cours d'une entrevue-guet-apens avec Charles VII (le projet avait été élaboré par les proches du dauphin Charles, qui l'avait approuvé).
21 mai 1420	Traité de Troyes, conclu entre Henry V, le duc Philippe de Bourgogne, Isabeau de Bavière et Charles VI : Henry V épousera Catherine de France, le fils de Charles VI perd ses droits à la couronne de France, qui ira au premier enfant mâle à naître de l'union entre le roi d'Angleterre et la jeune princesse de France (cet enfant sera Henry de Lancastre, né en 1421). Le sacre de Charles VII à Reims, le 17 juillet 1429, rendra cette clause caduque, et la patiente politique de rapprochement entreprise par ce monarque, avec l'assistance de son conseiller Arthur de Richemont, aboutira à la conclusion de la paix d'Arras, en 1435, qui mit un terme à la dramatique « querelle » des Armagnacs et des Bourguignons.

ANNEXE N° 5

LES XII ARTICLES DU PROCÈS EN NULLITÉ

Le promoteur du procès en Nullité (maître Simon Chapitault) et les juges désignés n'ont pas fait le voyage jusqu'aux marches de Lorraine pour interroger les témoins qui avaient connu Jeanne dans son enfance ou dans sa jeunesse. Ils ont mandaté pour ce faire deux ecclésiastiques locaux (Renaud de Chichery, doyen de Notre-Dame de Vaucouleurs et Vautrin Thierry, chanoine de l'église de Toul), et leur ont adressé un questionnaire précis en douze points – douze « articles » – sur lesquels ils leur ont demandé de s'informer sur Jeanne dans les termes suivants (la lettre de commission pour les enquêtes est signée par l'un des deux notaires du procès, François Ferrebouc ; voir ci-dessus, p. 351) :

> « Attendu que [...] nous jugeons nécessaire d'examiner certains témoins au lieu de naissance de Jeanne [...], mais attendu qu'il serait pénible pour nous et coûteux pour les parties [*la famille de Jeanne, qui est demanderesse dans le procès*], nous donc, juges et commissaires susdits [...] ayant à juste titre confiance en vos qualités et votre science avisée, nous vous constituons, vous et chacun de vous pour le tout, et nous vous désignons [...] aux fins de faire citer, mander, péremptoirement et personnellement devant vous, tous et chacun des témoins pour lesquels vous serez requis [...] pour vous informer en notre place sur les dits articles ou questionnaires. Répondez-nous et renvoyez-nous le plus tôt possible les attestations ou dépositions de ces témoins, mises fidèlement par écrit [*etc.*]. Ainsi signé : Ferrebouc. » (*Null.*, III, p. 237.)

Les douze points de ce questionnaire, qui fut proposé aux témoins n° 23 à 56 (voir le tableau des témoins à l'annexe n° 3), sont ainsi énumérés dans la lettre de commission pour enquête par le notaire Ferrebouc adressée aux prêtres-enquêteurs :

> « Articles pour les informations à faire dans le pays d'origine de la défunte Jeannette, communément appelée la Pucelle :
>
> I. Premièrement au sujet du lieu d'origine et de la paroisse.
>
> II. De même qui furent ses parents et leur état. S'ils étaient bons catholiques et de bonne renommée.
>
> III. De même quels furent ses parrains et marraines.

IV. De même si dans son plus jeune âge elle a été convenablement élevée dans la foi et les bonnes mœurs, en particulier autant que le requéraient un tel âge et sa condition personnelle.

V. De même sur sa manière d'être dans son adolescence, depuis l'âge de sept ans jusqu'à son départ de la maison paternelle.

VI. De même si elle fréquentait l'église et les lieux sacrés, et si c'était volontiers et souvent.

VII. De même quelles étaient ses occupations, à quoi vaquait-elle audit temps de sa jeunesse.

VIII. De même si à cette époque elle se confessait souvent et volontiers.

IX. De même qu'en est-il de cette opinion répandue à propos de l'arbre appelé « arbre des dames », et si c'était l'habitude d'y faire des danses de jeunes filles ; et de même à propos de la fontaine à côté de cet arbre, si Jeanne y venait souvent avec d'autres filles et pour quelles raisons, ou en quelle occasion y venait-elle.

X. De même qu'on enquête sur la manière dont elle a quitté son pays ou s'est mise en route.

XI. De même si dans ledit pays d'origine quelque information fut faite, par décision des juges, à l'époque où elle fut prise devant la ville de Compiègne et détenue par les Anglais.

XII. De même si Jeannette, quand elle s'enfuit de son pays pour aller à Neufchâteau à cause des gens d'armes [*allusion aux routiers et aux soldats qui troublaient alors la quiétude du Barrois*], resta toujours dans la compagnie de ses père et mère.

Donné et fait à Rouen, l'an du Seigneur 1455, le vingtième jour du mois de décembre.

Ainsi signé : Lecomte et Farrebouc. » (*Null.*, III, p. 238, sq.)

ANNEXE N° 6

LES SÉANCES DU PROCÈS DE CONDAMNATION

I. PROCÈS D'OFFICE

N°	DATES	LIEUX DES AUDIENCES	PRINCIPALES QUESTIONS ABORDÉES
1	Mardi 9 janvier	Maison du Conseil royal, près du château de Rouen.	Organisation du procès. Lecture des lettres de l'Université de Paris, du vicaire de l'Inquisition pour le diocèse de Rouen, du promoteur du procès, des lettres réclamant Jeanne au duc de Bourgogne et au roi d'Angleterre, ainsi que des lettres de convocation.
2	Samedi 13 janvier	Demeure de Cauchon, avec Nicolas Loiselleur, Jean de La Fontaine, l'abbé de Fécamp et trois autres théologiens notables.	Décision de faire une liste, sous forme d'articles, des chefs d'accusation en matière de foi contre Jeanne.
3	Mardi 23 janvier	idem	Lecture des susdits articles, composés en trois jours (dimanche, lundi et mardi).
4	Mardi 13 février	idem	Nomination des officiers du procès (le promoteur Jean d'Estivet, les notaires Manchon et Boisguillaume, l'huissier Jean Massieu), et prestation de serment par ces derniers.
5	Mercredi 14 février		Information préparatoire par La Fontaine, assisté de deux notaires.
6	Jeudi 15 février		
7	Vendredi 16 février		
8	Samedi 17 février		
9	Lundi 19 février (au matin)	idem	Lecture des articles de l'information préparatoire.
10	Lundi 19 février (l'après-midi)	idem	Frère Jean Le Maistre, vice-Inquisiteur de la foi, comparait seul devant l'évêque Cauchon, de la part du grand Inquisiteur de France, Jean Graverent.

11	Mardi 20 février	idem	
12	Mercredi 21 février	Chapelle royale du château.	Première séance publique du procès : lecture des lettres de citation. Jeanne sur son état civil et sur son niveau d'instruction religieuse.
13	Jeudi 22 février	Chambre de parement.	Deuxième séance publique. Jeanne est interrogée sur sa première révélation (quand elle avait 13 ans), sur ses démarches auprès de Baudricourt, du duc de Lorraine et sur son voyage de Neufchâteau à Chinon ; et derechef sur ses révélations.
14	Samedi 24 février	Chambre de parement.	Troisième séance publique. Jeanne interrogée sur ses voix, si elle est en état de grâce, ce à quoi elle répond : *« Si je n'y suis pas, Dieu m'y mette, si j'y suis, Dieu m'y maintienne. »* Elle est interrogée sur l'Arbre aux Dames et sur le Bois chesnu.
15	Mardi 27 février	Chambre de Parement.	Quatrième séance publique. Jeanne interrogée sur ses voix et sur ses saintes (sainte Catherine et sainte Marguerite), et sur l'aspect de saint Michel ; est-ce qu'elle porte habit d'homme sur commandement de Dieu ; sur l'épée de saint-Catherine-de-Fierbois : comment savait-elle qu'elle y était ? sur son étendard aussi, sur le nombre d'hommes que lui donna le roi pour combattre, si elle savait qu'elle serait blessée à Orléans.
16	Jeudi 1er mars	Chambre de Parement.	Cinquième séance publique. Jeanne interrogée sur sainte Marguerite, sur ses anneaux, sur une mandragore de Domrémy, à nouveau sur saint Michel, sur le signe donné au roi.
17	Samedi 3 mars	Chambre de Parement.	Sixième séance publique. Jeanne interrogée sur son habit d'homme, sur son étendard, sur frère Richard (le moine qui prêchait la venue de l'antéchrist), sur l'enfant qu'elle ranima à Lagny, sur Catherine de La Rochelle ; sur son saut de la tour de Beaurevoir.
18 à **23**	Les 4, 5, 6, 7, 8 et 9 mars	Demeure de Cauchon (séances non publiques).	Examen des réponses de Jeanne, afin de préparer des interrogatoires complémentaires.
24	Samedi 10 mars	Prison de Jeanne.	Première séance dans la prison. Jeanne est interrogée sur sa capture devant Compiègne, et sur le signe qu'elle donna au roi du caractère divin de sa mission.
25	Lundi 12 mars (au matin)	Demeure de Cauchon.	Entretien de Cauchon avec frère Jean Le Maistre, vice-Inquisiteur.
26	Lundi 12 mars (au matin)	Prison de Jeanne (avec La Fontaine).	Jeanne est interrogée par maître Jean de La Fontaine sur le signe donné au roi, sur la raison pour laquelle elle a décidé de garder sa virginité, sur la promesse de mariage qu'elle aurait faite à un homme et qu'elle aurait ensuite rompue, sur ses voix.

27	Lundi 12 mars (l'après-midi)	Prison de Jeanne (avec La Fontaine).	Jeanne est interrogée par La Fontaine sur les songes qu'aurait eus son père à son sujet, sur son habit d'homme, sur ses voix.
28	Mardi 13 mars	Prison de Jeanne.	Jeanne est interrogée par Jean Le Maistre sur le signe donné au roi et sur ses révélations.
29	Mercredi 14 mars (matin)	Demeure de Cauchon.	Établissement, par frère Jean Le Maistre de Maître Nicolas Taquel comme troisième greffier et notaire dans la cause.
30	Mercredi 14 mars (matin)	Prison de Jeanne (avec La Fontaine et Le Maistre qui président).	Jeanne est interrogée par Me La Fontaine sur le saut qu'elle fit de la tour de Beaurevoir (tentative de suicide ?) et sur les révélations qu'elle eut alors.
31	Mercredi 14 mars (l'après-midi)	Prison de Jeanne (avec les mêmes, plus Cauchon).	Jeanne interrogée la mort de Franquet d'Arras, sur Beaurevoir et sur son habit d'homme.
32	Jeudi 15 mars (au matin)	Prison de Jeanne.	Jeanne interrogée sur ses désirs d'évasion, sur ses habits d'homme, sur ses révélations.
33	Samedi 17 mars (au matin)	Prison de Jeanne (avec Le Maistre, La Fontaine et autres).	Jeanne interrogée sur ses saintes et sur saint Michel ; sur l'Église militante et l'Église triomphante ; elle proclame que Dieu enverra victoire aux Français contre les Anglais.
34	Samedi 17 mars (l'après-midi)	Prison de Jeanne (avec Le Maistre, La Fontaine et autres).	Jeanne interrogée sur son étendard, sur l'assassinat de Jean sans Peur à Montereau, sur ses saintes.
35	Dimanche 18 mars	Prison de Jeanne (Cauchon, Le Maistre, La Fontaine, etc.).	Cauchon informe Jeanne que ses réponses et confessions ont été transmises par écrit aux assistants qui les accompagnent et à divers maîtres, pour qu'ils délibèrent.
36	Jeudi 22 mars	Demeure de Cauchon (avec Le Maistre co-président).	Décision est prise de condenser les confessions et réponses de Jeanne en un ensembles d'articles, qui servirait de base au procès ordinaire qui devait suivre.
37	Samedi 24 mars	Prison de Jeanne (avec Le Maistre co-président).	Lecture à Jeanne du registre contenant les interrogations qui ont été faites et les réponses de Jeanne à ces questions.
38	Dimanche 25 mars	Prison de Jeanne.	Jeanne demande à entendre la messe ; on y met comme condition qu'elle revête des habits de femme, elle s'y refuse.

II. PROCÈS ORDINAIRE

39	Lundi 26 mars	Demeure de Cauchon avec Jean Le Maistre comme co-président, qui, dorénavant, co-présideront toutes les séances.	Lecture des articles/chefs d'accusation que le promoteur (Jean d'Estivet) entend proposer contre Jeanne.
40	Mardi 27 mars	Chambre de parement.	Le promoteur (Jean d'Estivet) lit une supplique par laquelle il requiert de faire jurer Jeanne qu'elle répondra aux divers articles de son libelle (réquisitoire). On propose à Jeanne de se faire assister par un conseil, qu'elle refuse, et elle prête serment.
41	Mercredi 28 mars	Chambre de parement.	Lecture des 70 articles du libelle du promoteur, et des réponses que fit Jeanne aux questions soulevées quand elle était dans sa prison.
42	Samedi 31 mars	Chambre de parement.	Jeanne interrogée sur certains points auxquels elle avait différé de répondre.
43	Lundi 2 avril Mardi 3 avril Mercredi 4 avril	Demeure de Cauchon (?).	Condensation des 70 articles et des réponses de Jeanne en 12 articles.
44	Jeudi 5 avril	Demeure de Cauchon.	Transmission de la cédule réquisitoire en 12 articles aux docteurs et avocats de Rouen pour consultation (leurs réponses parviendront aux juges entre le 12 et le 18 avril).
45	Mercredi 18 avril	Prison de Jeanne.	Jeanne est malade; les juges à nouveau lui proposent l'assistance d'un conseil et l'exhortent à se soumettre à l'Église militante; elle reste sur ses positions.
46	Mercredi 2 mai	Chambre de parement (devant 63 juges et assesseurs convoqués).	Jeanne sévèrement admonestée par l'archidiacre Jean de Châtillon, qui lui lit la cédule réquisitoire, résumée en 6 articles, et la menace d'être jugée comme hérétique si elle ne veut pas croire en l'Église militante (*en une seule sainte Église catholique).*
47	Mercredi 9 mai	Dans la grosse tour du château de Rouen.	Jeanne menacée d'être soumise à la torture si elle ne se soumet pas.
48	Samedi 12 mai	Demeure de Cauchon.	Cauchon, Le Maistre et 9 juges votent sur la question de la torture; 3 seulement votent pour.
49	Samedi 19 mai (veille de la Pentecôte).	Chapelle du manoir archiépiscopal de Rouen.	Transmission des délibérations des 34 maîtres de l'Université de Paris sur le cas de Jeanne (arrivées depuis le 14 mai sous forme de lettres) et lecture des délibérations des maîtres et docteurs de Normandie et de Picardie. Lecture des délibérations de l'Université de Paris sur la cause (envoyées par lettres depuis le 14 mai).

50	Mercredi 23 mai	Au château de Rouen, dans une chambre près de la prison de Jeanne.	Lecture de la cédule de délibération de l'Université (devant Jeanne), en 12 articles.
51	Jeudi 24 mai (au matin)	Dans le cimetière de l'abbaye de Saint-Ouen de Rouen.	1re prédication publique par Guillaume Érard. Puis, Jeanne refusant de révoquer ses dits et faits, Cauchon commence à lire la sentence, mais il est interrompu par Jeanne qui se déclare prête à obéir à l'Église ; elle signe la cédule d'abjuration et Cauchon lit une autre sentence, qui lui laisse la vie sauve.
52	Jeudi 24 mai (l'après-midi)	Dans la prison où Jeanne a été reconduite.	Frère Jean Le Maître donne d'ultimes recommandations à Jeanne. Elle revêt des vêtements de femme (après dîner).
53	Lundi 28 mai	Dans la prison de Jeanne (7 juges, dont le recteur de l'Université de Paris, et le gardien, John Grey).	Les juges constatent que Jeanne a revêtu des vêtements d'homme.
54	Mardi 29 mai (au matin)	Dans la chapelle du manoir archiépiscopal de Rouen.	Les juges et assesseurs, convoqués par Cauchon et Le Maistre, déclarent Jeanne relapse, et demandent à ce qu'elle soit citée à comparaître le lendemain à 8 heures du matin sur la place du Vieux-Marché, à Rouen, pour être jugée. La citation lui fut délivrée le lendemain matin, mercredi, à 7 heures du matin.
55	Mercredi 30 mai (au matin)	Place du Vieux-Marché à Rouen.	2e prédication publique faite à Jeanne par maître Nicolas Midi, sur le thème : « Si un membre souffre, les autres membres souffrent avec lui. » Lecture de la sentence définitive par Cauchon. Supplice et mort de Jeanne.

ANNEXE N° 7

LES 126 JUGES DE JEANNE D'ARC

Le procès de Jeanne ne fut ni un procès civil, ni un procès criminel ; ce fut un procès religieux, mené par des religieux qui avaient à la fois, en général, des fonctions ecclésiastiques et des fonctions universitaires. Les juges et assesseurs dont la liste (par ordre alphabétique) suit y ont joué des rôles très variables : certains y furent présents et actifs de bout en bout, d'autres furent plus des spectateurs que des juges (Nicole Bertin, par exemple, chanoine de Lisieux, n'assista qu'une seule fois au procès). Rappelons, à ce sujet, que le procès de Condamnation compte, en tout, 55 séances, dont 23 purement administratives. Certains juges assistèrent à une seule catégorie de séances, mais aucun d'entre eux n'assista à toutes les séances (à part Cauchon et Le Maistre).

Nous indiquons, pour chaque juge ou assesseur, d'après Pierre Duparc, leurs titres universitaires (par ordre croissant : bachelier, licencié, maître, docteur ; la maîtrise ès arts était une maîtrise ès lettres) et leurs fonctions ecclésiastiques, et, le cas échéant, leurs interventions particulières dans le déroulement des débats (prédication injonction, rédaction d'un document particulier, etc. : se reporter au texte pour de plus amples détails). Nous avons aussi introduit dans cette liste quelques personnalités qui n'ont assisté au procès qu'en spectateurs, mais qui n'en ont pas moins joué un important rôle en coulisse (comme Henry de Beaufort, par exemple).

1. Guillaume ADÉLIE. Dominicain ; maître régent de théologie à l'Université de Paris en 1428.

2. Jean ALESPÉE (v. 1367-1434). Licencié en l'un et l'autre droit, chanoine de Rouen avant l'occupation anglaise, nommé chanoine de Lisieux par Henry V. Siégea 10 fois au procès. Après le supplice de Jeanne, il aurait dit à Jean Riquier (témoin n° 21 au procès en Nullité), en pleurant : « Je voudrais que mon âme fût là où je crois qu'est l'âme de cette femme. »

3. William ALNWICK (m. en 1449). Évêque de Norwich de 1426 à 1436. Docteur en droit, secrétaire du roi Henry V, puis du roi Henry VI.

4. Raoul ANGUY (m. en 1442). Licencié en décrets, avocat en la cour d'Église de Rouen ; chanoine de Rouen en 1435.

5. Jean BASSET (1381-1454, né et mort à Coutances). Maître ès arts, licencié en droit canon en 1418 ; chanoine de Coutances en 1440. Assista à 10 séances du procès.

6. Guillaume de BAUDRIBOSC (m. en 1447). Maître ès arts, bachelier en théologie en 1403 ; chanoine de Rouen en 1421. Une de ses nièces épousa un Anglais.

7. Henry de BEAUFORT (mort en 1447). Évêque de Lincoln, puis de Winchester, cardinal en 1426, chancelier d'Angleterre, grand-oncle de Henry VI, qu'il couronna roi de France, à Paris, en décembre 1431.

8. Jean BEAUPÈRE (m. en 1462). Maître ès arts (1397), licencié en théologie (1419) ; recteur de l'Université de Paris en 1412 et 1413. Chanoine de Paris et de Beauvais en 1420.

9. Nicole (Nicolas) BERTIN. N'a assisté au procès qu'une seule fois, le 28 mai. Chanoine de Lisieux et exécuteur testamentaire de Pierre Cauchon.

10. Guillaume BONNEL (m. en 1437). Docteur en décrets en 1428 ; doyen de la Faculté de décrets en 1432.

10 bis. BOISGUILLAUME, voir Guillaume COLLES.

11. William BROLBSTER. Prêtre du diocèse de Londres, assista aux séances du 25, 26 et 27 mars.

12. Jean BRUILLOT (m. en décembre 1435). Maître ès arts et licencié en décrets en 1403 ; procureur de l'Université de Paris en 1408 ; chanoine de Rouen.

13. Gilles CANIVET (d'origine picarde). Licencié en médecine en 1422 ; n'assiste qu'à une seule séance du procès, le 3 mars.

14. Pierre CAREL (?). Licencié en droit civil ; était au cimetière de Saint-Ouen.

15. Zanon de CASTIGLIONE (mort en 1459, d'origine milanaise). Évêque de Lisieux en 1424, humaniste et diplomate (député par Henry VI au concile de Bâle) ; il se rallia à Charles VII en 1449 et fut nommé cardinal la même année.

16. Pierre CAUCHON (né dans les environs de Reims, v.1371, mort le 18 novembre 1442 à Rouen). Conseiller de Jean sans Peur en 1409, participe aux émeutes des cabochiens (avril 1413) ; Jean sans Peur l'envoie au concile de Constance en 1415, évêque de Beauvais en 1420, membre du Conseil du roi Henry VI en 1422. Contraint de quitter Beauvais en 1429, lors de l'arrivée de Charles VII, il passe au service du roi d'Angleterre. Évêque de Lisieux en 1432, excommunié en 1434.

17. Nicolas CAVAL (v.1387-1457). Maître ès arts et bachelier de décret (1403), licencié en droit civil en 1428. Assista à 6 séances du procès.

18. Pierre CAVÉ (inconnu). N'apparaît qu'une fois au procès (le 1er mars).

19. Enguerrand de CHAMPROND (mort en 1434 ou 1435). N'assista qu'une fois au procès, le 24 mars, dans la prison de Jeanne.

20. Jean CHARPENTIER ou CARPENTER. Anglais, clerc du roi, docteur en théologie ; recteur de l'école de Beaconsfield, diocèse de Lincoln.

21. Jean de CHATILLON. Bachelier et docteur en théologie, enseigne à la Faculté de théologie de Paris en 1428 ; archidiacre d'Évreux au moment du procès, auquel il assista assidûment.

22. Guillaume COLLES, dit BOISGUILLAUME (né v. 1390, d'origine normande). Notaire de l'officialité de Rouen ; choisi comme notaire dans le procès de Jeanne.

23. Jean COLOMBEL (mort en novembre 1437). Licencié en décret en 1420 ; promoteur de l'archevêché de Rouen en 1423 et 1424 ; avocat à la cour archiépiscopale de Rouen. Assiste 12 fois au procès.

24. Guillaume de CONTI (m. en 1452). Bénédictin, abbé de Lagny et de Sainte-Catherine-de-Rouen ; licencié en décrets en 1422 ; doyen de la faculté de Décrets en 1431. A assisté à 4 séances.

25. Bureau de CORMEILLES. Licencié en droit civil, curé de Touffreville-la-Corbeline entre 1404 et 1420 ; un des avocats de la cour de Rouen.

26. Nicolas COUPPEQUESNE (m. en 1442). Maître ès arts en 1403 ; bachelier en théologie. Chanoine de Rouen en 1423. A assisté à 19 séances du procès.

27. Thomas de COURCELLES (1393-1469). Né à Amiens ; licencié en théologie, recteur de l'Université de Paris en 1430, 1431 et 1435. A mis en forme et traduit en latin la minute du procès de Condamnation, avec le notaire Guillaume Manchon. Au congrès d'Arras, il représenta Charles VII. Il n'en avait pas moins été l'un des universitaires qui a réclamé le procès de Jeanne. A l'audience du 12 mai, dans la grosse tour du château de Rouen, il a voté pour la torture, comme Loiseleur et Aubert Morel.

28. Jean DACIER (mort en 1437). Bénédictin, abbé de Saint-Cormeille de Compiègne depuis 1424 ; licencié en droit civil. A participé au concile de Bâle.

29. Gille DESCHAMPS (originaire de Rouen, m. en 1438). Licencié en droit civil, évêque de Coutances, créé cardinal en 1411 ; aumônier de Charles VI en 1415.

30. Guillaume DESJARDINS (v. 1370, à Caudebec-en-Caux-1438). Licencié en médecine, chanoine de Bayeux et de Rouen en 1421.

31. Richard DES SAULX. Prêtre de Rouen, maître ès arts et bachelier en décrets.

32. Laurent DU BUSC. Clerc de Rouen, licencié en décrets.

33. Jean DUCHEMIN. Bachelier ou licencié en droit canon ; avocat à la cour de Rouen en 1432.

34. Bertrand DUCHESNE. Bénédictin de Cluny, curé doyen de Lihons-en-Santerre, dans la Somme, docteur en décrets en 1426.

35. Geoffroi DU CROTAY. Avocat à la cour de Rouen, assiste à 10 séances du procès ; sera témoin au procès en Nullité.

36. Guillaume DU DÉSERT (v. 1390-1471, à Paris). Nommé chanoine de Rouen par Henry V en 1421 ; se rallie à Charles VII après la conquête de la Normandie et témoignera au procès en Nullité (témoin n° 11).

37. Maurice DU QUESNAY (non identifié). Assiste régulièrement au procès jusqu'au 24 mai.

38. Gilles de DUREMORT (mort à Rouen en 1444). Bénédictin, licencié en théologie en 1408, abbé de Beaupré, puis de Beaubec et de Fécamp ; régent de la faculté de Théologie de Paris entre 1423 et 1429 ; vit ensuite à Rouen. Pro-Anglais, chargé de diverses missions par Bedford, très assidu au procès, par haine pour Jeanne : ce fut son vote, le 29 mai, qui entraîna celui de la majorité des assesseurs. Un des ambassadeurs du roi d'Angleterre qui fut chargé de la paix de 1438 avec Charles VII, il fut nommé évêque de Coutances en 1439.

39. Jean DUVAL (?). Prêtre de Rouen, maître ès arts. Assista à une seule séance du procès, le 24 février.

40. Erard EMENGART. Licencié en théologie en 1440 ; a assisté à une dizaine de séances.

41. Guillaume ÉRARD (originaire du diocèse de Langres, mort en Angleterre en 1439). Licencié, puis maître en théologie en 1428 ; chanoine de Rouen en 1432, doyen en 1438 ; chargé des intérêts anglais par Henry VI à la conférence d'Arras, en 1435. N'a assisté qu'à un seul interrogatoire (le 9 mai) et fut chargé de la prédication au cimetière de Saint-Ouen de Rouen (Jeanne le qualifia de « faux prêcheur »).

42. Jean d'ESTIVET (dit *Benedicite*, m. en 1438). Chanoine de Beauvais et de Bayeux, promoteur général du diocèse de Beauvais, ancien étudiant en décrets de l'Université de Paris ; auteur du réquisitoire (*libelle*) en 70 articles lu les 27 et 28 mars, à l'ouverture du procès. C'est lui qui traita Jeanne de « paillarde » dans sa prison ; on l'a retrouvé mort dans un égout en 1438.

43. Jean EUDE. Bachelier en théologie ; présent à une seule séance (celle du 2 mai).

44. Guillaume ÉVRARD (m. en 1470). Licencié en théologie, n'assista qu'à une seule du procès (celle du 3 mars, sans y prendre part) ; il eut un rôle important au concile de Bâle et occupa par la suite une place importante au sein du clergé de Paris.

45. Giovanni de FANO. Frère mineur de la Marche, n'assista qu'à une séance du procès, le 27 février.

46. Gérard FEUILLET (arrive de Paris le 13 février). Très assidu au procès ; il exhorta Jeanne à se soumettre à l'Église militante lors de la séance du 18 avril.

47. Thomas FIEVET ou FIEFVET (clerc du diocèse de Cambrai).

Docteur en décrets en 1426, official à Notre-Dame de Paris en 1429 ; n'a assisté qu'à une séance du procès, celle du 12 mars.

48. Julien FLOSQUET. Ne porte aucun titre universitaire ; simplement cité lors de la séance du 28 mai.

49. Jean FOUCHIER. Frère mineur ; assiste à l'admonition de Jean de Châtillon et il est présent le 24 mai, lors de l'abjuration de Jeanne.

50. Nicolas DE FOVILLE. Maître ès arts (?) ; n'a assisté qu'à la séance du 24 février.

51. Thomas FRIQUE. Abbé du Bec-Hellouin depuis le 9 juin 1430 ; assiste à la seule séance du 24 mai.

52. Denis GASTINEL (mort v. 1441). Licencié en droit canon en 1418 ; chanoine de Rouen en 1422, membre du Conseil royal (anglais) depuis 1424. Assista à une douzaine de séances du procès et tint par la suite une place importante au chapitre de Rouen.

53. Robert GILBERT ou GILLEBERT. Docteur en théologie, doyen de la chapelle d'Angleterre ; n'assiste qu'à la séance du 29 mai. Deviendra évêque de Londres en 1436.

54. Jean GRAVERENT. Maître en théologie avant 1421 ; dominicain, Grand Inquisiteur de France. N'assistera à aucune séance du procès.

55. Richard de GROUCHET (né vers 1392). Maître ès arts et bachelier en théologie ; il estimait ne pas pouvoir se prononcer sur l'origine des révélations de Jeanne et déclarera – en 1452 – avoir assisté au procès par « crainte, menaces et effroi ». S'occupera ensuite du concile de Bâle.

56. Jean GUÉRIN ou GARIN (1370, à Rouen-1433, à Bâle). Docteur en décrets en 1415, doyen de la Faculté en 1419-1422 ; assista à quelques séances du procès.

57. Jacques GUESDON. Docteur en théologie, seul et unique représentant au procès du couvent de Rouen.

58. William HATTON. Bachelier en théologie ; vint en France en 1419, pour préparer le mariage de Henry V avec Catherine de France, fille de Charles VI ; secrétaire des commandements du roi d'Angleterre et membre du conseil royal en 1431. A assisté 17 fois au procès.

59. John HAMPTON. Prêtre anglais, non identifié ; assista aux séances du 27 et du 28 mars.

60. Nicolas de HAUTMONT, abbé de Mortemer. Licencié et professeur de théologie en 1431 ; n'a assisté qu'à peu de séances.

61. Pierre HOUDENC. Carme, licencié et maître en théologie en 1424. Prieur de la maison des Carmes à Rouen en 1431, à laquelle Bedford prodiguera ses faveurs. A assisté à 10 séances du procès.

62. Nicolas de HUBENT. Secrétaire des lettres apostoliques ; sera nommé chanoine de Notre-Dame de Paris en septembre 1429.

63. Robert JOLIVET (m. en 1444). Bénédictin, abbé du Mont-Saint-Michel depuis 1411, bachelier en décrets en 1416. Ayant choisi le parti anglais, il est nommé par Bedford chancelier et garde de son sceau privé en 1423. Résidant à Rouen, il n'assistera cependant qu'à une seule séance du procès (celle du 24 mai).

64. Jean LABBÉ (m. en 1445). Abbé de Saint-Georges de Boischerville depuis 1417 ; n'assista qu'à 2 séances du procès.

65. Guillaume de LA CHAMBRE (né vers 1410). Licencié en médecine, professeur à la Faculté de Paris ; il soignera Jeanne dans sa prison lorsqu'elle sera malade ; en 1456, il prétendra avoir voté comme l'abbé de Fécamp (c'est-à-dire la mort par le bûcher) par peur de Cauchon.

66. Jean de LA FONTAINE (originaire du diocèse de Bayeux). Maître *ès* arts, licencié en décrets en 1424. Nommé le 9 janvier conseiller commissaire et examinateur de témoins ; il sera désigné par Cauchon pour interroger Jeanne dans sa prison ; il aurait donné des conseils à Jeanne et ne reparaît plus dans le procès après le 28 mars.

67. Nicolas LAMI. Bachelier en 1423, licencié en théologie de Paris en 1428, recteur de l'Université en 1426 et 1429 ; chanoine de Beauvais en 1427, assista au procès le 3 mars, puis partit pour le concile de Bâle.

68. Martin LADVENU ou LAVENU. Dominicain du couvent des Jacobins de Rouen ; a assisté à 6 ou 7 séances. Au matin du 30 mai, il confessera Jeanne et lui donnera la communion. Il l'assistera dans son supplice avec le frère Isambard, et témoignera abondamment au procès en Nullité.

69. Isambard (ou Bardin) de LA PIERRE (né v. 1392). Dominicain, qui assista à 14 séances du procès comme assistant du vice-Inquisiteur Le Maistre ; il accompagnera Jeanne au bûcher avec frère Ladvenu.

70. Robert LE BARBIER (v. 1383-1444). Maître ès arts, licencié en l'un et l'autre droit ; chanoine de Rouen en 1419, official en 1422 et en 1436 ; assidu au procès jusqu'au 19 mai.

71. Guillaume LE BOUCHER. Carme de la maison de Rouen, licencié en théologie en 1413 ; assista à son supplice.

72. Guillaume LE BOURG (m. en 1456). Prieur de Saint-Lô de Rouen ; assista à quelques séances et à l'abjuration de Jeanne.

73. Jacques LE CAMUS (m. en 1438). Chanoine de Reims depuis 1423, de Saint-Symphorien en 1428, il suivit ensuite le parti anglais. On le fit venir de Paris pour assister à la séance du 28 mai.

74. Jean LE DOUX. Licencié en l'un et l'autre droit ; avocat à la cour de Rouen. A assisté à 12 séances.

75. Roland LÉCRIVAIN. Licencié en médecine en 1424, doyen de la Faculté de médecine de Paris de 1427 à 1430 ; il fut médecin du duc de Bedford et du duc de Bourgogne et n'assista qu'à une séance du procès (celle du 3 mars).

76. Jean LE FÈVRE (m. à Rouen en 1463). Ermite de Saint-Augustin, licencié puis maître en théologie en 1426, il enseigne à Paris. Assiste au procès du 21 février au 29 mai. Il témoignera au procès en Nullité (témoin n° 19).

77. Richard LE GAGNEUX (originaire de Coutances). Bachelier de théologie, assiste à la séance du 24 février.

78. Guillaume LEGRANT. Prêtre à Rouen, assista à l'admonition du 2 mai.

79. Guillaume LEMAISTRE. Bachelier en théologie, n'assiste qu'à la séance du 24 février.

80. Jean (Jehan) LE MAISTRE (m. en 1455 ?). Frère prêcheur, bachelier en théologie ; constitué vicaire de l'Inquisition (vice-Inquisiteur) pour le diocèse de Rouen par le Grand Inquisiteur de France, Jean Graverent, en février 1424 ; chargé de représenter ce dernier au procès de Jeanne, il resta silencieux durant tout le procès « d'office », mais il prit en main le procès ordinaire. Le 14 avril 1431, il reçut du roi d'Angleterre une prime de 20 *saluts* d'or pour les « peines et diligences » dont il fit preuve dans le procès. Il termina sa vie (en 1455 ?) comme prédicateur.

81. Philippe LE MARÉCHAL. Licencié en droit canon en 1424 à Paris : ce furent lui et Jean Basset (voir ci-dessus) qui recommandèrent Cauchon au roi d'Angleterre et au duc de Bourgogne. Il n'assista qu'à une séance du procès (le 1er mars).

82. Guillaume LE MESLE. Abbé de Sainte-Catherine de Rouen, puis de Saint-Ouen de Rouen ; il assiste à quelques séances du procès et, bien entendu, à celle du 24 mai, au cimetière de son abbaye.

83. Nicolas LE MIRE. Personnage non identifié qui apparaît 2 fois au procès (le 24 et le 27 février), qualifié la première fois de licencié et la deuxième fois de docteur en théologie.

84. Frère Guillaume LERMITE. Bachelier en théologie, non identifié, qui assista aux séances des 22 et 24 février.

85. Nicolas LE ROUX (m. en juin 1431). Bénédictin, appartenant à la noblesse rouennaise ; bachelier puis docteur en décrets en 1411, à Paris. Abbé de Jumièges en 1418, régent de la Faculté de décrets de Paris en 1419 ; assista à 9 séances du procès.

86. Jean Leroy. Chanoine de Rouen, qui ne parait au procès que le 21 et le 24 février.

87. Raoul LE SAUVAGE. Prêtre du diocèse de Rouen, sans doute licencié en théologie en 1429 ; il est mentionné comme ayant assisté à 2 séances du procès.

88. Jean LE TAVERNIER. Avocat à la cour de Rouen, bachelier en droit canon en 1428 ; présent le 2 mai, lors de l'admonition de Jean de Châtillon.

89. Jean LE VAUTIER, ermite de Saint-Augustin ; assiste à 2 séances du procès (le 27 février et le 1er mars).

90. Guillaume de LIVET (m. en 1465). Maître ès arts et bachelier en décrets ; chanoine de Lisieux, puis de Rouen (en 1431). Il a donné son opinion sur les XII articles avec les autres avocats de Rouen et il est présent à 3 séances du procès (le 2, le 19 et le 29 mai).

91. Nicolas LOISELEUR ou LOISELLEUR (né v. 1390, à Chartres, m. vers 1465). Maître ès arts à Paris, en 1403, chanoine de Chartres, puis de Rouen en 1421, bachelier en théologie en 1431. Bien vu de la cour d'Angleterre et lié avec Cauchon. Il fut l'un de ceux qui étaient partisans d'appliquer la torture à Jeanne quand elle fut interrogée dans la grosse tour.

92. Louis de LUXEMBOURG (m. en 1443). Évêque de Thérouanne, entièrement dévoué aux Anglais (chancelier de France pour l'Angleterre), il deviendra archevêque de Rouen en 1436, puis cardinal en 1440. Il termina sa vie en Angleterre. Ce personnage n'assista qu'à une séance du procès (celle du 23 mai), il assista à l'abjuration et au supplice.

93. Jean de MAILLY (m. en 1472). Évêque de Noyon en 1425, appointé par les Anglais, il entrera au Conseil du roi (d'Angleterre). Il assiste à la séance du 23 mai, à l'abjuration et au supplice.

94. Guillaume MANCHON (v. 1396-décembre 1456). Chanoine de Rouen et d'Évreux. Notaire de l'officialité de Rouen, l'un des notaires du procès, qui mit la minute française originale en latin, avec Thomas de Courcelles. Il a déposé trois fois au procès en Nullité.

95. Jean MANCHON. Licencié en théologie, confesseur du roi Charles VI en 1413, collaborateur de Cauchon qui participa à la rédaction de l'ordonnance cabochienne. Chanoine de Chartres et, en 1420 à Troyes, ambassadeur de l'Université avec Cauchon et Jean Beaupère.

96. André MARGUERIE (1376-1465, né et mort à Rouen). Maître ès arts en 1403, licencié en droit civil ; conseiller du roi d'Angleterre. Très assidu au procès ; il a témoigné en 1452 et en 1456, dans le cadre du procès en Nullité.

97. Jean MASSIEU (v. 1370-1440). Licencié en droit canon, chanoine de Rouen en 1421, n'a assisté à aucun interrogatoire, mais a adhéré aux XII articles ; présent le 2, le 19 et le 29 mai.

98. Jean MASSIEU (doyen de la Chrétienté de Rouen). Nommé huissier du procès par Cauchon à l'audience du 9 janvier. Condamné ultérieurement (après 1431) à diverses reprises pour malversations, mauvaises mœurs et inconduite. Témoignera longuement, en 1450 et en 1456, dans le cadre du procès en Nullité.

99. Nicolas MAULIN. Licencié en droit civil, chanoine de Notre-Dame-de-la-Ronde en 1432 ; n'a assisté que 4 fois au procès.

100. Pierre MAURICE (m. en septembre 1436). Reçu premier à la licence de théologie, puis à la maîtrise en 1429 ; chanoine de Rouen en 1430. Assiste au procès en tant que représentant de l'Université de Paris (il fut présent à 23 séances). Le 23 mai, il exhorte Jeanne avec compassion.

101. Nicolas MIDI. Licencié en théologie en 1424, nommé chanoine de Rouen par Henry VI en 1431 ; ce fut l'assesseur le plus assidu du procès (il a réalisé la première rédaction des XII articles) ; à l'audience du 12 mai, il a voté pour la torture, avec Courcelles et Aubert Morel.

102. Pierre MIGET. Bénédictin, licencié en théologie en 1413, maître régent de l'Université de Paris ; prieur de Longueville, il réside habituellement à Rouen. Très assidu au procès, il déposera deux fois au procès en Nullité, en 1452 et 1455.

103. Adam MILET (du diocèse de Rouen). Secrétaire du roi Henry VI (il signe « John »). Il assiste à la visite du 25 mars, faite dans la prison de Jeanne pour l'exhorter à abandonner ses habits d'homme, pour qu'on puisse lui donner la communion.

104. Pierre MINIER (m. v. 1433). Bachelier en théologie ; apparaît 2 fois dans le procès.

105. Philbert de MONTJEU (m. à Prague en 1439). Noble du parti bourguignon ; chanoine d'Amiens, puis évêque de Coutances (grâce aux efforts conjugués de Bedford et du duc de Bourgogne) ; n'apparaît pas au procès, mais estime que Jeanne est habitée par le Malin, et qu'il faut la juger sans tarder. A sa mort, Gilles de Duremort (voir plus haut) lui succéda à l'évêché de Coutances.

106. Aubert Morel. Licencié en décrets, avocat à la cour de Rouen. Apparaît 12 fois dans le procès (notamment le 12 mai, où il vote pour la torture, comme Loiseleur et Courcelles).

107. Robert MORELLET. Maître ès arts, aurait été chanoine de Rouen. A assisté à 4 séances seulement, au début du procès.

108. Jean MORET (m. en 1432). Bénédictin ; licencié en l'un et l'autre droit ; abbé de l'abbaye de Préaux (diocèse de Lisieux) en 1420. A assisté à quelques séances du procès, notamment, pour la dernière fois, à celle du 24 mai

109. Guillaume MOUTON. Personnage non identifié, mentionné comme présent à l'audience du 31 mars.

110. Jean de NIBAT. Frère mineur, licencié en théologie en 1424, maître régent à l'Université de Paros depuis 1426. Apparaît 15 fois au procès, jusqu'au 29 mai.

111. Pierre ORIENT (du diocèse de Châlons). N'a assisté qu'à la séance du dimanche 25 mars.

112. Jean PIGACHE. Bachelier en théologie en 1416 ; curé de Saint-Vast, à Crasville-la-Mallet (près de Dieppe), au service de la cathédrale de Rouen depuis 1416, chanoine en 1447 seulement ; a assisté à quelques interrogatoires, se rallie, le 19 mai, à la consultation universitaire, et vote pour l'abandon de Jeanne à la justice séculière le 29 mai.

113. Jean PINCHON (m. en juin 1438). Licencié en droit canon de Paris en 1414 (ou avant) ; chanoine de Rouen ; vicaire général du diocèse pendant la vacance de l'archevêché de Rouen. A assisté à une dizaine de séances ; le 29 mai, il est d'avis que Jeanne est relapse.

114. Guérould POSTEL. Licencié en décrets, avocat à la cour de Rouen, consulté sur les XII articles ; présent le 2 mai à l'admonition de Jean de Châtillon, et le 19 mai il adhère aux délibérations des universitaires.

115. Richard PRATY (m. en 1445). Doyen de la chapelle royale (d'Angleterre) et chancelier de l'église de Salisbury. Assiste à quelques séances du procès jusqu'au 2 mai. Terminera sa vie comme cardinal de Chichester.

116. Jean de ROSAY. Curé de Duclair (près de Rouen).

117. Raoul ROUSSEL (né près de Coutances, m. le 31 décembre 1452). Docteur en décrets en 1416 ; chanoine de Rouen en 1420. Chargé par Bedford de diverses missions. Il a été très assidu au procès ; le 12 mai, il vote contre la torture, ne participe pas au vote du 29 mai ; toutefois il assiste au supplice de Jeanne le 30 mai.

118. Denis de SABREVOIS. Licencié en théologie en 1426, maître en 1430 ; enseigne à Paris. N'a assisté qu'au début du procès, car il est parti pour le concile de Bâle au début mars. Il sera doyen de la Faculté de théologie de Paris de 1456 à 1472.

119. Le prieur de SAGY. D'après Pierre Champion, il s'agirait du curé de Sagy, Pierre Martel, qui n'a assisté qu'à une seule séance du procès (celle du 24 février).

120. Jean SECARD. Curé de Saint-Vivien en 1411, puis avocat, licencié en décrets en 1415 ou 1416, maître ès arts et chanoine de Rouen en 1421 seulement.

121. Nicolas TAQUEL. Notaire-greffier du procès à partir du 14 mars seulement (date à laquelle il a été nommé à ce poste par Jean Le Maistre). Il déposera lors du procès en Nullité, en 1452 et en 1456.

122. Jean TIPHAINE (m. au début de 1469). Licencié en médecine en 1418, il enseigne à la Faculté de Paris, où il est reçu docteur. Chanoine de la Sainte-Chapelle à Paris, puis chanoine de Rouen en décembre 1432. Il n'a donné d'avis au procès que sur la maladie de Jeanne, mais il vota comme les universitaires le 29 mai.

123. Jacques de TOURAINE. Frère mineur, licencié en théologie en 1422. C'est lui qui fut chargé par Cauchon de porter les XII articles à Paris, avec Beaupère et Nicolas Midi.

124. Jean TOUTMOUILLÉ. Dominicain, qui n'assista pas au procès, mais rendit visite à Jeanne le 30 mai au matin, en compagnie de Martin Ladvenu.

125. Pasquier de VAUX (m. en 1447). Chanoine de Notre-Dame de Paris en 1426 (nommé par le roi d'Angleterre) ; il assiste au procès le 12 mars, adhère le 19 mai à l'opinion de l'Université de Paris et vote, le 29 mai, l'abandon de Jeanne à la justice séculière. Il devient secrétaire et chapelain de Bedford en 1435, ainsi que chanoine de Rouen ;

puis, la même année, évêque de Meaux, puis évêque d'Évreux en 1439 et évêque de Lisieux en 1443 ; il meurt en 1447.

126. Nicolas de VENDEREZ (v. 1375-1438). Licencié en droit canon ; chanoine de Rouen en 1419, archidiacre d'Eu en 1422. Très assidu (il a assisté à 21 séances), il vote contre la torture, mais pour l'abandon à la justice séculière ; c'est lui qui fut l'auteur de la cédule d'abjuration.

ANNEXE N° 8

CÉDULE DE DÉLIBÉRATION DES FACULTÉS DE THÉOLOGIE ET DE DÉCRETS DE L'UNIVERSITÉ DE PARIS (LUE PAR MAÎTRE PIERRE MAURICE LE 23 MAI 1431, DEVANT JEANNE, DANS UNE SALLE DU CHATEAU DE ROUEN.)

La cédule de délibération n'est pas une sentence : c'est le point de vue des maîtres et des docteurs des Facultés de théologie et de décrets de l'Université de Paris sur les « défaillances, crimes et erreurs » dont Jeanne s'est rendue responsable selon l'avis des théologiens universitaires consultés.

Résumé de la cédule

I. Les révélations et apparitions que Jeanne prétend avoir eues sont des inventions mensongères et procèdent « d'esprits malins et diaboliques ».

II. Le signe que le roi aurait eu et par lequel il aurait pu reconnaître qu'elle était une envoyée de Dieu est un mensonge « présomptueux ».

III. Les signes auxquels Jeanne aurait reconnu les anges et les saintes qui la conseillaient ne sont pas suffisants pour les reconnaître : Jeanne y a cru à la légère (en termes plus communs : elle a pris ses désirs pour des réalités).

IV. Les soi-disant prédictions que Jeanne aurait faites ou la reconnaissance de personnes qu'elle n'avait jamais vues auparavant, grâce aux voix de sainte Marguerite et de sainte Catherine, sont des superstitions et des affirmations présomptueuses.

V. En prétendant que c'est par ordre de Dieu qu'elle porte des habits d'homme et les cheveux coupés en rond comme un homme, ne laissant rien sur elle qui indique qu'elle est du sexe féminin, Jeanne blasphème Dieu, se vante vainement et se rend suspecte d'idolâtrie.

VI. Dans ses lettres, Jeanne s'est vantée de faire tuer ceux qui ne croiraient pas en ses prétentions et de n'avoir jamais agi que par révélation et commandement de Dieu, ce en quoi elle est fourbe, factieuse et elle blasphème.

VII. En prétendant qu'elle est partie de chez ses parents, à 17 ans, sur commandement de Dieu, et qu'elle est allée trouver le roi et lui dire qu'elle venait à lui de par la volonté de Dieu, Jeanne a transgressé le cinquième commandement de Dieu (« Tes père et mère honoreras ») et a fait au roi une promesse blasphématrice et présomptueuse.

VIII. Sa tentative de suicide en sautant de la tour de Beaurevoir fut un péché mortel.

IX. En prétendant que les saintes Catherine et Marguerite lui ont promis qu'elle irait en Paradis, Jeanne formule une assertion présomptueuse et contraire à la foi chrétienne.

X. En affirmant que sainte Marguerite et sainte Catherine sont favorables au parti français et hostiles aux Anglais et aux Bourguignons, elle commet un péché d'orgueil et elle transgresse le commandement de Dieu sur l'amour du prochain.

XI. Jeanne est idolâtre, invocatrice de démons et elle fait des serments illicites en jurant qu'elle ne dirait pas le signe qu'elle a donné au roi de sa mission.

XII. En conclusion, Jeanne s'est montrée schismatique – puisqu'elle ne reconnaît pas l'autorité de l'Église –, apostate et errante dans la foi.

Après lui avoir lu cette cédule, Pierre Maurice, chanoine de Rouen, l'exhorta à reconnaître ses erreurs et à revenir à la voie de la vérité en se soumettant à l'Église. Ainsi admonestée, Jeanne répondit qu'elle maintenait tout ce qu'elle avait dit au procès jusqu'à sa mort. Les juges prirent acte et assignèrent Jeanne au lendemain, pour entendre la sentence.

Texte de la cédule

Voici le texte intégral de la cédule qui vient d'être résumée, dans la traduction de Pierre Tisset.

I

« Premièrement, Jeanne, tu as dit que, à partir de l'âge de 13 ans ou environ, tu as eu des révélations et apparitions des anges et de saintes Catherine et Marguerite que fréquemment tu as vus des yeux de ton corps ; ils ont parlé avec toi ; ils te parlent souvent et t'ont dit de nombreuses choses plus pleinement exprimées dans ton procès.

« Mais sur ce point les clercs de l'Université de Paris et autres ont considéré le mode de ces révélations et apparitions, leur but, la matière des choses révélées, la qualité de la personne et, considéré tout ce qui était à considérer, ils ont dit que ce sont là des inventions mensongères, corruptrices et pernicieuses, ou que des révélations et apparitions de ce genre sont divinatoires et procèdent d'esprits malins et diaboliques.

II

« Item, tu as dit que ton roi a eu un signe par lequel il a reconnu que tu étais envoyée de Dieu, à savoir, parce que saint Michel accompagné d'une multitude d'anges dont certains avaient des ailes, d'autres des couronnes, avec lesquels étaient saintes Catherine et Marguerite, est venu à toi dans la ville de Château-Chinon, et là tous avec toi se rendirent par l'escalier du château dans la chambre de ton roi devant qui s'inclina l'ange qui portait la couronne. Et une fois tu as dit que, quand ton roi eut ce signe, il était seul ; une autre fois, tu as dit que ladite couronne que tu appelles le signe, fut remise à l'archevêque de Reims qui la remit à ton dit roi en présence de nombreux princes et seigneurs que tu as nommés.

« Sur ce point les clercs disent que cela n'est pas vraisemblable, mais constitue un mensonge présomptueux, corrupteur, pernicieux, une affaire imaginée, attentatoire à la dignité angélique.

III

« Item, tu as dit que tu reconnais les anges et les saintes au bon conseil, réconfort et enseignement qu'ils t'ont donnés et par cela qu'ils se nommèrent à toi, et que les saintes te saluèrent ; tu crois même que c'est saint Michel qui t'a apparu et que ses faits et ses dits sont bons aussi fermement que tu crois en la foi du Christ.

« Sur ce point les clercs disent que les signes ne sont pas suffisants pour reconnaître lesdits anges et saintes et que tu as cru à la légère et affirmé témérairement ; et en outre, quant à la comparaison que tu fais de croire aussi fermement etc., tu erres en la foi.

IV

« Item, tu as dit que tu es certaine de divers événements futurs et éventuels et que tu as su des choses cachées ; tu as aussi reconnu des hommes que tu n'avais jamais vus auparavant et cela par les voix de saintes Catherine et Marguerite.

« Sur ce point, les clercs disent qu'il y a là superstition, divination, assertion présomptueuse et vaine jactance.

V

« Item, tu as dit que, du commandement de Dieu et son bon plaisir, tu as porté et tu portes continuellement un habit d'homme ; et parce que tu avais commandement de Dieu de porter cet habit, tu as pris tunique courte, pourpoint, chausses liées avec de nombreuses aiguillettes ; tu portes aussi les cheveux coupés en rond au-dessus des oreilles, ne laissant rien sur toi qui prouve et indique le sexe féminin, excepté ce que la nature t'a attribué ; et souvent dans cet habit tu as reçu le sacrement d'eucharistie; et, quoique tu aies été plusieurs fois avertie de le laisser, néanmoins tu n'as pas voulu le faire, disant que tu aimerais mieux mourir que de laisser cet habit, à moins que ce ne fût sur le commandement de Dieu; et que, si tu étais encore en cet habit avec les autres de ton parti, ce serait un des grands biens de la France. Tu dis aussi que pour rien (au monde) tu ne ferais serment de ne point porter cet habit et des armes; et en tout cela, tu dis que tu as bien agi et sur le commandement de Dieu.

«Sur ce point, les clercs disent que tu blasphèmes Dieu et le méprises dans ses sacrements; tu transgresses la loi divine, la Sainte Écriture et les lois canoniques; tu penses mal et erres en la foi; tu te vantes vraiment et es suspecte d'idolâtrie et de consécration de ta personne et de tes vêtements au démon, en imitant le rite des païens.

VI

«Item, tu as dit que souvent dans tes lettres tu as mis ces noms JÉSUS MARIE et le signe de la croix pour signifier à ceux à qui tu écrivais de ne pas faire ce qui était contenu dans les lettres. Dans d'autres lettres tu t'es vantée de faire tuer tous ceux qui n'obéiraient point et qu'aux coups on verrait qui aurait meilleur droit de Dieu du ciel; et souvent tu as dit n'avoir rien fait que par révélation et commandement de Dieu.

«Sur ce point, les clercs disent que tu es traîtresse, fourbe, cruelle, cruellement assoiffée du sang humain, factieuse, incitant à la tyrannie, blasphémant Dieu dans ses commandements et révélations.

VII

«Item, tu dis qu'à cause des révélations que tu as eues à l'âge de 17 ans, tu as contre leur volonté quitté la maison de tes parents qui en devinrent presque fous; et tu es allée à Robert de Baudricourt qui, à ta requête, te donna un habit d'homme et une épée ainsi que certaines gens pour te conduire à ton roi; et quand tu fus venue près de celui-ci, tu lui as dit que tu venais pour réduire ses adversaires; tu lui as promis que tu l'établirais en une grande domination et qu'il aurait la victoire sur ses adversaires et que Dieu t'envoyait pour cela. Tu dis aussi que tu as bien agi en ces choses, en obéissant à Dieu et par révélation.

«Sur ce point, les clercs disent que tu fus impie envers tes parents; tu as transgressé le commandement de Dieu d'honorer ses parents, tu es scandaleuse, blasphématrice envers Dieu, errante en la foi et tu as fait une promesse présomptueuse et téméraire.

VIII

«Item, tu as dit que de ton plein gré tu as sauté de la tour de Beaurevoir, aimant mieux mourir que d'être livrée en la main des Anglais et survivre à la destruction de Compiègne ; et quoique saintes Catherine et Marguerite t'aient défendu de sauter, cependant tu ne pus te retenir ; et quoique ce fût aussi un grand péché d'offenser lesdites saintes, cependant tu as su par les voix que Dieu te l'avait remis, après que tu t'en fut confessée.

« Sur ce point, les clercs disent que ce fut là une lâcheté tournant en désespoir, c'est-à-dire en ton suicide ; tu as également en cela proféré une assertion téméraire et présomptueuse sur la rémission que tu prétends avoir de ton péché, et tu penses mal sur le libre arbitre humain.

IX

« Item, tu as dit que les saintes Catherine et Marguerite t'ont promis de te mener en paradis, pourvu que tu conserves la virginité que tu leur as vouée et promise ; et de cela tu es aussi certaine que si déjà tu étais dans la gloire des bienheureux ; tu ne crois pas avoir fait les œuvres du péché mortel et il te semble que, si tu étais en péché mortel, les saintes ne te visiteraient pas quotidiennement, comme elles le font.

« Sur ce point, les clercs disent que tu as en cela formulé une assertion présomptueuse et téméraire, un mensonge pernicieux, et cela contredit ce que tu as dit plus tôt. En outre tu penses mal en la foi chrétienne.

X

« Item, tu as dit que tu sais bien que Dieu aime certaines personnes vivantes plus que toi et que tu as su cela par révélation de saintes Catherine et Marguerite ; également que ces saintes parlent français et non anglais parce qu'elles ne sont pas du parti de ceux-ci ; et, depuis que tu as su que les voix étaient pour ton roi, tu n'aimas point les Bourguignons.

« Sur ce point les clercs disent qu'il y a là une assertion, téméraire et présomptueuse, une divination superstitieuse, un blasphème contre les saintes Catherine et Marguerite et une transgression du commandement sur l'amour du prochain.

XI

« Item, tu as dit qu'à ceux que tu appelles saint Michel, saintes Catherine et Marguerite, tu as plusieurs fois fait la révérence, fléchissant les genoux, enlevant ton chaperon, baisant la terre sur laquelle ils marchaient, leur vouant ta virginité, qu'aussi tu as baisé et embrassé lesdites saintes et tu les as invoquées ; également tu as cru à leurs commandements dès le premier jour où elles vinrent à toi, sans demander conseil à ton curé ou à un autre ecclésiastique ; et néanmoins tu crois que ces voix viennent de par Dieu, aussi fermement que tu crois en la foi chrétienne et que Notre Seigneur Jésus-Christ a souffert. En outre tu as dit que si quelque esprit malin t'apparaissait sous la figure de saint Michel, tu saurais bien le reconnaître et discerner. Tu as dit également qu'à ta propre requête, tu as juré que tu ne dirais pas le signe donné à ton roi et à la fin tu as ajouté : si ce n'était du commandement de Dieu.

« Sur ce point, les clercs disent qu'en supposant que tu aies eu les révélations et apparitions dont tu t'es vantée, de la manière que tu as dite, tu es idolâtre, invocatrice de démons, errante en la foi ; tu profères des affirmations téméraires et tu as fait un serment illicite.

XII

« Item, tu as dit que si l'Église voulait que tu fasses le contraire du commandement que tu dis avoir de Dieu, tu ne le ferais pas pour quoi que ce soit ; et que tu sais bien que ce qui est contenu dans ton procès vient du commandement de Dieu et qu'il te serait impossible de faire le contraire ; et de ces choses tu ne veux te rapporter au jugement de l'Église qui est sur la terre, ni de quelque homme vivant, mais à Dieu seul. Tu dis en outre que tu ne fais pas ces réponses de ton chef, mais du commandement de Dieu, quoique l'article de foi *Une seule sainte Église catholique etc.* t'ait été à plusieurs reprises expliqué et quoi que tout chrétien doive soumettre tous ses dits et ses faits à l'Église militante, surtout sur le fait de révélations et choses semblables.

« Sur ce point, les clercs disent que tu es schismatique, mal pensante sur l'unité et l'autorité de l'Église, apostate et jusqu'ici errante opiniâtrement en la foi. »

Après avoir lu cette cédule, le chanoine Pierre Maurice adressa à Jeanne une brève et émouvante admonition ; la Pucelle y répondit de la sorte : *« Quant à mes dits et faits que j'ai dits au procès, je m'y rapporte et veux les soutenir. »* (*Condamn.*, II, p. 334).

Et Mgr Cauchon assigna Jeanne au lendemain 24 mai, premier jeudi après la Pentecôte, pour entendre la sentence en sa cause.

ANNEXE N° 9

SENTENCE PRONONCÉE PAR MGR CAUCHON AVANT L'ABJURATION (24 MAI 1431)

Le 24 mai, dans le cimetière de l'abbaye de Saint-Ouen de Rouen, après que maître Érard eut prononcé devant Jeanne l'admonition résumée au chapitre XII de ce livre, Mgr Cauchon commença à lire la sentence dont le texte suit et qu'on appelle, traditionnellement, la « sentence avant l'abjuration ». Toutefois, il ne put la lire en entier, car Jeanne, émue, l'interrompit, et proclama qu'elle ne voulait plus soutenir ce qu'elle avait toujours dit au sujet des apparitions des saintes et des révélations qu'elle aurait eues, et qu'elle se rapportait pour cela à notre sainte mère l'Église (voir l'annexe n° 10).

Voici le texte intégral de cette sentence, qui ne fut donc pas entièrement prononcée.

« Au nom du Seigneur, amen. Tous les pasteurs de l'Église qui désirent profondément prendre un soin fidèle du troupeau du Seigneur, doivent de tous leurs efforts travailler eux-mêmes avec une d'autant plus grande vigilance et plus instante sollicitude à s'opposer aux dangereuses entreprises du perfide auteur des erreurs que celui-ci s'attache par de nombreuses ruses et fourberies empoisonnées à corrompre les brebis du Christ, surtout en ces temps périlleux où la sentence de l'Apôtre a prédit que de nombreux faux prophètes introduisant des sectes de perdition et d'erreur viendront dans le monde. Ceux-ci par leurs doctrines variées et étrangères pourraient détourner les fidèles du Christ, si notre sainte mère l'Église, avec l'appui de la sainte doctrine et des lois canoniques, ne s'appliquait avec un soin plus diligent à repousser leurs inventions erronées. C'est pourquoi devant nous, Pierre, par la miséricorde divine évêque de Beauvais, et frère Jean Le Maistre [79], vicaire dans ces cité et diocèse de l'illustre docteur, maître Jean Graverent, Inquisiteur de la perversion hérétique dans le royaume de France, et par lui spécialement député à la présente cause, juges compétents en cette partie, toi Jeanne communément dite la Pucelle, tu as été pour de très nombreux crimes pernicieux déférée et citée en procès de foi. D'où il suit que, vu et diligemment examiné l'ensemble de ton procès et tout ce qui y fut fait, surtout les réponses, confessions et assertions données par toi ; et attendu la très insigne délibération des maîtres des Facultés de théologie et de décrets de l'Université de Paris, bien plus encore de toute l'Université, celles en outre d'un grand nombre d'autres prélats, docteurs et experts tant en théologie qu'en droit canonique et civil se trouvant dans cette ville de Rouen et ailleurs, sur les qualifications et les jugements de tes assertions et de tes dires et faits ; après avoir tenu conseil et mûre délibération avec des praticiens zélateurs de la foi chrétienne ; considéré aussi et examiné par nous ce qui méritait raisonnablement sur ces points considération et examen et qui a pu et dû nous instruire, nous et qui que ce soit jugeant avec rectitude : Nous, ayant devant les yeux le Christ et l'honneur de la foi orthodoxe afin que notre jugement émane de la face du Seigneur, nous disons et jugeons que tu as mensongèrement imaginé des révélations et apparitions divines, que tu es une pernicieuse séductrice, présomptueuse, croyant à la légère, téméraire, superstitieuse, te livrant aux divinations, blasphématrice envers Dieu, les saints et les saintes et méprisant Dieu lui-même dans ses sacrements, que tu as transgressé la loi divine, la doctrine sacrée et les lois ecclésiastiques, que tu es séditieuse, cruelle, apostate, schismatique, que tu erres sur de nombreux points de notre foi et que, par ce qui précède et de la manière susdite, tu as témérairement délinqué envers Dieu et la sainte Église. En outre, bien que dûment et suffisamment, soit nous-mêmes, soit de notre part quelques docteurs et maîtres experts et savants recherchant le salut de ton âme, t'ayons souvent et très souvent admonestée de vouloir, en ce qui vient d'être dit, t'amender, te corriger ainsi que te soumettre à la disposition, au jugement et à la correction de notre sainte mère l'Église, tu n'as cependant pas voulu le faire et tu ne t'en es pas souciée ; bien plus, d'une âme endurcie, obstinément et opiniâtrement tu l'as positivement dénié et tu as même expressément et à plusieurs reprises refusé de te soumettre à notre seigneur le pape, au sacré Concile général. D'où il suit que, comme opiniâtre et obstinée dans les délits, fautes et erreurs susdits, nous te déclarons excommuniée de plein droit et hérétique et, alors que tes erreurs ont été condamnées en une prédication publique, nous jugeons que, comme un membre de Satan retranché de l'Église, infecté de la lèpre de l'hérésie, afin que tu n'infectes pas également les autres membres du Christ, il faut t'abandonner à la justice séculière et nous t'abandonnons, en priant cette même puissance qu'elle veuille modérer son jugement envers toi en deçà de la mort et de la mutilation des membres. Et si en toi de véritables signes de repentir apparaissaient, que l'on t'administre le sacrement de pénitence. »

ANNEXE N° 10

CÉDULE D'ABJURATION ET SENTENCE APRÈS ABJURATION (24 MAI 1431)

Cédule d'abjuration

Cette cédule, écrite en français, a été lue à Jeanne (ou peut-être l'a-t-elle lue elle même : il est vraisemblable qu'à la fin de sa courte vie, la Pucelle ait appris à lire, mais la question n'a pu être tranchée par les érudits), et elle en a répété les termes à haute voix, devant la foule assemblée (c'était une abjuration publique), puis signée de sa main, comme elle avait l'habitude de le faire dans ses lettres. Elle avait été sans doute écrite par avance, pour le cas où, précisément, Jeanne céderait au dernier moment devant ses juges. En voici le texte, traduit en français moderne (l'original était en vieux français).

« Toute personne qui a erré et failli en la foi chrétienne et qui depuis, par la grâce de Dieu, est retournée à la lumière de vérité et à l'union de notre mère la sainte Église, doit grandement se garder que l'ennemi d'enfer ne la pousse à nouveau et la fasse retomber dans l'erreur et la damnation. Pour cette cause, moi, Jeanne, communément appelée la Pucelle, misérable pécheresse, après avoir reconnu les lacs de l'erreur dans lesquels j'étais tenue et, par la grâce de Dieu, être retournée à notre mère la sainte Église, afin qu'on voie que ce n'est pas par simulation, mais de bon cœur et de bonne volonté que je suis retournée à elle, je confesse que j'ai très gravement péché en feignant mensongèrement avoir eu des révélations et apparitions de par Dieu, par les anges et sainte Marguerite et sainte Catherine, en séduisant les autres, en croyant follement et à la légère, en faisant de superstitieuses divinations, en blasphémant Dieu, ses saints et ses saintes, en transgressant la loi divine, la sainte Écriture, le droit canon, en portant un habit dissolu, honteux et déshonnête contre la décence naturelle et les cheveux coupés en rond à la manière des hommes, contre toute honnêteté du sexe féminin, en portant aussi des armures par grande présomption, en désirant cruellement l'effusion du sang humain, en disant que toutes ces choses, je les ai faites par le commandement de Dieu, des anges et des saintes dessusdites et qu'en ces choses j'ai bien agi et n'ai point failli, en méprisant Dieu et ses sacrements, en fomentant des séditions et pratiquant l'idolâtrie par l'adoration de mauvais esprits et en les invoquant. Je confesse aussi que j'ai été schismatique et que de plusieurs manières j'ai erré en la foi. Ces crimes et erreurs, de bon cœur et sans simulation, après être, par la grâce de Notre Seigneur, retournée à la voie de la vérité par la sainte doctrine et le bon conseil (que j'ai reçus) de vous et des docteurs et maîtres que vous m'avez envoyés, je les abjure, déteste et renie et absolument y renonce et m'en sépare. Et sur toutes choses susdites, je me soumets à la correction, disposition, amendement et totale détermination de notre mère la sainte Église et de votre bonne justice. Aussi je voue, jure et promets à monseigneur saint Pierre, prince des apôtres, à notre saint père le pape de Rome, son vicaire, et à ses successeurs et à vous, messeigneurs, révérend père en Dieu, monseigneur l'évêque de Beauvais, et religieuse personne, frère Jean Le Maistre, vicaire de monseigneur l'inquisiteur de la foi, comme à mes juges, que jamais par quelque exhortation ou d'autre manière je ne retournerai aux erreurs susdites desquelles il a plu à Notre Seigneur de me délivrer et de m'ôter ; mais toujours je demeurerai en union avec notre mère la sainte Église et dans l'obéissance de notre saint père le pape de Rome. Et ceci, je le dis, affirme et jure par le Dieu tout-puissant et par ces saints Évangiles. Et, en signe de cela, j'ai signé cette cédule de mon seing. »

Ainsi signé : « Jeanne†. »

Sentence après abjuration

Après que Jeanne eut ainsi abjuré et que son abjuration eut été reçue par ses juges, Mgr Cauchon modifia la « sentence définitive » qu'il avait prononcée auparavant (voir l'annexe n° 9) et prononça la sentence suivante, dite « sentence après abjuration » (qui, selon toute hypothèse, devait être déjà rédigée, afin d'être utilisée sur-le-champ en cas d'abjuration au dernier moment, ce qui se passa effectivement ce 24 mai). Voici le texte de cette nouvelle sentence, dite traditionnellement « sentence après abjuration ».

« Au nom du Seigneur, amen. Tous les pasteurs de l'Église qui désirent profondément prendre un soin fidèle du troupeau du Seigneur, doivent de tous leurs efforts travailler eux-mêmes avec une d'autant plus grande vigilance et plus insistante sollicitude à s'opposer aux dangereuses entreprises du perfide auteur des erreurs que celui-ci s'attache par de nombreuses ruses et fourberies empoisonnées à corrompre les brebis du Christ, surtout en ces temps périlleux où la sentence de l'Apôtre a prédit que de nombreux faux prophètes introduisant des sectes de perdition et d'erreur viendront dans le monde. Ceux-ci par leurs doctrines variées et étrangères pourraient détourner les fidèles du Christ, si notre sainte mère l'Église, avec l'appui de la saine doctrine et des lois canoniques, ne s'appliquait avec un soin plus diligent à repousser leurs inventions erronées. C'est pourquoi devant nous, Pierre, par la miséricorde divine évêque de Beauvais, et frère Jean Le Maistre, vicaire dans ces cité et diocèse de l'illustre docteur, maître Jean Graverent, Inquisiteur de la perversion hérétique dans le royaume de France, et par lui spécialement député à la présente cause, juges compétents en cette partie, toi, Jeanne communément dite la Pucelle, tu as été pour de très nombreux crimes pernicieux déférée et citée en procès de foi. D'où il suit que, vu et diligemment examiné l'ensemble de ton procès et tout ce qui y fut fait, surtout les réponses, confessions et assertions données par toi ; et attendu la très insigne délibération des maîtres des Facultés de théologie et de décrets de l'Université de Paris, bien plus encore de toute l'Université, celles en outre d'un grand nombre d'autres prélats, docteurs et experts tant en théologie qu'en droit canonique et civil se trouvant dans cette ville de Rouen et ailleurs, sur les qualifications et les jugements de tes assertions et de tes dires et faits ; après avoir tenu conseil et mûre délibération avec des praticiens zélateurs de la foi chrétienne ; considéré aussi et examiné par nous ce qui méritait raisonnablement sur ces points considération et examen et qui a pu et dû nous instruire, nous et qui que ce soit jugeant avec rectitude : Nous, ayant devant les yeux le Christ et l'honneur de la foi orthodoxe afin que notre jugement émane de la face du Seigneur, nous disons et jugeons que tu as très gravement délinqué en imaginant mensongèrement des révélations et des apparitions divines, en séduisant autrui, en croyant avec légèreté et témérité, en te livrant à de superstitieuses divinations, en blasphémant Dieu et les saintes, en transgressant la loi, l'Écriture sainte et les ordonnances canoniques, en méprisant Dieu dans ses sacrements, en fomentant des séditions, apostasiant, tombant dans le crime de schisme et errant fréquemment en la foi. Mais, parce qu'après avoir été très souvent admonestée charitablement et longuement attendue, enfin, Dieu aidant, tu es retournée au sein de notre sainte mère l'Église et de ta propre bouche tu as révoqué tes erreurs d'un cœur contrit et d'une foi non feinte, à ce que nous croyons, ces erreurs qui ont été condamnées en une prédication publique, et que, par ton propre organe, tu as abjurées avec toute hérésie, de vive voix, dans une forme qui s'accorde avec les lois ecclésiastiques, nous te délions par les présentes des liens de l'excommunication qui te tenaient enchaînée, si toutefois tu reviens à l'Église d'un cœur véritable et d'une foi non feinte et si tu observes ce que nous t'avons enjoint et t'enjoindrons. Mais, parce que tu as témérairement délinqué contre Dieu et la sainte Église, comme il vient d'être dit, nous te condamnons par sentence définitive à mener une salutaire pénitence en prison perpétuelle, au pain de douleur et à l'eau de tristesse, afin que tu y pleures ce que tu as commis et que tu ne commettes plus par la suite rien qu'il faille pleurer, notre grâce et notre pouvoir de modération étant toujours saufs. »

ANNEXE N° 11

SENTENCE DÉFINITIVE APRÈS LA CAUSE DE RELAPS (PRONONCÉE LE MERCREDI 30 MAI 1431)

Cette sentence se différencie très peu de la première sentence, qui avait été prononcée le 24 mai avant l'abjuration (comme elle, elle excommunie Jeanne et la livre à la justice séculière) ; elle s'en distingue par un point fondamental : elle annule les effets de la deuxième sentence du 24 mai (qui avait sauvé Jeanne de l'excommunication et du bûcher) et elle justifie cette annulation et le retour à la première sentence pour cause de *relaps*.

Voici le texte intégral de la sentence définitive.

« Au nom du Seigneur, amen. Chaque fois que le poison fatal de l'hérésie se fixe avec ténacité sur l'un des membres de l'Église et le transforme en un membre de Satan, il faut prendre soin avec un zèle diligent que dans les autres parties du corps mystique du Christ ne puisse se glisser la détestable contagion de cette dangereuse souillure. Aussi les principes institués par les saints pères ont-ils arrêté qu'il valait mieux séparer les hérétiques endurcis de la société des justes, plutôt que de réchauffer ces mortelles vipères dans le sein de notre pieuse mère l'Église, au grave péril des autres fidèles.

« Ainsi donc nous, Pierre, par la miséricorde divine évêque de Beauvais, et frère Jean Le Maistre, vicaire de l'illustre docteur Jean Graverent, Inquisiteur de la perversion hérétique, et par lui spécialement député en cette cause, juges compétents en cette partie, nous avons par un juste jugement déclaré que toi, Jeanne, communément dite la Pucelle, tu étais tombée en différentes erreurs et différents crimes de schisme, idolâtrie, invocation de démons et de très nombreux autres, et néanmoins, parce que l'Église ne ferme pas son sein à qui revient, nous avons pensé que tu t'étais détournée des erreurs et de ces crimes d'un esprit pur et d'une foi non feinte, quand certain jour, tu as renoncé à eux et as publiquement juré, fait vœu et promis de ne jamais revenir à ces erreurs ou à une hérésie quelconque, sous la suggestion de qui que ce soit ou de quelque autre manière, mais plutôt de demeurer toujours dans l'unité de l'Église catholique et la communion du pontife romain, ainsi qu'il est dit plus amplement dans la cédule souscrite de ta propre main ; mais ensuite après cette abjuration de tes erreurs, l'auteur du schisme et de l'hérésie, assaillant ton cœur, l'a séduit et tu es à nouveau tombée (oh, douleur !), comme le chien a coutume de retourner à son vomissement, dans ces mêmes erreurs et ces crimes déjà dits, ainsi que d'après tes confessions spontanées et tes assertions il est suffisamment et manifestement établi ; et nous avons reconnu par les plus clairs jugements qu'auparavant c'était en paroles seulement et bien plutôt d'un cœur mensonger que d'une âme sincère et fidèle que tu avais renié tes inventions trompeuses. D'où il suit que, te déclarant retombée dans les sentences d'excommunication que tu avais primitivement encourues, et dans tes précédentes erreurs, nous te disons relapse et hérétique, et par notre présente sentence que, siégeant sur le tribunal, nous portons en cet écrit et nous prononçons, nous jugeons que, tel un membre pourri, afin que tu n'infectes point également les autres membres, il faut te rejeter de l'unité de l'Église, te retrancher de son corps et t'abandonner à la puissance séculière, comme nous te rejetons, te retranchons et t'abandonnons, en priant cette même puissance séculière de modérer son jugement envers toi en deçà de la mort et de la mutilation des membres. Et si en toi de véritables signes de repentir apparaissent, que l'on t'administre le sacrement de pénitence. »

ANNEXE N° 12

LES XXVII ARTICLES DE L'INFORMATION CANONIQUE

L'information canonique fut une enquête « truquée » ; il s'agissait, pour les commissaires désignés d'établir, en 27 points, que l'Église avait agi sous la contrainte des Anglais dans la conduite du procès de Condamnation de Jeanne. Voici le texte intégral de ces affirmations mensongères établies alors par le cardinal d'Estouville et l'Inquisiteur Jean Bréhal (avec quelques commentaires de notre part en italique). Il ne faut pas perdre de vue qu'à l'époque, le roi de France s'est rapproché de la papauté, qui tient à lui être agréable et qu'il lui faut dégager la responsabilité de l'Église dans cette délicate affaire.

« I. D'abord parce que ladite Jeanne avait secouru le roi de France très chrétien et combattu dans son armée, contre les Anglais, ceux-ci la poursuivaient et la haïssaient d'une haine mortelle et désiraient par tous les moyens la faire mourir ; en disparaissant ainsi, elle ne pourrait plus leur faire de mal. Il en fut ainsi et cela est vrai. »

Remarque : si quelqu'un fit militairement du mal aux Anglais, ce fut Dunois, puis les connétables de Richemont et de Clermont, mais certainement pas Jeanne d'Arc. Les grandes défaites des Anglais ont eu lieu bien après sa mort : reprise de Paris en 1436 ; Formigny (1450) et la reconquête totale de la Normandie ; reprise de Bordeaux et de Bayonne (1451), victoire de Castillon (1453).

« II. De même parce que ladite Jeanne avait dans cette guerre causé de grandes pertes aux Anglais, ceux-ci la craignaient beaucoup et cherchaient par toutes les voies qu'ils pouvaient trouver à la faire mourir ; en disparaissant ainsi, elle ne pourrait plus leur faire de mal. Il en fut ainsi et cela est vrai.

III. De même, pour paraître agir sous couleur ou sous couvert de justice, les Anglais la transférèrent dans cette cité de Rouen, alors sous leur domination tyrannique ; et contre elle, détenue dans les prisons du château, ils entreprirent de monter un prétendu procès en matière de foi, grâce à la crainte et aux pressions. Et il en fut ainsi et cela est vrai.

IV. De même les juges, les assesseurs et les conseillers, aussi bien que le promoteur et les autres intervenant dans ce procès, en butte aux très graves menaces et à la peur venant des Anglais, n'osèrent pas avoir un jugement libre, mais furent forcés de faire tout par peur et suivant les pressions des Anglais, s'ils voulaient éviter de grands périls et même la mort. Et il en fut ainsi et cela est vrai. »

Remarque : aucun des juges ou assesseurs qui ont témoigné n'a déposé dans ce sens.

« V. De même lesdits notaires rédigeant en cette cause, en raison des mêmes craintes et menaces venant des Anglais, ne purent écrire et rédiger les actes suivant la vérité des faits, et comme ladite Jeanne en vérité parlait dans ses réponse. Et il en fut ainsi et cela est vrai. »

Remarque : ni Manchon, ni les autres greffiers du procès n'ont prétendu cela dans leurs dépositions ultérieures.

« VI. De même, à cause de cette crainte, il n'était pas permis aux notaires, et même il leur était expressément interdit, d'insérer dans les actes les paroles qu'elle prononçait pour sa justification ; bien plus ils étaient forcés et d'omettre celles-ci, et d'insérer certaines paroles à son détriment, qu'elle n'avait jamais prononcées. Et il en fut ainsi et cela est vrai.

VII. De même, à cause des mêmes craintes et terreurs on ne trouvait personne qui osât conseiller ladite Jeanne ou soutenir sa cause pour elle, ou la justifier, ou l'instruire et la diriger, ou autrement la défendre ; certains, qui parfois dirent quelques mots en sa faveur, eurent à souffrir une très grande menace pour leur vie, car lesdits Anglais voulurent les jeter au fleuve comme rebelles, ou les livrer à quelque autre mort. Et il en fut ainsi et cela est vrai.

VIII. De même ils ont détenu Jeanne dans une prison privée, ou laïque, avec des entraves de fer et des chaînes ; et ils interdisaient à quiconque de lui parler, pour qu'elle ne pût se défendre, en postant des gardiens anglais. Et il en fut ainsi et cela est vrai.

IX. De même ladite Jeanne, jeune fille de dix-neuf ans environ, ingénue, ignorante du droit et de la procédure, n'était ni apte ni habile, sans directeur ou conseiller, à se défendre dans une cause si grave et difficile. Et il en fut ainsi et cela est vrai.

X. De même lesdits Anglais, désirant sa mort, allaient de nuit près de son cachot et, feignant de parler en révélations, l'exhortaient, si elle voulait échapper à la mort, à ne se soumettre en aucune manière au jugement de l'Église. Et il en fut ainsi et cela est vrai.

XI. De même ceux qui l'examinaient, pour la surprendre en paroles, la poursuivaient d'interrogatoires et de questions difficiles et obscures, et la plupart du temps l'interrogeaient sur des points dont elle ignorait tout à fait ce qu'il en était. Et il en fut ainsi et cela est vrai.

XII. De même ils la fatiguaient tant, par de longs interrogatoires et examens, qu'elle fut atteinte au moins de dégoût et qu'ils purent lui dérober quelques paroles défavorables dans cette prolixité. Et il en fut ainsi et cela est vrai.

XIII. De même très souvent, en justice ou en dehors, Jeanne dans ses réponses a dit, affirmé et proclamé qu'elle ne voulait rien soutenir contre la foi catholique ; et si dans ses paroles ou dans ses actes il y avait quelque déviation de la foi, elle voulait la rejeter et se présenter au jugement des clercs. Et il en fut ainsi et cela est vrai.

XIV. De même Jeanne, tant en justice qu'en dehors, déclara semblablement et à plusieurs reprises qu'elle se soumettrait, elle et tous ses faits et gestes, au jugement de l'Église et de notre seigneur le pape ; et il en fut ainsi et cela est vrai ; et qu'elle serait mal contente s'il y avait en elle quelque chose de contraire à la foi chrétienne.

XV. De même cesdites paroles de soumission à l'Église, bien qu'elles eussent été prononcées par elle souvent, tant en justice qu'en dehors, les Anglais et leurs suppôts ne permirent pas, et même interdirent, de les insérer ou écrire dans les actes et le prétendu procès ; et ils prirent soin qu'on en écrivît autrement, bien que mensongèrement. Et il en fut ainsi et cela est vrai.

XVI. De même et réellement cela fut, bien que jamais Jeanne n'eût déclaré qu'elle refuserait de se soumettre au jugement de la sainte mère Église, même de l'Église militante. Et il en fut ainsi et cela est vrai.

XVII. De même, dans le cas et éventualité où on pourrait établir que Jeanne aurait prononcé en paroles son refus de se soumetttre à l'Église, ledit promotteur dit qu'elle ne comprenait pas du tout ce qu'était l'Église et qu'elle ne prenait pas ce mot comme désigant la réunion des fidèles ; mais elle croyait et comprenait cette Église, dont parlaient ceux qui l'interrogeaient, comme étant l'ensemble des ecclésiastiques présents, partisans des Anglais.

XVIII. De même ledit prétendu procès, d'abord écrit à l'origine en français, fut traduit peu fidèlement en latin, en retranchant beaucoup de choses touchant la justification de Jeanne, et en ajoutant contre la vérité un très grand nombre pour aggraver son cas ; ainsi on remarque que ledit procès diffère de son original en plusieurs points substantiels. Et il en fut ainsi et cela est vrai.

XIX. De même, vu ce que dessus, ledit procès prétendu et les sentences ne méritent pas le nom de jugement et sentence, car on ne peut parler de jugement là où les juges, les conseillers et les assesseurs n'ont pas la libre faculté de juger à cause de la crainte. Et il en fut ainsi et cela est vrai.

XX. De même, d'après ce que dessus, ledit prétendu procès est en plusieurs de ses parties mensonger, vicié, corrompu, rédigé de manière ni complète, ni fidèle, et vicié au point que nul ne doit lui faire la moindre confiance. Et il en fut ainsi et cela est vrai.

XXI. De même, attendu ce que dessus et autres points, le prétendu procès et la sentence sont nuls et très injustes, car, n'ayant pas suivi les règles du droit, on les trouve faits et prononcés par des juges non compétents, n'ayant aucune juridiction en la cause et sur la personne. Et il en fut ainsi et cela est vrai.

XXII. De même, et cela est une autre raison entachant de nullité et d'injustice manifeste lesdits procès et sentence, on ne donna aucune possibilité de se défendre à ladite Jeanne, dans une cause si grave ; au contraire la défense, qui existe de droit naturel, lui fut entièrement refusée à l'aide de procédés nombreux et choisis. Et il en fut ainsi et cela est vrai.

XXIII. De même, bien qu'il fût évident pour lesdits prétendus juges que Jeanne se soumettrait au jugement et à la décision de notre sainte mère l'Église, qu'elle était fidèle catholique, et telle qu'ils décidèrent de lui accorder la communion au corps du Christ, néanmoins, par trop grande faveur envers les Anglais, ou par crainte d'être en butte à leurs menaces et pressions, ils la condamnèrent très injustement comme hérétique à la peine du feu. Et il en fut ainsi et cela est vrai.

XXIV. De même, sans autre sentence d'un juge séculier, sans droit, lesdits Anglais, enragés contre elle, la conduisirent au suplice avec une très grande troupe de gens d'armes. Et il en fut ainsi et cela est vrai. »

Remarque : Rouen était en territoire anglais, les forces de l'ordre y étaient donc anglaises, et il est vrai que l'on craignait des manifestations ; mais c'est le tribunal de l'Inquisition qui a livré Jeanne à la justice séculière – c'est-à-dire au bourreau ; quant au bûcher, il se trouvait sur une estrade, proche du tribunal. Et les derniers mots de Jeanne ont bien été : « Évêque, je meurs par vous », *ils s'adressaient au représentant de l'Église, et non pas au bourreau anglais.*

« XXV. De même Jeanne se comporta continuellement, et spécialement au moment de sa mort, en catholique et saintement, recommandant son âme à Dieu et implorant à haute voix Jésus jusqu'à son dernier souffle ; à tel point qu'elle mena tous les assistants, même les ennemis anglais, à répandre des larmes. Et il en fut ainsi et cela est vrai.

XXVI. De même toutes et chacune des choses dessus dites, les Anglais les commirent ou firent faire, parce qu'ils craignaient fort ladite Jeanne qui soutenait le parti du roi de France, parce qu'ils la haïssaient et la poursuivaient d'une haine mortelle ; et ils voulaient déshonorer ainsi le roi très chrétien pour avoir utilisé le secours d'une femme aussi damnable. Et il en fut ainsi et cela est vrai.

XXVII. De même pour toutes et chacune de ces choses il y eut et il y a la voix publique et la renommée, la reconnaissance générale, les propos ordinaires et notoires dans la cité et le diocèse de Rouen et dans tout le royaume de France. Et il en fut ainsi et cela est vrai.

Le promoteur donne, délivre et produit lesdits articles à toutes meilleures fins et effets connus et dus, sauf le droit d'ajouter, corriger, etc., et de donner, en leurs lieux et temps, d'autres articles plus longs, comme il sera convenable pour la cause. Et proteste, etc., comme de coutume. »

ANNEXE N° 13

LA « GUERRE DE CENT ANS »

(En gras : les périodes de trêve et les traités ; en italique : les règnes.)

1327-1377	*Règne d'Édouard III Plantagenêt en Angleterre*
1328-1350	*Règne de Philippe VI de Valois en France*
1328	Extinction de la lignée des Capétiens directs à la mort de Charles IV le Bel (règne : 1322-1328), dernier fils de Philippe IV le Bel ; avènement de Philippe VI (règne : 1328-1350), l'aîné des neveux de Philippe le Bel, fondateur de la dynastie des Valois. Édouard III Plantagenêt, neveu de Charles IV (par sa mère, Isabelle de France, épouse d'Édouard II, roi d'Angleterre) réclame la couronne de France.
1331	Édouard III Plantagenêt (règne : 1327-1377) prête hommage lige au roi de France pour les fiefs qu'il possède en terre française (Guyenne).
1333	Le roi de France Philippe VI soutient les nationalistes écossais (David Bruce) contre l'Angleterre.
1337	Confiscation de la Guyenne par Philippe VI, pour « retrait d'hommage » de la part d'Édouard III, qui est son vassal pour ce fief.
1338	Révolte de la Flandre, qui s'allie à Édouard III ; celui-ci débarque à Anvers.
1339	Siège de Cambrai par Édouard III (septembre), qui projette d'envahir la Normandie et qui s'allie avec le roi Louis de Bavière.
1340	Bataille navale de l'Écluse (24 juin), première bataille de la guerre de Cent ans.
1341	Début des affaires de Bretagne (Charles de Blois contre Montfort). Louis de Bavière s'allie avec le roi de France.
1343-1346	**Trêve de Malestroit entre la France et l'Angleterre.**

1346	Reprise des hostilités ; débarquement d'Édouard III dans le Cotentin ; défaite française à Crécy (26 août). Édouard III met le siège devant Calais. Défaite de Bruce en Écosse.
1347	Chute de Calais (3 août).
1347-1355	**Trêve franco-anglaise.**
1350-1364	*Règne de Jean II le Bon en France.*
1355	**Traité de Valognes entre la France et l'Angleterre (septembre).** Le Prince Noir (fils aîné d'Édouard III) débarque à Bordeaux (décembre) et ravage le Languedoc.
1356	Le Prince Noir envahit le Poitou (juillet) ; victoire du Prince Noir à Poitiers (19 septembre) ; Jean II le Bon prisonnier. Étienne Marcel, prévôt des marchands de Paris, soulève les Parisiens (hiver 1356/1357) et ouvre Paris aux Anglais.
1357	Jean II le Bon transféré en Angleterre. Le dauphin (futur Charles V) régent du royaume. **Trêve de Bordeaux (mars). Pourparlers de paix à Londres.**
1358	Le peuple de Paris chasse les Anglais et abat Étienne Marcel. **Préliminaires de Londres (janvier).**
1359	Rejet des Préliminaires de Londres par le dauphin. Deuxième traité de Londres (mars) rejeté par le dauphin et les *état*s de France.
1360	Échec d'une chevauchée d'Édouard III à travers l'Artois et la Champagne (automne). **Préliminaires de Brétigny (8 mai) et traités de paix de Calais (juillet et octobre).**
1360-1368	**Trêve de Calais.**
1362	Édouard III donne l'Aquitaine à son fils aîné, le Prince Noir.
1363-1404	*Philippe II le Hardi, fils cadet de Jean le Bon, duc de Bourgogne.*
1364	Mort (à Londres, en captivité) de Jean II le Bon (8 avril).
1364-1380	*Règne de Charles V le Sage, fils aîné de Jean le Bon.*
1364	Défaite de Charles de Blois à Auray (dans le Morbihan) et fin de la guerre de Succession dans le duché de Bretagne.
1365	**Traité de Guérande mettant fin aux affaires de Bretagne.**
1368	Reprise des hostilités entre la France et l'Angleterre.
1369	Philippe le Hardi épouse l'héritière de Flandre (voir ci-dessous, année 1384).
1370	Victoire de Du Guesclin sur les Anglais à Pontvallain (dans la Sarthe). Du Guesclin connétable ; reconquête du Limousin sur les Anglais.

1371-1372	Victoire de Du Guesclin sur Robert Knowles en Champagne. Charles V reconquiert le Poitou, l'Aunis et la Saintonge.
1372	Les Anglais occupent la Bretagne.
1373	Chevauchée de Jean de Gand, de Calais à Bordeaux.
1375-1415	**Le pape ménage la « trêve de Bruges » entre la France et l'Angleterre ; elle sera prolongée et reconduite plusieurs fois pendant 40 ans.**
1377	Mort du roi Édouard III d'Angleterre, après 50 ans de règne ; son petit-fils, Richard II, fils du Prince Noir (mort en 1376), lui succède.
1377-1400	*Règne de Richard II Plantagenêt en Angleterre* (il a 13 ans à son avènement).
1378	Début du Grand Schisme d'Occident (crise de la papauté, qui ne se terminera qu'en 1417).
1380	Mort de Du Guesclin, puis de Charles V.
1380-1422	*Règne de Charles VI fils de Charles V* (il a 12 ans à son avènement).
1382	Désordres en France : les Maillotins à Paris, la Hérelle à Rouen, les Tuchins en Languedoc (révoltes contre l'autorité royale).
1384	Philippe le Hardi devient comte de Flandre ; le duché de Bourgogne s'agrandit des riches territoires flamands.
1385	Charles VI (17 ans) épouse Isabeau de Bavière (14 ans), qui lui donnera 11 enfants.
1392	Folie de Charles VI ; le conseil de régence, composé de la reine Isabeau de Bavière et de ses oncles (le duc d'Anjou, le duc de Berry et le duc de Bourgogne) prennent le pouvoir.
1396	Début du conflit (pour le pouvoir) entre le duc de Bourgogne, Philippe le Hardi, et le duc Louis d'Orléans.
1396	Richard II Plantagenêt épouse Isabelle de France, fille du roi Charles VI.
1399	Richard II déposé ; son cousin Henry IV de Lancastre lui succède et inaugure la dynastie des Lancastres.
1399-1413	*Règne, en Angleterre, de Henry IV de Lancastre* (nouvelle dynastie)
1404	*Jean sans Peur duc de Bourgogne* (il succède à Philippe III le Hardi).
1405	Début de la reconquête de l'Aquitaine par les princes Valois, Louis d'Orléans et Bernard VII d'Armagnac.

1407	Jean sans Peur fait assassiner Louis d'Orléans à Paris, dans la rue Vieille-du-Temple (23 novembre) : la rivalité politique entre les deux Maisons (d'Orléans et de Bourgogne) va se muer peu à peu en guerre civile entres les Armagnacs, partisan de la première, et les Bourguignons, partisans de la seconde.
1408	Simulacre de trêve entre les Armagnacs et les Bourguignons (*paix fourrée* de Chartres).
1411	Jean sans Peur fraternise avec la corporation des bouchers de Paris.
1412	Naissance de Jeanne d'Arc, à Domrémy.
1413	Mort de Henry IV de Lancastre ; son fils Henry V lui succède. Émeutes à Paris (les Cabochiens, sur lesquels Jean sans Peur s'appuie) ; une partie des bourgeois parisiens, en proie aux excès des Cabochiens, fait appel aux Armagnacs qui chassent les Bourguignons de Paris.
1413-1422	*Règne de Henry V d'Angleterre* (qui a envoyé un contingent de troupes à Paris pour venir en aide aux Bourguignons).
1414	Henry V réclame l'héritage des Plantagenêts en France.
1415	Paix d'Arras entre les Armagnacs et les Bourguignons. Reprise des hostilités contre la France par les Anglais (débarquement du roi Henry V dans l'estuaire de la Seine [10 août]). Désastre français à Azincourt (25 octobre ; 7 000 morts).
1416	Jean sans Peur reconnaît Henry V comme son suzerain (mais non pas comme roi de France) et lui prête hommage. Henry V retourne en Angleterre.
1417	Henry V reconquiert méthodiquement la Normandie. Charles VII (14 ans), dont le frère aîné (Louis, duc de Guyenne) vient de mourir, est dorénavant l'héritier présomptif du trône et assiste au Conseil de régence en tant que dauphin.
1418	Les Parisiens ouvrent leur ville aux partisans de Jean sans Peur, qui laisse massacrer les Armagnacs (dans la nuit du 28 au 29 mai 1418) par une foule composite (où se mêlent des Cabochiens, des hommes des Bourguignons, des membres de la corporation des bouchers, etc.) ; le prévôt de la capitale, Tanguy du Châtel, a la présence d'esprit de mettre à l'abri le dauphin (qui logeait à l'Hôtel Saint-Pol), et celui-ci part se réfugier à Bourges.
1419	Henry V reconquiert Rouen et la Normandie. Jean sans Peur est assassiné à Montereau (Charles VII – instigateur probable de l'attentat – a ainsi vengé son oncle, le duc d'Orléans) ; ce meurtre déclenche la guerre civile et l'alliance des Bourguignons avec les Anglais.

1420	Philippe le Bon et Isabeau de Bavière concluent le « honteux » traité de Troyes avec Henry V, exhérédant le dauphin Charles de ses droits à la couronne, qui devront revenir au futur fils qui naîtra du mariage de Henry V et de Catherine de France (fille de Charles VI et d'Isabeau de Bavière).
1421	Naissance, à Londres, du fils de Henry V et de Catherine de France, futur Henry VI, qui sera « roi de France et d'Angleterre ».
1422	Mort de Henry V (31 août, au château de Vincennes) ; son frère, le duc de Bedford, est régent. Mort de Charles VI (le 21 octobre, à Paris) ; Bedford se proclame régent de France, et, à Bourges, Charles est proclamé dauphin de France par le Conseil de régence, en dépit du traité de Troyes.
1422-1461	*Règne de Charles VII, dauphin puis roi de France (sacré à Reims le 17 juillet 1429).*
1422-1461	*Règne de Henry VI, roi d'Angleterre et dernier Lancastre.*
1423	Reprise des hostilités. Charles VII battu à Cravant (désastre) par les Anglo-Bourguignons.
1424	Bataille de Verneuil ; trêve entre Charles VII et Philippe le Bon.
1425	La Bretagne se rallie à Charles VII. Troubles intérieurs en Angleterre. Arthur de Richemont nommé connétable.
1426-1427	Bedford pacifie l'Angleterre, où s'affrontent le duc de Gloucester et les Beaufort.
1427	Nouvelle alliance entre Philippe le Bon et Bedford, qui marche vers les pays de Loire et vise le Berry.
1428	Les Anglais arrivent dans la région d'Orléans ; ils n'assiègent pas vraiment la ville, mais la surveillent à partir d'une dizaine de bastilles ; le gros de leurs forces est dispersé à 20 ou 30 km de là. Premières tentatives de Jeanne d'Arc pour obtenir une escorte de Baudricourt, à Vaucouleurs (13 mai). Philippe le Bon agrandit encore ses États : il se fait céder le Hainaut et la Hollande.
1429 (premier semestre	Jeanne d'Arc rencontre pour la première fois le dauphin Charles à Chinon (23 février) ; Dunois et les capitaines français (Poton de Xaintrailles, le duc d'Alençon) prennent les bastilles devant Orléans (29 avril-8 mai) et chassent les Anglais des places qu'ils occupent sur la Loire (Jargeau le 12 juin, Meung-sur-Loire le 15, Beaugency le 16) ; la bataille finale a lieu à Patay, le 18 juin : les Anglais y laisseront un millier d'hommes. Puis c'est le départ de Gien (29 juin), pour Reims, par Auxerre (29 juin), Troyes (9 juillet), Arcy-sur-Aube (12 juillet), Châlons-sur-Marne (14 juillet) et Reims (16 juillet), où Charles VII est sacré roi le 17 juillet.

1429 (deuxième semestre)	Le roi, Jeanne et l'armée du sacre quittent Reims (21 juillet) pour Corbeny (où le roi procède au « toucher des écrouelles »), puis Compiègne (où le roi séjourne du 17 au 28 août). Jeanne et le duc d'Alençon vont ensuite jusqu'à Saint-Denis (départ le 23 août de Compiègne, arrivée le 7 septembre), d'où ils tentent un assaut sans aucun résultat contre la porte Saint-Honoré (8 septembre). Retour de l'armée du sacre sur la Loire (12 septembre) ; elle est dissoute le 21 septembre. Charles VII entreprend des pourparlers secrets et délicats avec Philippe le Bon en vue d'une paix définitive entre la France et la Bourgogne, alliance devant laquelle le roi d'Angleterre devrait s'incliner.
1430	Jeanne d'Arc poursuit « sa » guerre contre les Anglais par ses propres moyens ; elle est prise devant Compiègne (29 mai) par un homme au service du comte Jean de Luxembourg, remise contre rançon (10 000 livres) au roi d'Angleterre, qui la met entre les mains de Mgr Cauchon (23 décembre).
1431	Supplice de Jeanne à Rouen (31 mai). Le régent anglais fait sacrer Henry VI (10 ans), fils de Henry V, roi de France (16 décembre, à Paris)
1432	Philippe le Bon se rapproche de Charles VII.
1435	Traité d'Arras entre Charles VII et Philippe le Bon. Mort de Bedford.
1436	Le connétable de Richemont reprend Paris.
1437	Entrée triomphale de Charles VII dans Paris (12 novembre).
1438	Pragmatique sanction de Bourges, affirmant en particulier l'autorité des évêques réunis en concile, sur celle du pape.
1439-1440	Échec des négociations de paix entre la France et l'Angleterre.
1440-1441	Opérations militaires sporadiques en France.
1444	**Trêve de Tours (mai).** Henry VI épouse Marguerite d'Anjou, nièce de la reine Marie d'Anjou ; il promet de léguer le Maine à son beau-père, René d'Anjou (frère de la reine).
1448-1449	Charles VII rompt la trêve, s'empare du Mans et entreprend la reconquête de la Normandie ; il fait son entrée solennelle dans Rouen en novembre 1449.
1450	Victoire du connétable de Richemont et du connétable de Clermont sur les Anglais, à Formigny (dans le Calvados), achevant la reconquête de la Normandie (15 avril). Reprise de Bergerac (octobre).
1451	Siège et capitulation de Bordeaux (juin) et de Bayonne (août).
1452	Soulèvement des Bordelais contre la France ; les Anglais reprennent Bordeaux (octobre).

1453	Victoire française de Castillon (juillet) ; folie de Henry VI ; siège et capitulation définitive de Bordeaux (19 octobre).
1455	En Angleterre : les échecs de Henry VI, qui finit par perdre tous les territoires que la monarchie anglaise possédait en France, vont aboutir à une guerre civile connue sous le nom de « guerre des Deux-Roses » entre la Maison régnante des Lancastres (dont l'emblème était une rose rouge) et celle du duc Richard d'York (dont l'emblème était une rose blanche). Ce sont finalement les York qui l'emporteront : en 1461 le fils du duc Richard (mort en 1460) ceindra la couronne d'Angleterre et règnera jusqu'en 1483 sous le nom d'Édouard IV. Quant à Henry VI, capturé par les York, il sera emprisonné et mourra en prison en 1471.
1456	Procès en Nullité de la Condamnation de Jeanne d'Arc.
1461-1483	*Règne d'Édouard IV d'Angleterre.*
1461	Mort de Charles VII : on retiendra de lui, principalement, qu'il a été le véritable vainqueur de la « guerre de Cent ans ». C'est sous son règne, entre 1448 et 1453, que la quasi-totalité des territoires français conquis par les Anglais ont été reconquis : ce sont ses capitaines – Dunois, Richemont et Clermont notamment – et non pas la Pucelle, qui ont bouté les Anglais hors de France... une vingtaine d'années après la mort de cette héroïque jeune fille.
1461-1483	*Règne de Louis XI.*
1462	Louis XI obtient de Jean II d'Aragon la cession du Roussillon et de la Cerdagne.
1463	**Louis XI négocie la trêve de Saint-Omer avec Édouard IV.**
1466	**Renouvellement de la trêve de Saint-Omer.**
1468	Entrevue de Péronne entre Louis XI et Charles le Téméraire, qui a succédé à son père, Philippe le Bon.
1470	Assemblée de Tours : Louis XI récupère les villes de la Somme.
1471	**Renouvellement de la trêve de Saint-Omer.**
1472	Louis XI reprend la Picardie. Charles le Téméraire assiège Beauvais, que défend Jeanne Hachette.
1474	Édouard IV prépare une nouvelle invasion de la France, avec l'appui de son beau-frère Philippe le Bon, duc de Bourgogne.
1475	Débarquement d'une puissante armée anglaise à Calais ; les forces françaises et anglaises se retrouvent face à face, séparées par la Somme.

Août 1475	L'affrontement n'a pas lieu. Édouard IV et Louis XI se rencontrent à Picquigny (29 août) et décident de signer une trêve de sept ans. Le roi d'Angleterre se retirera de France, moyennant le payement par la France d'une rente annuelle de 50 000 écus d'or tant que les deux rois vivront. Trêve entre le duc de Bourgogne et Louis XI, qui occupe le Roussillon. La « guerre de Cent ans » est terminée : il ne sera jamais signé de traité relatif aux territoires. Seul Calais restera entre les mains des Anglais, qui restitueront ce port à la France en 1598.

ANNEXE N° 14

DYNASTIES

- PHILIPPE IV LE BEL (1268 ; 1285-1314) ép. Jeanne de Navarre
  - LOUIS X LE HUTIN (1289 ; 1314-1316) roi de Navarre (1305-1316)
    - JEANNE DE NAVARRE (1312-1349) ép. Louis d'Évreux et reine de Navarre (1328-1349)
    - JEAN Ier le Posthume né et mort en 1316
  - ISABELLE (1292-1358) ép. Édouard II Plantagenêt, roi d'Angleterre
    - ÉDOUARD III (1312 ; 1327-1377) roi d'Angleterre
      - ÉDOUARD (1330-1376) le Prince Noir
        - RICHARD II (1367-1400) roi d'Angleterre dernier Plantagenêt (1377-1399)
      - JEAN DE GAND (1340-1402) duc de Lancastre
        - HENRY IV DE LANCASTRE (1373 ; 1399-1413) roi d'Angleterre premier Lancastre
          - HENRY V (1387 ; 1413-1422) roi d'Angleterre
            - HENRY VI (1421-1471 ; 1422-1461) roi d'Angleterre dernier Lancastre
          - DUC DE BEDFORD (1389-1435)
      - EDMOND (1342-1402) duc d'York
        - ÉDOUARD (1373-1415) duc d'York
        - RICHARD (v. 1375-1415) comte de Cambridge
          - RICHARD duc d'York (1411-1460)
            - ÉDOUARD IV (1442 ; 1461-1783) roi d'Angleterre
      - 4 autres fils
  - PHILIPPE V LE LONG (1293 ; 1316-1322) roi de France et de Navarre ép. Jeanne de Bourgogne
  - CHARLES IV LE (1294 ; 1322-13 dernier Capéti direct

- CHARLES V LE SAGE (1338 ; 1364-1380) ép. Jeanne de Bourbon
  - CHARLES VI LE F (1368 ; 1380-142 ép. Isabeau de Bavière
    - ISABELLE (1389-1409) ép. Richard II

SAINT LOUIS
(1214 ; 1227-1270)
ép. Marguerite de Provence
(11 enfants)

PHILIPPE III LE HARDI
(1245 ; 1270-1285)
ép. Isabelle d'Aragon (1262)
puis Marie de Brabant (1274)

CHARLES
(1270-1325)
comte de Valois

LOUIS
(1276-1319)
comte d'Évreux

MARGUERITE
(1317)
ép. Édouard Ier
d'Angleterre

PHILIPPE VI DE VALOIS
(1293 ; 1328-1350)
premier Valois

13 autres
enfants

PHILIPPE D'ÉVREUX
(1301-1343)
ép. Jeanne de Navarre,
fille de Louis X le Hutin

JEAN II LE BON
(1319 ; 1350-1364)
ép. Bonne de Luxembourg
fille du roi de Bohême

PHILIPPE
(1336-1375)
duc d'Orléans

JEANNE
(?-1387)
ne de Navarre

LOUIS Ier
(1339-1384)
duc d'Anjou

JEAN
(1340-1416)
duc de Berry

PHILIPPE II LE HARDI
(1342-1404)
duc de Bourgogne
(1363-1404)

CHARLES II LE MAUVAIS
(1342-1387)
roi de Navarre
(1349-1387)

LOUIS
c d'Orléans
1372-1407)

LOUIS II D'ANJOU
(1377-1417)

JEAN SANS PEUR
duc de Bourgogne
(1371 ; 1404- 1419)

ATHERINE
401-1437)
. Henry V
Angleterre

CHARLES
(1392-1401)
duc de Guyenne

LOUIS
(1397-1415)
duc de Guyenne

CHARLES VII
(1403 ; 1422-1461)
ép. Marie d'Anjou

PHILIPPE III LE BON
(1396-1467)
duc de Bourgogne
(1419-1467)

LOUIS XI
(1423 ; 1461-1483)

CHARLES LE TÉMÉRAIRE
(1433-1477)
duc de Bourgogne
(1467-1477)

CARTES

CARTE N° 1

LE DOMAINE ROYAL VERS 1180

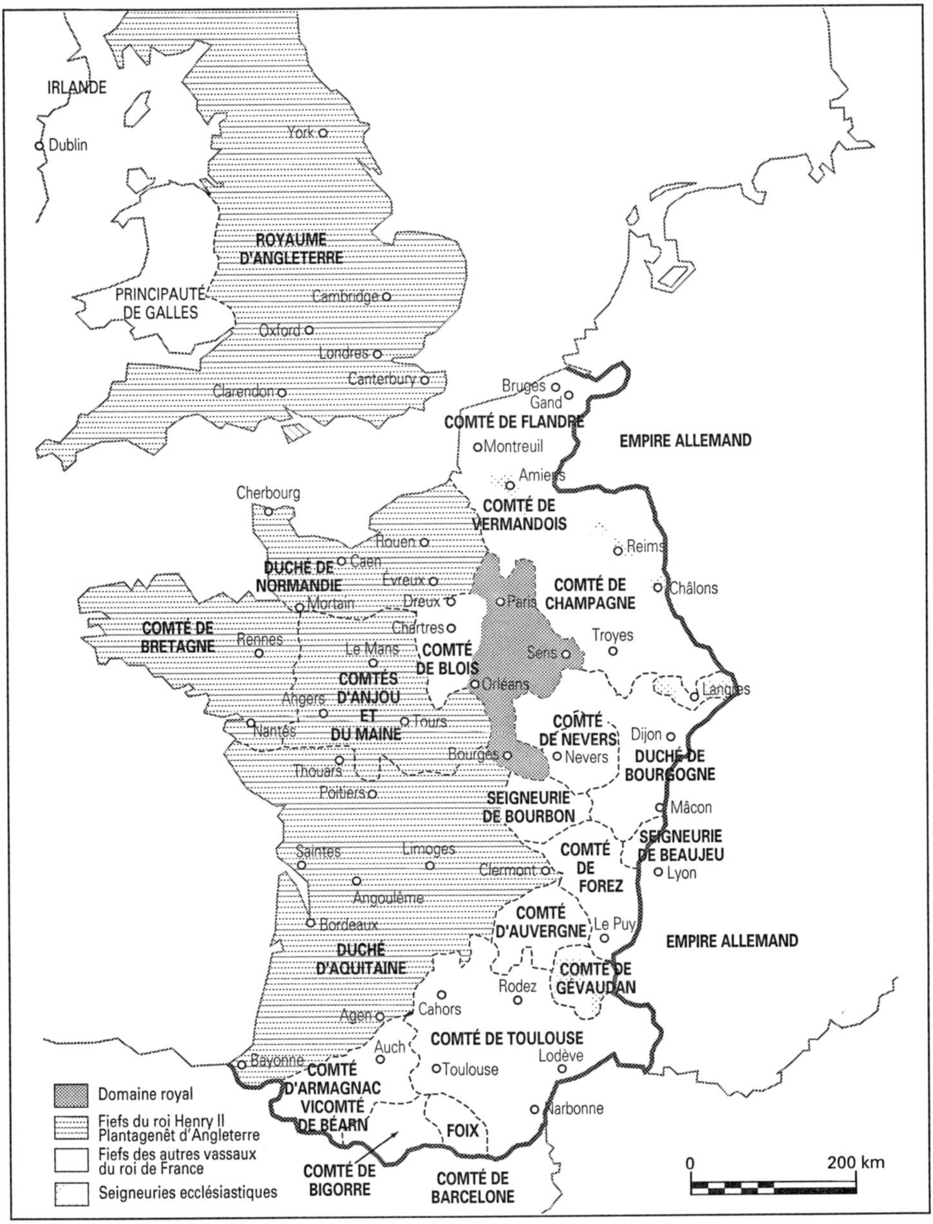

CARTE N° 2

L'ACCROISSEMENT DU DOMAINE ROYAL AU XIIIe SIÈCLE

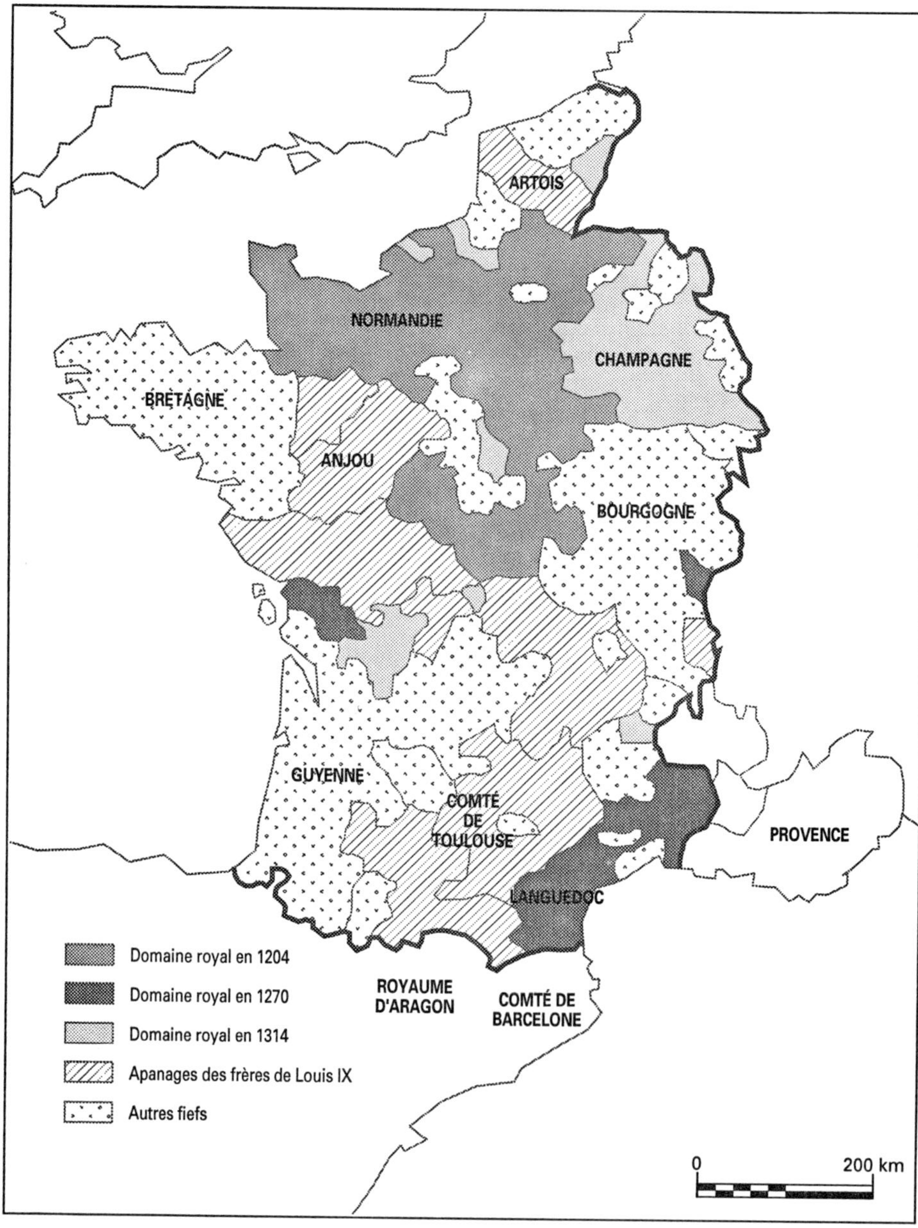

CARTE N° 3

LA FRANCE APRÈS LES TRAITÉS DE CALAIS (1360)

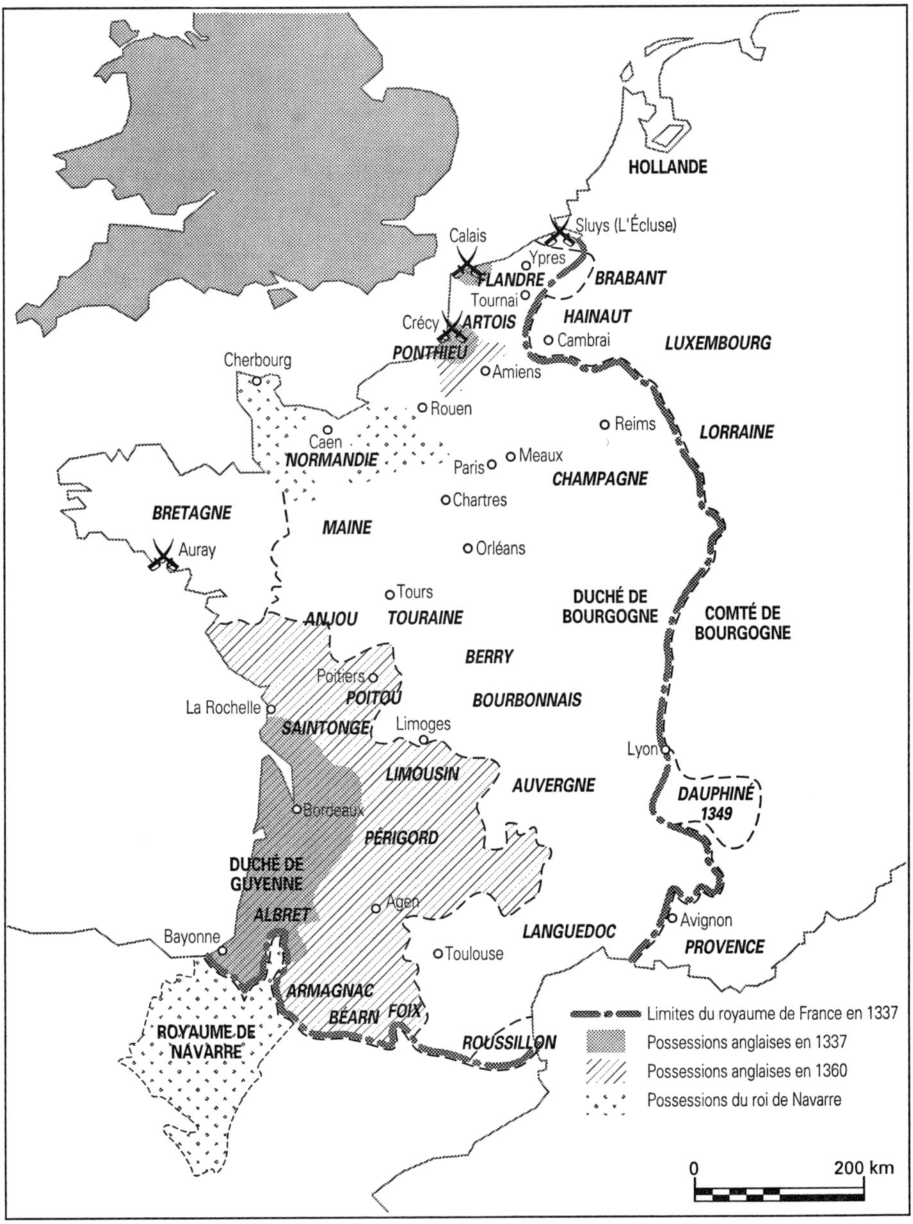

CARTE N° 4

LA FRANCE EN 1429

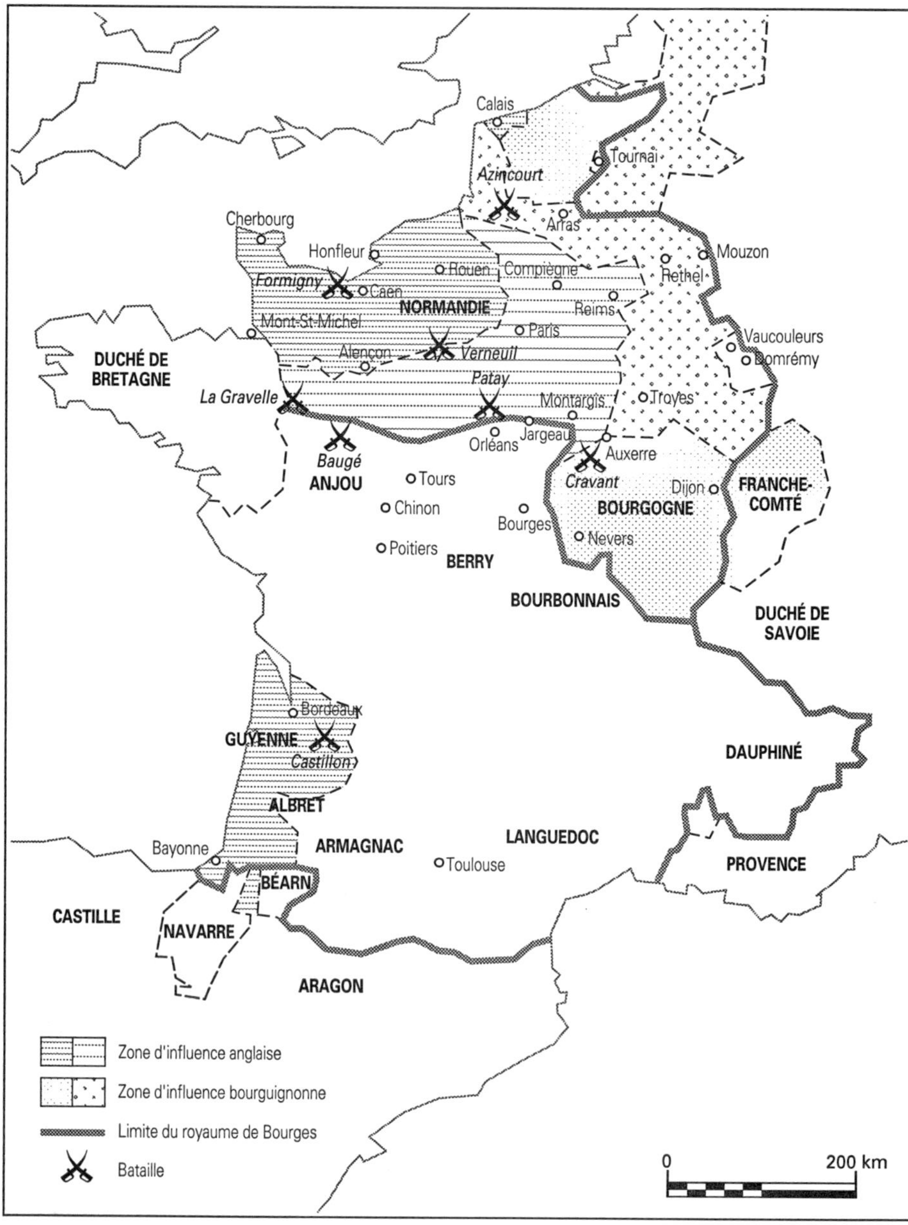

INDEX
DES NOMS DE PERSONNES

BIBLIOGRAPHIE

Remarque préliminaire

La bibliothèque du *Centre Jeanne d'Arc d'Orléans (CJA)* possède plus de dix mille ouvrages, documents, manuscrits, etc., sur Jeanne d'Arc.

« Guerre de Cent ans »

La lecture des extraits de la *Chronique* de Froissart concernant la « guerre de Cent ans » est indispensable ; ils ont été publiés dans la collection 10/18, sous la référence : JEAN FROISSART, *La Guerre de Cent ans*, Paris, 1970.

Synthèses récentes

ALLMAND (Christopher), *La Guerre de Cent ans*, trad. de l'anglais, Paris, Payot, 1989.
LEGUAI (André), *La Guerre de Cent ans*, Paris, Nathan, 1974.
CONTAMINE (Philippe), *Guerre, État et Société à la fin du Moyen Age*, Paris, Mouton, 1972.
FAVIER (Jean), La Guerre de Cent ans, Paris, 1980.

Sur les Valois

FOWLER (K.), *Le Siècle des Plantagenêts et des Valois. La lutte pour la suprématie*, 1328-1398, Paris, Albin Michel, 1968.
AUTRAND (Françoise), *Charles VI*, Paris, Fayard, 1986.
LE BOUVIER (Gilles), *Les Chroniques du roi Charles VII*, édité. par H. Courtault et L. Celier, Paris, 1979 (Société de l'Histoire de France).
DU FRESNE DE BEAUCOURT, *Histoire de Charles VII*, Paris, 1881-1892 (5 vol.).
BASIN (Thomas), *Histoire de Charles VII*, texte édité par C. Samaran, Paris, 1933 et 1944 (2 vol.).
DUPUY (M.), *Le Chaos d'où sortit la France. Armagnacs et Bourguignons*, Paris, 1980.
SCHNERB (Bertrand), *Les Armagnacs et les Bourguignons*, Paris, Perrin, 1988.

Chroniques

Chronique de la Pucelle, dite « de Cousinot », éd. Vallet de Viriville, Paris, 1859 et 1892.
Chronique du Mont-Saint-Michel, éd. Siméon-Luce, Paris, 1879-1883 (2 vol.).
Chroniques de Perceval de Cagny, éd. H. Maranvillé, Paris, 1902.

Bibliographies concernant Jeanne d'Arc

LANÉRY D'ARC (Pierre), *Bibliographie raisonnée et analytique des ouvrages relatifs à Jeanne d'Arc. Catalogue méthodique, descriptif des principales études historiques, littéraires et artistiques consacrées à la Pucelle d'Orléans depuis le XVe siècle jusqu'à nos jours*, Paris, 1894 (in-8°, 1 007 pages).

Cette recension n'a pas été reprise, mais les *Bulletins de l'Association des amis du Centre Jeanne d'Arc* publient, depuis 1982, une bibliographie très complète.

Travaux et études divers (XIXe siècle)

AYROLES (Jean-Baptiste), *La Vraie Jeanne d'Arc*, Paris, 1890-1898 (4 vol.).
BOUTEILLER (E. de), *La Famille de Jeanne d'Arc*, Paris, 1878.
BUCHON (J.-A.), *Chroniques d'Enguerrant de Monstrelet*, Paris, 1826-1828.
GÖRRES (Guido), *La Vie de Jeanne d'Arc d'après les Chroniques contemporaines*, Paris, 1895 (l'ouvrage initial, en allemand, date de 1834).
LUCE (Siméon), *Jeanne d'Arc à Domrémy*, Paris, 1886.
MANTELLIER (P.), *Histoire du siège d'Orléans*, Orléans, 1867.
QUICHERAT (Jules), *Aperçus nouveaux sur l'histoire de Jeanne d'Arc*, Paris, 1850.
WALLON (Henri), *Jeanne d'Arc, Paris*, 1860 (2 vol.).

Travaux et études divers (XXe siècle)

CORDIER (Jacques), *Jeanne d'Arc, sa personnalité et son rôle*, Paris, 1948.
GIES (Frances C.), *Joan of Arch*, The Legend and The Reality, 1981.
GUILLEMIN (Henri), *Jeanne dite « Jeanne d'Arc »*, Paris, 1970.
GUITTON (Jean), *Problème et Mystère de Jeanne d'Arc*, Paris, 1970.
HANOTEAUX (Gabriel), *Jeanne d'Arc*, Paris, 1911.
KRUMREICH (Gerd), *Jeanne d'Arc à travers l'histoire*, Paris, Albin Michel, 1993 (éd. originale allemande : 1989).
LEROY (Olivier), *Sainte Jeanne d'Arc. Les Voix*, Paris, 1956.
LIOCOURT (Ch. W.), *La Mission de Jeanne d'Arc*, 2 vol. 1974 et 1981.
PERNOUD (Régine), *La Libération d'Orléans*, Paris, 1986.
PERNOUD (R.) ET CLIN, *Jeanne d'Arc*, Paris, Fayard, 1986.
RUSSELL (Frederick), *The Just War in The Middle Age*, Cambridge, 1975.

Éditions des procès

Le travail fondamental de Quicherat (1841-1849) n'est accessible qu'en bibliothèque ; il en existe une réédition (New York/Londres, 1965).
L'érudit français Pierre Champion a donné une nouvelle édition du procès de Condamnation, accompagnée d'une traduction française et de nombreuses et précieuses notes historiques en 1920-1921 ; ce remarquable travail a été réédité par Slatkine (*Slatkine Reprints*, Genève, 1976).
La Société de l'Histoire de France (Fondation du département de Vosges) a publié une nouvelle édition et une nouvelle traduction des deux procès :
Pierre Tisset, *Procès de Condamnation de Jeanne d'Arc*, 3 vol., Paris, C. Klincksieck, 1960-1971 (avec le concours de Yvonne Lanhers).
Pierre Duparc, *Procès en Nullité de la condamnation de Jeanne d'Arc*, 5 vol., Paris, C. Klincksieck, 1977-1988.

TABLE

*Cet ouvrage composé
par D.V. Arts Graphiques à Chartres
a été achevé d'imprimer sur presse Cameron
dans les ateliers de Brodard et Taupin
à La Flèche (Sarthe)
en novembre 1999
pour le compte des Éditions de l'Archipel
département éditorial
de la S.A.R.L. Écriture-Communication.*

Imprimé en France
N° d'édition : 273 – N° d'impression : 1207X
Dépôt légal : novembre 1999